자만의 덫에 빠진
민주주의

자만의 덫에 빠진 민주주의
제1차 세계대전부터 트럼프까지

1판 1쇄. 2018년 6월 25일
지은이. 데이비드 런시먼
옮긴이. 박광호

펴낸이. 정민용
편집장. 안중철
편집. 최미정, 윤상훈, 이진실, 강소영

펴낸 곳. 후마니타스(주)
등록. 2002년 2월 19일 제300-2003-108호
주소. 서울 마포구 양화로 6길 19, 3층(04044)

편집. 02-739-9929, 9930
제작. 02-722-9960
팩스. 0505-333-9960
http://humabook.blog.me
페이스북, 인스타그램/Humanitasbook

인쇄. 천일인쇄 031-955-8083
제본. 일진제책 031-908-1407

값 23,000원

ISBN 978-89-6437-308-8 03300

이 도서의 국립중앙도서관
출판시도서목록(CIP)은 e-CIP
홈페이지(http://www.nl.go.kr/ecip)에서
이용하실 수 있습니다(CIP제어번호:
CIP2018017267).

자만의 덫에 빠진 민주주의

제1차 세계대전부터 트럼프까지

데이비드 런시먼 지음 | 박광호 옮김

후마니타스

비Bee에게

정치적 삶의 문제는 그것이 너무 흥미롭거나 그렇지 않으면
너무 재미없다는 것이다.

앨버트 O. 허시먼, "실망에 관하여"On Disappointment(1982)

다시 시도하라. 또 실패하라. 더 낫게 실패하라.

사뮈엘 베케트, 『최악을 향하여!』 *Worstward Ho!*(1983)

차례

일러두기

___ 인용문을 제외한 본문의 대괄호([ ])는 옮긴이의 첨언이다.

___ 인용문의 대괄호([ ])는 지은이의 첨언이며, 인용문 안의 옮긴이 첨언은 [−옮긴이]로 했다.

___ 각주(▶)는 모두 옮긴이의 첨언이다.

___저자가 출처로 밝힌 문헌들 가운데 국역본이 존재할 경우, 국역본의 서지 사항과 쪽수를 대괄호 안에 병기했다. 단, 번역은 일부 수정했다.

___ 단행본, 정기간행물에는 겹낫표(『 』)를, 논문, 기고문 등에는 큰따옴표(“ ”)를, 노래·시·영화·연극·텔레비전 프로그램 등에는 가랑이표(〈 〉)를 사용했다.

들어가는 말

지난 수백 년간 지속되어 온 민주주의에 관해 우리는 두 가지 이야기를 할 수 있다. 하나는 명백한 성공담이다. 민주주의국가들은 전쟁에서 승리하고, 경제 위기에서 벗어나며, 환경문제를 극복하고, 경쟁국을 항상 능가하고, 체제를 더 오래 유지한다는 점을 입증해왔다. 20세기 초반만 해도 민주주의국가는 거의 없었다(선거권에 대한 자격 제한이 없음을 요건으로 삼는 일부 셈법에 따르면 민주국가란 하나도 없었다). 현재는 대단히 많은 나라가 민주주의국가다(프리덤 하우스◄에 따르면 대략 120개국이다). 물론 이 기간 동안 민주주의의 진보가 전적으로 순조롭거나 일관된 것은 아니다. [외려] 무계획적이고 단편적이

▶ 민주주의 확산, 인권 신장, 국제 언론 감시 활동을 펼치는 비영리 인권 단체.
매년 세계 여러 국가의 민주주의 및 정치 자유를 비교, 평가하는 보고서를 발표한다.

었다. 즉, 새뮤얼 헌팅턴의 유명한 은유에 따르면 그것은 "파도"[물결]처럼 진행되어 왔다. 그러나 중간에 그 어떤 부침을 겪었다 해도 지난 세기에 민주주의가 전반적으로 승리했음에는 의심의 여지가 없다. 20년 전 프랜시스 후쿠야마가 그랬듯이 자유민주주의는 인류 역사의 근본 문제들에 대해 유일하게 타당한 해법이라고 주장할 수 있을 정도로 말이다.

그러나 이 같은 성공담과 나란히 또 다른 목소리도 들려온다. 민주주의의 미래에 대한 비관론과 우려의 목소리가 그것이다. 민주주의국가들이 오랫동안 성공적으로 유지되어 왔지만, 상당수의 사람들은 상황이 엇나가지는 않을지, 체계가 위기에 빠지고 경쟁국들이 언제든 발톱을 드러내고 덮칠 준비를 하고 있는 것은 아닌지 걱정해 왔다. 민주주의가 앞으로 나아가고 있는 와중에도 언제나 다음과 같은 지적 긴장의 북소리가 뒤따르고 있었다. 즉, 그 모든 좋은 소식들은 너무 좋아서 도무지 믿어지지 않는다. 민주주의의 운은 이제 곧 다할 것 같다. 민주주의 정치사는 성공담으로 채색되어 있다. 그러나 민주주의 사상사는 그와 같은 성공담과는 어울리지 않는다. 민주주의 사상사는 민주주의가 실패하리라는 전망으로 가득 차 있다.

오늘날에도 민주주의에 관한 이런 두 가지 견해를 모두 볼 수 있다. 여전히 도처에는 낙관론이 많다. 튀니지, 이집트, 리비아에서 전제 정권이 전복되고, 그 지역 전체에서 개혁을 바라는 대중의 욕구가 드높아진 사실은 "역사의 종말" 서사와 잘 맞아떨어진다. 시간이 걸릴지도 모르고, 그 과정이 근사하지 않을 수도 있지만, 민주주의는 그것에 반대했던 지역들로 확산하고 있다. 비단

아랍 세계만의 이야기가 아니다. 민주 정부는 라틴아메리카의 많은 곳에서도 안정적으로 뿌리내리고 있다. 사하라 사막 이남 아프리카 곳곳에서도 마찬가지다. 미얀마처럼 꽁꽁 얼어붙은 듯 요지부동하던 정권들에서조차 변화의 기미가 나타나고 있다.

다른 한편, 암울한 이야기도 많다. 그 모든 성공에도 불구하고 그와 맞먹는 차질이 빚어져 민주주의의 진보가 중단되는 것을 확인할 수 있다.[1] 이를테면, 러시아, 짐바브웨, 태국 같은 곳들에서 말이다. 몇몇 평론가들은 북아프리카와 중동에서 벌어지고 있는 사건들[중동의 봄]이 겉보기와는 다르다고 경고하며 암울한 분석을 내놓기도 한다. 대중 시위로 전제 정권이 무너진다고 해서 반드시 민주주의가 도래하지는 않는다. 또 다른 전제정치가 도래하기도 하고, 내전이 일어나기도 한다. 최근에는 기존 민주주의국가들이 이룩한 성과와 관련된 불안감도 등장하고 있다. 지난 세기는 민주주의국가들에게 호시절이었지만, 최근 10년은 그렇지 않았기 때문이다. 많은 선진 민주주의국가들이, 어떻게 승리를 거둘지 또는 어떻게 빠져나올 수 있을지 알지 못하는, 길고도 어려운 전쟁들을 (이라크와 아프가니스탄에서) 벌여 오고 있다. 서구 민주국가 대다수가 빚더미 위에 올라앉아 있기도 한데, 이런 전쟁들도 한 원인이지만 스스로 야기한 전 지구적 금융 위기 때문이기도 하다. 유럽에서는 일부 국가들이 채무불이행 상태에 이르렀고, 미국도 그 길을 뒤따를지 모른다는 두려움이 있다. 모든 민주국가는 기후변화와 관련해, 만약 할 수 있는 게 있다면, 무엇을 해야 할지 그 방법을 찾는 데 큰 애를 먹고 있다. 또한 거침없어 보이는 중국의 부상을 두려워하면서도, 이를 엄연한 현실로 받아들이고 있다. 정부 체계가 직면할 수 있는 네 가지 근본적 도전은 전쟁, 공공 재정, 환경적 위협, 경쟁 체제의 존재이다. 기성 민주주의국가가 그와 같은 도전에 적절히 대처하고 있는지는 분명하지 않다.

우리에게는 까다로운 수수께끼가 있다. 역사를 돌아보면, 민주국가는 그 어떤 상황에 직면해서도 적절히 대처할 수 있었다. 그렇지만 오늘날에는 가장 성공한 민주국가들조차 애를 먹고 있다. 상황이 나빠 보이지만 민주주의의 역사적 궤적이 시사하는 바에 따르면, 어떤 상황도 겉으로 보이는 것만큼 그렇게 나쁘지는 않았다. 이런 까닭에 우리는 민주주의의 현 위기를 좀처럼 진지하게 받아들이지 못한다. 그것이 정말로 위기인지조차 확신할 수 없다. 우리는 과연 곤경에 처해 있는가, 그렇지 않은가? 이 책은 이 질문에 대해 어떻게 생각해야 할지에 관한 것이다. 나는 우리가 곤경에 처해 있지만 사람들이 통상적으로 생각하는 이유들 때문은 아니라고 믿는다. 진짜 문제는 민주주의가 그 자신의 성공으로 말미암아 덫에 빠진다는 것이다.

정치와 관련된 문제에서 흔히 그렇듯, 민주주의의 전망과 관련해서도, 우리는 어느 한쪽 편을 들고 싶어 한다. 우리가 직면한 문제는 양자택일의 문제로 보인다. 좋은 소식을 중시할 것인가, 아니면 나쁜 소식에 주의를 기울여야 하는가? 후쿠야마가 맞았을까 아니면 틀렸을까? 미국은 끝났는가, 아니면 과거에도 매번 그랬듯 종말론자들의 예언이 이번에도 틀렸다고 판명 날 것인가? 민주주의에 대해 열의를 품어 본 적 없는 지역에서 그런 열의가 나타나고 있다는 게 정말일까, 아니면 거꾸로 그와 같은 열의를 오랫동안 품어 온 지역들에서 열의가 식고 있는 것은 아닐까? 낙관론자라면 민주주의 승리의 장기적 편익이 단기적 문제를 능가한다고 볼 것이다. 그러나 비관론자들은, 우리 주변의 문제들을 둘러보면, 민주주의가 장기적으로 성공을 거두었다는 이야기는 거짓에 불과하다고 본다. 많은 것은 "장기"의 기준에 달려 있다. 나쁜 시절 10년은 호시절 100년 앞에서 찰나에 지나지 않는다. 반면 호시절 100년도 2천 년 — [아테네 민주주의가 붕괴한 이후] 고대 그리스에서 19세기 중반에 이르는 (민주주의가 실패한 것으로 기록되었던) 시기까지 — 앞에서는 찰나에 지나지 않는다. 그 기간 동안 민주주의를 비판했던 이들은 민주주의가 부채[재정 적자]에 시달리고, 순간적인 만족을 추구하며, 어리석고 충동적인 전쟁을 잘 벌여 결국에는 스스로 붕괴할 것이라고 늘 떠들었다. 과연 그들이 틀렸다고 장담할 수 있을까?

이 책에서 나는 민주주의에 관한 두 가지 이야기가 어떻게 나란히 진행되는지를 보여 주고 싶다. 이것은 양자택일의 문제가 아니다. 또한 문제들을 일련의 더 작은 문제들로, 즉 민주주의 일반이 아니라 특정 시기, 특정 장소의 특정한 민주주의를 평가하는 문제로 세분화해 그것의 성공과 실패 여부를 판단하려 하지 않을 것이다. 나는 여전히 민주주의 일반에 대해 말하고 싶다. 문제는 민주주의를 양자택일적으로, 즉 성공담으로만 또는 실패담으로만 보려는 사고방식이다. 민주주의에서 좋은 소식과 나쁜 소식은 공생 관계이다. 성공과 실패는 서로 밀접한 관련이 있다. 이것이 민주주의의 조건이다. 민주주의의 승리가 착각은 아니지만, 그렇다고 민주주의가 만병통치약인 것은 아니다. 그렇게 생각하는 것이 바로 덫이다.

민주주의를 성공적으로 작동시키는 요소들―민주주의 사회의 유연성, 다양성, 반응성―은 민주주의를 잘못되게 하는 요소이기도 하다. 그것들은 충동적 행위, 단기적 이익 추구, 근시안적 역사관을 낳는다. 성공한 민주국가에는 맹점들이 있는데, 이로 말미암아 재난에 휘말리게 된다. 민주주의의 좋은 점과 나쁜 점, 즉 민주주의의 진전과 민주주의의 표류는 함께 전개된다. 지난 수백 년 동안 민주주의는 성공을 거두었지만, 더 성숙하고, 미래를 내다볼 줄 알며, 자각적인 민주주의 사회로 이어지지는 않았다. 민주주의는 승리했지만 성년에 이르지는 못했다. 한번 주위를 둘러보라. 민주주의 정치는 과거와 마찬가지로 어린애 같고 성미가 급하다. 사소한 일로 옥신각신하고, 칭얼거리며, 절망한다. 이것은 우리가 곤경을 정확히 인식하고 이에 대응하지 못하는 이유 가운데 하나이다. 민주주의의 장점에 관한 역사적 증거는 많이 쌓여 있다. 그렇지만 우리는 그런 장점들을 최대한 활용할 수 있는 방법은 여전히 모르는 것 같다. 우리는 똑같은 실수를 반복하고 있다.

이 책에서 나는 우리가 똑같은 실수를 반복하는, 심지어는 진보하는 과정에서조차 그렇게 하는 이유를 밝히고자 현대 민주주의의 역사에서 위기가 발생한 특정 시점들에 초점을 맞춘다. 흔히 위기는 진실이 드러나는 순간, 정말로 중요한 것이 무엇인지를 발견하는 순간으로 여겨진다. 그러나 민주주의의 위기는 그렇지 않다. 그것은 아주 혼란스럽고 불확실한 순간이다. 아무것도 드러나지 않는다. 위기의 순간에 민주주의의 장점이 돌연 빛을 발하는 것은 아니다. 민주주의의 장점은 여전히 단점과 뒤섞여 있다. 민주주의국가는 출구를 찾으려 더듬거리고, 비틀거리며 위기를 통과한다.

그럼에도 민주국가가 경쟁 상대인 전제 국가보다 위기 극복에서 우위에 있는 것은 바로 이 같은 능력이다. 민주국가는 적응력이 강하기에 그 어떤 대안 체제보다 위기를 잘 극복한다. 실수를 거듭한다 해도, 민주국가는 해결책을 찾아 더듬거리며 계속 나아간다. 그러나 민주국가는 경쟁 국가보다 위기를 피하는 법을 배우는 데도, 또 위기로부터 교훈을 얻는 데도 서툴다. 사실 위기에서 교훈을 얻는 건 특정 유형의 전제 정권이 더 빠를지도 모른다. 특히 근래의 실수를 반복하지 않는 일과 관련해서 말이다(전제 국가가 무너지기 쉬운 이유는 미래가 계속 과거와 비슷하게 전개되리라 가정하기 때문이다). 민주국가는 위기로부터 지혜를 얻기보다는 안주할 공산이 크다. 즉 민주국가가 배우는 것이란 자신은 실수를 해도 그것을 견뎌 낼 수 있다는 것이다. 이것은 민주국가가 실패하는 원인이 될 수도 있는데, 불필요한 실수를 거듭한다면 말이다. 우리는 아직 역사의 종말에 이르지 않았다. 후쿠야마가 틀렸기 때문이 아니다. [외려] 후쿠야마가 옳은 몇 가지 이유 때문이다.

성공과 실패가 서로 맞물려 있다는 것은 민주주의에만 해당되지 않는다. 그것은 인간적 조건의 일부다. 그것은 비극의 본질이다. 인간은 성취를 하면, 그것이 어떤 성취건 간에, 자만할 수 있다. 재능이 뛰어난 사람은 대개 도를 넘다가 실수하기 마련이다. 대단한 지식이 있어도 반드시 자기 자신에 대해서도 잘 아는 것은 아니다. 지적인 사람들이 가장 어리석은 짓을 저지른다. 정치체제도 마찬가지다. 제국은 도를 넘어 실수를 한다. 성공한 국가는 성공을 맘껏 누릴 때 오만해지고, 어려운 시절에는 과거의 영광에 기대어 현실에 안주한다. 강대국은 쇠망한다.

그런데 민주주의의 곤경은 일반적인 인간 비극으로 축소할 수 없고, 또 정치적 쇠망의 흐름에 속하는 그저 하나의 단계도 아니다. 민주국가는 특정 유형의 자만에 빠진다. 고대 로마에서는 개선장군들이 입성할 때 그들 귀에 그들도 언젠가는 죽기 마련이라고 속삭이는 노예들이 동행했다. 반면, 민주국가에서는 영웅들에게 그렇게 하지 않는다. 그럴 필요가 없기 때문이다. 민주국가의 성공한 정치인들은 자신의 필사必死[재선 실패]를 지속적으로 상기할 수밖에 없다. 민주국가에서 그들은 찬사보다 욕설을 더 많이 듣는다. 민주국가에서는 그 어떤 정치인도 군중의 야유에 익숙해지지 않은 채 가장 높은 지위에 오를 수 없다. 따라서 민주국가에서는 그 누구도 실패를 불시에 겪지 않는다. 민주국가의 정치인이 현실에 안주한다면, 그 까닭은 필사의 속삭임에 너무나도 익숙해졌기 때문이지, 그것을 들을 수 없어서가 아니다. [반면] 전제자는 불시의 습격을 당하는 이들이다.

오늘날 군중의 야유에 직면한 현대 전제자 이미지의 결정판은, 니콜라에 차우셰스쿠가 1989년 12월 23일, 즉 아내 엘레나와 함께 총살을 당하기 사흘 전, [루마니아의 수도] 부쿠레슈티의 [공산당] 중앙위원회 건물 노대에 선 장면이다. 그는 정말로 어리둥절해 보였다. 대체 왜 이리 소란스러운 거지? 민주국가에서는 그 어떤 정치인도 그렇게 어리둥절한 모습을 보이지 않는다. 민주국가 정치인들의 안일함을 압축적으로 보여 주는 표정은 다르다. 그것은 현직에 있던 공직자들이 선거 당일 밤 재선에 실패하고 짓는 표정이다([빌 클린턴에게 패배한] 1992년 조지 부시의 모습을 떠올려 보라). 그들은 놀란 표정이 아니라 언제나 언짢은 표정을 하고 있다. 그들은 이렇게 말하는 듯하다. 그래요, 저에 대한 야유는 들었습니다. 그걸 어찌 모르겠어요? 저도 신문 봅니다. 하지만 원래 민주주의가 그렇지 않나요? 그게 사람들의 진심이었다는 걸 제가 미처 몰랐지만 말이죠.

이런 정치인들의 모습은 민주주의 사회에 대입해 보아도 다르지 않다. 현대 미국은 제국이 전성기에 누리는 화려함 면에서 로마제국과 비교되곤 한다. 그러나 미국은 로마가 아니다. 제국이면서 동시에 제대로 기능하는 현대 민주주의 체제이기 때문이다. 이런 까닭에 미국은 너무 분주하고 조급하며 불평이 많고 자기비판적이어서 [쇠망 전 로마제국 같은] 퇴폐한 말기 제국이라 할 수 없다. 민주국가는 파국이 임박할 가능성을 늘 염두에 둔다. 정확히 말해, 그것에 지나칠 정도로 예민하다. 오늘날 미국 민주주의의 특징 가운데 하나는 자신의 생존 가능성을 끊임없이 의심한다는 것이다. 그런 민주국가에게 문제는 필사의 속삭임을 들을 수 없다는 것이 아니다. [외려] 너무 자주 들어서 언제 진지하게 받아들여야할지 확신할 수 없다는 것이다.

성공한 민주국가에는 개인의 자만을 막아 주는 제도적 보호책들이 많다. 전제 국가에 내재된 위험은 제정신이 아니거나 허풍이 심한 지도자가 국가를 벼랑으로 이끌 수 있다는 것이다. 민주국가에서는 미친 지도자나 미친 생각이 맹위를 떨치기가 훨씬 어렵다. 민주국가에서는 벼랑으로 떨어지기 전에 투표로 미친 지도자를 해임할 것이다. 정기적인 선거, 자유 언론, 독립된 사법부, 전문화된 관료 체제, 이 모든 것이 개인적인 최악의 판단으로 민주주의국가가 몰락하는 것을 막아 준다. 장기적인 측면에서 보면, 안정된 민주국가에서는 실수가 발생해도 재앙으로 이어지지 않는데, 그 실수가 고착되지 않기 때문이다. 그렇다고 해서 실수를 더는 저지르지 않는 것은 아니다. 정확히 말해, 실수는 실수를 조장한다. 어떤 나쁜 일도 오래가지 않는다는 게 위안이 될지 몰라도, 그것이 위기가 닥쳤을 때 무엇을 해야 하는가에 대한 답은 아니다. 더욱이 위안은 그 특유의 현실 안주를 낳을 수 있다. 자만이 낳을 수 있는 최악의 영향들로부터 안전하다고 여기면 민주국가는 무모해질 뿐만 아니라(최악의 사태가 설마 일어나겠어?), 나태해질 수 있다(민주주의가 스스로 문제들을 해결할 때까지 기다려 보는 게 어때?). 위기가 반복되는 이유다.

민주주의의 자만이라는 독특성에 처음 주목한 ― 그것이 어떻게 민주사회의 역동성과 양립하는지, 민주주의의 적응성이 어떻게 민주주의의 표류성과 함께하는지 ― 사람은 알렉시스 드 토크빌이다. 그는 내가 이 책에서 말하고 싶은 이야기의 출발점을 제공한다. 그가 약 200년 전에 [미국 민주주의에 관한] 책을 쓴 이후, 사람들은 줄곧 그가 민주주의에 관해 낙관론자인지 비관론자인지를 두고 논쟁을 벌여 왔다. 사실 그는 둘 다였고, 달리 말해 둘 다 아니었다. 토크빌이 민주주의에 대해 낙관했던 근거는, 그가 민주주의에 대해 근본적으로 우려했던 근거이기도 했다. 이런 점에서 그는 당대에 독창적 사상가가 되었고, 오늘날에도 여전히 중요한 사상가가 되었다. 그는 민주주의에 관한 전통적 비판자의 우려도, 현대 민주주의 옹호자의 희망도 품지 않았다. 첫 장에서 나는 토크빌이 취한 접근법의 차별점이 무엇인지, 또 그가 왜 민주주의와 위기의 지속적 관계에 대한 없어서는 안 될 안내자인지를 설명한다.

다음으로 나는 지난 100년 동안 발생한 민주주의의 일련의 위기를 검토하며, 제대로 기능하는 민주국가가 어떻게 위기에 대처하는지 탐구하고 또 그것으로부터 무엇을 배우는지 탐구한다. 내가 검토하고자 고른 중요한 연도는 다음과 같이 총 일곱 해이고, 일정한 간격을 유지하고 있다. 1918년, 1933년, 1947년, 1962년, 1974년, 1989년, 2008년. 이 목록에 [위기의 해가] 하나도 빠짐없이 모두 담겨 있는 것은 아니다. 현대 민주주의에는 1940년, 1968년, 2001년 같은 또 다른 위기의 순간도 있었다. 또한 당시에는 위기로 보였으나 이후 기억에서 희미해진 위기의 시기도 많다. 이것은 토크빌이 주목한 민주주의 삶의 독특한 특성 가운데 하나이다. 민주주의는 반영구적인 위기 상태로 존재하며, 따라서 언제 위기를 진지하게 받아들여야 할지 잘 알지 못한다. 내가 고른 위기들은 이같은 불확실성을 반영하며, 현재 우리가 느끼는 불확실성을 예시한다. 예컨대, 내가 1940년에 대해 쓰지 않는 이유는 그해에 발생한 위기가 현대 민주주의의 존립이 달린 궁극의 위기였기 때문이다. 그해에 발생한 문제는 불확실하지 않았다. 명백한 파괴적 위험이었다. 이와는 매우 다른 방식이기는 하지만, 1968년과 2001년에 발생한 위기 또한 일회적인 것이었다. 내가 연구하는 위기들은 다양한 패턴들이 나타나는 일련의 연속적 위기들이다. 그것은 불확실한 두려움, 놓쳐 버린 기회, 우연한 승리의 이야기다. 그것은 우연성과 혼란의 이야기다.

그렇지만 그 모든 불확실성에도 불구하고, 내가 쓰는 각각의 위기들은 진짜였다. 이 연도들은 성패에 따라 상당한 것들이 걸려 있는 중요한 해였다. 나는 기존의 민주주의국가들이 이런 위기에 어떻게 대처했는지 연구하며, 토크빌의 반향과 현재적 함의를 찾아볼 것이다. 내 목적은 우리가 어떻게 여기까지 왔는지 이해하는 것이다. 마지막 장에서는 앞으로 어디로 향하게 될지 탐구한다. 나는 현재 우리가 처한 곤경에서 쉽게 벗어날 수 있는 해법을 제시하지 않는다. 우리는 덫에 걸려 있다. 손쉬운 해법이 존재한다면, 그것은 덫이라 할 수 없을 것이다. 하지만 우리가 어떻게 덫에 걸려들었는지 이해하는 것은 미래를 전망하는 데 본질적이다.

　마지막으로 두 가지를 언급한다. 이 책은 기존의 민주주의국가들이 위기에 어떻게 대처했는지에 관한 것이다. 사회가 어떻게 민주화되는지, 또는 민주주의에서 다시 전제주의로 되돌아갈 때 어떤 일들이 일어나는지에 관한 것은 아니다. 소위 민주주의 "이행"에 관한 문헌은 방대하고, 정치학자들은 이행이 어떻게 일어나는지를 전보다 훨씬 잘 설명한다. 나의 관심사는 민주주의 이행을 완료했음에도 여전히 위기에 처해 있다고 하는 사회의 상황과 전망에 있다. 그런 이유에서 나는 미국과 서유럽, 특히 내가 논하는 초기의 위기들이 발생했던 당시의 이 나라들에 초점을 맞춘다. 20세기 전반에는 민주주의국가가 거의 없었다. 현재는 민주주의가 확산되었기에, 인도, 이스라엘, 일본을 포함해 세계 곳곳의 민주주의국가들도 다룬다. 그럼에도 미국은 여전히 이 이야기의 중심이다. 토크빌은 미국에 대한 연구를 통해 민주주의 진보의 양면성을 처음으로 포착했다. 미국은 여전히 그 양면성을 가장 분명히 볼 수 있는 나라다. 나는 토크빌이 시사한 것 이상으로 **현재** 미국이 곧 민주주의이고, 또 민주주의가 미국 모델에서만 가능하다고 말하지는 않을 것이다. 그러나 미국 모델이 자신의 성공 때문에 망해 가고 있다면, 그 함의는 다른 민주국가들에도 유효하다.

이 책은 정치사와 사상사가 결합돼 있다. 나는 민주주의 사회가 위기에 어떻게 대처해 왔는지뿐만 아니라, 위기가 전개될 때 사람들이 그것에 대해 어떻게 쓰고 말했는지에도 관심이 있다. 믿음은 중요하다. 곧 민주주의의 강점과 약점에 대한 사람들의 생각이 민주국가의 실제 운영에도 영향을 미친다. 예컨대, 위기 상황에서, 민주국가가 공황 상태에 빠지기 쉽다는 믿음이 널리 퍼져 있다면, 민주국가는 합리적 행위자로 구성되어 있다는 믿음이 퍼져 있을 때와는 다른 전략들이 채택될 것이다. 이 책은 정치학 저작이 아니다. 하지만 정치학은 민주주의에 관해 사람들이 가지고 있는 믿음들 가운데 일부분을 이루는 기초가 되고, 내가 하고 싶은 이야기에서도 중요한 역할을 한다. 우리는 민주국가들의 성공 요인에 대해서는 예전보다 훨씬 더 많은 것들을 알고 있다. 우리가 모르는 것은 이 지식을 가지고 무엇을 할 것인가이다. 그것이 문제다.

용어에 대하여

이 책에서 나는 현재의 전통에 따라 일차적으로 "민주주의"와 "전제주의"를 대비했다. 민주주의는 정기적인 선거, 비교적 자유로운 언론, 그리고 개방적 경쟁을 통해 집권이 보장된 사회를 의미한다. 우리는 이런 사회를, 자유의 수준에서 차이가 있을지라도, 흔히 "자유민주주의"라고 부른다. 전제주의는 지도자가 개방적 선거에 직면하지 않고, 정보의 자유로운 흐름이 정치적으로 통제되는 사회를 의미한다. 엄밀히 말하면 전제주의는 단 한 명이 독자적으로 계속해서 통치하는 것을 의미한다. 일부 사례에서는 몇몇 권력자들이 작은 일파로 통치하기도 한다(예컨대 "대령들의 정권"으로도 불리는 그리스 군사정권(1967~74)[2]에 대해, 민주/반민주를 개략적으로 구별하는 정치학자들은 그 특징을 전제주의로 규정했다). 일부 전제 국가는 독재이고 일부는 그렇지 않다. 어떤 전제 국가는 다른 전제 국가들보다 권위주의적이다. 필요에 따라 나는 이런 차이들을 명시한다.

오늘날 정치학은 전제주의에서 민주주의로의 이행을 하나의 스펙트럼에 그리려는 경향이 있다. [그러나] 이런 이행에는 (정기적인 선거를 실시하는 권위주의 국가 사례처럼) 일부 핵심적 차별점들이 흐릿해지는 광범위한 중간 지대가 있다. 나는 이런 "혼종적"hybrid 정권 문제를 마지막 장에서 논의한다. 그래도 일반적으로 나는 민주주의와 전제주의의 핵심 차이점과 대조되는 점들을 받아들인다. 이것은 "민주주의"를 다의적으로 사용한 토크빌을 비롯해 내가 논의하는 저자들 대부분과 일치하는 것이다. 그런데 토크빌에게 그 근본적 대조는 "민주주의" 사회와 "귀족"aristocratic 사회 사이의,

그러니까 평등의 원리가 확립된 사회와 그렇지 못한 사회 사이에 있었다. 이것의 함의는 다음 장에서 논의한다.

다른 측면에서 보면 토크빌이 민주주의의 의미를 모호하게 사용했다는 것은 주지의 사실이다. 그는 이 용어를 때로는 정치 행위의 한 방식, 때로는 정치 및 도덕 원리들의 집합, 때로는 전반적인 삶의 방식으로 바꿔 가며 썼다. 나는 의도적으로 그를 따라 모호하게 쓰지는 않았지만 미정의 상태로 융통성 있게 사용하려 했다. 민주주의라는 현대 사상의 전형적 특질은 적응성이다. 민주주의는 위계적인 형식의 정치도 수용할 수 있고, [모든 계층을 아우르는] 포괄적인 형식의 정치도 수용할 수 있다. 민주주의는 시민뿐만 아니라 지도자와도 동일시될 수 있다. 민주주의는 평등주의와 다양한 불평등들을 아우를 수 있다. 이 책에서 나는 민주주의를 인식할 수 있는 실체로 다룬다. 그러나 때로는 정치인(프랭클린 루스벨트, 자와할랄 네루), 특정한 제도(선거, 자유 언론), 일반적인 성벽性癖(조급함, 부주의)과 관련해 사용하기도 한다. 그럼에도 불구하고, 내가 이야기하는 부분들에서 그 의미가 분명하게 드러나기를 바란다.

1831년 5월, 미국에 도착한 젊은 프랑스 귀족 토크빌은 자신이 발견한 것에 그리 깊은 인상을 받지 못했다. 표면적인 방문 목적은 [프랑스 정부의 의뢰로] 미국의 감옥 제도에 관한 책을 쓰겠다는 것이었지만, 제대로 기능하는 민주주의가 실제로 어떤지 직접 보고 싶은 생각도 있었다.

　배를 타고 뉴욕에 도착한 토크빌은 처음 방문한 사람들이 대개 그렇듯 갈피를 못 잡고 어찌할 바를 몰랐다. 너무 많은 일들이 일어나고 있었다. 어느 누구도 잠시 멈추어 자신이 무엇을 하고 있는지 되돌아보지 않았다. 책임지는 사람도 없었다. 그는 서둘러 프랑스에 있는 친구들에게 답장하면서 미국인들의 삶이 얼마나 불안정한지 놀랐다고 썼다. "여기는 뭔가 계속되고 오래가는 기운이라곤 전혀 찾아볼 수 없네."[1] 그가 만난 미국인들은 친절했지만 조심성이 없고 매우 조급해하는 인상을 주었다. 너무나도 쉽게 집, 직업, 주변 환경을 바꿔 버리는 미국인들의 모습에 그는 충격을 받았다. 또한 이런 분주함을 반영하는 듯한 미국 정치의 혼란스러운 상태에도 깜짝 놀랐다. 선출직 정치인이 자신을 선출한 사람들보다 명확한 목적의식을 갖고 있는 것도 아니었다. 그와 같은 계층 및 세대에 속한 남자들이 대부분 그렇듯, 토크빌도 약간은 우월 의식에 빠져 있었다. 그가 미국에서 느낀 불신은 민주주의에 대해 본능적으로 느끼고 있던 불신 같은 것이었다. 미국의 분별없는 에너지에는 무언가 어린아이 같은 모습이 있었다. 규율은 대체 어디에 있는가? 그리고 품위는? 그는 민주주의가 작동 중이라는 건 알았지만 어떻게 작동하는지는 보지 못했다.

비록 토크빌이 우월 의식에 빠져 있긴 했지만, 그에게는 남다른 면모가 있었다. 마음을 고쳐먹을 수 있었던 것이다. 뉴욕 시를 떠나 미국 곳곳을 여행하면서, 그는 자신의 첫인상이 틀렸음을 감지하게 됐다. 미국 민주주의는 작동하고 있었다. 미국 민주주의는 일상적인 활동들 속에서는 보이지 않았던 안정성과 지속성을 그 기저에 갖고 있었다. 민주주의 삶의 방식에는 고유한 강점들이 있었지만 그것들을 발견하기 위해서는 인내가 필요했다. 토크빌은 1835년에 출간된 『미국의 민주주의 1』에 이렇게 썼다. "그것의 결함을 찾아내는 데는 한 번 휘둘러보는 것으로 족하지만, 그 훌륭한 특질은 오랫동안 살펴보아야만 식별할 수 있다."[2] 미국 민주주의를 이해하는 비결은 그것을 액면 그대로 믿지 않는 것이었다. 미국 민주주의는 작동하지 않는 듯 보임에도 작동하고 있었다. 그것의 장점들은 표면 밑 어딘가에 숨어 있었고 시간이 흐른 뒤에야 나타났다.

토크빌이 미국 여행에서 발견한 가장 중요한 것은 민주주의가 겉보기만큼 나쁘지는 않다는 것이었다. 이는 현대 정치에 대한 그의 중대한 통찰력을 보여 준다. 그것은 어떤 점에서 현대 정치에 대한 **최고의** 통찰이다. 지속적인 민주주의에는, 현재 겉으로 드러난 상황과 그것의 장기적 의미 사이에 늘 격차가 있을 것이다. 민주주의는 모든 게 쉽게 드러나는 정치체제로 보인다—모든 것이 매우 날 것이고 쉽게 접근 가능하다. 그러나 민주주의의 장기적 장점들은 쉽게 드러나지 않는다. 한순간에 붙잡을 수 없다. 그것이 드러나려면 시간이 필요하다.

토크빌 이전에는 이런 관점에서 민주주의를 제대로 이해한 사람이 없었다.[3] 그것은 참으로 그의 발견이었다. 자신이 발견한 민주주의의 함의들을 고심하면서, 그는 그 문제들이 대부분 매우 까다롭고 골치 아프다고 느꼈다. 그는 민주주의의 숨은 강점들이 또한 민주주의의 가장 심각한 약점이라고(그것들이 숨어 있다는 바로 그 이유에서) 느꼈다. 민주주의의 숨은 강점들은 필요할 때마다 마음대로 끌어다 쓸 수 있는 것이 아니다. 그럴수록 흔히 사태가 악화된다. 그럼에도 그런 노력을 포기하면 민주국가는 수동적이 되거나 표류하기 쉽다. 민주국가는 경솔하게 행동을 취하려는 충동과 기다리려는 본능 사이에서 진퇴양난에 빠져 있다. 민주주의는 이런 두 마음 상태 사이에서 균형을 잡지 못한다.

토크빌이 그토록 독창적이고 중요한 사상가인 이유는 바로 이런 사고방식 때문이다. 그는 위기에 빠진 민주주의의 특이성에 대한 최고의 안내자이다. 이 장에서 왜 그런지 그 이유를 보여 주고자 한다.

경쟁적 견해들

미국을 방문하고 미국 민주주의가 겉보기와는 다르다고 판단한 사람이 토크빌이 처음은 분명 아니었다. 미국을 여행했던 상당수의 여행자들은 자신의 첫인상에 대해 의구심을 가졌다. 그 이유는 대체로, 그들이 미국인들을 위선자라고 판단했기 때문이다. 미국 민주주의에 흔히 제기되는 불만은 현실이 훌륭한 원리에 미치지 못한다는 것이었다. 즉 미국인은 품위와 자유의 언어를 설파했지만, 뒤에서는 모두 거칠고 저속하며 악착같이 돈을 모으는 사람이라는 것이었다. 미국을 방문한 유럽인들은 처음에는 미국의 꽉 막히지 않고, 평등주의적인 에토스에 열광했다. 그들에게 미국은 청량제 같았다. 그러나 여행을 하면 할수록 그게 겉치레에 불과하다는 생각이 굳어졌다. 미국의 실상은 물질주의적이고 착취적이며 모두가 자신만을 챙기는 그런 사회였다. 더욱이 자유의 주창자들이 노예를 소유한다는 사실, 또는 그렇지 않다 해도 타인의 노예 소유를 용인한다는 사실을 무시할 수 없었다. 노예제로 말미암아 미국 민주주의는 조롱거리가 됐다.

　토크빌의 것에 비해 훨씬 전형적인 미국 여행기는 또 다른 젊은 유럽 작가 찰스 디킨스가 10년 뒤에 쓴 것이다. 그는 우월 의식에 사로잡혀 있는 인물이 전혀 아니었고, 민주주의를 본능적으로 좋아했다. 그는 처음부터 미국을 무척 좋아했는데, 특히 미국인들이 자신을 무척 좋아하는 것 같았기 때문이다. 디킨스는 그의 소설에 나오는 가난하고 억압당하는 자들의 투사이자 동지로 환영 받았다(토크빌도 첫 방문 때 공식적인 환영을 받았는데, 그는 이를 미국인들이 얼마나 세상 물정 모르는지를 보여 주는 표시로 보았다. 프랑스에서는 자신에 대해 들어본 사람이 거의 없었기 때문이다). 디킨스의 열의는 오래가지 않았다. 이곳저곳을 여행하는 동안 그는 그런 관심에 신물이 났고, 미국인들이 말로는 대단한 열정을 보여도 실제로는 그 높은 이상을 좇는 데 전혀 관심이 없다는 사실에도 신물이 났다. 미국인들은 보면 볼수록 무례하고 자기만족에 빠진 이들로 보였다. 또한 미국의 느슨한 저작권법은 자신의 소설들이 일상적으로 불법 복제되고 있음을 뜻했기에, 디킨스는 미국인들이 자신의 돈을 갈취하고 있다고 느꼈다. 미국에서의 경험에 대해 쓴 두 권의 책, 『미국 인상기』*American Notes for General Circulation*(1842)와 소설 『마틴 처즐위트』*Martin Chuzzlewit*(1843~44)에서 디킨스는 자신이 느낀 배신감을 분명히 표현했다. 그는 자신을 초청한 주최자들의 위선을 조롱했고, 노예제를 용인하는 그들을 맹비난했다.

토크빌의 지적 여행에서 매우 특이한 점은 그 방향이 반대였다는 것이다. 토크빌도 디킨스만큼이나 노예제를 혐오했다. 그러나 그는 미국인들이 위선자라고 결론짓지 않았다. 대신 그는 미국 민주주의의 차별성이 진정성이라고 믿게 되었다. 여행의 결정적 순간이었던 7월 4일, 그는 동행인 귀스타브 보몽과 함께 생긴 지 얼마 안 된 뉴욕 주의 주도 올버니를 찾아 독립기념일 행사에 참가했다. 토크빌은 행사에서 밴드들이 행진하고 엄숙한 연설들을 행하는 게 매우 우스꽝스럽게 느껴졌다. 지역에 대한 자부심을 드러낼 때는 웃음을 터뜨리고 싶은 심정이었다. 그러나 그날 저녁 행사가 사람들의 독립선언문 낭독으로 끝나 갈 무렵, 그는 놀랍게도 깊은 인상을 받았음을 인정하지 않을 수 없었다. "마치 전류가 거기 모인 사람들 모두의 심장을 타고 흐르는 것 같았다. 결코 연극이 아니었다. …… 여기에는 마음 깊이 느껴지는 진정으로 위대한 무언가가 있었다."4 미국 민주주의는 가짜가 아니었다. 오히려 참된 종교에 가까운 것이었다.

믿음은 미국 민주주의의 핵심이었다. 그 체제가 작동하는 이유는 사람들이 체제를 신뢰하기 때문이라고 토크빌은 판단했다. 그것이 작동하지 않는 듯 보이고, 매 순간 엉망으로 보임에도 사람들은 민주주의를 신뢰했다. 민주주의는 우연적인, 부주의한 속성을 지닌 정치 유형으로, 무계획적이고 비조직적이며 때로는 우스꽝스럽기도 하지만 어떻게든 옳은 방향으로 가는 체제였다. 미국인들은 미래에 대한 자신감에 의지해 그럭저럭 버텨 나갔다. 그러나 이것은 맹신이 아니었다. 미국 민주주의가 성과를 낼 수 있음을, 또한 엉망진창인 것처럼 보이는 민주주의에 그 어떤 경쟁 체제도 따라올 수 없는 힘이 축적되어 있음을, 시간이 보여 주었다. 토크빌은 이렇게 썼다. 민주주의는 "일 하나하나는 비교적 잘 못하지만 더 많은 일을 한다." 그는 이렇게 이어 갔다.

> 민주주의는 인민에게 가장 유능한 정부를 주지 못하지만, 가장 유능한 정부도 만들어 내지 못하는 것을 인민에게 준다. 다시 말하자면, 사회 전체에 잠시도 쉬지 않는 활기, 충만한 힘, 그리고 아무리 불리한 상황이라도 기적을 낳을 수 있는 에너지, 그런 것들이 민주주의의 진정한 장점들이다.5

토크빌은 여기서 반半신비적인 용어를 의도적으로 사용하는데,

그는 민주주의가 기능하는 방식에는 무언가 "감지할 수 없는" 또는 "불가사의한" 무엇이 있다고 말한다. [그러나] 토크빌이 민주주의가 불길하거나 사기성이 있다는 의미로 그렇게 표현한 것은 아니었다. 우리가 민주주의의 모든 것을 명확히 이해할 수는 없다는 의미였다. 어떤 순간에 우리는 민주주의가 어떻게 작동하는지 볼 수 없다. 그러나 그것이 작동했다는 것은 자신할 수 있다.

토크빌은 미국 민주주의에 숨겨진 깊이가 있음을 믿게 됐다. 이런 점에서 그는, 미국 민주주의의 약속과 그것의 추잡한 현실 사이의 불일치에 집착한 다른 유럽인 여행자들과는 판이했다. 토크빌의 이 같은 관점은 2천 년이 넘는 유럽 정치철학의 관점과도 다른 것이었다. 민주주의에 대한 전통적인 불만은 늘 그것에 숨은 얄팍함에 관한 것이었다. 철학자들에 따르면, 민주주의적 삶의 표면 아래 놓인 것은 안정성과 지속성이 아니라 무지와 어리석음이었다. 이 같은 비난은 민주주의가 표리부동하다는 비판을 넘어서는 것이었다. [곧] 민주국가를 신뢰할 수 없는 이유는, 근본적으로 자신이 무엇을 하고 있는지 전혀 알지 못하기 때문이라는 것이었다.

플라톤은 이런 사고방식의 기틀을 세웠고, 이는 서구의 정치적 상상력에 오랫동안 영향력을 행사했다. 플라톤은 『국가』[국역본, 537쪽]에서 민주주의가 [온갖 꽃을 수놓은] "다채로운 외투처럼" 정치체제 가운데 가장 매혹적이라고 말했다. 그러나 다채로운 겉모습은 사람들을 호도한다. 민주주의는 겉으론 빛이 나지만 그 밑은 썩어 있다. 달리 말해, 보기보다 훨씬 나쁘다. 민주국가는 눈가림, 겉치레로 좋은 모습을 보여 주려 하지만, 늘 무언가 불쾌한 것이 그림자 속에 숨어 있다. 그것은 바로 하나같이 탐욕스럽고 어리석은 대중이다.

　문제는 민주주의가 [어리석은 대중의] 욕망에 영합한다는 것이었다. 민주주의는 사람들이 하루하루 원하는 것을 주었지만, 그들이 옳은 일을 원하도록 하지는 못했다. 민주주의는 지혜를 구하고, 어려운 결정을 내리며, 냉엄한 현실을 직시하기 위해 필요한 능력이 없었다. 민주국가들은 아첨과 거짓말의 토대 위에 세워졌다. 민주국가의 정치인들은 대중이 믿고 싶어 하는 것을 말할 뿐 들어야 하는 것은 말하지 않았다. 플라톤에 따르면 그들은 자신의 결함을 마치 장점인 양 꾸몄다. 정치인들은 버릇 없는 사람들에게 용감하다고 했다. 낭비가 심한 이들에게는 후하다고 했다. 아첨이 대개 그렇듯 그 효과는 잠깐이다. 약점을 영원히는 숨길 수 없기에 장기적으로 그것은 재난을 가져온다. 결국에는 약점을 노출할 어떤 일이 생길 것이다. 바로 그때 민주국가는 자신에 관한 진실을 발견할 것이다. 그러나 그때는 너무 늦을 것이다. 진실이 민주주의를 따라잡을 때, 민주주의는 파멸을 맞이하게 될 것이다.

　2천여 년에 이르는 유럽 정치사상의 흐름 속에는 이 같은 주제가 끝없이 변주되어 있다. 민주국가는 변덕스럽고, 잘 속으며, 몰염치했고, 자제력이 부족했다. 욕구를 통제하지 못해 빚을 내기 바쁘다. 열정을 통제하지 못해 어리석고 위험한 전쟁을 벌였다. 비겁한 본능을 통제하지 못해 장차 폭군이 될 이에게 권력을 넘겨주었다. 무엇보다 민주주의는 호시절에만 적합한 정치 유형이었다. 위기가 닥치면, 민주주의는 무너질 것이었다. 민주주의는 결산일을 영원히 연기하지는 못하는 일종의 신용 사기confidence trick였다. 민주주의와 관련해 유일하게 확실한 것은 오래가지 못하리라는 것이었다. 만약 오래가는 민주주의가 있다면 그것은 분명 진정한 민주주의는 아닐 터였다. 민주주의에 대한 표준적인 비판의 이면은 다음과 같았다. 진정한 민주국가는 성공한 국가가 될 수 없고, 따라서 성공한 국가는 진정한 민주국가일 수 없다. 민주국가는 전제자의 심장을 숨기고 있었다.

토크빌은 이 같은 사고방식을 철저히 깨뜨렸다. 그는 미국이 진정한 민주국가임을 추호도 의심하지 않았다. 그러나 그는 미국 민주주의가 겉보기보다 나쁘다고 생각하지 않았다. 민주주의의 명백한 결점들을 고려했을 때, 어떻게 그럴 수 있었을까? 민주주의를 신뢰하지 못하게 하는 것은 바로 겉모습이었다. 플라톤은 민주주의를 [겉보기에] 가장 매력적인 정치체제라고 했다. 토크빌은 민주주의가 가장 매력적이지 않은 체제라고 생각했다. 그가 보기에 눈가림, 겉치레하는 법을 정말 잘 아는 귀족 사회의 화려함과 매력 같은 것은 민주주의에 없었다. 민주국가는 좋은 인상을 주는 데 꼭 필요한 규율과 품위가 부족했다. 그러니까 민주국가는 반드시 엉망이 되기 마련이라는 판단은 어느 수준에선 참이었다. 철학자들이 오해한 것은 **어느** 수준인가에 있었다. 그것은 표면에서 일어나는 일들이었다. 무언가 다른 것이 그 밑에서 일어나고 있었다.

민주주의의 표면적 결함과 숨은 장점을 대비해 토크빌은 민주주의 비판가들의 전통적 주장들을 근본적으로 뒤엎었다. 그런데 이는 그가 민주주의의 급진적 옹호자들이 흔히 내세우는 주장을 거부했다는 뜻이기도 했다. 그들이 제시하는 주장의 주요 근거는 민주주의의 커다란 장점이 투명성이라는 것이었다. 즉, 민주주의가 성공하는 이유는 다른 정부 체제와는 달리 숨길 것이 전혀 없다는 것이다. [그들이 보기에] 민주주의는 내부의 작동 방식을 드러내는 유일한 체제였다. 그것은 민주주의가 자신의 결함을 고칠 수 있음을 의미했다. 미국 독립혁명과 프랑스혁명을 옹호한 위대한 민주주의자 토머스 페인은 이렇게 말했다. "그 탁월함과 결점이 무엇이든지 간에 그것들은 만인이 볼 수 있다. 그것은 기만과 신비에 의거해 존재하지 않으며, 빈말과 궤변을 하지도 않는다." 빈말과 궤변은 모두 [민주주의의] 반대편에 있는 체제에 해당하는 것이라고 페인은 주장했다. [사람들을 속이는] 가짜는 바로 군주제였다. "군주제가 물거품에 불과하고, 돈을 빼앗기 위한 궁정의 술책에 불과하다는 것은 (적어도 내게는) 우리가 관찰할 수 있는 모든 특성으로 보아 분명하다."6 민주주의의 적은 무언가 숨길 게 있는 자들이었다.

페인은 인민이 민주주의 반대자들의 편견에서 벗어나 민주주의의 참 의미를 알게 되면 성공할 것이라 믿었다. 그럴 때 인민은 정치가 실제로 어떻게 작동하는지 보게 될 것이다. 나아가 실제로 작동 가능한 것은 민주주의밖에 없음을 발견할 것이다. 이것은 민주주의를 진정으로 신뢰하기 위해서는, 어떤 분기점 또는 문턱이 존재한다는 의미다. 그 선을 넘기 전까지, 즉 인민이 민주주의의 장점을 알아볼 때까지 민주주의는 인민의 신뢰를 얻기 위해 분투해야 한다. 민주주의가 2천 년 동안[고대 아테네 민주주의의 붕괴 이후 19세기 중반까지] 교착상태에 빠져 있었던 것은 바로 이 때문이다. 그 선을 넘으면 정치에 관한 진실이 드러날 테니 민주주의는 승승장구할 것이다. 18세기 말에 글을 쓰면서 페인은 세계가 그 문턱을 넘는 과정에 있다고 확신했다. 새로운 질서가 태어나고 있었다.

그는 당시 발생하던 것에 대한 하나의 은유, 그 이후로 줄곧 민주주의 낙관론자들이 선호해 온 은유를 썼다. "봄이 오기 시작했다는 것은 어렵지 않게 알 수 있다."[7]

토크빌은 그것을 곧이듣지 않았다. 민주주의가 부상하고 있다는 견해에 동의하지 못해서가 아니었다. 그 점에 대해서는 전적으로 동의했다. 그러나 민주주의의 숨은 강점이 시간이 흐르면서 점차 가시화되리라는 페인의 믿음은 그가 보기에 환상 같았다. 민주주의가 투명성과 관련이 깊은 것 같지도 않았다. 민주주의가 작동하는 데는, 아무리 성공한 민주주의일지라도, 여전히 무언가 불투명한 것이 있다. 왜냐하면 민주주의적 삶의 혼란스러운 표면을 뚫고 민주주의가 완벽히 성공한 모습으로 출현하지는 않을 것이기 때문이다. 페인은 민주주의가 이성의 시대를 열기를 바랐다. 토크빌은 민주주의의 시대가 여전히 믿음에 기초해야 함을 알았다. 그가 미국 여행에서 얻은 교훈은 민주주의가 결코 자신을 진정으로 드러내지 않는다는 것이다. 민주주의 원리에 기초한 사회에서는 인식과 현실 사이에 늘 간극이 있을 것이다.

그 간극을 좁히고 싶은 강력한 유혹 또한 늘 있을 것이다. 진정한 민주주의는 [그 미래에 대한] 너무나 큰 믿음을 요구하기에 받아들이기 어렵다. 토크빌은 민주주의에 대한 전통적인 찬반 주장 모두를 거부했지만 그 주장들의 매력을 이해했다. [지지 주장과 반대 주장은] 저마다 민주주의에 관한 진실을 표면으로 끌어내겠다고 약속했다. 한쪽에서는 그것이 민주주의 기저의 강점이었고 다른 한쪽에서는 기저의 약점이었다. 민주주의의 숨은 강점과 눈에 보이는 약점 사이에서 발생하는 부조화로 말미암아 혼란이 생긴다. 우리는 어느 것이 실제 이야기인지, 그게 우리에게 좋건 나쁘건, 알고 싶다. 우리는 논란을 끝내고 싶어 한다. 우리가 받아들이기가 훨씬 어려운 점은 이와 같은 부조화가 민주주의적 삶의 현실이라는 것이다. 그것은 매우 다양한 일련의 도전을 제기한다.

　토크빌은 민주주의가 신용 사기라고 생각하지 않았다. 사람들은 민주주의를 진정으로 믿을 수 있을 것이다. 그런 의미에서 그는 미국 민주주의가 신뢰의 문턱을 넘었음을 인정했다. 그가 염려한 것은 그 이면에 놓인 것이었다. 그가 두려웠던 것은 민주주의에 대한 신뢰가 덫으로 판명되지 않을까 하는 것이었다.

민주주의와 숙명

토크빌은 자신이 우려했던 것을 "숙명론"이라 불렀다. 그는 민주국가의 주민들이 숙명과 더불어 표류하지 않을까, 다시 말해 그의 표현을 빌리면, "정말 필요할 때 더 높은 목표를 향해 정진하기보다는 손쉬운 인생의 시류에 따라 흘러가길 좋아하지"[8] 않을까 우려했다. 민주국가가 숙명론에 빠지기 쉬운 이유는 두 가지였다. 하나는 역사가 민주주의의 편이라는 분명한 증거에 있었다. 페인이 옳았다. 즉 민주주의는 세계가 향하고 있는 길이었고 미국은 시대를 앞서 나가고 있었다. 토크빌이 보기에, 이것은 단순히 철학적 사변도 아니었고 미국인의 허영도 아니었다. 그것은 과학적 사실이었다. 그는 다음과 같이 썼다. 민주주의를 알게 되는 것은 운명이다. "그것은 일상적인 자연의 진로와 끊임없는 사태의 경향을 확인하는 것으로 족하다."[9] 토크빌이 "조건의 평등"이라고 부른 경향은 멈출 수 없는 것이었다. 전통적인 정치 엘리트들은 어떤 인간도 타인을 지배할 수 있는 권리를 가지고 태어나지 않았다는 생각에 빠져들고 있었다. 어떤 것도 이런 생각을 막을 수 없었다. 즉 궁극적으로 어떤 것도 민주주의를 막을 수 없었다. 그것은 우주의 섭리였다. 토크빌은 『미국의 민주주의』 서문에서 이렇게 썼다. "민주주의를 막으려 하는 것은 신의 의지를 거역하는 것이 될 것이다."[10]

민주국가가 숙명론적인 경향을 보이는 두 번째 이유는, 이 같은 이해(즉, 민주주의가 세상사의 거대한 계획에서 특권적 위치를 차지한다는 생각)가 사람들에게 장기적인 전망을 요구했기 때문이다. 단기적으로 민주주의는 흔히 역사의 길에서 어긋난 곳에 있는 것처럼, 다시 말해 불안정하고 미덥지 못하며 효과적이지 못한 것처럼 보였다. [그래서] 사람들은 [현재가 아닌] 그 미래를 믿어야만 했다. 그러니까 우리가 민주주의의 강점을 신뢰할 수 있더라도, 특정한 정치적 상황에서 그 강점이 반드시 발휘된다고는 할 수 없었다. 민주주의와 더불어 살아가는 것은 우리의 직접적인 이해력 너머에 있는 힘에 우리 자신을 내맡기는 것을 의미했다. 그와 같은 조건에서 사람들은 당연히 어느 정도의 무력감을 느낄 수밖에 없다. 사람들의 운명은 안전했지만, 그들 스스로 그 운명을 좌지우지할 수 있는지는 불분명했다. 무언가 더 큰 것이 작동하고 있었다. 성공한 민주주의에는 사람들을 주눅 들게 하는 힘이 있었다.

그러나 민주주의 숙명론이 늘 수동적인 정서와 무력감을 낳지는 않았다. 역사가 내 편이기는 하지만, 내가 직접 역사를 통제할 수 없다는 사실을 안다면, 다음과 같은 두 가지 대응이 가능하다. 즉, 어깨를 으쓱하고는 상황이 끝날 때까지 기다린다. 또는 내가 무엇을 하든 관계없이 미래가 보장되어 있다고 믿으며 과감히 행동에 나선다. 민주주의 숙명론이 체념뿐만 아니라 무모함으로 이어짐을 알아차린 것은 토크빌의 천재성이 드러난 부분이었다. 더욱이 그는 그 둘을 구별하는 것이 때때로 어려울 수 있음을 잘 알고 있었다.

토크빌은 미국의 증기선 조선사들과 나눈 대화를 상기하면서 위와 관련한 예를 들었다. 여행 도중 토크빌은 이 배들이 얼마나 부서지기 쉬운지, 그래서 얼마나 위험한지를 거듭 생각하지 않을 수 없었다. [실제로] 그와 보몽이 탄 배가 오하이오 강 모래톱에 부딪혀, 거의 익사할 뻔한 적도 있었다. 그는 며칠 뒤 한 친구에게 이렇게 썼다. "물이 배에 거칠게 쏟아져 들어오는데 그 소리가 얼마나 사납던지 그런 굉음은 처음이었네."[11] 그런 위기에서도 그는 감탄스러울 정도로 침착하게 행동했다. 나중에 그는 조선사들에게 왜 배를 더 튼튼하고 안전하게 만들지 않느냐고 물었다. "그들은 현 상태로도 배들이 충분히 오래갈 것이라고 대꾸했다. 증기선 항해술이 나날이 진보하고 있기 때문이라는 것이었다." 진보에 대한 이 같은 믿음 때문에 미국인들이 "어떤 일에서도 오래가는 것을 목표로 삼지 않는다"라고 토크빌은 생각했다.[12] 그가 보기에, 조금만 더 애쓰면 훨씬 더 튼튼한 배를 금방 만들 수 있는데, 왜 그렇게 하지 않는지 이해하기 어려웠다. 게다가 토크빌이 보기에, 증기선 조선사들은 항해술이 발전하기만을 마냥 기다리고만 있는 수동적 방관자들도 아니었다. 배를 좀 더 튼튼하게 만드는 일을 대수롭지 않게 여기는 태도는 경솔한[무모한] 에너지를 동반하고 있었다. 그들은 큰 위험[항해술이 아직 발전되지 않아 언제든 배가 좌초할 수 있음]을 감수한 채 부실한 선박을 물에 띄웠다. 그들은 자신의 숙명에 무관심했고, 돈벌이에만 정신이 팔려 있었다. 숙명론자는 인내심이 클 수도 있고, 작을 수도 있다. 숙명론자는 수동적일 수도 있고 능동적일 수도 있다. 미래를 확신하는 한 가지 방법은, 그 미래가 이미 여기에 도래한 것처럼, 바로 행동에 나서는 것이다.

미국 민주주의도 이런 증기선 조선사들과 마찬가지였다. 민주주의자는 "열정적이면서도 체념적이기도" 하다고 토크빌은 말한다. 민주국가는 이랬다저랬다 변덕이 심할 수 있다. 이와 관련해, 『미국의 민주주의』1, 2권에 종종 제기되는 질문 가운데 하나는 그것이 과연 같은 책인가, 서로 다른 책이 아닌가 하는 문제가 있다. 즉 1권은 미국 민주주의의 활력과 에너지를 강조하는 반면, 5년 뒤인 1840년에 출간한 2권은 좀 더 비관적이고 민주주의의 표류성을 강조하고 있기 때문이다. 그렇지만 1권과 2권은 민주주의 숙명론의 상이한 두 측면을 반영하고 있는 것이다. 1권에서 토크빌은 민주국가를 조급하고 복수심에 불타도록 하는 "다수의 폭정"tyranny of the majority의 위험에 대해 논한다. 토크빌이 이런 폭정의 사례로 든 것들—린치, 인종 폭동, 전쟁열—은 그가 민주국가가 상황의 전개를 기다리지 않고 제멋대로 날뛰게 되는 순간들을 염두에 두고 있었음을 보여 준다. 2권에서는 좀 더 은밀히 퍼지고, 사람들로 하여금 전통적인 생각들에 대한 도전을 주저하게 만드는 "여론의 온화한 전제정치"에 대해 이야기한다. 민주국가는 제멋대로 날뛸 뿐만 아니라 정체될 수도 있다.

그럼에도 민주주의에서 나타나는 이 두 가지 결과의 원인은 동일하다. 즉 그 원인은 민주국가의 주민들이 자신의 체제에는 기저에 장점이 있음을 잘 알기 때문이다. 이에 우리는 이렇게 자문할 수도 있다. 민주주의가 기저에 장점을 가지고 있는 위대한 사상이라면, 우리는 왜 지금 아무런 행동도 취하지 못하고 있을까? 반면 이렇게 반문할 수도 있다. 우리가 무엇을 하든 결과에 별반 차이가 없다면, 평온한 생활에 자족하고 있는 게 낫지 않을까? 어쩌면 이런 두 가지 의문이 한꺼번에 들지도 모른다. 수동적인 민주국가는 쉽게 발끈하곤 한다. 능동적인 민주국가는 쉽게 잠잠해지곤 한다. 민주주의 숙명론은 본디 불안정하다.

민주주의의 야성적 본능과 상황에 휩쓸려 가는 표류성 사이의 관련성을 모든 사람이 알아보지는 못했다. 그것은 포착하기 어려운 생각이었다. 2권에 대한 반응은 1권에 비해 훨씬 약했다. 많은 평론가는 2권이 너무 추상적이고 지나치게 자기모순적이라고 느꼈다. 영국 철학자 존 스튜어트 밀은 1권만큼 2권도 좋아한 극소수였다. 토크빌과 마찬가지로 밀도 숙명론 문제로 골머리를 앓았다. 자기 글에서 그는 숙명론을 다양한 유형으로 구분하려 했다. 그중 하나는 밀이 "순수 숙명론"pure fatalism이라 부른 것으로(그는 때때로 이를 "동양 숙명론"oriental fatalism으로 부르기도 했다), 더 큰 권력[힘]이 우리에게 일어날 모든 일을 미리 계획해 왔다는 믿음이다. 밀이 보기에, 이것은 망연자실할 정도로 충격적인 생각이었다. 다음으로 그가 "수정 숙명론"modified fatalism이라 부른 것이 있는데, 우리는 주변 환경의 산물이고 그것을 변화시키기 위해 할 수 있는

것은 아무것도 없다는 믿음이다. 이는 서구 선진사회에서 지배적 경향을 보인 숙명론이었다.[13]

수정 숙명론은 어처구니없는 생각이 아니었다. 현대 과학이 우리는 모두 어떤 의미에서 주변 환경의 산물임을 보여 줬기 때문이다. 즉 원인은 필연적인 결과를 낳는다(밀은 때때로 "필연론자"[결정론자]로 불리는 그런 류의 사람이었다). 또한 수정 숙명론은 순수 숙명론처럼 사람들이 그저 운명을 감수하고만 있도록 하지도 않았다. 밀은 숙명론자가 자족할 뿐만 아니라 불만을 토로할 수도 있고, 조용하고 수용적일 뿐만 아니라 불평하고 심통 사나울 수도 있음을 알았다. 숙명론은 현실 안주를 낳을 수도 있고 과민과 변덕을 낳을 수도 있다. 어느 쪽이든 위험하긴 하지만 말이다. 수정 숙명론자는 여전히 초보적인 실수를 저질렀다. 그들에 따르면 우리는 환경의 산물이기에 무력하고, 그래서 우리가 누구인지와 관련해 아무것도 할 수 없다. 그러나 밀은 우리가 그것과 관련해 무언가를 할 수 있다고 주장했다. 우리는 주변 환경을 변화시킬 수 있다는 것이다.

숙명론에 관한 밀의 글을 읽은 토크빌은 그에게 편지를 보내, 자신이 미국 민주주의에 관해 말하려 했던 것을 그 글이 포착하고 있다고 이야기했다. 밀은 『미국의 민주주의 2』를 본 뒤 토크빌에게 편지를 보내, 자신이 심각하게 고민하던 것을 이해해 준 누군가를 마침내 만나게 되었다며 안도감을 표했다.

당신이 내린 대단한 일반적 결론 가운데 하나는 바로 내가 거의 혼자서 지지해 온 것이고, 또 내가 아는 한 단 한 명의 신봉자도 배출하지 못했습니다— 즉, 민주주의의 진짜 위험, 투쟁해야 할 진짜 악, 단순히 배격하는 것만으로는 충분치 않은 위험은, 무정부 상태나 변화에 대한 애정이 아니라 중국처럼 침체되고 고정되어 있는 상태입니다.[14]

그러나 사실 민주국가들은 동양 숙명론에 시달리지는 않았다. 이들은 수정 숙명론에 시달렸다. 민주국가들은 변덕스러울 수 있었다. 그런데 그와 같은 변덕과 더불어 정체되는 경향도 있었다. 민주주의국가의 위험은 그 나라에 살고 있는 사람 가운데 그 누구도 민주정치의 기저에 있는 환경에 대해 고심하려 하지 않는다는 것이다. 그 대신, 모두가 자신의 분노와 불만에 빠져, 정치적 삶의 표면적인 활동— 하찮은 일로 옥신각신하고 중상 모략하는 일뿐인 —에 집착한다. 하지만 그러는 사이 그 기저의 환경은 아무것도 변하지 않는다. 민주국가에서, 모든 에너지는 정치의 결과에 쏠리기 쉽지만, 그 기저의 원인은 무시된다. 민주국가들은 이렇게 교착상태에 빠진다.

그렇다면 민주국가는 이 같은 교착상태에서 어떻게 벗어나는가? 그것이 어떤 종류의 숙명론이건, 민주주의 숙명론에 대한 기초적인 해결책은 교육이었다. 민주국가들은 어른이 되어야 한다. 숙명론은 본질적으로 아이 같은 마음 상태이다. 어린이는 수정 숙명론자의 전형이다. 곧 어린이는 계속 칭얼대고 가만있지를 못하는데, 그 까닭은 자신이 결정할 수 있는 게 하나도 없음을 알기 때문이다. 아이들은 누군가가 책임져 주기를 기다린다. 아이는 자신의 숙명에 대한 책임을 떠맡을 때 어른이 된다. 그런데 누구에게서 배우는가? 밀이 말하길 그것은 우리의 부모와 선생님들이었다. 그들은 "적절한 환경에서 인간이 성장한다는 것"을 보여 준다. 문제는 민주주의에는 부모도 선생도 없다는 것, 아니면 적어도 그들을 두지 않는 편이 좋다는 것이었다. 군주국은 아버지 같은 인물이 지배한다. 반면 민주주의는 스스로 지배하는 것이다. 민주국가의 위험은 누군가에게 부모나 선생의 소임을 맡겨, 자신의 주변 환경에 책임을 지겠다는 결심이 사람들 사이에서 약해지는 것이었다. 토크빌은 이를 두려워하며 이렇게 썼다. "우리 시대 사람들의 온유한 생활 태도, 광범위한 교육열, 순수한 신앙, 유순한 도덕성, 규칙적이고 근면한 관습, 그리고 선행에서나 악행에서나 늘 견지하는 자제심 등을 생각해 볼 때, 현대인은 폭정이 아니라 통치자가 선생 역할을 하는 정부를 갖게 될 것 같다."15

민주국가[의 국민]에게 무엇을 가르쳐야 하는가의 문제도 있었다. 토크빌은 정치적 추세에 관한 진실을 설명하는 것만으로는 숙명론을 조장하지 않을까 염려했는데, 그 진실에 따르면 민주주의는 거침없이 진보해 오고 있었기 때문이다. 이는 민주주의 사회에는 그 사회를 유지해 주는 강력한 종교가 필요하다고 토크빌이 믿은 이유 가운데 하나였다. 곧 민주주의는 사람들이 정치학의 일반적 진실[즉, 민주주의가 진보하고 있다는 진실]을 약화시킬 수 있는 개인적 믿음을 가지고 있을 때 가장 잘 유지된다는 것이었다. 그런 의미에서 [민주주의 승리의] 세속사는 민주국가에게 특히 위험한 주제였다. 민주주의 시대의 역사학자들은 토크빌이 "숙명론"이라고 부른 것에 감염되기 쉬웠다. "그들 생각으로는 어떤 사건이 발생했는가 하는 것을 나타내 보이는 것만으로는 불충분하다. 즉 그들은 사건이 그 이외의 다른 것으로는 도저히 발생할 수 없었다는 이유를 밝히고 싶어 한다."16 하지만 정작 민주국가에 필요한 것은 미래가 열려 있으며, 따라서 선택이 여전히 중요하다는 의식이었다. 종교에서 벗어나 선택을 중요하게 생각하도록 만드는 유일한 방법은 선택이 자신들에게 실제적인 영향을 미치도록 하는 것이었다. 책으로 배운 지식으로는 이것을 깨달을 수 없었다. 민주국가는 경험에서 배워야 했다.

경험에서 배우는 최상의 방법은 실수였다. 밀과 토크빌은 교육의 핵심이 실험적인 시도의 자유, 또한 필요하다면 잘못, 실수를 경험해 보는 자유라고 믿었다. 그런데 개인에게 직접 실수를 저질러 보라고 하는 것과 정치사회 전체에 그렇게 하라는 것 사이에는 큰 차이가 있다. 정치가 잘못될 때 그 결과는 만인에게 파국적일 수 있다. 민주국가는 그 안에 살고 있는 개인들이 위험을 감수하다 실수를 저지를 때에도 득을 볼 수 있다. 이것은 정치가 새로운 생각들에 열려 있게끔 하는 최상의 방법이기 때문이다. 그러나 민주국가가 위험을 감수하다 실수를 저지를 때 고통 받는 것은 개인들이다. 더구나 민주국가가 일을 그르칠 때는 보통 돌이킬 수가 없다.

토크빌은 이를 통감하고 있었고, 또 왜 이와 같은 사실로부터 미국이 인류 역사에서 왜 그토록 독특한 나라가 되었는지도 깨달았다. [즉] 미국 민주주의는 일을 그르쳐도 그것을 감당할 수 있었다. 그는 이렇게 썼다. "미국인들의 커다란 특권은 자신들이 저지를지도 모르는 잘못들을 시정할 수 있다는 점이다."17 미국은 충분히 크고 나머지 세계로부터 떨어져 있기에, 정치적으로 잘못된 판단을 한다 해도 재앙을 불러오는 수준은 아닐 것이다. 어떤 피해를 입어도 원상태로 되돌릴 수 있는 시간도 공간도 있었다. 유럽은 달랐다. 인구밀도가 높고 국가들 사이에 경쟁이 심해서, 경험에서 배우려는 민주국가는 경쟁국에게 잡아먹히기 쉬웠다. 민주주의가 오래 지속된 적이 없는 남미도 마찬가지였는데, 실수를 한 번만 해도 예외 없이 치명적이었기 때문이다. 오직 미국만이 결과를 두려워하지 않고 민주주의를 실험할 수 있었다.

그러나 미국 민주주의의 문제는, 실수를 저지르고 그것이 복구 가능하다고 생각하다 보면 위험하게도 그 실수가 큰 문제가 아니라고 생각하게 된다는 것이었다. 토크빌은 여기서 도덕적 해이가 작동하고 있음을 알아보았다. 만약 선택의 결과를 두려워하지 않는다면 진지하게 선택하는 법을 어떻게 배우겠는가? 이것은 유럽과 미국의 차이였다. 유럽인들은 결과가 두려워, 위험을 감수하면서까지 민주주의를 할 수 없었다. 토크빌이 말했듯, 어떤 유럽 국가가 자국 민주주의의 생존을 확신하는 유일한 길은 유럽 국가들이 모두 민주국가라는 조건에 있었다. 그런 일이 일어나기 전까지 유럽인들은 두려움 때문에 민주주의를 신뢰하지 못하고, 그 자신감의 문턱 앞에서 옴짝달싹도 못하고 있을 터였다. 그런데 자신감의 문턱을 건넌 미국 민주주의는 다른 곤경에 빠져 있었다. 정말 나쁜 일이 한 번도 일어난 적이 없어서 어린이 같은 마음 상태에 빠지기 쉬웠던 것이다. 외려 미국인들은 정말 무서운 일을 한번 겪어 볼 필요가 있었다. 탄생의 위기 이래로 미국 민주주의는 또 다른 진정한 위기에 결코 직면해 보지 못했다. 토크빌은 이렇게 썼다. "미국인들에게는 이웃 나라가 없다. 결과적으로 그들에게는 염려할 만한 큰 전쟁도, 재정적 위기도, 침략이나 정복도 없다."[18] 바로 그것이 미국인들의 가장 큰 장점이었다. [하지만] 그것은 가장 큰 약점이기도 했다.

민주주의와 위기

토크빌은 자신이 미국 민주주의에 무엇을 원하는지 확신하지 못했다. 그는 미국 민주주의가 자신의 숙명에 대해 책임지기를 원했다. 하지만 미국 민주주의는 단기간에 번영하면서 한 세대 이상이 걸릴 만한 정말 힘든 선택들을 피할 수 있었다. 그래서 토크빌은 장차 발생할 수 있는 미국 민주주의의 위기를 전망하느라 골머리를 앓았다. 위기가 주변 환경을 깨닫게 해주고 운명에 책임질 유인이 된다면, 민주국가에 좋을 수 있었다. 그러나 미래에 대한 신뢰를 떨어트리고 공황과 두려움을 퍼뜨린다면 나쁠 수도 있었다. 위기는 날 그대로 위험한 시기다. 만약 자신의 선택을 진지하게 검토할 만큼 충분히 심각한 위기가 민주국가에 일어나길 바란다면, 민주주의가 해결책을 알지 못하는 도전에 직면할 수도 있음을 각오해야 한다.

이 문제를 해결할 수 있는 손쉬운 방법은 없었다. 민주국가에 유익할 정도로 충분히 나쁜 위기는 또한 위협적일 정도로 충분히 나빠야 했다. 그 문제가 더 극심했던 이유는, 위기는 위험의 순간인데 민주국가는 매 순간 시시각각 위기에 대응하는 능력이 부족하기 때문이었다. 바로 이때 민주국가는 약점을 드러낸다. 다른 정체들에 비해 민주국가는 단기적으로 조직적 행동을 하는 데 능숙하지 못하다. 민주주의적 삶의 무계획적이고 변덕스러운 특성 탓에, 민주주의는 적절한 시기에 적절한 결정을 내리지 못한다. 토크빌에 따르면 (정치적으로 불평등한 혹은 전제 정권이라는 의미에서) 귀족제는 훨씬 능숙하게 자원을 적시에 집중한다. 반면 민주주의의 대응은 늘 "시의적절하지 못하다." 그런 의미에서 귀족제는 정치적 위기에서 즉각 요구되는 신속성과 결단력이 훨씬 뛰어나다. 민주국가를 무기력에서 깨우기 위해 위기가 일어나길 바라는 것은 경쟁국들의 손에 놀아나는 도전적 상황에 직면시키는 것이었다. 어떻게 그게 좋은 생각이라 할 수 있을까?

위기가 장기적인 위기라면 효과가 있을지도 모른다. 그러면 민주주의의 장점이 드러날 시간이 생길 수 있다. 귀족 사회는 결정을 신속히 내리는 데는 능숙하다 해도 이내 그 선택에 매이게 된다. 귀족 사회는 적응력이 약하다. 민주국가는 늘 더 많은 일을 하고 끊임없이 실험적인 시도를 하며 부단히 활동하기에, 정말 어려운 도전이라도, 긴 시간이 주어질 경우, 이를 타개할 수 있는 다양한 해법을 찾을 수 있을 것이다. [충분한] 시간이 주어진다면 민주국가는 적응력을 발휘해, 어떤 전제 정권도 하지 못하는 방식으로 위기에서 벗어날 방도를 찾을 수 있다. 그렇다면 민주국가에 장기적 위기가 일어나기를 바라는 것은 타당한가? 문제는 두 가지다. 우선, 위기가 오랜 시간 계속되는 동안 위험한 순간 역시 허다하리라는 것이다. 이것은 아무도 해법을 모르는 위기다. 즉 위기가 길어질수록 정말로 나쁜 일이 일어날 여지가 커진다. 긴 위기에는 단기적으로도 재난들이 발생할 여지가 많다. 두 번째 문제는 위기가 민주국가를 깨워 숙명론적 성향에서 벗어나도록 해준다는 생각과 관련한다. 그러나 위기가 장기간 지속되면 민주국가는 역사가 자신을 구해 주길 기다리며 또다시 표류할 위험이 있다.

전시에 민주주의가 어떤 모습을 보일지 그 전망을 논의한 토크빌의 글을 보면, 전쟁이라는 위기가 민주주의에 끼치는 영향에 대해 그가 반신반의했음을 알 수 있다. 토크빌은 민주국가가 특정 유형의 전쟁들, 곧 장기적이고 어려우며 고된 전쟁들에 적합할 것이라고 말한다. 그런 경우에만 적응성과 다재다능이라는 민주주의의 장점이 표면화된다. [반면] 토크빌은 국제 관계에서 발생하는 즉각적 도전에 민주국가가 잘 대응하지 못한다고 생각했다. 곧 민주국가는 초조하고 조급하며 성을 잘 낼 뿐만 아니라 사태가 흘러가는 대로 기꺼이 내버려 두기까지 한다는 것이었다. 그 결과 민주국가는 해야 할 전쟁은 피하고, 피해야 할 전쟁은 벌이기 쉽다. 귀족 사회는 전쟁을 언제, 어떻게 일으켜야 할지 훨씬 잘 안다. 그러나 일단 싸움을 시작하면 교착상태에 빠지는 경향을 보인다. 너무 융통성이 없다. "귀족 국가는 민주국가와의 전쟁에서 전쟁 초기에 승리하지 못할 경우, 민주국가에 정복당할 위험이 반드시 커진다"라고 토크빌은 예측했다."19

민주국가는 장기적인 경합에 적합한 활력과 실험적인 특성이 있다. 무엇보다도 민주국가는 그 도전을 감당할 인물을 찾을 때까지 군 지도자들 가운데 이 사람 저 사람을 검토한다. 민주국가는 전통과 평판에 얽매이지 않는다(민주국가도 위기가 끝난 뒤에는 흔히 평판에 얽매이기는 하지만 말이다. 즉 민주국가는 전쟁 영웅에게 보상으로 정치 공직을 제공하는 경향이 있다). 그렇지만 장기전에서도 문제가 있다. 전쟁을 언제 시작해야 할지 모르듯 민주국가는 언제 끝내야 할지도 모른다. "민주국가의 인민은 항상 두 가지 일에서 어려워할 것이다." 토크빌은 이렇게 썼다. "개전과 종전."[20]

토크빌은 존망이 걸린 전쟁이 미국 같은 민주국가에 좋을지 자신할 수 없었다. 민주주의의 단기적 약점이 결국 치명적인 것으로 드러날 위험이 상존했다. 그런데 장기전에서 민주국가가 표류하는 경향을 다시 드러낼 위험도 있었다. 미국 민주주의는 그때껏 존망이 걸린 큰 전쟁을 하나만 겪었다. 즉 독립전쟁이었다. 하지만, 그에 대한 증거는 엇갈렸다.[21] 미국은 귀족제 경쟁국[영국]과의 그 전쟁에서 승리했지만 아슬아슬한 승리였다. 더욱이 토크빌은 이렇게 쓴다. "그 싸움이 길어지면서 개인들의 사사로운 이기심이 다시 나타났다." 세금이 바닥났고, 자원입대하는 이들도 씨가 말랐다. 전쟁, 특히 장기전은 숙명론에 도전하는 것만큼이나 숙명론을 조장하기에 위험하다. 그 결과 토크빌은 "민주국가가 국가적 위기가 닥쳤을 때, 어느 정도의 희생을 스스로 감수할 수 있는지 알기" 어렵다고 말한다. 그것은 위기가 얼마나 오래 지속되는지뿐만 아니라 개인들이 기꺼이 국가의 숙명과 자신의 숙명이 얼마나 깊게 연결되어 있다고 보는가에도 달려 있었다.

민주국가들이 어느 정도의 희생을 스스로 감수할 수 있는지 알기 위해서는 영국민이 그랬던 것처럼 미국민들이 그들의 전체 소득의 반을 정부의 처분에 맡겨야 하며 또한 프랑스 국민이 그랬던 것처럼 인구의 20분의 1을 전장에 보내야 하는 일이 벌어질 때까지 기다려 보아야 할 것이다.[22]

그때는 올 터였고, 토크빌의 예측보다 빨리 올 터였다.

민주국가에, 그 장점들을 드러내고자, 장기적 위기가 일어나 길 바라는 것은 본질적으로 위험했다. 그런데 위기를 계기로 민주국가가 자신의 강점들을 자각하게 될지도 모른다는 생각에는 또 다른 문제가 있었다. [곧] 민주국가는 언제가 진짜 위기인지를 너무 잘 모른다. 이는 민주국가가 위험을 잘 의식하지 못하기 때문이 아니었다. [외려] 위험에 과민하기 때문이었다. 미국은 [지리적으로] 안전한 곳에 위치했지만, 그럼에도 미국인들은 사소한 극적인 사건이 일어날 때마다 마치 위기가 일어난 것인 양 처신했다. 민주국가에는 재난이 임박했다고 생각하는 사람들이 언제나 많이 있다. 언론의 자유는 불필요하게도 공황 상태에 빠질 자유도 포함한다. 토크빌이 미국 여행 중에 발견했듯이 민주주의 사회에서의 삶이란 위기의 연속으로 보이지만 사실 그 위기들은 결국 위기가 아닌 것으로 판명되는 사건들이다.

가장 눈에 띄는 가짜 위기는 정기적인 간격으로 돌아오는 선거다. 토크빌은 『미국의 민주주의』 가운데 (절 제목에 아이러니를 의도한) "선거의 위기"라는 장에서, 선거 기간에 의례적으로 표출되는 히스테리를 다음과 같이 서술한다.

선거가 임박함에 따라 음모 활동과 주민에 대한 선동이 증가한다. …… 온 나라가 열에 들뜬 듯이 되며, 선거가 매일 신문의 주제가 되고, 일반인들의 화젯거리이자 모든 언행의 목적이 되고, 오늘을 사는 단 하나의 관심사가 되는 것이다. 선거가 끝나자마자 이런 열광은 물러가고 평온이 되찾아 오는 것도 사실이다. 거의 둑을 무너뜨릴 지경으로 불어났던 강물은 다시 보통 때의 수량으로 되돌아가는 것이다. 그러나 이런 폭풍우가 일어난 일에 어느 누가 놀라지 않을 수 있겠는가?[23]

이것은 민주국가에서 나타나는 표류성의 또 다른 모습이다. 다시 말해, 민주주의는 표류하고 있는 동안에도 겉으로는 수많은 활동들이 나타난다는 것이다. 만약 표류성이 단순히 수동적인 마음 상태라면, 우리는 위기가 민주국가를 일깨우는 데 유용하다고, 보다 쉽게 주장할 수 있을 것이다. 그러나 토크빌은 민주국가가 [자신의 진정한 운명과 마주할 때까지] 정말로 잠들어 있는 것은 결코 아님을 알았다. 외려 민주국가는 거의 영구적인 각성 상태에 있고 이것은 민주국가의 조증 같은, 초조해하는 특성에 일조한다. 민주국가는 늘 위기를 찾아다닌다는 뜻이다. 그렇지만 그것은 또한 민주국가가 예상하는 거의 모든 위기가 결국 착각으로 밝혀진다는 뜻이기도 하다.

선거는 정기적으로 돌아오는 특성으로 보아도, 덧없이 순간적이라는 특성으로 보아도, 여전히 민주주의 삶 특유의 가짜 위기이다. 선거는 흔히 전환점("한 세대에서 가장 중요한 선택" 등)으로 묘사된다. [하지만] 선거가 끝나면 아무것도 달라진 게 없다는 것도 흔히 발견된다. 때때로 선거는 정말 전환점이 된다. 그런데 앞으로 보겠지만, 민주국가가 당시에는 변화들을 의식하지 못한다는 것 또한 민주국가 특유의 성질이다.

토크빌이 말하듯, 이 가식적 행사의 주범은 언론이다. 위기에 대해 떠들어대는 것이 모든 언론(적어도 독자의 주의를 끌어 돈을 벌려는 모든 언론)의 일이다. 활기 넘치고, 따지기 좋아하는 언론이 없는 민주국가란 있을 수 없다. 그러나 언론의 바로 그 활기 탓에 대중은 언제 정말로 주의를 기울여야 하는지 잘 알지 못한다. 토크빌은 미국 언론이 끔찍이도 저속하고 너무나도 쉽게 흥분한다고 느꼈다. 그는 이렇게 썼다. "아메리카 언론인의 특징은 독자들의 감정에 공공연하고 조잡하게 영합하는 데 있다. 그들은 원칙 같은 것을 모두 버리고 인신공격을 서슴지 않으며 사생활을 파고들어 모든 약점과 악을 폭로하는 것이다." 그는 이렇게 이어 갔다. "이처럼 사고력을 낭비하는 것만큼 개탄할 사태는 없다. …… 이처럼 극단적으로 방종한 언론이 초래하는 정치적 결과 때문에 간접적으로 공공질서가 유지된다는 것도 부인할 수 없다." 좀 지나면 대중은 자유 언론의 소음에 너무 익숙해지는 나머지 좀처럼 그것에 주목하지 않게 된다. [언론은] 매번 분노를 터뜨렸다가 이내 누그러뜨리고 또 다른 일에 분노를 터뜨린다. 그 결과 "편집자들의 개인적인 견해는 독자들의 눈에는 아무런 비중도 갖지 못한다."[24] 선거와 마찬가지로 언론도 많은 위기라는 단어가 민주주의 삶에서 얼마나 일상적으로 사용되는지를, 그래서 그것들이 얼마나 진부한 것인지를 분명히 보여 주었다.

언론 히스테리는 일반적인 문제의 일부였을 뿐이다. 즉 위기가 민주국가에 좋은 영향을 미칠지도 모르지만, 민주국가는 위기를 잘 알아보지 못한다. 민주국가는 과잉 반응을 한다. 미온적인 반응도 보인다. 원근감도 부족하다. 그런 이유에서 민주국가가 어떤 종류의 위기에서 교훈을 배울 수 있지 알기란 매우 어려웠다. 위기가, 모두가 그게 진짜임을 의심하지 못할 정도로 심각한 경우에는, 재난으로 끝날 위험이 상존했다. 그렇게 끝나지 않은 경우에는 그 위기가 민주주의 삶의 다른 모든 과장된 위기와 더불어 허위 경보로 기록될 위험이 상존했다. 심지어 진짜 위기—어느 누구도 의심할 수 없는—에서조차 교훈을 얻기가 어려웠다. 민주주의가 위기를 견뎌 내지 못할 경우, 비록 그로부터 교훈을 얻는다 해도, 그 대가는 받아들이기 힘든 수준일 것이다. 위기를 견뎌 내는 경우에는 민주주의가 어떤 위기도 견뎌 낼 수 있다는 교훈을 얻게 될지 모른다. 실수를 만회했다 해도, 그것으로부터 지혜를 얻지 못하면, 무모해질 수 있다.

민주국가가 위기로부터 교훈을 얻는 방법은 또 있었다. 그것이 자신의 위기일 필요는 없었다. 민주국가는 다른 나라 사람들의 실수로부터 교훈을 얻을 수 있었다. 세계 도처의 민주국가에서 일어나는 재난을 지켜보면서 이렇게 생각할 수 있었다. 그런 일이 우리한테 일어나게 해서는 결코 안 된다고 말이다. 토크빌은, 자신이 유럽인들이 미국의 경험에서 교훈을 얻기를 바랐듯이, 이런 식으로 미국 민주주의가 유럽의 상황을 보고 더 많이 배울지도 모른다고 생각했다.

그가 『미국의 민주주의』를 쓴 이유 가운데 하나는 프랑스 독자들이 자신들과 다른 환경에서 작동 중인 민주주의를 보고 원근감을 얻게 하는 것이었다. 적어도 민주주의가 작동**할 수 있다**는 것은 보게 될 터였다. 실수를 견뎌 낼 수 있는 능력이 있는 미국을 보면서 유럽인들은 민주주의가 여전히 가능하다는 교훈을 얻었을지도 모른다. 군주제가 오래 지속되어 왔고 민주주의가 실패한 역사가 있는 유럽을 보면서, 미국인들은 민주주의가 필연적인 것은 아니라는 교훈을 얻었을지도 모른다. 그들은 민주주의가 **항상** 작동하는 것은 아님을 알게 되었을 것이다. 민주주의는 발전 단계가 상이하고, 그 성공 가능성도 판이하다는 것은 세상에 대한 하느님이 계획이 이미 정해져 있다는 견해를 깨는 데 일조했을 것이다. 미래는 여전히 열려 있었다.

민주국가는 타국인들의 실수로부터 교훈을 얻을 수 있었을까? 미국 민주주의는 나머지 세계로부터 떨어져 있어서 섬나라처럼 배타적이고 지방처럼 편협하며 자기 본위적이었다. 코앞의 일, 직접적인 이해관계가 걸린 일 이외의 것을 보기란 정말 어려웠다. 민주국가는 외국의 경험과 맞닥뜨리면 그것을 배움[의 기회]보다는 위협으로 간주하기 쉽다. 더욱이 다른 어딘가에 있는 민주국가의 실패에서 악영향을 받지 않으리라는 보장도 없었다. 나머지 세계와 단절되어 있는 미국조차 타국의 문제가 단순히 교훈적 이야기라고 추정할 수 없었다. 유럽의 위기가 초래한 영향이 미국으로 언제 번질지 몰랐다. 따라서 그것은 미국의 위기일 수도 있었다.

민주국가에 목적의식을 불어넣기 위해 위험스럽게도 위기가 일어나길 바라는 것에는 그럴 가치가 있을까? 결국 이에 대한 답변에서 토크빌과 밀은 의견이 갈렸다.[25] 그렇게 갈린 이유는 미국의 상황이 아니라 유럽의 상황 때문이었다. 1840년 말, 영국과 프랑스는 수단을 두고 제국주의 전쟁 직전까지 갔다. 밀은 그 전쟁에 단호히 반대했다. 토크빌은 열렬히 지지했다. 밀은 신생 민주국가들이 그런 전쟁을 벌이는 것은 어리석은 일이며, 정치인들이 그것을 부추기는 것은 범죄라고 생각했다. 호전적인 영국 외무장관 팔머스턴을 경멸한 밀은 토크빌에게 쓴 편지에서 독설을 내뱉었다. "그가 교수형 당하는 모습을 보기 위해서라면 수십 킬로를 걷는 것도 마다하지 않을 겁니다. 그들의[프랑스 외무장관도 포함해] 목이 같이 매달려 있다면 더더욱이요."²⁶ [밀이 보기에] 어떤 민주국가도 이런 악당들과 이들을 지지하는 히스테릭한 언론의 손아귀에 있는 한 국민은 계몽될 수 없었다.

토크빌은 사태를 매우 다르게 보았다. 많은 프랑스인과 마찬가지로 그도 영국이 그 모든 자유주의적 전통에도 불구하고 민주주의적 요소들이 많은 국가는 아니라고 생각했다. 영국은 여전히 근본적으로 귀족 사회였고 팔머스턴 같은 이들이 나라의 전형적인 대표자들이었다. 프랑스는 진정한 민주국가에 훨씬 가까웠지만 (즉 조건의 평등이 좀 더 진전된 상태였다) 혁명의 길고도 끔찍한 여파 속에서 모든 힘을 잃어버린 채 정체되어 있었다. 무기력은 너무도 쉽게 프랑스인들의 마음에 스며들었고, 프랑스인들을 무기력에서 깨워 줄 무언가가 필요했다. 이것은 국제 협력의 정신으로 성취될 것이 아니었다. 1841년, 그는 밀에게 꾸짖는 듯한 편지를 보냈다. "우리처럼 민주적으로 구성된 국가가 …… 휴식을 취하고자 자신의 위엄을 희생하는 습관을 일찍부터 들이게 하면 안 됩니다. 그런 국가가 철로나 놓으면서 자위하게 하는 건 유익하지 않습니다."²⁷ 토크빌은 민주국가에는 자국이 무엇을 할 수 있는지 보여 주기 위한 진짜 위기가 때때로 필요하다고 생각했다. 밀은 위기시 민주국가가 무엇을 할 수 있는지 알고 있으면서 민주국가에 위기가 일어나길 바라는 것은 매우 무책임하다고 생각했다.

토크빌과 밀은 이 논쟁에서 서로 반대편에 섰지만 그 언쟁은 그들이 민주주의에 관해 공유하고 있던 견해의 양면을 반영한 것이었다. [즉] 민주국가가 잘하는 것들(무역, 안락함 [추구])은 민주주의에 좋지 않은데, 편협과 현실 안주를 야기하기 때문이다. 반면 민주국가가 잘 못하는 것들(위기관리, 국가 간 대립 [해결])은 민주주의에 좋은데, 민주주의의 지평을 넓히고 안주하는 태도를 흔들어 깨우기 때문이다. 이 같은 딜레마에서 벗어날 수 있는 쉬운 길은 없다. 밀과 토크빌이 영국과 프랑스의 전쟁을 두고 의견 일치를 보지 못한 이유는 단순히 서로 다른 편에 서있었기 때문이 아니었다. 그이유는 전시에 민주국가에는 늘 양면 ─ 좋은 면과 나쁜 면 ─ 이 있고 또 그것들을 조화시키기가 매우 어려울 수 있기 때문이었다.

미래에 관한 안내서

민주주의와 위기에 관한 토크빌의 말들은 체계적이지 못한 게 많았다. 즉 그 주제에 관한 그의 생각들은 그의 저술 여기저기에 아무렇게나 흩어져 있다. 그는 늘 분명하게 말하지도 않았고, 늘 일관되지도 않았다. 더욱이 그가 말한 것은 본질적으로 추측이었다. 민주국가가 중대한 상황에서 어떻게 대처하는지 알 수 있는 증거는 없었다. 미국은 민주주의가 제대로 기능했지만 위기가 없었다. 유럽은 위기가 있었지만 민주주의가 정상적으로 기능하지 못했다.

그럼에도 토크빌의 성찰에는 민주국가의 미래에 관한 비교적 분명한 일련의 예측이 담겨 있다. 일반적으로 민주국가는 여타의 경쟁 체제들보다 적응력이 좋기에 위기에 더 잘 대처할 것이다. 그러나 세 가지 문제가 있다. 첫째, 민주국가는 위기 상황을 잘 알아보지 못한다. 즉 민주정치는 표면에서 일어나는 그 모든 요란스런 잡음 탓에 진정한 전환점에 둔감하다. 둘째, 위기는 민주국가가 장기적 강점을 보일 수 있을 때까지 정말로 심각해야 하는데, 그럴 경우 민주국가가 심각한 실수를 저지를 여지도 커진다. 셋째, 민주국가가 위기에서 벗어난다 해도, 그 경험으로부터 교훈을 얻지 못할지도 모른다. 모든 위기는 미래에 피해야 할 실수들에 관한 교훈을 준다. 그러나 민주국가는 다른 교훈을 얻을 수 있다. 어떤 실수를 저지른다 하더라도 자신은 결국 괜찮을 거라는 교훈 말이다.

19세기에는 이런 가설들을 시험해 볼 기회가 제한적이었다. 프랑스 민주주의의 거대한 위기는 1848년, [곧] 유럽 곳곳에서 혁명이 일어난 해에 찾아왔다. 그때껏 제법 성공한 정치인이었던 토크빌은 이 사건들의 중심에 가까이 있었다(결국 그는 짧은 기간 동안 프랑스 외무장관을 맡게 된다). 그런데 그 위기는 그 개인적으로도, 또한 그가 지켜보았듯, 프랑스에서도 재난으로 변했다. 위기는 프랑스 민주주의를 잘못된 방식으로 일깨웠다. 곧 잠재력을 일깨운 게 아니라 무력감을 깨운 것이다. 프랑스 정치는 혁명적 변화의 가능성과 전제정치의 확실성에 대한 갈망 사이에서 이러지도 저러지도 못하고 있었다. 토크빌은 자신의 통제권 밖에 있는 정치 세력들이 자신을 뒤흔들고 있다고 느꼈다. 결국 그는 자신이 가장 경멸하는 것, 즉 숙명론에 사로잡혔다. 1850년, 정계를 떠난 그는 이렇게 썼다. "더는 해안도 보이지 않는 바다 한가운데에 나침반도, 키도, 노도 없이 떠있다. 쓸데없는 마음의 동요에 지쳐 배 바닥에 쭈그려 앉아 앞날을 기다린다."[28]

토크빌은 1859년에 사망해, 2년 뒤 미국 민주주의를 덮친 커다란 위기를 보지 못했다. 『미국의 민주주의』에서 그는 노예제라는 곪은 상처가 결국 긴 내전으로 터져 나오지는 않으리라고 꽤 자신했다. 그가 느끼기에 민주국가에서는 내전이 일어나지 않는다고 생각했는데, 주민들이 그런 분열을 용인하지 않으리라는 것이 그 이유였다. 여기서 민주주의의 수동성은 [불행으로 보이나 실은 유익한] 변장한 축복이었다.²⁹ 그렇지만 수동성은 민주주의의 일면일 뿐이었다. 시간이 흐르면서 토크빌은 미국 민주주의의 삶의 이면, 곧 심통과 변덕에 점점 더 경악하게 됐다. 미국 민주주의는 실수로부터 배우려 하지 않고, 외려 더욱더 유치하고 완강해지는 듯했다. 1856년, 그는 미국인 친구에게 이렇게 썼다. "확실한 건, 몇 년간 당신들이, 하느님이 당신들에게 준 장점들, 그러니까 당신들이 커다란 오류를 저지르고도 무사할 수 있는 장점들을 이상하게도 남용했다는 걸세. …… 대서양 이쪽 편에서 볼 때 당신들은 길들여지지 않은 어린이가 되었네."³⁰ 미국 민주주의는 점점 더 교화가 불가능한 것처럼 보였다. 어린이 같은 속성 탓에 미국 민주주의는 표류를 거듭하다 심연으로 빠져들고 있었다.

막상 닥치자, 그 위기는 토크빌이 상상했던 그 어떤 것보다 길고 피비린내 나며 파괴적이었다. 4년간의 남북전쟁은 미국 민주주의에 치명적일 수 있었지만 결국에는 그렇지 않았다. 미국은 위기에 적응했고, 마침내 견뎌 냈다. 이때가 미국 민주주의가 성년이 된 순간이었을까? 1888년, 영국의 법학자이자 외교관 제임스 브라이스는 『미 연방』*American Commonwealth*을 출간했다. 토크빌의 책이 출간된 이후 50년이 지난 시기의 내용을 반영하는 판본을 의도한 책으로, 토크빌이 알지 못했거나 무시한 모든 것을 고려하려는 게 그 책의 목적이었다. 브라이스는 미국 민주주의가 토크빌이 접했던 때보다 안정적이고 차분하며 성숙해졌다고 판단했다. 토크빌은 미국 민주주의가 아직 어릴 때, 또한 브라이스의 표현에 따르면 "자신감에 의기양양하고 넘치는 자유에 도취돼" 있을 때만 알았을 따름이다. 그런 까닭에 토크빌은 잘못된 생각을 갖게 됐다.

대중은 자신들이 전에도 지금도 다른 나라 모든 국민들보다 엄청나게 우월하다고 확신해서 아첨 외에는 어떤 것도 들으려 하지 않았고 그들의 불관용은 정치를 비롯해 다른 모든 영역에 퍼졌다. …… 그 국가는 자라면서 이런 유치함과 미숙과 같은 결점들을 털어 냈고, 남북전쟁이라는 엄한 훈육을 통해 절제를 배웠으며 자만심을 씻어 내고 진정 자랑스러운 것을 얻었다.[31]

남북전쟁은 역경의 학교였지만 미국 민주주의에 교훈을 남겼다.

브라이스는 다른 문제도 알아차렸다. 미국의 정치적 삶에는 어떤 새로운, 좀 더 안정적인 패턴이 형성되어 있었다. 미국 민주주의가 직면한 것은 브라이스가 "대중의 숙명론"이라 부른 것, 토크빌의 표현에 따르면, 분노와 조급함을 상실한 다수의 전제에서 기인했다. 미국인들은 이미 자신들의 정치제도 기저의 강점에 대한 증거를 충분히 얻어서 성공을 당연시하는 경향을 보였다. 이로 인해 "정치 고유의 어려움들과 인간 본성 고유의 결함들을 과소평가하는 낙관론이 생겼다."[32] 미국인들은 이제 더는 야성적이고 오만하지 않았다. 하지만 어떤 처지에 놓이더라도 견뎌 낼 수 있는 능력에 안주하게 됐다. 그들은 시험을 받았기에 더 튼튼해진 민주주의의 운명을 다시 믿게 됐다. 그런 의미에서 미국 민주주의가 정말로 교훈을 얻은 것은 아니었다. 토크빌의 책을 업데이트한 브라이스의 책은 토크빌이 마지막에 도달한 지점으로 우리를 데려간다.

　브라이스가 보여 주듯이, 19세기 민주주의의 거대한 위기들은 민주주의의 곤경에 대한 토크빌의 통찰을 확인하는 사례로 읽을 수 있다. 적절한 교훈을 얻기란 매우 어렵다. 실패는 절망을 낳고, 성공은 현실 안주를 낳는다. 그 둘 사이의 선은 가늘다. 둘은 민주주의 숙명론을 나타내는 것으로, 이는 성공과 패배가 흔히 함께 간다는 것을 의미한다. 그러나 브라이스는 전형적이지 않았다. 19세기 말 민주주의에 관한 견해들은 훨씬 더 급진적이고 극단적이었다. 사람들은 민주주의에 관한 기저의 진실을 여전히 찾고 있었고, 그것을 드러내 줄 위기를 기다리고 있었다. 유럽의 관점에서 볼 때, 1848년은 미완의 일이었고 미국의 남북전쟁은 여전히 부차적 사안이었다. 이 시기는 혁명적 사회주의의 시대, 민족주의가 부상하던 시대, 극단적 민주주의와 극단적 반민주주의의 시대였다. 이 시기에 나타나 지금도 읽히는 정치사상가들은 독일의 역사적 인물 칼 마르크스와 프리드리히 니체로 이들은 민주주의적 변혁의 주창자이자, 폭로자, 곧 가짜를 타파하는 자이다. 이들은 다가오는 세기의 혁명과 전쟁을 예언한 선지자로 취급된다. [그러나] 어느 누구도 미래를 여는 열쇠를 찾으려 한 브라이스의 『미 연방』은 손에 쥐려 하지 않는다.

그렇지만 19세기 말 브라이스의 견해는 진정으로 선견지명이 있는 것으로 드러났다. 19세기에서 20세기에 이르는 시기를 살아가던 마르크스와 니체는 20세기의 위기들이 일어나는 데 일조했다. 곧 그들의 생각들은 사람들이 정치적 변형을 추구할 때 기대는 것들이다. 그러나 이런 동일한 위기들이 누적된 결과는 브라이스가, 또 그에 앞서 토크빌이 제시한 패턴과 들어맞는다. 곧 실패는 성공으로 이어지고 성공은 실패로 이어지며, 그 둘 사이의 간격을 좁힐지도 모르는 진실들은 언제나 손에 닿지 않는 어딘가 있다는 것이다. 우리가 여전히 마르크스와 니체를 읽는 이유는 위기가 진리의 순간이길 바라기 때문이다. [그러나] 토크빌에 따르면 민주주의에 진리의 순간이 존재한다는 생각은 착각이다. 민주주의는 전쟁과 혁명적 변화를 그럭저럭 버텨 나갈 뿐이다. 그 과정은 계속되고 또 그 혼란스러움은 근절할 수 없다. 민주주의는 [진리의 순간에 대한 가정처럼] 완벽히 깨우치고, 완벽히 성장한 그런 순간에 도달하지 못한다. 그러다 현재 우리가 있는 지점에 이른다.

우리가 이 지점에 어떻게 도착했는지 알아보고자 나는 지난 수백 년 동안 기성 민주국가들에 일어났던 일곱 개의 위기를 이야기하려 한다. 19세기 민주주의의 위기들은 토크빌이 옳음을 증명하기에는 너무 우연적이었다. 곧 민주주의는 자신 고유의 방식들을 드러내기에는 아직 [기성 민주국가라 부를 수 있을 만큼] 충분히 확립되지 못했다. 그가 옳다고 입증된 때는 바로 20세기, 즉 모든 전쟁들을 끝낸 그 전쟁과, 1918년 민주주의의 역사적 승리로 간주되었지만 실은 그런 게 아니었음을 드러낸 사건과 더불어 시작한 20세기였다.

1장 ·········· 1918년 ················ 가짜 새벽

▶ 가짜 새벽은 상황에 대한 판단 착오로 실상과 달리 상황이 호전되고 있다고 간주하는 것을 뜻한다.

위기

1918년 6월 30일, 그해의 정확한 중간 지점에, 프랑스 작가 에두 아르 에스토니에는 문명사회를 위한 투쟁이 끝났다고 선언했다. 만 4년간 질질 끌어 온 제1차 세계대전은 [연합국의 입장에서 보기에] 가망이 없어 보였다. 결정적인 돌파구를 마련한 독일군은 파리를 60여 킬로미터 앞둔 지점까지, 즉 끊임없이 폭격할 수 있는 충분 한 거리까지 진격했다. 전의를 상실한 적을 향해 대대적인 공세를 펼치고 있는 독일군을 막을 방도가 없었기에, 파리는 이내 함락될 것처럼 보였다. 독일군은 자신들이 유령 도시에 들어가고 있다고 여겼을 것이다. 이미 상당수의 파리 사람들이 피난을 떠났고, 도 시는 커다란 시체 안치소처럼 느껴졌다. 전세를 뒤집을 가능성은 없어 보였다. 승리는 그것을 더 간절히 원하고 목표를 달성하기 위해서라면 무엇이라도 할 준비가 된 이들에게 돌아가는 것으로 보였다. 역사를 통틀어, 야만과 문명의 투쟁에서 야만이 늘 승리 했다고 에스토니에는 통탄했다.[1]

그러나 에스토니에는 두 가지 측면에서 틀렸다. 첫째, 제1차 세계대전은 문명과 야만의 싸움이 아니었다. 그것은 무언가 다른 것, 즉 민주주의와 전제주의의 싸움으로 변해 있었다. 문명국이 늘 민주국가인 것은 아니며, 민주국가가 늘 문명화된 것도 아니다. 둘째, 그 싸움은 패배하지 않았다. 사실, 이제 막 승리를 거둘 참이었다. 몇 주가 안 되어 독일군의 진격은 결정적으로 저지되고, 몇 달이 안 되어 독일군은 전면적으로 퇴각하게 된다. 독일제국과 오스트리아-헝가리 제국은 모두 그해 말이 되기 전에 붕괴했고, 지도자들은 혼란에 빠졌으며, 체제는 전복됐다. 프랑스, 영국, 미합중국은 결정적인 승리를 이제 막 앞두고 있었다. 민주주의는 자신의 역사상 가장 큰 승리를 거두기 직전이었다.

에스토니에의 지극히 암울한 분석으로 알 수 있는 것은 이것이 참으로 예기치 못한 승리였다는 것이다. 1918년 전반기 동안엔 전제주의와 민주주의의 막바지 싸움에서 전제주의가 더 강하다는 사실이 곧 드러나리라는 정서가 광범위하게 퍼져 있었다. 전쟁 중인 민주국가들을 사로잡은 것은 공황 상태나 철저한 패배주의가 아니라 [체제를, 국민의 심신을] 쇠약하게 하는, 적극적인 목적의식 없이 상황에 서서히 휩쓸려 가는 표류성이었다. 민주국가들은 전면전을 이겨 낼 타개책이 부족하다는 의혹이 오랫동안 제기되었다. 파리는 사람들이 미친 듯이 탈출해 인구가 줄던 게 아니었다. 눈 녹듯 서서히 다른 지역으로 떠나 돌아오지 않았던 것이다. 영국군과 프랑스군은 전면적으로 퇴각하고 있지 않았다. 그저 조금씩 밀려나고 있었다. 정치인들은 전세를 뒤집을 힘이 없어 보였다. 그들이 할 수 있는 최선의 것이라고는 기껏해야 좋아질 날을 희망하면서 결사적으로 버티는 것뿐이었다. 이 정치인들은 불굴의 목적의식을 갖춘 독일의 군부 통치자들에게 어떻게 대응할 수 있었을까?

나중에 밝혀졌듯이, 그들은 그럴 필요가 없었다. 민주국가들은 적들보다 패배와 실망을 더 잘 견뎌 냈고, 결국 전쟁에서 승리했다. 그들은 1918년의 좌절을 견뎌 냈고 독일이 하지 못하는 방식들로 자신들의 장점에 집중했다. 결정을 빨리 내리지 못하는 것은 언제 항복해야 할지 몰라 계속 버티는 것을 의미하기도 했다. 위기감은 민주국가들에 늘 있었고, 그런 이유에서 위기감이 확고한 경우는 드물다. [반면] 위기가 독일을 덮쳤을 때, 그것은 치명적인 것으로 드러났다.

따라서 1918년 전반기에 사람들이 갖게 된 느낌, 곧 민주주의의 결함들이 결정적으로 드러나고 있는 것 같다는 느낌은 착각이었다. 즉 민주국가들은 패배를 향해서가 아니라 승리를 향해 비틀거리며 나아가고 있었다. 그런데 승리가 민주주의의 진리의 순간을 가져오리라는 생각 역시 착각이었다. 민주국가들은 위기의 시기에 자신의 운명을 와락 움켜잡지 못했다. 그저 견뎌 내고 있었을 따름이다. 성공한 민주주의국가들에 관한 진실은 그들이 진리의 순간에 결코 이르지 못한다는 것이다.

그럼에도 1918년 민주주의의 승리를 역사적 분수령으로 보고 싶은 유혹은 억누르기 힘든 것이었다. 특히 전쟁에 개입해 그것을 민주주의를 위한 투쟁으로 바꾸는 데 가장 기여한 국민인 미국인들에게는 더욱 그랬다. 일부 프랑스 지식인들이 패배를 전망하는 경향을 보였다면, 일부 미국 지식인들은 같은 견지에서 승리를 예견하는 경향을 보였다. [후자가 보기에] 이것은 세상을 다시 만들 수 있는 기회, 즉 세상을 민주주의에 안전한 곳으로 만들 수 있는 기회였다. 이런 지식인들 가운데 가장 유명한 인물은 미국 대통령 우드로 윌슨이다. 그렇지만 윌슨에게 민주주의에 대한 착각은 거의 없었다. 윌슨은 정치인이 되기 전에는 정치학자였으며, 토크빌의 학생이자 브라이스의 동료이기도 했다. 그는 어떤 특정 순간에 민주주의의 진실을 포착하는 게 얼마나 어려운지를 알고 있었고, 그와 같은 시도에 도사리고 있는 함정들 역시 이해했다. 그러나 이런 지식이 그를 재난에서 구해 줄 정도로 충분하지는 못했다. 다시 말해, 그런 함정들을 안다고 해서 덫에 빠지지 않는 것은 아니었다.

1918년은 현대 민주주의의 역사에서 결정적인 위기의 시기 가운데 하나였다. 그해의 경험들은 민주주의에 대한 극단적인 비관론이 근거 없는 낙관론으로 어떻게 돌변할 수 있는지 보여 준다. 극단적인 비관론과 근거 없는 낙관론은 모두 민주주의의 기저에 놓여 있는 진실에 대한 탐구의 산물이다. 민주국가는 전제주의 경쟁국들보다 앞서 나가거나 그들을 압도하고 있는 상황에서 도를 넘는 행동을 하다가 실수를 저지르는 경향을 보이는데, 그 이유는 민주주의의 진실이 마침내 드러났다고 간주하기 때문이다. 그렇지 않다. 결국 드러나는 것은 그 순간을 붙잡는 일과 관련해 민주국가에 내재하는 고유의 어려움이다. 1918년 민주주의의 승리는 착각이 아니었다. 하지만 그것은 거머쥘 수 있는 것도 아니었다. 민주국가는 패배를 승리로 변화시킨다. 그러나 자신들이 무엇을 했는지 오해하기에 그들은 또한 승리를 패배로 변화시킨다.

전제주의 대 민주주의

제1차 세계대전이 민주주의의 승리로 끝나려면 그 전쟁은 우선 민주주의의 위기로 변해야 했다. 민주주의의 위기로 변하기 위해서는 먼저 그 전쟁이 민주주의를 위한 싸움으로 변해야 했다. 그와 같은 일은 바로 1917년에 일어났다.

1914년 8월에 시작된 최초의 충돌은 애초 민주주의를 위한 싸움이 아니었다. 민주국가들과 전제 국가들이 모두 각자의 편으로 나뉘어 전열을 갖추고 있었던 것은 아니기 때문이다. 단연 두각을 나타내던 민주국가 미국이 여전히 중립을 취하고 있었고, 그 지도자 윌슨은 유럽에서 벌어지는 피비린내 나는 반목에 휘말리고 싶은 생각이 전혀 없었다. 대다수 미국인들도 같은 생각이었다. 그 이유 가운데 하나는 영국과 프랑스가 유럽에서 가장 전제적인 국가인 제정러시아의 편에서 싸우고 있었기 때문이다. 러시아가 "민주주의" 편에 섰다는 것은 이 전쟁이 정치 원리에 기초한다는 생각을 웃음거리로 만들었다. 사실, 차르와의 싸움[이라는 명분]은, 그 전쟁이 아시아의 야만에 맞서 유럽의 자유를 지키기 위한 진정한 투쟁이라고 독일 민주주의자들을 설득하는 데 일조했다. 미국의 관점에서도 독일의 관점에서도 영국인과 프랑스인은 민주주의자가 아니었다. 그저 제국주의자이자 위선자에 불과했다.

1917년 2월 러시아혁명은 그 모든 것을 바꾸었다. 차르가 퇴위하고, 자유선거 실시를 약속했던 임시정부가 그 자리를 차지하자 민주주의의 승리가 예고되었다. 갈등의 폭이 확대될 조짐이 보였고, 이는 애초 전쟁에 반대하는 이들조차 수긍할 수 있을 정도였다. 처음부터 그 전쟁에 반대했던 아일랜드 극작가 조지 버나드 쇼는 친구인 러시아 작가 막심 고리키에게 이렇게 썼다. "나는 그 혁명이 인류에 유익한 것이라고 간주하네. 그것으로 마침내 (차르 시절에는 서구 민주주의의 불명예였던) 프랑스, 영국, 러시아 사이의 동맹이 정당화될 뿐만 아니라 그 전쟁 전체가 정당화되니 말일세."[2] 러시아혁명은 미국의 싸움을 재촉하는 데 일조했다. 직접적인 도화선은 독일군 최고사령부가 1917년 1월 미국 선박들에 대한 격침을 [목표로 한 무제한 잠수함 작전을] 재개하기로 결정한 일이었다. 그러나 도덕상의 자극제는 러시아였다. [그해] 4월, 의회에서 우드로 윌슨은 미국이 민주주의 편에서 무기를 든다고 공표하며 이렇게 말했다. "세계 평화를 바라는 우리의 희망이 더 확실해졌다고 국민 모두가 그렇게 느끼고 있지 않습니까? 러시아에서 일어나고 있는 놀랍고도 고무적인 일들로 인해 말입니다."[3] 이 연설에서 윌슨은 미국의 참전 목적이 민주주의가 안전한 세계를 만드는 것이어야 한다고 선언했다.

예상보다 훨씬 길어진 전쟁 속에서 러시아혁명은 대단원에 이른 듯 보였다.『뉴 리퍼블릭』을 떠나 백악관에서 근무할 참이었던 언론인 월터 리프먼은 윌슨의 연설을 들은 뒤 이렇게 썼다. "러시아가 공화국이 되고, 미 공화국이 적이 되자, 독일제국은 전제주의의 최후 피난처가 되어 인류 앞에 고립되었다."[4] 러시아 임시정부는 그 전쟁을 민주적 자유라는 이름으로 계속하겠다고 약속했다. 혁명은 새로운 민주주의 영웅, 곧 이상주의적인 젊은 지도자 알렉산드르 케렌스키를 배출했다. 서구에서는 케렌스키를 추종하는 사람들이 생겨났고, 그는 새로운 민주주의 낙관론의 상징이 되었다. 거의 모든 사람들이 그에게서 존경할 무언가를 찾아냈다. 늘 과장법을 쓰는 버나드 쇼는 다음과 같은 다소 불길한 말을 남겼다. 즉, "허풍쟁이 아이" 케렌스키가 참 마음에 든다고, 그를 보고 있으면, 자기 자신을 보고 있는 것 같다고 말이다.

사실 [1917년] 케렌스키는 정치 경험이 거의 없는 서른여섯 살의 변호사였지만 타고난 웅변술 덕분에 권력을 잡을 수 있게 되었다. 그의 연설은 최면을 걸듯 사람들의 마음을 사로잡았다. 군중은 발작하듯 웃음을 터뜨렸고, 특히 여성들은 자신들의 우상과 함께 통곡하거나 졸도하며 황홀경에 빠지곤 했다. 그러나 그는 정치적 판단력이 부족했다. 1917년 여름, 케렌스키는 침략한 독일군에 반격을 가하는 일에 모든 것을 걸기로 결정했고, 민주주의의 이상이 자신의 군대에 동기를 부여할 것이라고 믿었다. 그는 러시아 군인들에게 "자유는 약하지 않고 강하다"는 것을 증명해 달라고 했다.[5] 불행히도 그들은 그 반대로 했다. 전투는 재난으로 변했고 독일군은 장비도 부족하고 지도력도 형편없는 러시아 군대를 밀어냈다. 알고 보니 러시아군은 자유에 취해 있던 게 아니었다. 다수는 그저 술에 취해 있었다.

이런 대실패 뒤, 그해 봄에 만개했던 민주주의 낙관론은 동부전선뿐만 아니라 서부전선에서도 점차 시들기 시작했다. 케렌스키의 신생 민주주의는, 규율이 부족하고 무모하다는 민주주의에 대한 오래된 편견들을 확인해 주는 듯했다. 그는 민주주의에 대한 막연한 희망이 현실을 압도했음을 상징했다. 결국 그의 실패는 레닌이 이끄는 훨씬 냉철한 볼셰비키들이 권력을 장악하는 문을 열어주었다. 레닌은 러시아 인민에게 그들이 정말로 원하는 것, 즉 종전을 선물하겠다고 공표했고, 독일과의 강화 협상에 나섰다. 동부 전선에서 러시아가 빠져나오자, 서부전선에서 민주국가들이 패배할 공산이 매우 커졌는데, [연합국과 싸우던 독일 등의] 동맹국들Central powers이 더는 두 전선에서 싸우지 않아도 되었기 때문이다. 러시아의 민주주의 혁명이 민주주의에는 재난으로 변하고 있었다.

케렌스키에 대한 추종이 저무는 동안 또 다른 숭배 대상이 떠오르고 있었다. 즉 독일군의 무자비한 병참감 에리히 루덴도르프였다. 루덴도르프는 민주국가들에 결여되어 있는 것을 상징하게 됐다. 전쟁이 1917년 내내 이어지는 동안 서구 민주국가들의 수행력은 점점 더 난장판으로 변하는 듯했다. 연합국에서는 폭동이 일어났고, 정치인들이 사소한 일로도 끊임없이 옥신각신했으며, 지도자들이 거듭 바뀌었다(프랑스에서는 몇 달 동안 총리가 세 명 나왔다). 말만 늘어놓았지 윌슨은 미군 병력과 장비를 유럽에 급파하지 않고 미적거리고 있었다. 11월, 훈련을 덜 받은 이탈리아군은 오스트리아-헝가리군의 [이탈리아의] 카포레토 진격을 앞두고는 혼란에 빠져 달아났다. 자유는 약하지 않고 강하다는 말이 틀렸음을 또다시 보여 주는 듯했다(오스트리아-헝가리군의 결의는 허약하다는 게 주지의 사실이었는데, 독일군의 원조를 통해 강화되었다). 그동안 사실상 파울 폰 힌덴부르크와 루덴도르프가 지배하는 군부독재였던 독일은 최후의 돌격을 위해 병력을 모으기 시작했다. 민주주의는 퇴각 중이었다. 진군 중인 것은 바로 전제주의였다.

그해 초 『애틀랜틱 먼슬리』는 루덴도르프에 대한 취재를 위해 언론인 헨리 루이스 멩켄을 독일로 보냈다. 자신의 영웅 니체를 본보기로 삼은 멩켄은 자칭 우상 파괴자로 10년 전 니체의 사상을 미국에 처음 소개한 인물이었다. 멩켄은 민주주의적 애국심이라는 "우상을 타파하는 자"로서 니체를 숭배했다. 1914년, 전쟁이 시작되었을 당시 멩켄은 독일 편에 섰다. 그는 일시적인 인기가 아니라 의지[능력]에 보답하는 독일의 정치체제에 감탄했다. 루덴도르프의 권력 장악은 이를 확인해 주었다. 멩켄은 이렇게 적었다. "1914년 독일 신사록紳士錄에는 루덴도르프가 전혀 언급되지 않는다. 당시 그는 독일군의 일개 소장에 불과했다."6 이제 그는 "그 나라의 진정한 우두머리 ─ 어쩌면 비스마르크 이후 독일이 배출한 최고의 인물" ─ 가 되었다. 그러나 그에 관해 알려진 것은 여전히 거의 없었다. "그는 그 어떤 격언도, 화제도, 발언도 남기지 않은 것으로 알려졌다. 그는 신비에 싸인 인물로 남아 있다."7 멩켄이 대비하고자 한 인물은 그가 경멸한 정치인 윌슨이었다. 수많은 슬로건들에서 민주주의자로 제시된 윌슨은 군중을 기쁘게 하는 말만 하고 철학적 금언만을 늘어놓았을 뿐 행동은 전혀 하지 않았다.

멩켄은 전쟁 내내 [민주국가들 사이에서] 점점 커지고 있던 불안을 건드렸다. 대중에 영합하는 능력에 따라 지도자를 선택하는 민주국가들이 선거 정치의 가식이 아닌 능력 중심의 독일 체제에 어떻게 대적할 수 있을 것인가?8 전쟁은 루덴도르프를 정상의 자리에 올려놓았다. 미국은 앞으로도 참전하지 않겠다고 약속해 재선에 성공한 이가 여전히 이끌고 있었다. 윌슨은 [선거가 끝난 뒤 참전을 선언함으로써] 자신이 얼마나 어처구니없을 정도로 변통적인지를 보여 줬다. 이 두 인물이 나타낸 두 정부 체제의 직접적인 대결을 보면서 멩켄은 어느 쪽이 이길지 확신했다.

민주주의의 무능함에 대한 불안은 1918년 초에 정점을 찍었다. 민주국가들은 경쟁국들과의 싸움에서 사력을 다했는가? 권력의지가 충분했는가? 혹은 일을 임시방편으로 처리하고 그럭저럭 버텨 나가는 민주주의의 경향이 결국에는 민주주의를 파괴했을까? 동부전선에서는 실천력 있는 인물들, 즉 힌덴부르크와 루덴도르프, 레닌과 트로츠키가 자신의 운명을, 어쩌면 세계 전체의 운명까지 결정하고 있었다. 서부전선에서는 민주국가의 정치인들이 사태가 어떻게 전개될지 지켜보고 있었다. 칼자루를 쥔 것은 전제자들이었다. 민주주의자들이 달리 무엇을 제시할 수 있었겠는가?

두 연설

무엇보다 민주국가 정치인들에게는 마르지 않는 것이 있었다. 그것은 바로 말이었다.

　　1917년에서 1918년으로 넘어가면서 세계의 관심은 독일과 러시아 대표들이 러시아가 전쟁에서 발을 빼는 조건을 협상하던 벨라루스의 도시 브레스트리토프스크로 쏠렸다. 서구의 지도자들은 이 협상에서 어떤 결론이 도출될 것인가와 관련해 우선적으로 두 가지 사항을 우려하고 있었다. 첫째, 볼셰비키들이 독일군에게 너무 많은 것을 내주어 전쟁의 세력균형이 바뀌는 것이었다. 둘째, 볼셰비키들이 그 전쟁[의 대의]을 경멸하는 말을 쏟아 넘으로써, 민주국가들의 사기를 꺾어 버리는 것이었다. 볼셰비키들은 서구 민주주의를 명백한 가짜로 보고 경멸했다. 트로츠키는 강화 협상의 기회를 이용해 차르 정권과 서구 동맹국들 사이의 비밀조약을 공개함으로써 모든 교전국들이 똑같이 나쁘다는 것을, 즉 책략을 꾸미고 기만적이며 탐욕스럽다는 것을 보여 주려 했다. "비밀 외교문서에 나와 있듯이 지배계급들이 한 짓을 온 세계에 폭로합니다." 트로츠키는 1917년 11월에 이렇게 공표했다. "우리는 우리 외교정책의 확고부동한 기초를 형성하는 다음과 같은 구호를 노동자들에게 전합니다. '만국의 프롤레타리아여, 단결하라!'"9

1918년 1월 초, 『프라우다』[소련 공산당 기관지]는 민주주의가 안전한 세상을 만든다는, 윌슨이 내세운 목적이 어디에 토대를 두고 있는지 간결하게 설명했다. 그것은 블랙 유머였다. 미국 정부가 참전한 이유는 "선과 정의"가 아니라 "뉴욕 주식시장의 이익"을 위해서였다.

카이저 빌헬름[2세-옮긴이]이 독일의 철강 산업에 복무하듯 윌슨 씨는 미국 군수산업에 복무한다. 한 사람은 연설이 퀘이커 공화당원 스타일이다—다른 한 사람은 프로이센의 개신교 절대왕정론자의 어법으로 말뜻을 흐리고 자신을 포장한다. 그러나 기저에 있는 것은 모두 똑같다.10

서구 민주국가 지도자들은 자국민들이 『프라우다』를 읽을까 걱정하지는 않았다. 그러나 그 전쟁이 민주주의를 무너뜨리려는 계략이라는 볼셰비키의 기본 메시지가 국민을 혼란스럽게 하는 효과를 낳을까 두려워했다. 런던에서도 워싱턴에서도, 민주국가들이 이 참혹한 전쟁을 벌이는 이유들을 다시 설명해야 할 순간이 왔다고 판단했다. 그들은 근본적으로 모든 교전국들이 똑같이 나쁘다는 생각을 반박해야 했다.

영국이 먼저 나섰다. 1월 5일, 데이비드 로이드조지는 노동조합 집회 연설에서 연합국이 전쟁을 하는 목적들을 제시했다. 그는 이 전쟁의 양편 사이에 도덕상의 차이가 전혀 없다는 볼셰비키의 주장을 단호히 기각했다. [그에 따르면] 동맹국들은 폭력을 통해 땅을 더 차지하고 물질적 보상을 얻으려 하고 있었다. 민주국가들은 단순히 방어에 힘쓰고 있었다. 로이드조지는 이렇게 선언했다. "이 나라의 민주주의는 최후까지 프랑스와 이탈리아를 비롯한 모든 연합국들의 민주주의 편에 설 것이다."[11] 그리하여 이 전쟁은 민주국가들이 서로 연대해 스스로를 지키는 전쟁이었다. 그 목적은 부당한 행위에 맞서 모든 것을 원상태로 되돌려 놓는 것이었고, 따라서 전쟁이 야기한 영토적 또는 물질적 손실을 보상받아야 했다. 어떤 민주주의국가도 군사 공격의 희생자가 되면 안 된다는 것을 분명히 해야 했다.

로이드조지는 연설을 꽤 합리적으로 들리게끔 작성했다. 누가 스스로를 방어하겠다는 민주주의에 반대할 수 있는가? 그런 의도에서 그는 통상적으로 우드로 윌슨을 떠올리게 하는 많은 것들, 이를테면 민족자결과 미래의 갈등을 해결하는 국제연맹 같은 구상들에 대해서도 입에 발린 말을 해주었다. 그러나 윌슨은 로이드조지의 수에 넘어가지 않았다. 1월 8일, 그는 전쟁 목적에 관한 독자적인 성명을 의회에 직접 전했고, 거기서 민주 평화를 위한

14개조 원칙을 열거했다. 그것은 레닌에게 퇴짜를 놓은 것처럼 로이드조지에게도 퇴짜를 놓으려는 의도였다.

월슨의 "14개조 원칙" 연설은 민주주의적 이상주의에 관한 20세기의 결정적 연설 가운데 하나로 오늘날에도 그 명성을 유지하고 있다. 그럼에도 월슨이 제시한 그 목록 어디에서도 (연설에서 민주주의라는 말을 연발한 로이드조지와는 달리) **민주주의**라는 말이 실제로 사용되지는 않았다. 로이드조지는 전쟁에서 승리해야만 민주주의가 안전할 수 있는 이유를 설명하고 싶어 했다. 월슨이 보기에 이는 민주주의의 대의를 민주주의의 단기적 전망에 너무 종속시키는 것이었다. 그렇지만 그도 물론 승전을 원했다. 그러나 사람들이 민주국가들에 **의한** 승리가 민주주의를 **위한** 승리와 같다고 생각하는 것을 원하지 않았다. 그것은 좀 더 시간이 걸릴 일이었다. 민주주의는 평화로 가는 길—월슨은 민주국가들은 서로 전쟁을 벌이지 않을 것[민주 평화론]이라고 확신했다—이었다. 그러나 그것은 먼 길이었다. 그 무엇도 하루아침에 일어날 일은 아니었다.

전쟁에 대한 정치적 입장을 바꾸는 동안에도, 그는 정치학도 시절 이래로 품어 온 핵심 정치철학을 견지했다. 월슨은 급작스러운 계기로 민주주의가 변형된다고 결코 생각하지 않았다. 외려 민주주의가 확립되고 그 기저의 강점들을 이용하려면 시간이 필요하다고 생각했다. 그가 느끼기에 미국인들은 이를 본능적으로 알았다. 나머지 나라들은 대부분 그러지 못했다. 이런 계열의 생각에는 인종적인 특징이 있었다. 곧 앵글로색슨에게는 민주주의적 기질이 있는데 [그중] 잘 흥분하는 집단들은 민주주의에 도취되어 도를 넘어 행동한다는 것이었다. 지칠 줄 모르는 에너지를 가지고 있음에도 불구하고, 미국인들은 민주주의에는 인내가 필요함을 이해했다. 그런데 윌슨은 토크빌과 마찬가지로 자신도 "민주주의의 섭리"라고 부른 것을 믿는 것만으로는 충분하지 않다고 생각했다. 그는 민주주의에는 강력한 지도력이 필요하다고 보았다. 미국 민주주의의 꾸준한 진보는 평범한 사람들에게 발목을 잡히기 쉬웠다. 잘 흥분하는 민주국가들은 침착해질 필요가 있는 반면, 안정적인 민주국가들은 자신의 참된 잠재력을 깨달을 필요가 있었다. 이런 목적에서 윌슨은 위기를 활용하는 것이 바람직하다고 믿었다. 위기는 민주주의적 진보의 조건을 재천명하는 기회였다.[12]

14개조 원칙 연설은 이 같은 정치철학과 맞았다. 그것은 틀에 갇혀 있고 싶지 않은 한 인물이 강력한 지도력을 발휘한 행동이었다. 14개조 원칙 자체의 의도는 평화를 위한 틀, 곧 민주주의가 자랄 수 있는 공간을 마련하는 것이었다. 이것을 성취하는 수단은 다음과 같았다. "공개적인 외교"(즉, 더는 비밀외교를 하지 않는다)(1조), 공해公海의 자유(2조), 자유무역(3조), 군비축소(4조), 민족자결(5조), 영토 분쟁의 해결(6-13조), 미래의 갈등을 해결하는 "국가연합" 신설.[13] 본질적으로 윌슨은 새로운 민주주의 세계 질서에 대한 문턱을 너무 높지도 너무 낮지도 않게 두려고 애쓰고 있었다. 레닌의 문턱은 분명 너무도 높았다. 즉 볼셰비키의 세계관에서 민주주의적 변형democratic transformation은 이미 지나간 과거의 모든 것들과 혁명적으로 결별해야만 성취할 수 있었다. 반면 로이드 조지는 문턱을 너무 낮게 두었다. 그는 그저 승리라는 사실 자체와 현존하는 민주국가들이 겪었던 부당한 일들을 보상받는 것에만 너무 매여 있었다. 윌슨은 앞으로 다가올 민주국가들의 미래에 관심을 갖고 있었다.

얼마간은 효과가 있는 듯 보였다. 윌슨이 제시한 장기 비전은 심금을 울렸다. 전쟁에 지친 유럽 주민들은 그것을 잘 받아들였다. 그 참상이 끝난 뒤에 올지 모르는 것에 대한 유연하고 융통성 있는 구상이 매력적으로 느껴졌다. 이 때문에 사람들은 조금이나마 꿈을 가질 수 있었다. 그러나 이것이 그런 구상을 처음으로 선동했던 사람들, 그러니까 브레스트리토프스크에서 협상 중이던 러시아인들에는 전혀 영향을 주지 못했다. 결국 볼셰비키들은 연합국이 두려워하던 두 가지 중 하나를 했다. 싸움에서 발을 뺀 것이다. 마침내 강화조약이 3월 3일 조인되자 독일군이 [사실상 러시아에] 전면적인 항복을 요구했으며 레닌이 그들의 바람을 따랐다는 것▲이 분명해졌다. 러시아인들이 평화를 위해 치른 궁극의 대가는 산업 기지 대부분을 포함하는 엄청난 영토의 상실이었다. 동맹국은 이제 최종 승리를 위해 관심을 서부전선으로 돌릴 수 있는 입장이 됐다.[14]

이것은 민주국가들에게 매우 나쁜 소식이었다. 그러나 한 가지 이득도 있었다. 서구 연합국이 두려워한 나머지 하나, 곧 볼셰비키들이 연합국 국민의 전의를 약화시킬 것이라는 두려움이 완화된 것이다. 브레스트리토프스크 조약으로 말미암아 민주국가들이 그 투쟁을 계속해야 할 이유가 매우 분명해졌다. 즉 그런 [엄청

▶ 브레스트리토프스크 조약으로 러시아는 동부전선에서 퇴각했다. 또한 폴란드, 발트 해 연안, 벨루시아를 할양하고 우크라이나의 독립을 승인하는 등 광대한 영토를 잃었다.

난 손실을 대가로 하는] 평화를 받아들이는 편에 서고 싶지 않게 된 것이다. 영국의 사회주의 지식인 비어트리스 웹은 러시아의 항복 조건이 공표되고 며칠 뒤 이렇게 일기를 썼다. "톨스토이주의자들 [즉 평화주의자들]은 그 어떤 대가를 치르더라고 맹목적으로 그리고 광적으로 계속해서 평화를 외칠 것이다. 그러나 사람과 사람, 인종과 인종 사이의 민주주의적 평등을 믿는 남녀들은 더욱더 그 전쟁에 찬성하게 될 것이다."15 1914년 8월, 개전이 선언된 그날 웹은 일기에 이런 생각을 털어놓았다. "최상의 결과는 모든 국가가 호되게 두드려 맞고 어느 누구도 승리하지 못하는 것이리라. 그것은 우리 모두에게 이성을 가져다줄지도 모른다."16 만 4년 뒤, [웹이 이야기했던] 승리 없는 평화는 민주주의국가들이 그 비용을 감당할 수 없는 사치품이 되었다.

민주국가들은 자신들에게도 재난이 닥칠 수 있다는 사실 때문에 목적의식을 새롭게 다질 수 있었고, 자신들 사이에서 나타난 일부 차이들도 이겨 낼 수 있었다. 윌슨은 미군 병력의 유럽 배치에 속도를 냈고 자신의 평화 계획을 보류했다. 러시아의 파국은 이 전쟁의 성패에 무엇이 달려 있는지 분명히 보여 주었다. 그러나 분명함에는 대가가 따랐다. 미묘한 차별점들은 사라졌다. 민주주의의 단기적 목표들과 장기적 전망들을 구별하는 것이 더는 가능하지 않았다. 이제 그것들 사이에는 별 차이가 없었다. 즉 민주주의가 단기적으로 견뎌 내지 못한다면, 장기적 전망들이 실현될 가능성 역시 작아지기에 고려할 가치가 없는 것이 되었다. 그런데 구별하기가 점점 더 힘들어진 또 다른 것은 로이드조지가 주장한 민주국가들의 행위와 적들의 행위 사이의 차별점이었다. 최종 승리를 향해 내닫는 전면전 상황에서, 민주국가들과 그렇지 않은 국가들을 구별하기는 어려웠다. 민주주의는 전제주의와 흡사해 보이기 시작했고 전제주의도 그런 것 같았다. 연합국과 동맹국은 검열, 선전, 대중 동원에 의존하는 면에서 서로를 모방하고 있었다.

전쟁은 군사 기구들과 더불어 홍보 기구들 사이의 경합이 되어 갔다. 싸움의 많은 부분은 전시 채권을 구매해 의무를 다하라고 민간인들을 설득하는 데 집중되었다. 1918년 초, 독일군은 8차 국채 [구매] 운동을 개시했는데, 이것은 루덴도르프가 독일 국민에게 최종 승리를 안겨 주리라고 이야기한 춘계 공세에 필요한 돈을 모으기 위해서였다. 루덴도르프는 전시공채의 성공은 "모든 것의 원천인 우리의 권력의지를 입증해 줄 것이다"라고 공표했다. 미 재무부는 1918년 3차 자유 전시공채Liberty Bond 공매의 준비 기간 동안, 재정 여건이 허락하는 한 전시공채를 최대한 구매하라고 시민들을 설득하는 대대적인 선전으로 대응했다. 연방공보위원회 CPI(미국 정부의 신설 선전기구)는 루덴도르프의 말을 끌어다 미국 국민들에게 썼다. "우리의 권력의지를 입증해 줄 것입니다. …… 국채가 팔리지 않고 한 매라도 남는 것은 전장에서 재난적 상황이 발생하는 것보다도 미국에 나쁠 것입니다."[17] 연방공보위원회 홍보 담당자들은 민주주의가 전제주의를 물리치려면 전제주의만큼이나 거세져야 함을 강조하고자 비상한 노력을 기울였다. 어떤 자유 전시공채 벽보는 이렇게 선언했다. "나는 여론이다. 모든 사람들이 나를 두려워한다! 당신이 돈이 있는데도 구매하지 않는다면, 이곳을 '무인 지대'No man's land로 만들어 버릴 것이다." 이는 토크빌이 말한 다수의 폭정이었다. 미 정부 선전원들은 대중을 조종하고자 이런 말들을 마음대로 끌어다 썼다.

경쟁하는 두 정치체제가 이렇게 하나로 뒤섞이고 있다는 것을 양 진영 모두 알고 있었다. 미국 좌파의 입장에서 윌슨을 거침없이 비판한 랜돌프 본은 미국 민주주의가 독일화되고 있다고 비판했다. 1918년에 이르게 되면, 엉클 샘[미국 정부]은 이상화된 독일의 또 다른 모습으로 변해 버렸다. 본은 이렇게 썼다. "전시에 인민은 말 그대로 순종적이고 공손하며 믿음직한 아이로 되돌아가, 자신들을 돌봐 주는 어른의 모든 지식과 모든 힘을 순진하게 맹신하게 된다."[18] 이것은 더는 민주주의가 아니었다. 그것은 인민의 운명이 정해지는 동안 인민의 입을 봉하기 위한 처방이었다.

그러는 사이, 독일에서는 소설가 토마스 만이 독일이 미국화되고 있다고 비판했다. 독일은 속임수와 어리석은 행동을 일삼는 흔해 빠진 대중 정치체제로 바뀌고 있었다. 만은 1918년 초에 이렇게 썼다. "오늘날에는 국민의 더 높은 지적인 삶과 전혀 관련이 없는 대중 정치, 민주주의 정치만이 가능하다 — 이것이 독일제국의 정권이 전쟁을 하면서 알게 된 것이다."[19] 만은 미래의 "민주 평화"라는 생각을 멸시했고 명백히 터무니없는 것으로 간주했다. "인민의 지배가 평화와 정의를 보장한다고?" 그는 경멸하듯 물었다. "평화에 대한 가장 확실한 보호 장치가 '민주적 통제'라고? 나야말로 궁금하다. …… [영국이 독일에 선전포고를 한-옮긴이] 1914년 8

▶ 제1차 세계대전 당시, 대치 중인 양쪽 군대의 참호 사이에 있는 벌판으로 포탄이 난무하고, 시체가 즐비한, 생명체라고는 찾아볼 수 없는 공간을 가리킨다. 흔히, 황무지, 죽음의 땅 등으로도 옮긴다.

월[4일], 넬슨 기념탑 주변을 돌며 춤을 추고 날뛰던 런던 군중을 보았나? …… 책임감을 느껴야지!"[20] 그럼에도, 그는 민주주의가 장래의 추세임을 의심하지 않았다. 무슨 의미였을까? "사건, 스캔들, 시대의 정치적·상징적 갈등, 엄청난 위기는 시민을 흥분시켜 매해 또다시 춤을 추고 날뛰게 한다―바로 이런 방식으로 우리는 그것[민주주의-옮긴이]을 갖게 될 것이고, 이런 방식으로 하루하루를 살게 될 것이다."[21] 이 전쟁의 승자는 민주주의가 될 것이었다. 전쟁이 정치를 거대하지만 무의미한 가식적 행사로 바꿔 버렸기 때문이다.

역전

만이 믿지 않은 것은 독일의 패전 가능성이었다. 민주주의가 승리를 거둘 것이지만, 그것은 부전승이지 전장에서 승리하는 것은 아니었다. 수많은 독일 민족주의자들과 마찬가지로 만이 염려한 1918년 초 최악의 시나리오는 윌슨의 어리석은 14개조 원칙을 토대로 조악한 강화조약을 맺는 것이었다. 러시아의 항복 이후, 이들은 군사적 패배를 전혀 생각하지 못했다. 루덴도르프가 춘계 공세를 개시한 3월 21일 이후로는 더욱 그렇게 보였다. 개전 후 처음으로 동맹국은 이제 연합국보다 많은 사단을 서부전선에 집결시켰다. 이렇게 병력을 집중해 독일군은 영국과 프랑스의 전선들을 돌파할 수 있었다. 대규모의 충돌이자, 피비린내 나는 전투였고, 연합군은 상당한 손실을 입었다. 몇 주 만에 상황은 절망적이 되었는데, 영국의 육군 원수 더글러스 헤이그는 다음과 같은 유명한 명령을 내릴 정도였다. "우리가 지키려는 대의의 정당성을 믿으면서 우리 한 사람 한 사람은 배수의 진을 치고 끝까지 싸워야 한다." 전지전능한 것처럼 보였던 루덴도르프에 대한 추종이 더욱 커졌다. 『뉴 리퍼블릭』에 따르면 "전쟁 발발 이래로 독일군이 이 시기만큼 초인처럼 보인 적은 없었다."[22]

독일군의 3, 4월 공격은 저지되었지만, 그것이 끝은 아니었다. 새로운 대규모 공격이 5월에 개시됐고, 이내 독일군이 파리를 포위하고 있었다. 파리 시민들이 피난하는 동안 런던에서는 온갖 음모론과 편집증적 이야기들이 널리 퍼졌다. 패배의 기운이 감돌았고, 먼저 무정부주의자와 동성애자에게 그 모든 책임과 비난이 가해졌다. 미국에서는 중간선거 일정을 11월로 연기하는 계획이 진지하게 검토되었는데, 전례가 없는 일이었다(남북전쟁 시기에도 그런 일은 없었다). 비관론자들은 그 게임이 이제 다 됐는지도 모른다고 생각하기 시작했다. 낙관론자들은 연합군이 1년 이상 버텨 준다면 아마도 1919년에는, 아니 1920년에는 전세를 뒤엎기 시작해 다시 한 번 미국의 인적·물적 자원이 영향력을 발휘할 수 있으리라고 희망했다.

그리고 7월, 역전이 일어났다. 현대 전쟁사에서 가장 극적인 역전일 것이다. 독일의 붕괴 속도는 양 진영 모두 깜짝 놀랄 정도였다. 확실히 루덴도르프는 그것을 믿을 수 없었을 것이다. 8월 8일, 그의 병력은 그 전쟁에서 가장 큰 패배를 당했다. 3만 명을 잃은 아미앵 전투였다. 루덴도르프는 이날을 "독일군의 암흑의 날"

이라 명명했고, 바로 절망에 빠졌다. 몇 주 만에 그 최고 전략가가 사기꾼이었음이 밝혀졌다. 그는 군사 공격으로 결정적 돌파구를 마련하지 못했다. 게다가 그에겐 플랜 B도 없었다. 그저 플랜 A를 끝도 없이 헛되게 반복할 뿐이었다. 9월, 그는 신경쇠약에 걸려서 요양소로 내쫓겼고 그곳 의사들은 그에게 포크송을 부르며 기운을 내라고 권했다. 효과는 없었다.

독일 군부가 패배에 대비하지 못했다면, 서구 민주국가의 지도자들은 승리에 대비하지 못했다. 9월로 접어들었음에도, 대서양 양편의 전략가들은 전쟁이 적어도 1919년, 어쩌면 1920년까지 계속될 것이라는 예측 아래 마련한 계획들을 고수했고, 1920년 무렵에 미군 증원 부대가 집중 배치되어 강한 전투력을 발휘할 것이라 보았다. 이제 막 최고속 기어를 넣은 미국 전쟁 기구가 너무 일찍 시동을 끄는 일을 바라는 이는 아무도 없었다. 9월 말에는 4차 자유 전시공채가 판매되기 시작됐다. 그에 앞서 대중 집회들이 그 어느 때보다 크게 개최되었고, 민주주의의 운명이 백척간두에 서있다고 단호하게 선전되었다. 민주주의의 생사가 걸린 투쟁은 계속되었는데, 독일의 전제 정권이 이미 단말마의 고통 속에 있다는 사실은 아무런 영향을 미치지 못했다.

1918년 군사적 부침 속에서 일어난 극적인 역전은 독일 국민들이 감당하기 너무 힘든 것이었기에, 누군가 등 뒤에서 칼을 꽂았다는, 그리하여 전세가 역전되었다는 20세기의 상투적인 소문이 생겨났다. 이제 막 승리를 거둘 것으로 보였던 군대가, 유대인들과 사회주의자들의 배신 때문이 아니라면, 어떻게 갑자기 패배할 수 있었겠는가? 독일의 붕괴 속도는 승자들도 받아들이기 힘들 정도로 빨랐다. 늦봄에 그렇게 엉망진창이던 민주국가들이 —
자신들의 전통적인 약점들, 즉 우유부단, 험담, [아직 깊지 않은] 초
기의 절망을 모두 보여 주던 — 어떻게 가을에는 완벽하게 우세를
점할 수 있었을까? 반대로, 연합국 측 역시 자신들이 어떻게 역전
할 수 있었는지 궁금했다.

한 가지 가능한 설명은 이것이 민주주의의 승리가 결코 아니
었다는 것이다. 민주국가들은 자신의 원칙들을 버리고 경쟁국들
처럼 잔인하고 억압적으로 행동함으로써 우위를 점했다. 전쟁이
끝나는 마지막 몇 달 동안 민주국가들이 보여 준 행동은 전장 안
팎 모두에서 무시무시한 것들이었다. 당시 연합군은 동맹군보다
화학무기들을 더 많이 더 효율적으로 생산했고, 거리낌 없이 그것
들을 사용했다. 독일군의 사기를 크게 떨어뜨린 것은 바로 가스
공격으로 자신들이 몰살될 수 있다는 생각이었다. 동시에 이 무렵
모든 전투원들은 새로운 적, 즉 군인과 민간인 가릴 것 없이 급격
히 퍼지던 치명적인 독감과 싸워야 했다. 사람들이 많이 모이는
모든 장소가 죽음의 덫이라는 것은 더욱 분명해졌다. 그럼에도 미
국 정부는 공중 보건상의 위험은 개의치 않고 대규모 전시공채 판
매 집회를 계속 열었다. 9월 말에는 정부 선전원들이 민주주의의
미덕을 극찬하는 것을 듣고자 필라델피아에 2백만 명 이상의 사
람들이 군집했다. 그 전쟁에서 열린 가장 큰 집회 가운데 하나였
다. [그러나] 그들이 집회에 참석하기 위해 무릅써야 했던 위험에
대해 언급하는 이는 아무도 없었다. 그리고 며칠 만에 그들 가운
데 수천 명이 사망했다.[23]

우드로 윌슨은 1918년에 발표한 그 어떤 성명에서도 독감에

대해 언급하지 않았고, 연합국의 신문들 역시 독감에 대해 상세히 언급하는 게 금지되었다(그것은 "스페인 독감"으로 알려지게 됐는데, 그 이유는 전쟁에 참가하지 않은 국가인 스페인에서만 그 재난의 규모가 얼마나 큰지를 자유롭게 보도하는 언론이 있었기 때문이다). 미군 병력이 배를 타고 유럽으로 몰려들었고, 이제 독감의 확산은 불가피해졌다. 수많은 지역들이 시체 안치소가 되었다. 루덴도르프는 독감이 연합군에 공황의 씨앗을 뿌려서 자신을 구원해 주리라고 잠시 믿었다. 그의 의사들은 마땅히 이것을 그가 제정신이 아니라는 추가적인 증거로 간주했다. 민주국가들[의 군대들]은 그 무렵 독일군보다 훨씬 훈련이 잘되고 훨씬 무자비한 전투 기계였다.

민주주의가 진짜 위기에서 살아남을 때마다, 민주주의는 자신의 원칙들을 배반함으로써만 살아남을 수 있다고 생각하기 쉽다. 즉 민주주의는 더는 민주주의적이지 않을 때에만 생존한다는 것이다. 그러나 이것은 너무 단순화된 생각이다. 민주국가들이 1918년에 승리할 수 있었던 것은 단순히 적보다 잔인했기 때문은 아니었다. 적응력이 더 있었기에 승리한 것이었다. 이 점에서 토크빌이 옳았다. 장기전에서 민주주의의 두 경향은 서로 경합할 것이다. 즉 표류하는 경향들이 민주국가들을 수동적으로 만들고, 승리에 필요한 노력을 일깨우지 못하게 한다면, 실험적 경향은 무언가 새로운 것을 시도하도록 활동적이고 열성적으로 만든다. 제1차 세계대전 동안, 막상막하이긴 했지만 실험적 경향이 표류하는 경향을 누르고 이겼다.

민주국가들은 군사적으로 적응력이 더 뛰어남을 입증했다. 그들의 군대는 개전 후 첫 3년간은 수행력이 형편없었다. 지휘에 문제가 있었고 자신의 틀에 갇혀 있었다. 그러나 계속 그렇지는 않았다. 동맹국보다 실수로부터 교훈을 훨씬 잘 얻었기에, 1918년에 이르러서는 결국 사태를 역전할 수 있었다.[24] 민주국가들은 정치적으로도 훨씬 더 적응력을 발휘했다. 그들은 금방이라도 폭발할 것 같은 대중의 불만을 수용할 수 있었다. 이것은 단기적으로는 대가를 치러야 하는 것일지 몰랐지만—민주국가는 전제 국가가 하듯이 자원을 집중할 수 없는데, 상이한 요구들이 늘 많기 때문이다—장기적으로는 장점이었다. 불편한 일이긴 하지만, 민주국가들은 변화무쌍한 대중의 정서에 굴복할 수밖에 없다. 유연해지는 것밖에 선택지가 없다는 의미다.[25]

토크빌이 말했듯이, 비민주적 정권들은 단기적 목표를 잘 성취하지만 그러고는 이내 교착상태에 빠진다. 또한 자신들의 지도자들을 바꾸지도 못하는데, 사태가 안 좋게 흘러갈 때 재난이 될 수 있다. 민주국가들은 지도자를 이리저리 바꾸곤 한다. 우유부단해 보일 수도 있지만, 좋은 지도자를 찾을 때까지 계속 찾는다는 의미이기도 하다. 1917년, [아리스티드 브리앙, 알렉상드르 리보, 폴 팽르베에 이어] 그해의 네 번째 총리 조르주 클레망소가 혼란스러운 상황에서 뒤늦게 권좌에 올랐다(연기된 이유 하나는 프랑스 대통령 레몽 푸앵카레가 그를 싫어하고 불신했기 때문이었다). 그는 결국 조국의 구세주가 되었다. 절망적이었던 1918년 봄, 클레망소는 침착한 태도를 유지했고 연합군이 승리하도록 고무했다. 말이 없는 지도자 루덴도르프는 독일의 파괴자가 되었다. 1918년 여름, 그가 준비한 계획이 모두 바닥났음이 분명해졌지만, 그를 대체할 사람은 한 명도 없었다. 민주주의국가는 약점에 직면해 적응력을 발휘한다. 전제 국가는 자신의 약점을 끝까지 밀어붙인다.

1918년의 중대한 교훈 가운데 하나는 민주국가들은 전제주의를 실험할 수 있는 반면, 전제 국가들은 민주주의를 실험할 수 없다는 것이었다. 전쟁 막바지에 프랑스, 영국, 미국 정부는 모두 최종 승리를 위해 거의 독재적인 권력을 휘둘렀지만, 그 과정에서 민주주의를 파괴하지는 않았다. 그동안 독일군 최고사령부는 군사적 정복을 위한 모든 일을 했다. 그들은 종전을 원하는 대중의 바람을 들어줄 다른 방법이 없었기 때문이다. 독일 국민은 누구 못지않게 전쟁에 신물이 났고 최악의 상황을 겪은 상태였다(연합군의 해상봉쇄는 독일인들을 굶겨서 항복을 받아 낸다고 공언했던 그 계획의 목적에 근접했다). 그러나 루덴도르프는 이 같은 불만이 야기할 수 있는 사태를 두려워한 나머지, 그것이 발산될 수 있는 그 어떤 정치적 배출구도 허용하려 하지 않았다. 그는 위험을 무릅쓰고 서부전선에서 벌이던 군사적 도박의 판을 계속 키웠고, 결국 모든 것을 잃고 말았다. 그는 계속해서 그답게 행동해야만 했다. 반면, 윌슨, 로이드조지, 클레망소는 모두 필요시 꽤 그럴듯하게 전제자 흉내를 낼 수 있었다. 이들은 민주국가의 정치인으로서 입장을 바꾸는 데 꽤 능숙했기 때문이다.[26] 루덴도르프는 민주주의자 흉내를 잘할 수 없었는데, 그것은 그가 도무지 맡을 수 없는 역할이었기 때문이다. 그가 신비에 싸인 인물이라던 멩켄의 생각은 틀렸다. 결국 그도 여느 폭군처럼 별로 신비롭지 않았다.

그런데 민주주의의 승리가 경직성에 대한 적응성의 승리였다는 점에서 그 승리를 진리의 순간으로 간주하기는 어려웠다. 민주국가들은 그 전쟁을 엉망으로 만들었지만, 자신들이 만든 그 엉망진창의 상황에 빠져 있지 않았기에 승리했다. 그럼에도 역사를 다시 쓰고픈 유혹은 진 쪽뿐만 아니라 이긴 쪽에도 존재했다. 절망적이었고 지리멸렬했으며, 심히 위태로웠던, 또한 [민주국가의 명성을] 위태롭게 하는 투쟁이었던 그 전쟁은 지난 과거의 일들을 일거에 지워 버리는 결정적 결과를 낳았다. 복잡했던 이야기가 다음과 같이 다시 단순해졌다. 즉, 민주주의의 원칙들이 승리했다. 이성이 이겼다. 이제는 지난 4년간의 참상을 가치 있는 것으로 만들어 줄 민주 평화를 확보할 순간이었다.

민주주의가 자신의 장기적 운명을 포착하기에 적절한 때란 결코 없다. 그것은 늘 포착하기 어렵다. 민주국가들은 계속 주변 환경에 적응한다. 실수가 계속된다는 뜻이다. 토크빌이 말했듯 민주주의에는 늘 "시의적절하지 못한" 무언가가 있다. 그런 이유에서 그는 이렇게 말하기도 했다. 민주국가가 올바른 일을 하지는 못하는 위기의 순간이 둘 있다. 하나는 개전할 때, 하나는 종전할 때.

두 선거

일단 전쟁에서 지지 않을 것이 분명해지자 중간선거가 재개되었다. 선거일은 11월 5일이었다. 이 말은 윌슨이 선거가 치러지기까지의 몇 주 동안을 민주주의국가의 정치인들을 괴롭히기만 하는 그런 성가신 일을 하는 데 시간을 써야 한다는 의미였다. 한편으로 그는 역사상 가장 큰 군사적 재앙을 끝내고 미래의 세계 평화를 확보하고자 애쓰고 있었다. 다른 한편으로는 이 일이 평범한 미국인들(장대한 사건들이 벌어지던 유럽과 멀리 떨어진 곳에서 불평을 늘어놓고 있는 이들)에게 어떻게 작용할지 걱정해야 했다. 중간선거는 윌슨에게 절호의 기회이기도 했지만 불길한 위기의 순간이기도 했다. 민주 평화라는 장기적 비전에 대해 국민으로부터 신임투표를 얻어 낼 수 있다는 의미에서 이는 기회였다. 반면, 국민이 그와 같은 장기적인 비전들에 관심이 없음을 확실히 보여 줄지도 모른다는 점에서는 위기였다. 그들은 자신들이 치렀던 희생에 대해 좀 더 직접적인 보상을 원했다. 유권자들에게 세계 평화에 대한 무제한의 헌신을 요구한 민주국가의 정치인은 이제 유권자들이 어깨를 으쓱하며 무관심한 태도를 보일지도 모르는 위험을 무릅쓰게 된 것이다.

윌슨은 10월 내내 이런 딜레마들과 씨름했다. 종전을 목전에 두고 있음이 이제 분명했다. 윌슨은 선거를 앞두고 국민에게 보내는 성명 초안을 작성하면서 14개조 연설에서 세운 원칙들을 추진하기 위한 분명한 권한을 요청했다. "이런 중대한 시기에, 하나 된 마음으로 저를 지지하는 게 여러분의 바람이라면, 부디 우리나라에서도 그리고 우리의 연합국들 사이에서도 결코 오해가 없도록 분명하게 그렇게 말씀해 주시기를 청합니다."[27] 그러나 이 메시지는 결코 발표되지 않았다. 윌슨의 참모들은 그게 오만하게 들린다고 생각했다. 윌슨은 초안을 고치면서 이번에는 유권자들에게 더 공손하고 정중하게 청했다. "여러분들이 다른 지도자를 원하신다면 부디 오해의 여지가 없도록 분명히 그렇게 말씀해 주시기를 부탁드립니다."[28] 그러나 이것도 최종 원고에서 빠졌다. 그것은 결국 대선도 아닌 중간선거에 미래를 저당 잡히는 일이었다. 윌슨은 원하는 것을 요청할 방법을 찾지 못했다.

그동안 윌슨의 몇몇 지인들은 그가 위험천만하게도 유권자들에게 너무 많은 것을 요구하고 있다고 경고했다. 10월 14일, 그는 다가오는 선거에 대해 두려움을 표한 바 있는 애리조나 주 민주당 상원 의원 헨리 애셔스트와 만났다. 윌슨은 특유의 무관심한 태도로 응했다. 그는 3주 동안 일어날 일보다 훨씬 커다란 걱정거리들이 있다고 설명하면서 애셔스트에게 이렇게 말했다. "나는 지금 향후 100년의 일을 다루고 있습니다."[29] 윌슨에게 민주주의의 장기적 전망들은 그것의 단기적 격동들을 능가하는 것이었다. 그러나 선거철에 이런 이야기를 하기는 쉽지 않은 노릇이다. 유권자가 정말 중요한 문제라고 생각하지 않는 견해에 대해 투표하라고 유권자를 설득하기란 매우 어렵다.

윌슨의 또 다른 문제는 전쟁이 분명 끝나 가고 있었지만, 전투가 아직 종료되지 않았다는 것이었다. 이런 점에서, 민주주의의 섭리가, 어쩌면 그의 생애 처음으로 그를 실망시켰다. 최종적인 휴전 협정이 맺어지기 며칠 전에 선거가 열린 것이다. 오스트리아는 11월 3일에 [연합군과] 개별적으로 강화조약을 맺었지만, 그 소식이 미국에 전해지기까지는 시간이 걸렸고, 여전히 교전 중이던 독일에 대해 윌슨의 경쟁자들[공화당 지도부]은 지금은 독일인들과 협상을 논할 때가 아니라는 메시지를 선거 막바지까지 역설했다. 10월 내내, 공화당원들은 선거운동 과정에서, 한때 승리 없는 평화를 옹호했던 그 사람[우드로 윌슨]이, 이제는 너무나도 성급하게 평화를 운운하는 바람에 최종 승리를 거머쥘 기회를 날리고 있다고 집요하게 물고 늘어졌다. 공화당 선거 참모들은 윌슨의 14개조 평화

연설을 거론하며, 그를 위험한 이상주의자로 묘사했고, 미국이 안고 있는 훨씬 현실적인 문제들을 그가 백안시한다고 주장했다. 한 역사학자가 썼듯이, 윌슨을 "독재적이고 평화주의적이며 사회주의적이고 반국가적인 친독 국제주의자"로 그린 1918년 선거는, 공화당이 나머지 세기 동안 벌일 선거운동의 귀감이 되었다.[30]

결과가 나오자 대중이 윌슨에게 그가 바라던 신임투표를 주지 않았다는 게 명백해졌다. 민주당은 하원에서 22석, 상원에서 7석을 잃었다. 그러나 윌슨은 오래 낙담하지 않았다. 그는 선거 시기가 좋지 못했다는 것, 그러니까 매우 운이 나빴다는 사실을 위안으로 삼았다. 선거 참모들이 그에게 이야기했듯이, 오스트리아의 항복과 독일의 임박한 붕괴 소식이 유럽으로부터 단 며칠만 일찍 전해졌으면, 선거 결과가 크게 달라졌을지도 몰랐다. 선거 참모들은 패배한 자기 후보에게 늘 이렇게 말한다. 선거 기간에 그 일이 없었다면 이길 수 있었을 텐데! 윌슨의 참모들도 그의 상대들이 유권자들의 쉽게 잘 믿는 속성을 이용해서 윌슨이 독일군과 우호적으로 협상할 거라는 소문을 퍼뜨렸다고 그에게 말했다. 그 중 한 명은 이렇게 보고했다. "'무조건 항복'과 '협상 없는 강화조약'이라는 표어에 기초한 [공화당의] 선거운동은 놀랍도록 효과적인 것으로 밝혀졌다."[31] 윌슨은 자신이 정말로 지지했던 것(즉, 오래 지속되는 승리)을 유권자들이 이해하게 되면, 그들은 다시 돌아올 것이라 생각하면서 자위했다.

언제쯤 그렇게 될 수 있었을까? 첫째는 부도덕한 정치인들이 전쟁에서 어떻게 승리할 것인가의 문제와 평화를 어떻게 일굴 것인가의 문제를 쉽게 뒤섞지 못하도록 우선 그 모든 전투가 중단되어야 했다. 그러나 한 달 뒤 실시한 영국 총선은 전투가 중단되어도 부도덕한 정치인들이 여전히 신나게 떠들어 댈 수 있음을 보여 줬다. 로이드조지는 선거일을 12월 14일로 정했다. 1910년 이후 영국에서 처음 치르는 선거였고, 투표권을 21세 이상의 거의 모든 남성과 30세 이상의 여성 대부분으로 확장하는 국회의원 선출 법안이 통과된 후 처음으로 실시하는 것이기도 했다. 영국은 이제 진정한 대중 민주주의였다. 전쟁은 이미 한 달 전에 끝났음에도, 유권자 다수는 여전히 군인으로 복무하고 있었다. 그럼에도 교전의 종식과 독일의 붕괴는 이것이 분명 전후 선거임을 뜻했다. 문제는 어떻게 이길 것인가가 더는 아니었다. 이 승리를 어떻게 처리할 것인가.

당대 사람들은 1918년 총선에 [전후 선거라 부르지 않고] 다른 이름들을 붙였다. 이른바 "쿠폰" 선거다. 쿠폰이라는 이름은 [연립내각에 참여하고 있던 자유당의] 로이드조지와 보수당 당수 앤드루 보너로가 자신들의 경쟁 상대인 [애스퀴스를 중심으로, 연립내각 참여를 거부한 채 사실상 야당의 역할을 수행하고 있던] 자유당 후보들을 내치고 자신들이 찬성하는 후보들에게 보낸 [연립내각의 공식 후보 승인] 편지들과 관련했다(로이드조지가 1916년에 물러나게 한 자유당 총리 허버트 헨리 애스퀴스는 전시 배급제를 폄하하면서 이 "쿠폰"이라는 말을 처음 사용했다). 또 "카키" 선거로도 불렸는데, 유권자 수로는 군인이, 주제로는 애국이 지배적이었기 때문이다.[32] 마지막에는 "황제의 목을 매달자!" 선거로도 불렸는데, 대외 강경론을 내건 맹렬한 언론의 표제들이 선거운동 내내 확산되었기 때문이다. 비스카운트 노스클리프(로이드조지의 선전 책임자)와 비버브룩(공보부 장관) 같은 언론계 거물들이 지배하는 언론은 독일과의 화해 및 복구 원조를 이야기할 기분이 전혀 아니었다. 패전국들에게 전쟁에 대한 대가를 치르게 하는 게 우선이었다. 로이드조지는 이런 정서를 이용해 선거 연설에서 "독일에 군비 배상금 전액을 요구하겠다"고 공약했다. 유권자들은 그의 정권을 압도적인 표차로 당선시켰다. [연립내각 유지를 반대하며 로이드조지와 갈라진] 애스퀴스의 자유당은 궤멸했다.

그럼에도 이런 별칭들은 당시의 상황을 호도할 우려가 있다. 선거에 참여했던 사람들이 경험한 선거는 애국적인 열광과 보복의 제전이 아니었다. 더 많은 사람이 기억하는 당시의 분위기는 음울했고, 원통했으며, 어리둥절한 것이다. 전쟁은 길고도 고됐다. 승리는 눈 깜짝할 사이에 왔고 압도적이었다. 사람들에게 선거는 또 다른 짐이 되었다. 자유당 정치인이자 로이드조지의 친구인 찰스 마스터맨은 자신이 선거운동 기간에 맞닥뜨렸던 상황을 이렇게 묘사했다.

선거는 희망이 없었다. 나는 주로 야외에서 열린 서른 건의 집회에서 연설을 했다. 비가 계속 내렸고 말도 없이 입만 벌리고 있는 군중은 멍해 보였다. 환호성도 없었고 로이드조지의 이름이 나올 때도 그랬다. 야유조차 보내지 않았다. 그들이 조금 웅성거리면서 동의하는 듯한 제스처를 보인 유일한 말은, 선거를 할 필요가 없다는 것이었다.[33]

선거 과정이 이렇게 우울했던 이유는, 군중이 보복을 원했기 때문이 아니라, 더는 거대한 계획들에 끌려들어 가고 싶지 않았기 때문이다. 그들은 정상적인 생활로 돌아가고 싶었다. 여성 유권자들이 많이 생겼지만, 그들은 자신들의 삶이 크게 달라지리라는 희망도 느낄 수 없었고 두려움도 줄지 않았다. 여성 유권자 대부분도 남성 대부분과 마찬가지로 승리를 어떻게 처리할 것인가에 대해 확고한 견해가 없었다. 한 가지 분명했던 것은 그 비용을 자신들이 치르고 싶지 않다는 것이었다. 정치인들과 대중은 더 어려운 주제들을 논의하는 대신에 언론이 내뱉는 독설을 기꺼이 받아들였다. 전쟁에는 대중에게 빌린 막대한 돈이 들어갔었고, 이는 막 시작된 인플레이션을 부채질했다. 어느 누구도 긴축이나 상환에 대해 말하려 하지 않았다. 대신 독일군 처벌을 말했다.

이 모든 것으로 인해 선거에서는 현실과는 괴리된 분위기가 감돌았다. 그것은 분명 최악의 민주주의로 보였다. 『이코노미스트』는 12월 14일자에서 이렇게 언급했다. "그 선거와 그것이 치러진 상황은 정치가 이래서는 안 된다는 걸 보여 주는 소름끼치는 사례였다."[34] 그 선거는 또한 가식적 행사이기도 했다. 즉 [선거 과정에서 표출된 독일에 대한] 불타는 복수심과 히스테리는, 어려운 결정을 회피하기 위한 교묘한 술책이었다. 그렇다면 민주주의의 진짜 모습은 무엇이었을까? 지배적인 견해 두 가지가 있다. 우선 낙관적인 견해에 따르면, 선거철의 그 모든 잡음과 왜곡의 이면에는, 결국에는 끝까지 살아남아 그 모습을 드러낼, 대중의 양식良識이 있다. 『이코노미스트』는 이렇게 믿는다고 공언했다. "이 나라는 비열한 정서에 호소하는 이들만큼 그렇게 비열하지 않은 것 같다." 민주주의는 "이 골짜기를 비틀거리며 통과할 것이고" 결국에는 스스로 생각할 수 있는 "높은 곳에 도달할 것이다."[35] 그러고는 평화적 공존을 선택할 것이다. 그러나 또 다른 견해에 따르면, 선거 정치의 어리석은, 때로는 터무니없는 일이 민주주의의 실상이다. 그 이면에 숨겨진 것은 아무것도 없었다. 환상은 바로, 선거 그 너머를 보자고 주장하는 윌슨의 이상주의였다.

이 두 번째 견해와 관련해 말하자면, 민주주의의 참된 모습을 가린 것은 바로 1918년의 극단적 위기였다. 모든 것이 위태로워지자 민주주의가 진리의 순간에 도달한 것만 같았다. 그러나 위기가 지나가자마자, 민주주의 정치는 실수와 그럭저럭 버텨 나가기라는 친숙한 패턴으로 돌아갔다. 월터 리프먼은 1918년 12월에 이탈리아 정치인과 나눈 대화에 대해 언급한 바 있는데, 그때 그 정치인은 이렇게 말했다. "영국인들이 그렇게 깊은 우울증에 빠졌던 것은 선거 때문이었습니다." 이탈리아인은 그에게 이 선거가 유럽 민주주의의 실상에 대해 무엇을 말해 주는지 주목하라고 했다.

우리는 [전쟁이라는-옮긴이] 무서운 병을 앓았고, 우리가 죽어 가고 있다고 생각했어요. 그러는 사이 우리의 마음은 더 고귀한 것들을 향했고, 그리고 미국인들이 왔습니다. 환자를 돌보는 완벽한 태도, 매혹적인 자신감, 젊음의 힘, 그리고 검소한 삶의 방식을 가지고 있는 이들 말입니다. 우리는 착하게 살겠다는 결심을 했습니다. …… 알잖아요. 더는 도시적이지 않은 삶, 소를 키우는, 전원의 삶, 일찍 일어나고 일찍 잠자리에 들고, 예배를 드리고 하느님을 경외하며, 우드로 윌슨의 말에 귀를 기울이는 그런 삶 말이에요. 그때는 진심이었지요. 결국, 유럽은 회복되었습니다. [하지만-옮긴이] 유럽은 전원생활로 돌아가는 걸 계속 미뤘어요. 그들은 옛날의 일터로 돌아가 옛 친구들을 만나며, 14개조 원칙의 영원한 도덕성이라면 끔찍이도 지루해 했지요.[36]

여파

12월에 윌슨은 직접 문제를 해결하기로 결심했다. 그는 현직 미국 대통령으로는 처음으로 유럽을 방문했다. 이듬해 파리에서 열릴 강화회의를 준비하기 위해서였다. 런던과 파리에서는 엄청난 군중이 몰려들어 윌슨의 방문을 열렬히 환영했고, 1월에 방문한 로마에서도 엄청난 인파가 몰렸다. 윌슨이 크게 고무된 것은 미국 유권자들이 평화 계획을 지지해 주지 않았음에도 불구하고 유럽 사람들의 선의는 분명하다는 것이었다. 그들은 그를 "인류의 구세주"Savior of Humanity라 불렀고, 그를 맞이하고자 밖으로 나와 14개조 원칙을 찬양하는 현수막을 흔들었다. 이런 수백만의 사람들은 윌슨만큼이나 안정적인 민주 평화를 분명 원했다. 영국의 선거 결과는 그를 단념시키지 못했다. 윌슨은 이 같은 환영을 민주주의에 대한 낙관론이 유럽에서 고조되고 있음을 보여 주는 신호로 간주했다. 비록 이 같은 낙관론이 난잡한 선거 과정에서는 찾을 수 없었지만 말이다. 그는 앞서 치러진 선거는 과격한 언론에 의해 왜곡된 것이라 생각했다. 유럽인들이 자신을 지지하기에, 유럽의 정치인들과 언론은 입장을 바꿔야 할 것이라 그는 생각했다.

그의 생각은 오산이었다. 그를 환영하기 위해 거대한 군중이 모인 것은 그가 당시 세계에서 가장 유명한 사람이었기 때문이었다(1919년 초, 그에 견줄 수 있던 유일한 경쟁자라면 찰리 채플린이었을 것이다). 작동한 것은 유명세였지 민주주의가 아니었다. 윌슨에 대한 추종은 과거 케렌스키와 루덴도르프에 대한 추종을 대체한 것이었고, 유럽의 많은 곳에서 장악력을 발휘했다. 그것은 덧없이 사라지는 것이었다. 조지 버나드 쇼는 전부터 품었던 윌슨에 대한 의심을 거두고 그를 시대의 영웅으로 받아들였다. 그는 강화회의와 관련해 다음과 같이 윌슨에게 조언했다. "위대한 구상을 지지하는 위대한 인물 윌슨 씨는 선거 결과에 구애 받지 말고 순전한 지성과 도덕적 우월성에 의지해야 한다."[37] 매우 나쁜 조언이었다. 유럽 정치인들은 11월 중간선거 결과를 환히 꿰고 있었고, 윌슨의 원대한 계획이 미국의 여론을 꼭 대변하는 것은 아님을 알았다. 이렇게 그의 약속 이행 능력이 불투명해지자 그의 협상력도 심히 약해졌다.

한편 영국 선거의 결과는 다음과 같은 사실을 보여 주었다. 즉, 군중이 현수막을 들고 윌슨의 방문에 환호했다 해도, 전국의 유권자들은 윌슨이 약속한 민주 평화로 얻게 될 것을 기대하기보다는, 파리강화회의에서 잃게 될지도 모르는 것을 훨씬 더 걱정한다는 사실 말이다. 전쟁 비용은 모든 민주국가가 떠맡고 싶지 않은 것이었다. 유럽의 모든 국가는 빚을 진 채로 전쟁에서 빠져나왔다. 자국 시민들에게 빚을 졌고, 서로에게 빚을 졌고, 결정적으로 미국에 빚을 졌다. 어떤 국가도 자신이 빌려준 것을 먼저 받지 않는 한, 이런 의무들을 기꺼이 이행할 의사가 없었다.

4월, 윌슨은 이런 냉엄한 현실에 직면했다. 그에게 이런 냉혹한 현실을 드러낸 이들은 바로 이탈리아인이었다. 이탈리아는 분할된 오스트리아-헝가리 제국의 영토 일부를 받기로 약속한 런던 비밀조약◀에 따라 1915년에야 연합국 측으로 참전했다. 이것이

▶ 이탈리아는 본디 1882년 독일제국, 오스트리아-헝가리 제국과 함께 삼국 동맹을 결성했다. 제1차 세계대전 발발 후 동맹국과 연합국 양쪽에 대해 전후 영토 문제

바로 볼셰비키들이 민주국가들을 혼란에 빠트리고자 언급했던 그 비밀 거래였고, 윌슨은 14개조 원칙에서 그것을 폐지하겠다고 약속했다. 그런데 (그 조약을 협상한) 이탈리아 총리 비토리오 오를란도와 외무장관 시드니 손니노는 약속한 대로, 무엇보다 아드리아 해안의 항구도시 피우메를 받아 내겠다는 결연한 태도를 보였다. 윌슨은 한 발짝도 양보하려 하지 않는 이들의 태도에 화가 치밀었다. 몇 달 전 로마 방문에서 황홀한 환영을 받았던 것을 기억한 윌슨은 이탈리아 정치인들을 제쳐 놓고, 그 국민에게 직접 이야기하기로 결심했다.

4월 23일, 그는 이탈리아 대중에게 영토 요구를 포기하고, "인민의 권리와 평화를 지향하는 세계인의 권리"에 기초해 새로운 질서를 창조하는 일에 동참해 달라는 성명을 이탈리아 신문들을 통해 발표했다. 이 또한 군중을 거리로 이끌었다. 그들은 윌슨의 방문을 축하하고자 거리에 세웠던 팻말들에서 **윌슨**을 **피우메**로 바꿔 버렸다. 오를란도는 [회의장을 박차고] 즉각 이탈리아로 돌아왔고, 대중의 지지가 분출됐으며, 현수막들은 이렇게 선언했다. "오를란도 만세! 피우메 만세! 이탈리아 만세." 이탈리아 의회는 그에게 명백한 지지를 보냈다. 무솔리니가 이제 막 조직하기 시작한 파시스트들은 이렇게 급격히 고조되는 국가주의적 정서에 편승했고, 그것을 이용하기 위해 할 수 있는 모든 것을 다했다. 또한 그들은 피우메 합병을 주장하며 윌슨을 조롱거리로 만들었던(단눈

로 교섭을 벌이다 1915년 4월 26일 영국, 프랑스, 러시아와 일부 영토 획득을 조건으로 이 비밀조약을 체결하고 참전했다.

치오는 의회 연설에서 "말상에 틀니를 한 그 퀘이커교도"라고 했다) 시인이자 대중 선동가였던 가브리엘레 단눈치오를 자신들의 초기 영웅으로 삼기도 했다.[38] 무솔리니는 단눈치오의 발자취를 따랐다. 윌슨에 대한 추종은 끝났다. 훨씬 길게 지속될 무솔리니 추종이 이제 막 시작될 참이었다.

윌슨은 민주주의에 관한 유럽 인민의 선의에 다가갈 수 있는 믿을 만한 길은 없음을 알게 됐다. 그가 그것을 붙잡으려 할 때마다 손가락 사이로 빠져나갔다. 그는 유럽의 정치인들을 상대할 수밖에 없었다. 그는 파리강화회의가 열리는 동안 로이드조지, 클레망소를 (그리고 이탈리아로 돌아가 문제를 일으키기 전 오를란도도) 만나며 참담함을 느꼈고, 그들이 제시하는 요구 사항은 물론, 그들이 느끼는 두려움과도 씨름해야 했다. [합의를 가로막는] 기본적인 간극은 1918년 초부터 있던 그 상태 그대로였다. 영국과 프랑스 정부는 승리한 민주주의국가들의 안전보장을 원했다. 윌슨은 민주주의가 성장하고 장기적 잠재력을 성취하도록 문을 열어 두기를 원했다.

영국과 프랑스가 단순히 과거 독일이 저지른 일에 대한 복수심에 불타고 있었던 것만은 아니었다. 특히 프랑스인들은 독일의 신생 민주주의가 앞으로 근신을 하며 점잖게 행동할 것이라 믿지 않았다. 1919년 초, 클레망소가 보기에 독일과 접하고 있는 주요 국가들은 전쟁으로 약화된 ― 러시아는 붕괴했고, 프랑스는 정신적으로도 물질적으로도 소진됐으며, 오스트리아-헝가리 제국은 갈라졌다 ― 반면, 독일은 국가의 자존심을 잃은 것을 제외하고는 비교적 별 다른 피해를 입지 않은 상태였다. 독일의 산업은 온전했으며 경제적 잠재력도 약해지지 않았다. 이런 정황에서는 [독일이] 민주국가라 해도 복수를 꾀하기 쉬웠다.

윌슨은 장기적인 측면에서, 또한 기회가 주어진다면, 독일 민주주의가 발전해 성숙할 수 있다고 믿었다. 클레망소는 그런 일이 일어나기 전에 독일 민주주의가 능히 무슨 짓이든 할 수 있다고 생각했기에, 그 어떤 모험도 감수할 생각이 없었다. 따라서 그가 원한 것은 구체적인 보장책들, 즉 독일이 공격을 재개할 경우 미국이 군사적으로 자국을 지원하고, 프랑스 경제의 재건을 위해 재정 지원을 해준다는 약속이었다. 이런 약속이 없을 경우, 그는 파리강화회의의 다른 참석국들이 [강력한 제재를 통해] 독일이 더는 일어설 수 없게 만드는 조치를 취할 경우에만, 윌슨이 제창한 국제연맹에 가입할 터였다.

파리강화회의에서 결국 모습을 드러낸 강화조약은 두 얼굴을 가지고 있었다. 즉 민주주의의 두 면, 즉 희망과 두려움을 반영했다. 승리한 유럽 민주주의국가들은 여전히 이 충돌에서 자신들이 패전국이 될 수도 있었다는 점을 두려워했다. 결국 그들이 바라는 평화는 베르사유조약의 전쟁범죄 조항 속에 소중히 기입되어야만 했다. 곧 독일이 [다시는 평화를 깨트릴 수 없도록] 그 충돌의 도덕적 책임을 져야 했고, 막대한 배상금을 지불해야 했으며, 상당 규모의 영토를 이양해야 했고, 군비 제한을 받아들여야 했다. 강화조약의 다른 얼굴은 국제분쟁의 평화적 해결과 전 세계적 군비 축소를 조직화하기 위해 국제연맹을 설립하기로 한 조항들에 포함되었다. 베르사유조약의 이런 부분들은 민주주의가 안전한 미래를 추구했다.

윌슨은 시간이 흐르면 강화조약의 좋은 면이 나쁜 면을 없애리라고 자신했다. 그는 민주주의 장기적 장점들이 단기적 결함들을 결국 이기리라고 믿었다. 그러나 그를 비판하는 이들은 그가 전혀 잘못짚었다고 생각했다. 새로운 세계 질서가 시작되기 이전에, 강화조약의 나쁜 부분들이 좋은 부분들에 악영향을 미칠 것이며, 조약의 선한 의도들 역시 망칠 터였다. 베르사유조약은 임시방편일 뿐이었다. 베르사유조약은 [파리강화회의에 참여한] 국가들의 격렬한 요구와 분노를 수용하기 위해 유럽의 지도를 다시 그렸다. 그럼에도 윌슨의 국제연맹은 이런 처리 방식을 민주주의란 미명으로 변호하는 데 전념했다. 윌슨은 세계가 민주주의의 운명을 향해 적응해 나아가는 한, 나쁜 것은 어떤 것도 오래갈 수 없다고 추정하고 있었다. 그는 오래가지 않는 나쁜 것들이 정치의 운명에 재앙을 초래할 수 있음을 잊고 있었다. 토크빌이 언급한 미국의 증기선 조선사들처럼, 윌슨은 미래에 대한 믿음을 담보로 안전하지 않은 배를 출항시켰다. 이내 그는 자신의 배가 가라앉는 것을 지켜봐야 할 터였다.

윌슨을 가장 맹렬히 비판한 사람 가운데 하나는 월터 리프먼이었다. 리프먼 역시, 권력의 변두리에 있던 많은 진보적인 젊은 이들처럼, 베르사유조약을 배신으로 보았다. 그러면서도, 그는 대부분의 사람들보다 더 큰 대의를 가지고 있었다. 리프먼은 전쟁 전에『표류와 지배』Drift and Mastery, 곧 목적을 상실한 채 그럭저럭 버텨 나가는 민주주의의 경향을 막기 위해 과학적 사고방식을 가진 강력한 정치 지도자를 옹호하는 책을 집필해 명성을 얻은 바 있었다. 이런 견해들 덕분에 그는 윌슨 행정부의 사람들과 이런저런 관계를 유지했다. 윌슨이 14개조 연설 초안을 작성하는 데 일조하기도 했었다. 그렇지만 이제 그는 윌슨이 편협하고 융통성 없으며 징벌적인 조약에, 조정 가능하고 융통성 있으며 편의적인 원칙들을 갖다 붙이는 것을 보았다. 리프먼이 보기에 윌슨의 빛나는 덕목은 인내력 있는 결심이었는데, 이제 그는 그것을 버렸다. 윌슨은 조급해졌고 사건에 대한 통제력을 잃었다. 윌슨은 시간이 걸리더라도 민주주의가 안전한 세계를 만든다는 원칙을 밝힌 바 있었는데, 리프먼은 윌슨이 스스로 그 원칙을 배신했다고 믿었다. 단순히 강화조약을 만들어 놓고, 그것을 민주주의라 부를 수는 없었다. 그저 평화 상태만을 만들어 놓고, 그것을 민주주의라 부르자고 할 수는 없었다. 그것은 민주주의국가들이 도무지 지킬 수 없는 것을 지키도록 강요하는 것일 공산이 컸다.

이 같은 우려가 집중된 조항은, 외부의 공격에 연맹 가입국들이 공동으로 방어한다는 새로운 국제연맹 헌장이 담긴 제10조였다. 베르사유조약이 유럽 전역에 온갖 불안정하고 변덕스러운 "자치" 독립체들을 만들어 냈다는 것을 고려할 때, 이는 장차 커다란 문제의 빌미가 될지도 모르는 것이었다. 국제연맹은 1919년 파리에서 합의한 결정들을 돌에 새긴 것처럼 영구적으로 굳건히 지키기로 약속했지만, 현실에서는 모래 위에 쓴 것에 불과했다. 리프먼은 10조가 정치적 오만이라고, "다음 세대보다도 더 현명해지려는 [헛된] 노력"이라고 주장했다.[39] 어떤 민족이 번영을 구가할지, 어떤 국경이 지속될지, 어떤 민주국가가 살아남을지 아무도 알 수 없었다. 미국이 지구적 민주주의의 진화에서 전적으로 가변적인 것을 방어하겠다고 약속하는 것은 민주국가들이 스스로 숙명을 개척해 나갈 능력을 약화하는 것이었다. 윌슨은 민주주의의 섭리를 넘겨짚으려는 실수를 저질렀다.

미국의 운명을 왜 다른 나라의 손에 맡겨야 하는지 그 이유를 알고 싶은 미 공화당의 상원 지도자들은, 리프먼의 반대편에서, 10조에 대한 공격에 가담했다. 즉, 국제연맹이 민주주의가 안전한 세계를 만들기 위해 존재한다면, 민주국가인 미국이 우방국과 적국을 스스로 선택하지 못하도록 제약받아야 하는 이유는 무엇인가? 7월, 윌슨은 국민들에게 강화조약을 설명하기 위해 귀국했다. 8월 19일, 그는 자신을 비판하는 이들에게 정면으로 맞서고자 상원외교관계위원회에 출석하기로 했다. 그중 한 명은 젠체하고 호통을 늘어놓는 오하이오 주 상원의원 워런 하딩으로 그는 10조가 법적 구속력이 있는지 알고 싶어 했다. 만약 그렇다면, 미국민이 선출한 대표가 어떻게 그런 조항에 서명할 수 있는가? 만약 그렇지 않다 없다면, 서명을 했다는 게 무슨 의미가 있는가?

점점 기분이 상한 윌슨은 법적 구속력이 있는 것도, 그렇다고 없는 것도 아니라고 설명했다. 즉, 그것은 세계를 더 나은 미래로 이끌어 갈 일종의 도덕적 이정표라는 것이었다. 그러나 압박을 받자, 그는 민주주의국가 미국의 정치인들은 "자국민들의 판단을" 공표할 의무가 있음을 인정해야 했다. 그는 이어 말했다. "그 판단이 나머지 세계의 판단에 반하는 불행한 때가 온다면 우리는 그것을 공표해야 할 것입니다."[40] 이 작은 언쟁은 앞으로 올 사태의 전조였다. 윌슨은 민주주의 일반을 대변하고자 힘쓰고 있었다. 하딩은 구체적인 한 민주주의국가를 대변했다. 윌슨은 하딩보다 훨씬 똑똑하고 박식했다. 그는 풍부한 지식과 경험을 이점으로 가지고 있었다. 그러나 논쟁에서 이긴 것은 하딩이었다.

상원에서 공개적으로 혹평을 당하고 화가 치민 윌슨은 다시

한 번 정치인 대표들을 제쳐 놓고 자기편으로 보이는 국민에게 직접 호소하기로 결심했다. 9월, 윌슨은 전국 순회 연설에 들어갔고, 국제연맹에 대한 가장 강력한 지지가 나타날 것 같은 서부로 향했다. 그는 점점 더 대규모로 모이고 열광적으로 변해 가는 군중 앞에 서서 미국 민주주의의 두 가지 가능한 미래에 대해 다음과 같이 설명했다. 하나는 민주 평화를 위한 새로운 연맹에 전면적으로 참여하면, 미국에게 안전하고 번영하는 미래가 보장된다는 것이었다. 이는 시간이 걸리지만 그럴 만한 가치가 있는 선택이었다. 이를 위해서는 오직 그 연맹을, 그 미래를 믿기만 하면 됐다. 다른 하나는, 민주국가 미국이 국제 문제에 대한 결정을 미루기만 한다면 적국과 다를 바 없는, 편집증적이고 군국주의적인 사회가 된다는 것이었다. 곧 [국제연맹을 통한 장기적 평화가 아니라 일국적 선택을 통한] 단기적 안전을 얻으려 한다면 그와 같은 너무나 큰 대가를 치러야 한다는 것이었다.

 9월 말, 그러니까 거의 꼬박 한 달 동안 대중을 대상으로 순회 연설을 마친 윌슨은 쓰러지기 직전이었다(그는 4월 파리에서 걸린 독감의 여파로 여전히 앓고 있던 것이 거의 분명하다). 그는 몸을 추스르기 위해 워싱턴으로 돌아갔다. 10월 2일, 그는 심각한 뇌졸중이 발생해 거의 죽을 뻔했다. 초주검이 된 그는 여전히 재직 중이었고, 심신이 쇠약해진 그는 상원에서 그 조약의 인준과 관련해 타협하는 것을 일절 거부했다. 그는 여전히 자신의 주장에 귀를 기울여 준 군중이 미국 여론의 참된 대표라고 확신했다. 그러나 그는 스스로를 속이고 있었다. 그때쯤 그는 심신 양면에서 덫에 걸려 있었다. 그는 손에 닿지 않는 무언가를 붙잡고자 애쓰고 있었다. 선거와 신문의 왜곡, 그리고 하루하루 민주주의 정치에서 발생하는 잡음을 넘어서는, 인민의 더 선량한 본능에 다가서고 싶었다. 그는 현재에서 민주주의의 미래를 포착하고자 결심했다. 그러나 민주주의의 미래는 현재에서 포착할 수 없다. 민주주의는 매 순간을 살아간다. 그것이 민주주의의 강점이고, 또한 약점이기도 하다.

11월 중순, 윌슨을 비판하는 공화당 상원의원들이 국제연맹 헌장이 담긴 10조를 포함해 몇 가지 조항들을 유보하는 조약을 제안했지만 윌슨은 거절했다. 윌슨은 그 선택이 양자택일의 것이라고 주장했다. 비준 아니면 폐기였다. 결국 미국은 베르사유조약에 서명하지 않았고 국제연맹에도 가입하지 않았다. 윌슨은 퇴임할 때까지 쓰라리고, 아프며, 외부 세계와 고립된 시간을 보냈다. 1920년 대선에서 민주당은 국제연맹을 강력히 지지하는 오하이오 주지사 제임스 콕스를 대통령 후보로, 해군성 차관보이자 마찬가지로 국제주의자인 프랭클린 루스벨트를 부통령 후보로 선택했다. 공화당은 워런 하딩을, 부통령 후보로 캘빈 쿨리지를 선택했다. 하딩이 승리했다. 일반투표 표차 — 60퍼센트 대 34퍼센트 — 는 역대 최대였다. 미국인들은 현명한 선택을 하지 못했다. 하딩은 자신이 미국 역사에서 가장 무능한 대통령◂ 가운데 하나임을 스스로 입증했다.

현재 하딩을 기억하는 사람은 거의 없지만 윌슨은 여전히 의

▶ "나는 내가 대통령이라는 사실을 이해할 수가 없다. 대통령이 되지 말았어야 했다." 스스로 대통령 자격이 없음을 자인한 바 있는 그는 재직 중 섹스 스캔들을 일으키고 장관들은 부패 스캔들에 연루된 바 있다. 또 그의 집권 시기는 대공황의 시초가 되었다는 평가도 받는다. 미국 대통령 중 최악의 대통령으로 꼽힌다.

견이 갈리는 인물이다. 그는 캐리커처로 그리기 쉬운 인물이다. 환상을 꿈꾸는 사람, 관념적인 몽상가, 과도한 합리주의자, 생각 없이 섭리를 믿는 사람, 위선자, 그리고 바보 — 말상에 틀니를 한 퀘이커교도 — 로 다양하게 묘사된다. 글렌 벡[보수 논객] 같은 21세기 신세대 대중 선동가들에게 윌슨은 토크빌이 경고한 폭군 같은 교사로 묘사되어 왔다. 그는 관리되는 세계 질서와 관리되는 통화를 구상한 바 있고 그 계획에 미국을 옭아맨 학자연한 대통령이다(이런 측면에서 오바마 대통령은 분명 그의 계승자다). 그러나 이런 성격 묘사 가운데 어떤 것도 전혀 올바르지 않다. 윌슨은 확실히 학자연하는 유형이었고, 교수로 일하는 동안 민주주의에 관한 어떤 진실들을 이해하게 되었다. 민주주의의 미래는 안전하고, 신뢰할 수 있는 어떤 것이었지만, 그것의 현재는 엉망이고 조심해서 다뤄야 하는 것이었다. 그는 섭리를 부추기는 것이, 시험하는 것이 좋은 생각이라고 생각하지 않았다. 그러나 직업 정치인이 되었고, 결국 그런 시험의 유혹이 저항할 수 없는 것임을 발견했다. 정치인으로 활동한 시기 대부분 동안 그는 그 유혹에 저항했고 또 매우 성공적이었다. 조심스러웠고, 야심만만했으며, 통찰력과 적응력, 자신감을 갖추고 있었고, 어떤 것도 당연하게 여기지 않았다. 즉 그의 정치 기술들은 가공할 만한 것이었다. 그러나 1918년 동안 비범한 경험을 한 그는 다음해부터는 시간이 좀 빨리 흘러 주기를 바랐다. 이는 특히 개인적으로 시간이 부족해지기 시작했기 때문이다. 그것이 그가 실패한 원인이었다. 그는 민주주의를 붙잡아 두려고 애썼지만, 민주주의는 그를 떠나 버렸다.

2장 ·········· 1933년 ················· 두려움 그 자체

위기

1933년은 민주주의에 참으로 암울한 해였다. 물론 현재 우리는 그것에 대해 잘 알고 있고, 그 이유를 한 단어로 요약할 수도 있다. 히틀러. 1933년을 살았던 사람들도 당시를 민주주의에 끔찍한 해라고 생각했다. 그중 대부분에게 히틀러의 집권[1933년 1월 30일]은 시작에 불과했지만 말이다. 독일에서 벌어졌던 사건들 역시 잘못되어 가는 사태의 원인이라기보다는 징후에 가까웠다. 진짜 문제는 기성 민주국가들이 역사의 파도가 자신들 쪽으로 요동쳤을 때 그것을 막아 내지 못했다는 것이다. 민주국가들은 자신들의 운명에 대한 통제력을 잃고 허우적댔다. 만약 동시대인들에게 사태가 걷잡을 수 없이 소용돌이치고 있다는 느낌을 갖게 된 이유를 한 단어로 요약해 보라고 했다면 이렇게 말했을 것이다. 런던.

당시 많은 사람들이 지켜보았듯이, 1933년의 정치적 대재앙은 6, 7월 사이, 끔찍이 무더웠던 6주간 열린 런던세계경제회의였다. 회의는 큰 기대 속에서 개최되었다. 1929년의 대폭락 이후 만 4년간 경제공황이 지속돼 온 상황에서, 이 회의는 세계경제를 선도하는 국가들이 사태가 대혼란으로 빠져드는 것을 막을 수 있는 마지막 기회였다. 회의의 목적은 환율을 안정화하고, 고조되는 보호주의의 흐름에 맞서 국제 협력을 회복하며, 경제적 자신감을 되살리는 것이었다. 그러나 이 모든 것을 달성하는 것은 말처럼 쉬운 일이 아니었다. 회의는 런던지질박물관에서 열렸는데, 회의 장소는 비좁고 먼지가 풀풀 날리는, 말하자면, 사태의 긴박성을 전달하기에 전혀 어울리지 않는 장소였다. 66개국이 참가해 행사 전체가 터무니없이 복잡하고 느리게 진행되었다. 이 나라들이 모두 민주국가인 것은 결코 아니었다. 사실 대부분이 아니었다. 1933년까지 민주주의는 전 세계적으로 후퇴하고 있었기 때문이다. 제1차 세계대전의 종전과 더불어, 17개국이 신생 민주주의국가로 희망차게 출발했지만, 그 가운데 민주주의국가로 남은 것은 소수였다. 이탈리아, 포르투갈, 폴란드, 브라질, 아르헨티나, 우루과이, 일본 그리고 독일 모두가 권위주의로 돌아갔다. 아무튼 그들은 각각 런던세계경제회의에 참가했다. 강대국 가운데 불참한 건 소련뿐이었다. 그럼에도 회의를 주도했던 세 국가, 미국·영국·프랑스는 민주국가였다. 당시의 일반적인 견해에 따르면, 회의 주제가 아무리 복잡하다고 해도, 그 성패는 이 세 국가들 사이의 합의 여부에 달려 있었다. 세 국가가 동의하지 않는다면, 나머지 국가들은 어떤 기대도 품을 수 없었다.

결국 그들은 합의에 도달하지 못했다. 회의는 실패로 끝났고, 무수한 상호 비방이 뒤따랐으며, 많은 사람들이 배신감을 느꼈다. 영국인들과 프랑스인들은 미국인들에게, 무엇보다 신임 대통령 프랭클린 루스벨트의 조치에 배신감을 느꼈다. 미국인들은, 영국인들과 프랑스인들이 느끼는 배신감은 그들의 헛된 기대 때문이라고 생각했다. 영국인들과 프랑스인들은, 언제나 그러했듯, 서로 배신당했다고 느꼈다. 스탈린은 몹시 기뻤다. 독일 대표단 가운데 히틀러를 추종했던 대표들 역시 그러했는데, 민주주의가 망가진 체제임을 보여 주려는 자신들의 목적을 그 회의가 달성해 줬다고 느꼈다. 그들 가운데 한 명은 베를린에 다음과 같이 보고했다. 즉, "실패에 대한 증오가 저들 사이에 수북이 쌓이는 동안, 독일은 그 혜택을 거두는 일만 남았다."[1] 20세기 최악의 경제 위기 한가운데에서, 기성 민주국가들은 자구책을 마련할 수 있는 기회를 얻었지만, 그 기회를 모두 걷어찼다. 이제 [민주주의의] 경쟁국들이 자신들이 무엇을 할 수 있는지 보여 줄 차례였다.

그런데 민주주의 진영의 모든 이가 낙담한 것은 아니었다. 그 회의는, 민주주의가 진리의 순간에 도달했다고 믿는 경우에만, 민주주의에 재앙이었다. 다른 한편, 결코 진리의 순간에 도달하지 않는 것이 민주주의의 위대한 장점이라고 믿는 경우, 그 회의의 실패는 민주국가들이 그럭저럭 버티면서 계속 가기 위해 치러야 하는 대가였다. 선택을 계속 유보한 루스벨트는 민주국가의 정치인이 해야 할 일을 한 셈이었다. 경쟁국들은 1933년의 재난 상황을 민주국가들 탓으로 확정하고 싶었다. 그러나 민주주의는 쉽게 결단을 내리지 못한다. 위기가 한창일 때조차 민주국가들은 필요한 조치에 합의할 수 없었다. 그러나 이것은 또한 그 위기가 민주주의를 끝장내지 못하는 이유이기도 했다.

1933년은 전 세계적 경제 위기에 직면했을 때 민주주의국가에 중요한 것이 무엇인지를 보여 주었다. 독일에서는 민주주의의 실패가 확실했다. 민주주의가 아직 자신감의 문턱을 넘지 못한 나라에서는 혼동과 혼란의 상태가 민주주의 제도에 대한 치명적 불신을 낳았고, 전제주의가 권력을 장악하는 길을 닦았다. 반면 미국에서는 혼동과 혼란의 상태가 회복의 토대가 되었다. 1933년을 전후로 한 독일의 경험은 민주국가가 위기에 직면할 때마다 언제든 즉석에서 임시변통으로 해결책을 만들어 낼 수 있다는 가정이 얼마나 위험한지 보여 준다. 임시변통은 바이마르공화국을 파괴했고, 그것이 국가의 권위를 해체했기 때문이다. 그런데 바이마르공화국의 종말은 이야기의 끝이 아니었다. 1933년, 민주주의는 거의 모든 곳에서 심각한 곤경에 처해 있는 것처럼 보였다. 그럼에도 그런 인상은 궁극적으로 사람들을 잘못된 방향으로 이끄는 것이었다. 기성 민주국가들이 언제 결정적으로 길 밖으로 벗어나는지는 어느 누구도 확신할 수 없다. 때때로, 그 위험에도 불구하고, 임시변통이 여전히 최선의 선택인 경우도 있다.

경쟁국들

1933년, 민주주의는 두 개의 전선에서 이데올로기 전투를 벌이고 있었다. 민주주의는 쌍둥이 경쟁자들 — 소련의 볼셰비즘 및 이탈리아 파시즘 — 과 대면하고 있었다. 이 두 체제 모두 10년 이상의 준비기를 거치다, 1920년대에 들어 비교적 번성했다. 그렇지만 당시만 해도 서구는 그것들을 정치적인 측면에서 호기심 어린 눈빛으로 지켜보았다. 서구인들은 스탈린과 무솔리니를 우습게 여기지는 않았지만, 그렇다고 진지하게 대한 것도 아니었다. 1929년 이후에는 달라졌다. 대공황을 계기로 많은 사람들이 볼셰비즘과 파시즘을 전거로 삼아 서구 민주주의를 거듭 힐책했다. 이 새로운 전제 국가들은 갑자기, 민주국가들에게 유난히 부족해 보였던 장점들 가운데 몇 가지를 구비하고 있는 것처럼 보였다. [무엇보다] 그들은 결단력이 있었다. 단호했다. 지도자들은 유권자들과 타협하고 그들의 욕망에 영합해야 할 필요에 발목이 잡히지 않았다. 그들은 정치적 분위기를 조성할 수 있다. 반면 민주국가들은 자신들의 통제력을 초월하는 힘들에 의해 쉽게 휘청거리는 듯 보였다.

민주주의는 상대적 약점을 두 가지 방식으로 드러냈다. 첫째, 민주정치는 점점 더 신속한 대응이 요구되는 세계에서 너무 느리게 작동했다. 4년간의 경제적 혼란과 실수가 남긴 주된 인상은 서구 정치인들이 사태가 전개되는 속도를 따라잡는 데 애를 먹고 있었다는 것이다. 그들이 다음에 무엇을 할 것인가를 두고 토론을 벌이는 사이에, 위기는 또 다른 국면을 맞이했고, 결국 그들은 언제나 어제의 문제에 대한 해법을 제안하는 셈이 되었다. 남아프리카연방[현 남아프리카공화국]의 지도자이자 국제연맹의 초기 기획자 가운데 한 명인 얀 스뮈츠는 1933년에 많은 사람들이 공유하던 두려움을 다음과 같이 분명하게 표현했다. "사건들의 속도가 거의 모든 부분에서 신속한 행동, 결단력 있는 행동을 요구할 정도이다. 나는 우리에게도 저 독재자들과 같은 결단력이 있는지 궁금하다. 민주주의가 스스로를 방어할 수 있으려면, 바로 그와 같은 방식이 필요하다."[2] 게다가, 민주주의는 장기적 관점을 요구하는 문제들에 대한 내구력 있는 해법을 만들어 내기에는 너무 변덕스러운 것 같았다. 민주주의와 관련된 많은 것들이 단편적이고 경솔하며 성급해 보였다. 정권이 바뀜에 따라 결정은 내려졌다가 취소

되고, 해법은 제시됐다가 폐기됐다. 런던세계경제회의 당시 러시아와 이탈리아만이 대공황이 시작된 이래로 정권 교체가 없는 주요 나라들이었다. 정신이 번쩍 들게 하는 사실이었다. 스탈린과 무솔리니는 불안정한 세계에서 지속성을 대표했다. 모든 민주주의국가—미국, 영국, 프랑스, 독일, 스페인, 라틴아메리카의 모든 공화국, 중유럽과 동유럽의 모든 공화국—는 1929년 이래 적어도 한 번은 정권이 바뀌었다. 상당수의 나라들에서는 민주주의가 철저히 폐기되었다.

느린 행동과 빠른 변심. 이는 민주주의의 매우 골치 아픈 문제였다. 신생 전제 국가들은 이와는 대조적인 모습을 보여 주었다. 대표적인 것이 스탈린이 소련을 현대화하기 위해 실시한 5개년계획이었다. 제1차 5개년계획은 1928년에 그 모습을 드러냈다. 목적은 중공업을 급속히 확장해 러시아 경제를 선진화하는 것이었다. 거창한 목표들이 세워졌고, 국가의 모든 강압 기구들이 그 목표들을 제때 달성시키기 위해 동원됐다. 처음에 서구는 이 같은 목표의 규모와 그 구체성에 대해 대체로 조롱을 보냈다. 그러나 서구 경제가 1929년 이후 곤두박질쳤던 반면, 소련 경제가 그 목표들에 거침없이 다가섬에 따라, 분위기는 반전됐다. 민주국가들 곳곳에서 5개년계획을 거론하기 시작했고, 정치인들은 소련의 5개년계획을 약간의 선견과 결단력이 있으면 자신들도 성취할 수 있는 것의 증거로 언급했다. 1932년, 미래의 영국 총리 클레멘트 애틀리는 하원에서 이렇게 이야기했다.

얼마 전 제가 이런 국가적 계획이 필요하다고 제안했다면, 참석한 의

원님들은…… 모두 이렇게 말했을 겁니다. "아이고, 그 터무니없는 5개 년계획을 세운 러시아 사람들 얘기군요!" 사실, 그간 모든 게 달라졌고 모든 나라의 국민이 이제 이렇게 말하기 시작했습니다. "러시아의 5개 년계획이 성공을 거두고 있지 않나요? 우린 그런 거 안 합니까?"[3]

그 토론의 또 다른 연사는 그 5개년계획을 "바로 지금 세계에 가장 필수적이고 중요한 경제적·정치적 사실"이라고 했다. 그것은 민주주의에는 없는 결의를 보여 주었다.

일부 평자들은 스탈린의 웅장한 계획들과 경쟁할 수 없는 한, 민주주의는 운이 다한 것이라고 믿었다. 스페인 철학자 호세 오르테가 이 가세트는 "식물인간 같은" 서구 민주주의의 상황을 고려할 때, 그 5개년계획이 보여 준 정서적·정신적 매력을 거부하기는 거의 불가능하다고 주장했다.[4] 그것에 필적할 만한 유일한 것은 유럽 합중국, 즉 1933년에는 터무니없이 야심적으로 보였던 원대한 계획이었다. 다른 이들은 볼셰비즘이 민주주의에 그것의 운명을 일별하게 해주었다고 생각했다. 1930년대 초, 수많은 서구 지식인들이 소련을 방문했고, 자신들이 그곳에서 마주했던 미래에 대한 이야기들을 가지고 돌아왔다. 버나드 쇼도 그들 가운데 한 사람이었다. 그는 스탈린주의가 서구 민주주의의 대안은 아니지만 최고의 성취라고 보았다. 그는 미국의 [라디오] 청취자들에게, 볼셰비키들의 단호한 결단력에 대해 두려워하지 말라고 말했는데, 그 까닭은 그것이 미국혁명을 비롯해 진정한 민주주의 혁명의 필연적 특성이기 때문이었다("제퍼슨은 레닌입니다." 버나드 쇼는 희망에 차 설명했다. "해밀턴은 스탈린입니다"). 스탈린주의는 궁극적으로 미국이 민주주의가 안전한 세상을 만들기 위해 싸운 것에 대한 보상이었다. "소련은 여러분들이 자유 전시공채를 구매하고, 우리 젊은이들이 피 흘린 대가로 얻은 것입니다. 여러분들이 그것을 얻고자 한 것은 아니었지만 하느님이 여러분들에게 주시고자 했던 것 같습니다."[5] 쇼는 다음과 같이 말하는 듯했다. 여러분들이 민주주의를 진정으로 믿는다면, 민주주의의 섭리가 전개되는 방식에 불평하지 마십시오.

마찬가지로 파시즘을 민주주의의 참된 모습이라고 주장하는 시도들도 있었다. 1933년, 로마 주재 영국 영사는 무솔리니가 폭군도 바보도 아닌 민주주의의 선지자라고 주장하며 런던 청중들을 안심시켰다. 무솔리니가 국가권력을 이용해, 경쟁하는 이해관계들을 조정하고, 대중의 지지를 얻어 내는 "새로운 유형의 민주주의"를 발명했다는 것이었다. "나머지 유럽 국가들이 굶어 죽어 가는 동안 이탈리아만이 계속 생계를 꾸려 나갈 수 있는 이유는" 바로 이렇게 새로운 활력을 얻은 민주주의 때문이었다. 무솔리니는 독재자처럼 보였지만 그가 이탈리아 의회를 해산했다는 사실은 그가 독재자가 아님을 보여 주는 것이었다.

무솔리니 각하가 평생 독재자로 영구 집권하려 했다면 비효율적인 과거의 의회를 유지했을 것이다. [그랬다면-옮긴이] 모든 사람이 그것에 반대하고 무솔리니를 지지했을 것이다. 그가 인민의 엄청난 신뢰와 지지를 받는 새로운 의회[파시스트 대평의회-옮긴이]를 만들었다는 사실은 그의 사심 없음을, 또한 인민의 뜻을 무시하려는 게 아니라 인민을 이끌고 교육하려는 바람을 보여 주는 증거다.[6]

버나드 쇼 역시 무솔리니를 결단력을 통해 "진정한 민주주의에서 무엇이 가능하고, 무엇이 진정한 것인지를" 보여 준 지도자로 칭송했다.[7]

민주주의가 경쟁 체제들에게 배울 필요가 있다고 생각한 것은 쓸모 있는 바보들useful idiots◀만이 아니었다. 1932년, BBC 라디오 연설에서 경제학자 존 메이너드 케인스는 소련 볼셰비즘과 이탈리아 파시즘을 "현대의 가장 비범한 정치 운동"으로 묘사했고 청취자들에게 이렇게 말하기도 했다. "이런 장대한 실험들을 과소평가하거나 그것들로부터 얻을 수 있는 교훈을 거부하지 맙시다."[8] 그럼에도 케인스는 장기적으로 커다란 장점들을 가진 민주주의와 그것들을 혼동하지 않았다. 볼셰비즘과 파시즘은 새롭게 등장한 운동이 가진 이점을 누리고 있었다. 시간이 흐르면서 이런 이점들은 사라졌고, 모든 전제 체제의 두 가지 치명적 약점이 나타났다. 첫째는 명령을 들어야 하는 일반 대중 사이에 불만이 늘어나는 것. 둘째는 지도력의 경화(그 지배자들은 스스로 길을 개척해 권력으로 향하는 초기에만 "최고의 인재들"을 뽑는 기제를 가지고 있다고 케인스는 주장했다)가 그것이다. 장기적으로는 두 체제 가운데 어느 체제도 서구 민주주의와 경쟁할 수 없었다. 그럼에도, 잘 알려져 있듯이, 케인스는 사태가 장기적으로 어떻게 전개되는지에 지나치게 무게를 두는 것에는 회의적이었다("장기적 관점은 현재 사건들을 오도한다. 장기적으로 보면 우리는

▶ 원래 이 말은 서구 사회에 있는 공산주의 동조자들을 가리키는 표현이었다. 오늘날 이 용어는 정치 운동, 테러 집단, 적, 기업 등에 이용당하는 사람들을 일컫는 표현으로 흔히 사용된다.

모두 죽고 없다"9). 당시로서는 러시아와 이탈리아가, 케인스가 국가의 삶의 조직화에서 "중앙에서 발휘되는 [집단] 지성과 숙의"라 부른 것의 장점들을 보여 줬다.

민주국가들에게 도전은 장기적 장점들을 유지하는 한편 현재의 결함들을 해결하는 데 있었다. 케인스는 이를 위한 방법이 "민주 정권이 전제 정권과 동일한 방식으로, 동일한 종류의 행정기관을 통해 수행하는 국가계획"이라고 생각했다.10 가능한 방법이었다. 민주국가들은 민주주의 체제가 전복되는 일 없이 전제와 독재를 실험할 수 있었기 때문이다. 즉 행정부 수반들이 도를 넘을 경우에 퇴출시킬 능력이 있었다. 행정부의 전문성은 단기적으로 자원을 최대한 활용하지 못하는 무능력으로부터 민주주의를 구해 줄 수 있었다. 또 민주주의적 제도와 절차에 따른 인민의 판단은 가능한 많은 권력을 수중에 넣으려는 행정부의 불가피한 경향을 견제할 수 있다.

근사한 생각이었지만 두 가지 문제가 있었다. 첫 번째는 선거였다. 케인스는 선거가 몹시 싫었다. 그는 정치인들이 당선을 위해 외쳐야 하는 그 모든 헛소리들을 참을 수 없었다. 그는 정말 중요할 결정을 내려야 할 때 선거가 악영향을 미칠 수 있다고 생각했다. 평생 그는 그런 일을 두 번 겪었다. 한 번은 1918년 영국 총선으로, 케인스는 그 선거가 파리강화회의에 독이 되었다고 생각했다. 다른 하나는 1931년 영국 총선으로, 그 선거는 (케인스의 확신에 따르면) 공공 지출을 늘려야 할 시기에 긴축재정과 균형예산을 약속하는 거국내각을 만들어 냈다. 이 두 사례 모두에서 그는 유언비어와 바보 같은 표어들("황제의 목을 매달자!" "파운드의 가치를 지키자!")로 얼마나 쉽게 표를 쓸어 담을 수 있는지 지켜보면서 혐오감을 느꼈다. "총선은 언제나 우울한 행사라네." 그는 1931년 선거 운동 기간 동안 한 친구에게 이렇게 썼다. "하지만 주요 정치인들이 이번처럼 터무니없는 거짓말을 늘어놓았던 선거가 또 있었는지 기억나지 않아."[11]

케인스의 이상적 세계에서, 선거는 평온한 시기에만 치러져야 할 것이었다. 일반인들이 올바른 사고를 할 수 없는 위기시에는 전문가들(즉, 자신과 같은 사람들)에게 일을 맡기는 게 나았다. 물론 이는 희망적 사고였다(토크빌이 썼듯이, 평온한 선거 같은 것은 없다). 그러나 그것은 또한 다음과 같은 점, 예컨대 전문가들이 과욕을 부리다가 도를 넘을 경우, 어떻게 우리가 민주주의에 의거해 사태를 바로잡을 수 있는지(즉, 행정부가 잘못된 방향으로 나아갈 때, 인민은 민주주의적 제도와 절차에 따라 이에 대해 심판을 내린다는 점)를 보지 못한다. 이것이 전제주의의 효율성과 민주주의의 책임성을 결합하려는 시도에서 나타나는 미해결된 긴장이다. 전문가에게 권력을 주는 이유는 단기적으로 민주주의에 의지할 수 없기 때문이다. 전문가에게 권력을 줘도 안전하다고 생각하는 이유는 장기적으로 민주주의에 의지할 수 있기 때문이다. 그러나 몇몇 지점에서 장기적으로 민주주의에 의지할 수 있는 가능성은 시험에 들게 될 것이다. 그리고 그런 일이 발생했을 때, 사람들은 스스로에게 물을 것이다. 애초에 왜 자신들이 전문가를 필요로 했는지 말이다.

케인스에게 또 다른 문제는 현대사 곳곳에서 계속 민주주의 국가들을 괴롭혀 온 것, 바로 금이었다. 전통적 견해에 따르면 금본위제만이 민주국가가 필요로 하는 안정성을 줄 수 있다. 이 같은 생각의 기원은 19세기로, 또한 민주주의에는 자제력이 없다는 전통적 비판으로 거슬러 올라가는 것이었다. 금본위제라는 외부의 규율이 없다면, 민주국가는 언제나 변덕스러운 경향의 포로가 되고, 통화를 마구잡이로 팽창시킬 것이었다. 케인스가 보기에 금본위제라는 규율은 유연성을 희생해 얻은 것이었다. 즉 금본위제 때문에 의사 결정자들은 특정 순간, 특히 경제 위기가 발생했을 때 요구되는 것들에 적응력 있게 대처할 수 없었다. 이것은 전문가들의 선택의 여지를 줄였다. 케인스는 금에 대한 강박이 일종의 물신숭배라고 생각했다. 그럼에도 그는 금의 힘을 인정했다. 민주적으로 당선된 정치인은 자신이 무책임하고 무신경한 사람으로 보이고 싶지 않으려면 금에 머리를 조아려야 했다. 금본위제가 규율인 세계에서는 금에 대한 그 어떤 거부도 규율 부족, 절제력 부족을 의미했다. [그러나] 그 어떤 민주국가도 금본위제를 감당할 형편이 안됐다.

무엇을 해야 했을까? 제1차 세계대전으로 교전 중에 있던 선진국들(영국을 포함해)은 금 태환을 중단해야 했다. 잉글랜드은행은 이것이 임시 조치이고, 비상사태로 인한 것이라고 주장했다.[12] [제1차 세계대전이 끝나고] 영국이 과거의 화려한 지위를 회복하기 위해서는, 금 태환을 재개해야 했다. 1925년, 약간의 망설임 끝에 영국은 가혹한 [태환] 비율로 금본위제를 다시 채택했지만, 6년간 끝도 없이 계속되는 디플레이션과 실업률 증가로 인해 어쩔 수 없이 다시 포기했다. 1931년 가을, 영국은 금 태환을 중단했다. 타월을 던진 것은 위기 상황에서 탄생한 [자유당과 보수당이 참여한] 거국내각이었다. 그 직전 내각을 담당했던 노동당은 감히 하지 못한 것이었다

(내각을 떠나면서 시드니 웹은 영국이 금본위제에서 탈퇴한다는 것을 듣고는 이렇게 토로했다. "그렇게 할 수 있다는 것을, 아무도 우리에게 알려 주지 않았어!").[13]

변동환율제는 최후의 수단이었는데, 이 같은 결정을 내린 정치인들은 대체로 그 결과에 대해 매우 우려했다. 따라서 그것이 결과적으로 매우 유익한 것이었음이 입증되기는 했지만—파운드화의 평가절하는 수출을 늘리고, 임금 [상승] 압박을 줄여, 영국 경제가 기지개를 켜는 데 일조했다—이를 가지고 민주주의를 대대적으로 홍보할 수는 없었다. 금본위제 탈퇴가 가져온 이익을 누리고 있던 거국내각은 "건전 화폐"sound money[화폐의 가치나 통용력이 안정되어 있는 화폐]론자들로 구성되었는데, 이들은 모든 상황이 재난적이라고 거듭 주장하며, 탈퇴로 인한 악영향을 피하기 위해 허리띠를 훨씬 더 졸라매야 한다고 했다. 케인스가 보기에 그들이 자신들의 말을 정말 믿는다면 바보이거나, 그렇지 않다면 거짓말쟁이었다. 케인스가 1931년 선거에서 가장 싫었던 것은 압도적인 지지로 당선된 이들이 바로 이 같은 바보와 거짓말쟁이들이라는 것이었다. 이것은 중앙에서 발휘되는 [집단] 지성과 숙의의 사례가 절대 아니었다. 그것은 민주주의를 매우 불만족스러운 정부 체제로 만드는 것, 그러니까 자신들이 무엇을 하는지도 이해하지 못하는 부적절한 사람들이 우연히 발견한 적절한 해결책이었다.

그것은 다른 민주국가들이 쉽게 따라 할 수 있는 사례도 아니었다. 외부에서 볼 때 영국은 신중하지 못하고 무신경했다. 또한 금본위제에서 완전히 탈퇴함으로써 전 지구적 불안정을 낳았고, 경쟁적 평가절하에 따른 근린 궁핍화◀를 야기했다. 금융 규율monetary discipline◀◀의 미덕을 설파하는 한편, 그것을 위반해서 얻는 이득을 이기적으로 챙긴다는 점에서 이는 영국의 전형적인 위선이었다. [이와 같은 영국의 정책에] 특히 공포를 느낀 이들은 금본위제 탈퇴를 무서워하던 프랑스인이었다. 프랑스 정부는 [영국보다 2년 늦은] 1927년에 이르러서야 금 태환을 재개했는데, 이는 인플레이션으로 말미암아 프랑스 경제가 파산하고 개인 저축들을 모조리 날려 버린 이후였다. 프랑스 국민과 정치인들은 하나같이 민주주의가 재난을 당하지 않도록 막아 주는 것이 금본위제뿐이라고 확신했다. 그것 없이는 자신들의 정치체제가 어떤 결정을 내릴지 신뢰할 수 없었다. 영국은 선택지가 없다고 느꼈을 때 금본위제에서 나왔다. 프랑스는 선택지가 없다고 느꼈을 때 금본위제로 돌아갔다. 이 시기, 프랑스 민주주의는 스스로를 두려워하고 있었다.

영국과 프랑스의 민주주의가 처해 있는 각각의 조건 — 무능과 두려움 — 은, 세계경제가 침체에서 벗어나기 위해 필요한 것에 합의하는 게 얼마나 힘든지를 보여 주었다. 1933년에 선거 경쟁과 거국내각의 신경증적 압박에서 자유로운 경제 전문가들이 모여 혼란을 수습하기 위한 회의를 열었다면, 케인스는 꽤나 흡족해했을 것이다. 그러나 [그해에] 개최된 것은 런던세계경제회의였다. 게다가 이 회의에는 영국과 프랑스만 참여하는 게 아니었다. 미국인들이 오고 있었다.

▶ 다른 국가들의 경제를 궁핍하게 만들면서 자국의 경기회복을 꾀하는 정책. 특히 세계경제 전체가 침체돼 있을 때 자국의 수출을 증가시키고 수입을 제한해 국내 경기나 고용 상태를 개선하는 대신 타국에는 실업 증가와 경기 악화를 야기하는 자국 본위의 경제정책을 말한다.
▶▶ 국내균형과 국제균형을 양립시키기 위한 금융정책의 규율.

회의 기간

1920년대 동안, 많은 미국인은 국제 문제에 등을 돌렸고 점점 더 번영하는 자국 경제의 혜택을 누리고 있었다. 이 같은 분위기는 1929년 이후 극적으로 변했다. 경제적 파국은 국제 문제가 더는 방치할 수 없는 것임을 보여 주었다. 1931년 무렵, 후버 행정부는 여론의 압력에 대한 부분적인 대응으로 국제연맹에 참여하기 위한 절차에 돌입했다. 공식 가입 직전에 멈추었지만 말이다. 미국 대표들은 군비축소, 자유무역, 그리고 세계경제 부흥에 관한 일련의 국제회의에서 제 역할을 다하기 시작했다. 1932년 여름, 로잔 회의는 국제경제를 회복시킬 포괄적인 계획의 원칙들을 마련하고자 힘썼다. 비록 통화안정과 관세 인하 같은 주요 문제에 대해서는 그 어떤 합의도 이루지 못했지만 말이다. 미국인들의 주장으로 1933년에 선진국들이 중대한 모임을 열기로 결정했다. 영국 정부는 주최국을 맡기로 합의했다. 그런 의미에서 런던세계경제회의는 미국의 구상이었다.

이것은 많은 사람에게 희망을 주었다. 미국이 개입하지 않고는 전 세계가 겪고 있는 문제의 해법을 마련할 수 없으며, 따라서 이제 미국이 그 선두에 서야 한다는 것이 일반적인 생각이 되었다. 그러나 조심스런 태도가 이내 희망을 압도했다. 미국이 얼마나 헌신적으로 나올지에 대한 의심들이 있었던 것이다. 첫째는 부채 문제였다. 영국과 프랑스를 포함해 유럽 국가들이 경제적 자신감을 회복하기 위해 우선적으로 필요한 것은 전쟁이 남긴 엄청난 액수의 부채를 줄여 주는 것이었다. 독일은 영국과 프랑스에 배상금을 지불해야 했다. 영국과 프랑스는 미국에 전시공채 형태로 빚을 졌다. 1920년대에 미국은 독일에 자본을 수출했고, 이로 인해 독일은 영국과 프랑스에 계속 빚을 갚을 수 있었으며, 이에 따라 영국과 프랑스는 미국인들에게 빚을 갚을 수 있었다. 1929년 이후 세계무역이 붕괴하면서 그 모든 게 중단됐다. 그 마법의 순환이 더는 작동하지 않았다. 독일이 빚을 갚을 수 있도록 미국이 도울 처지가 아닌 상황에서, 영국과 프랑스는 미국에 어떻게 빚을 갚아야 할지 막막했다. 그들은 빚[배상금]을 받아야만 빚을 갚을 수 있었다. 이 같은 순환이 작동하는 않는 상황에서, 미국이 자신들을 그 곤경에서 벗어나게 해주기를 원했다.

미국은 그럴 수 없었다. 여론이 그것을 허락하지 않았기 때문이다. 1922년, 미국 의회는 전쟁 부채 1달러를 90센트로 줄이는 논의의 장을 마련하는 법안을 통과시킨 바 있었고 그것은 여전히 효력이 있는 상태였다. 여전히 미국 여론은 유럽인들이 빌려 간 돈은 반드시 갚아야 한다고 완강하게 생각했다. 그때나 지금이나 민주국가는 다른 민주국가가 자신의 의무[부채]를 회피하는 꼴을 보지 못한다. 이것은 민주주의국가들 사이에서 이루어질 수 있는 국제적인 연대의 기본적 한계를 설정하는 것이다. 로잔에서 영국과 프랑스 대표들이 부채 문제에 대한 논의를 재개하고자 강하게 압박했지만, 미국 대표들은 꼼짝도 하지 않았다. 그들은 런던세계경제회의 참가의 전제 조건으로 전쟁 부채 및 배상금 문제를 안건으로 상정하지 말라고 요구했는데, 이 문제를 재협상할 경우 국내적으로 치명적 결과를 야기한다는 것이었다. 회의는 통화, 물가, 자유무역의 문제들로 국한되어야 합의안이 본국에서 통과될 수 있었다. 좋은 징조가 아니었다. 많은 유럽인에게 이것은 14년 전의 일을 또렷이 상기시켰다. 당시 미국 정치인들은 세계의 운명을 가를 회의를 소집해 놓고도, 자국 내 여론에 가로막혀 세계를 구원할 수 있을 조치를 취하지 못했다.

1919년의 기억들은 런던세계경제회의에서도 여전히 생생했다. 1933년에 가장 많이 팔린 책 가운데 하나는 해럴드 니컬슨의 『조정, 1919년』*Peacemaking, 1919*으로, 이 책에는 그가 파리강화회의에서 무엇이 잘못되었는지를 직접 목격한 내용이 담겨 있었다. 거기에 몸소 참가한 외교관 니컬슨은 베르사유조약에 실망한 진보 성향의 비주류 청년이었다. 이 분노한 청년들 가운데 가장 유명한 사람은 케인스로, 그도 영국 대표단의 경제 고문으로 직접 참가했지만 넌더리가 나서 대표단에서 물러났다. 1919년 말, 케인스는『평화의 경제적 결과』*The Economic Consequences of the Peace*로 국제적 명성을 얻었고 이 책에서 정치인들, 특히 윌슨과 로이드조지의 개인적 허영과 옹졸한 태도 때문에 필요한 일들을 하지 못했다고 비판했다. 케인스는 유럽 대표들이 제 기량을 충분히 발휘하지 못해 유럽 사람들이 실망했다면서 독자들의 비위를 맞췄다. 1933년, 니컬슨은 다르게 보았다. 민주주의를 망친 것은 정치인들이 아니었다. 민주주의가 정치인들을 망친 것이다. 파리강화회의의 비극은 그것이 평화, 번영, 안전, 부채 상환, 복수심 달래기, 평온한 삶 등 불가능한 것들을 요구하는, 니컬슨의 표현에 따르면, "너무 바라는 게 많은 민주주의"를 배경으로 열렸다는 것이다. 니컬슨은 "궁극적인 목표와는 다른 즉각적 목표"를 지향한다는 점에서 "민주주의는 어리석다"라고 썼다.[14] 민주주의는 더 나은 세상을 만들기 위한 시도들을 좌절시키고 있었다. 1933년 런던세계경제회의에 큰 희망을 품었던 이라면 자신의 기대가 헛된 것이었다고 말할 상황이었다.

민주주의는 런던세계경제회의에 또 다른 어려움을 제기했다. 그 회의는 1년 전 미국 대통령이 조직한 것이었지만 회의가 개최되기 전 미국 유권자들은 그 대통령을 내치고 새로운 대통령을 뽑았다. 그것은 후버가 주최한 회의였지만, 정작 후버는 사라졌다. 후임인 프랭클린 루스벨트는 기대와 염려를 한 몸에 받은 인물이었지만, 그와 관련해 확신할 수 있는 건 거의 없었다. 그는 정확히 파악하기 힘든 사람이었다. 1932년, 선거운동 기간에 리프먼은 그를 "대통령직에 필요한 어떤 중요한 자격도 갖추지 못했지만 대통령이 몹시도 되고 싶어 하는 예의 바른 사람"이라고 말했다.[15] 그는 고의적으로 모호한 공약들을 내걸었다. 그는 대공황으로 궁핍해진 미국인들을 구하는 데 온 힘을 다하겠다고 했다. 이와 동시에, 상대적으로 긴축적인 공약을 발표하기도 했는데, 균형 예산을 실시하고 "모든 위험을 무릅쓰고서라도 건전 통화를 유지"하겠다고 약속했다. 또한 "정부 주도로 세계 통화 회의를 개최하겠다"고 약속하기도 했다.[16]

1932년 11월, 루스벨트가 압승을 거두자 후버는 세계를 안심시키기 위해 공동성명을 발표하자고 그를 압박했다. 루스벨트는 묵묵부답이었다. 그는 불신임을 받은 후버 행정부와 엮여 괜한 오명을 뒤집어쓸 생각이 없었다. 또한 취임 이후 행동의 자유를 제한받고 싶지도 않았다. 루스벨트는 [후버의 임기가 끝나는] 3월까지◀ 기

▶ 혼란을 경험한 미국은 1933년 수정헌법 제20조를 통해, 대통령 취임일을 기존

128

다렸다가 자신의 생각을 밝힐 요량이었다. 최악의 레임덕 상황에 처한 후버는 루스벨트의 계획이 무엇인지 알기 위해 갖은 애를 썼지만 모두 허사였다. 이것 또한 최악의 민주주의로 보였다. 왕이 죽었는데 새로운 왕이 오려면 넉 달이나 기다려야 하는 셈이었다. 그동안 미국인들과 세계경제는 나락으로 떨어지고 있었다.

루스벨트는 마침내 1933년 3월 4일 취임 선서를 하면서, 두려움 그 자체 외에는 두려워할 게 없다고 국민들에게 이야기했다. 또한 자신의 계획과 관련해 신중히 작성된 성명을 발표했다. 그는 "충분하지만 건전한 통화를 위한 대책이 분명 있을 것"이라고 주장했다. 며칠 뒤 열린 기자회견에서 그는 "건전하지만 충분한"이 아니라 "충분하지만 건전한"이라는 말을 의도적으로 썼다("시간이 좀 있는데, 그게 무슨 의미인지 분명히 해주실 수 있습니까?"라는 기자들의 집요한 질문에 루스벨트가 "아니오!"라고 대꾸했지만 말이다).[17] 구체적인 방법들을 명시하지 않은 채 루스벨트는 평가절하의 가능성을 열어 두었다. 그는 물가를 인상하려 했다. 또한 균형예산도 약속했다. 그는 국제무역의 회복을 위해 노력하려 했지만 국익을 우선하려 했다.

> 우리의 국제무역 관계는 매우 중요하긴 하지만, 건전한 국가 경제를 수립하는 일에 비해서는, 시간상으로나 필요성 측면에서 부차적인 일입니다. 저는 먼저 해야 할 일, 실용적 정책을 우선하는 것에 찬성

의 3월 4일에서 1월 20일로 앞당겼다. 애초 미국 헌법에서 대통령 취임일을 선거가 끝나고 [만] 4개월 후로 정했던 이유는, 새로 선출된 대통령이 신변을 정리하고 고향을 떠나 워싱턴에 도착하기까지 걸리는 시간을 감안해서였다.

합니다. 저는 국제경제를 재조정해 세계무역을 회복하는 일에 노력을 아끼지 않을 것이지만, 국내의 위급한 상황은 그와 같은 성과를 기다릴 수 없는 처지입니다.

무엇보다 그는 위기를 타개하기 위한 신속한 조치를 약속했고, "위기와의 전쟁을 수행하기 위해 광범위한 집행권을, 마치 다른 나라가 우리나라를 침공했을 경우에 제게 주어지는 권력만큼 막강한 집행권을" 의회에 요청한다고 선언했다. 단기적으로 민주주의는 애매모호하게 말하는 습관부터 고쳐야 할 것처럼 보였다(다수는 이를 그가 의회에 균형예산을 압박하는 것으로 해석했다). 하지만 [이처럼 전제적 권한 위임을 요구하면서도 동시에] 그는 "우리는 실질적essential 민주주의의 미래를 불신하지 않습니다"고 주장하기도 했다.[18] [그에 따르면] 결국 만사가 다 잘될 터였다.

집권 후 1백 일 동안 루스벨트는 급작스런 조치들을 대거 발표했다. 그중 하나는 4월 19일, 달러의 금 태환을 중단해 금본위제를 사실상 탈퇴하는 것이었다. 달러를 평가절하고 미국 경제를 부양하려는 일련의 결연한 조치의 시작이었다. 세계는 충격에 빠졌다. 다른 나라들이 보기에, 심지어 루스벨트는 [세계경제를 위해] 싸우려 하지도 않았다. 영국과 달리, 그는 어쩔 수 없이 금본위제에서 탈퇴할 수밖에 없었다고는 말할 수 없었다. 자의적인 조치를 갑작스레 취한 것이었다. 많은 경제학자가 마구 치솟는 인플레이션, 부채 지불 거절, 국가의 붕괴 같은 재난 상황을 경고했다. 루스벨트를 지지하는 금융인 버나드 바루크조차 이렇게 선언했다. "중우정치가 아니라면 그것을 어찌 옹호할 수 있겠습니까."[19] 그러나 깜짝 놀랄 만한 일은 아니었다. 비록 루스벨트가 그렇게 하겠다고 말하지는 않았지만, 그렇게 하지 않겠다고 말하는 것을 거듭 거부했었기 때문이다. 결국 위기시에는 "충분함"이 "건전함"보다 먼저였다.

그의 결정은 런던세계경제회의의 조건을 완전히 바꿨다. 프랑스는, 영국을 설득해 금본위제에 복귀시키려는 자신의 노력에 미국도 동참하리라 확신하고 있었다. 그런데 이제 프랑스는 자국 통화를 금본위제의 속박에서 풀어 버린 영국에 미국이 동참하는 상황에 직면한 것이었다. 이것은 런던에서 합의에 이르는 것을 더 쉽게 했을까, 아니면 더 어렵게 했을까? 미국 대표단을 포함해 회의 참가자 모두가 내세운 목표는 고정환율제를 의미하는 통화안정이었다. 미국은 이와 같은 구상을 스스로 포기했음을 시사한 것일까? 아니면 그것을 현실적인 목표로 만들기 위해 필요한 조치를 취한 것이었을까?

많은 것은, 루스벨트가 미국 민주주의에 굴복한 것으로 볼지, 아니면 그것에 맞서는 것으로 볼지에 달려 있었다. 금 태환 중지를, 자신에게 가해지는 직접적인 압력을 완화하는 데만 관심이 있는 대통령의 정치적 방편으로 생각한다면 최악의 상황을 염려하는 게 당연했다. 이는 민주주의의 전형적 무모함, 곧 장기적 안정성을 희생해 단기적 이득을 취하는 것이었다. 이 같은 상황은 그 어떤 국제적 합의도 불가능하게 할 텐데, 미국이 과연 그 합의를 지킬지 그 누구도 확신할 수 없을 것이기 때문이다. 다른 한편, 루스벨트가 광범위한 압력(달러 가치를 유지하라는 우파와 돈을 찍어 내라는 좌파로부터의)에도 불구하고 자신의 행정 권한을 확고히 쥐고 취한 조

치로 생각한다면, 그것은 국제 무대에서 취할 결단력 있는 행동의
서곡으로 볼 수도 있었다. 결국 그는 자신이 독립적이고 또 엄청
난 매력과 더불어 배짱도 있음을 보여 줬다(그는 1933년에 60회 이상
기자회견을 열었는데, 그 녹취록들은 지금 읽어도 웃음 짓게 된다). 그는 민주주
의에 필요한 국제적 지도자 유형, 곧 동료 지도자들이 결단력 있
는 행동을 취할 수 있도록 자신감을 불어넣을 수 있는 인물이었다.

런던세계경제회의 전날, BBC는 자사 최초로 대서양을 사이
에 두고 진행된 라디오 생방송들을 내보냈는데, 그중 하나는 당대
주요 대중 지식인 둘, 곧 케인스와 리프먼의 대담이었다.[20] 그들은
그 회의의 전망들을 살펴봤다. 둘 다 비교적 낙관적이었다. 케인스
는 "우리가 잠재적으로 부를 실현할 수 있는 가능성이 [역사상-옮긴
이] 가장 큰 세계에서, 비참하게 살고 있음"을 청취자들에게 상기
시켰다. 대공황이라는 일시적 재앙이 영원한 패배를 나타낸다고
가정했다면 끔찍한 실수였을 것이다. 그럼에도 그 같은 상황에서
자동으로 회복되지는 않을 터였다. 필요한 것은 전문가의 조언에
기반을 둔, 결단력 있는 정치력이었다. 그 목적을 달성하는 데에,
영국과 미국 정부가 자국 통화를 자유롭게 해 얻어 낸 행동의 상대
적 자유는 방해가 아니라 도움이 되었다. "저는 제 모든 희망을 한
가지 가능성에 두고 있습니다." 케인스는 라디오에서 다음과 같이
말했다.

영국과 미국은 합의안 마련을 위해 협력하는 방법을 어떻게든 찾아
야 합니다―사실, 1919년 파리에서 하지 못한 바로 그것 말입니다.
왜냐하면 다른 나라들이 주저한다 하더라도, 우리가 함께할 경우, 채

택하지 못할 해결책은 별로 없기 때문입니다.[21]

이 말에 함축된 힐책은 금본위제를 고수하고 있는 프랑스를 향한 것이었는데, 프랑스는 회의에 참석한 민주국가 정치인들이 국제적 합의안에 저마다 자국과 관련한 단서를 달 수 있도록 허용할 경우 발생할 결과에 대해 두려워하고 있었다. 프랑스는 그런 합의안은 국내 압력에 취약해 유지될 수 없을 거라 생각했다. [반면] 케인스는 국내 압력을 무시하는 합의안 역시 유지될 수 없을 것이라 생각했다.

리프먼의 의견도 같았다. 그는 런던세계경제회의가 동시대의 다른 대규모 국제회의, 즉 제네바군축회의보다 현저한 장점이 있다고 지적했다. 제네바군축회의는 국제 여론이 거의 유일하게 합의한 점이 군축이었음에도 불구하고 성과 없이 1년을 끌어오고 있었다. 군축은 모든 민주국가들에서 단연코 가장 인기 있는 주제였다. 사실 전쟁을 좋아하는 사람은 없었다. 그럼에도 합의에 이르는 것은 불가능한 것으로 판명되고 있었다. 리프먼은 이 같은 어려움을 당연한 것이라고 생각했다. 군축은 한쪽의 단독 행동으로는 풀 수 없는, 다시 말해 닭이 먼저냐, 달걀이 먼저냐 같은 문제였다. 사람들은 안전을 위해 군축을 원했지만, 어느 나라도 자국이 안전하다고 느끼기 전에는 군비를 축소하려 하지 않았다. 군축의 목적인 안전보장은 군축의 전제 조건이기도 했다. 따라서 어떤 국가도 자기가 먼저 첫걸음을 내딛으려 하지 않았고, 모두가 동시에 합의하지 않는 한 그 어떤 협정도 불가능했다. 그러나 경제 위기는 달랐다. 여기서는 한 국가가 먼저 행동에 나서 자국의 자신감을 회복하고 그에 따라 진보에 일조할 수 있었다. 이런 행동은 모든 지속 가능한 국제 협력의 전제 조건이었다. 리프먼이 말하길, 런던세계경제회의의 커다란 장점은 대공황을 타개하는 데 필요한 행동들—"물가 인상, 채무자 및 실업자 구제, 자국민의 구매력 향상"— 은, "런던세계경제회의가 없었더라도, 두 나라 [영국과 미국]의 현명한 지도자들이 추진하고 싶은 것들"이라는 데 있었다.[22]

물론, 저런 격려의 말에는 위협적인 의미도 내포되어 있었다. 만약 필요한 조치들이 런던세계경제회의와 상관없이 해야 하는 일이라면 그 회의는 소모적인 것이었다. 루스벨트가 취임 연설에서 말했듯 우선 사항들을 우선으로 해야 한다. 민주국가들이 그것에 합의할 수 없다면 합의할 수 있는 게 아무것도 없었다.

결렬

회의는 6월 14일에 영국 총리 램지 맥도널드의 연설로 개시되었다. 그는 대표단들에게 이 회의가 역사상 중대한 순간, 가장 힘든 환경에서도 국제적 합의가 가능함을 보여 줄 절호의 기회라고 말했다. 맥도널드는 자신의 말을 진실로 믿는 듯 보이는 헌신적 국제주의자였다. 그러나 길고 다소 두서없는 연설에서, 그는 전시 부채 문제를 해결하는 것이 중요하다고 넌지시 이야기했다. 미국인들이 회의 테이블에서 빼자고 주장해 온 주제를 다시 꺼내 든 것이었다. 국무장관 코델 헐이 이끄는 미국 대표단은 몹시 화가 났다. 그런데 사실 그들은 자신들의 불확실한 역할에 대해서도 불만이었다. 루스벨트는 런던에 갈 의사가 결코 없었고(그는 런던회의에 참석하고픈 유혹을 느낄 때마다, 윌슨이 파리강화회의에서 겪은 비참한 일을 상기했다), 또한 미국 대표단을 파견하면서도 의도적으로 [구체적인 특정 목표를 정해 준 게 아니라] 조정 가능한 지침들을 부여했다. 그들은 성사 가능한 합의라면 어떤 합의도 타결하려 했고 불가능한 것에는 그렇지 않았다. 루스벨트는 임기 초기부터 이미 건설적 모호성을 행동 방침으로 삼았다. 그는 선택을 계속 보류하기 위해 할 수 있는 것은 무엇이든 했다. 자신의 궁극적 의도가 이 같은 태도로 말미암아 오해를 초래할 수 있다 해도 말이다. 그는 선택지가 모두 사라질 때까지는 확답을 하고 싶지 않았다.

그 결과로 개회 후 몇 주는 미국이 자신의 계획에 관해 분명히 말하기를 기다리는 데 소요되었다. 실질적으로 네 개의 회의가 동시에 진행됐다. 첫 번째는 본회의로, 66개국 대표단들이 일련의 복잡한 문제들에 관해 자신들의 초기 입장을 수립하고, 긴 시간이 소요될 합의안을 마련하기 위해 준비하고 있었다. 여기서는 어느 누구도 빠른 해결책을 마련하고자 서두르지 않았다(영국 재무장관 네빌 체임벌린은 제1차 세계대전을 상기했다. 누이에게 보낸 편지에서 그는 크리스마스 무렵에는 모든 게 끝날 거라는 맥도널드의 믿음에 코웃음을 친 바 있었다). 두 번째는 영국, 프랑스, 미국 대표들의 삼국 회의로, 영국은 금본위제로 복귀할 가능성을 열어 두는 한편, 각국 통화를 안정화할 수 있는 대안을 탐색하며, 나머지 두 국가 사이에 다리를 놓으려 했다. 세 번째는 잉글랜드은행 총재 몬터규 노먼이 소집한 비공식

회의로, 선진국 중앙은행장들이 모여 건전 화폐의 중요성을 역설하고, 이를 달성하기 위한 최상의 방법들을 논의하는 자리였다. 케인스는 공식 회의장 뒤에 "황금광들"[금본위제 지지자]이 있는 게 몹시 불편했다. 마지막은 루스벨트와 참모들 사이의 재논의로, 이 논의는 다른 모든 논의들의 향방을 궁극적으로 결정할 터였다.

루스벨트는 오랫동안 망설이는 태도를 보였는데, 코델 헐이 그 어떤 확약도 하지 못하게 하는 한편, 미국 은행가들이 달러를 고정 통화로 삼는 방안을 검토해 보도록 격려했다. 그러나 영국, 프랑스, 미국 사이에 통화안정 협약이 있을 것이라는 소문이 돌기 시작하자, 루스벨트는 자신의 패를 꺼내 보이지 않을 수 없었다. 7월 3일, 그는 달러 가치를 고정하기 위한 "순전히 인위적이고 임시방편적인" 계획을 거부한다는 메시지를 회의에 전했다. 그는 "이 회의의 더 큰 목적들"은 국제 체제의 자신감을 더 광범위하게 회복한다는 데 있다고 역설했다. 이를 위한 최상의 방법은 다른 나라들이 미국을 따라 "국내 물가 인상 계획"을 채택하고 관세 인하를 위해 계속 노력하는 것이었다. 그는 각국 대표단들이 잘못된 편견에 빠져 있다고 하면서 "한 나라의 내부 경제를 건전히 하는 것이, 타국 통화의 변화하는 조건에 자국의 화폐가치를 맡기는 것보다 그 나라의 안녕에 더 중요한 요소"라고 설명했다. 그는 케인스와 고국의 여론에 찬성하는 뜻으로 이렇게 이어 갔다. "이른바 국제금융가들의 오래된 물신숭배는 일국적 통화 계획을 세우려는 노력들에 의해 대체되고 있으며, 그 목적은 현대 문명사회의 상품 및 필수품과의 교환에서 지속적인 구매력을 통화에 부여하는 것입니다."[23]

루스벨트가 겁을 먹었다는 게 분명했다. 즉 그는 달러 가치가 너무 일찍 안정화될 경우 미국 경제의 회복이 시작도 전에 중단될까 두려웠다(특히 그는 런던에서 나오는 소문들 탓에 달러가 강세를 보이기 시작할까 불안했다). 또한 언짢기도 했다. 주변에서, 그게 영국이든 프랑스든 자신의 경제 참모들이든, 이래라저래라 하는 게 몹시 싫었다. 그럼에도 루스벨트의 발언은 원칙에 근거한 것이었다. 루스벨트는 일시적 해법이 지속적인 해결책으로 오인돼서는 안 된다는 점에 대해선 단호했다. 회의는 위험하게도 시간의 지평을 혼동한 듯 보였다. 회의는 장기적 안정성을 원했지만, 그것을 너무 급히 얻으려 했다. 루스벨트는 나머지 세계가 미국의 사례, 즉 그가 개인적으로 제시한 사례를 본보기로 따라야 한다고 믿었다. 모두가 더 견고한 합의를 위해 단기적 불안정을 기꺼이 감내해야 했다. 필요한 것이란 미래에 대한 자신감과 침착한 태도였다. 곧 두려움 그 자체 외에는 두려워할 게 없었다.

[각국] 대표단들은 그렇게 보지 않았다. 그들은 루스벨트가 원칙적 태도를 견지하고 있다고 느끼지 못했다. 그들은 오직 정치적 편의와 공황 상태의 조짐을 보았을 뿐이다. 루스벨트의 메시지로 말미암아 각국 대표단 사이에 분노와 절망이 퍼졌다. 특히 자신들을 바보 취급했다고 느낀 영국과 프랑스에서 더욱 그랬다. 양국 신문들은 루스벨트가 특수 이익 단체들, 즉 미국 민주주의의 폐해에 굴복했다며 혹평했다. 그는 완전히 그릇된 시간의 지평을 가진 사람이었다. 곧 다른 모든 것을 배제한 채 미국 시장에서 나타나는 하루하루의 물가 변동에만 집착했다.

이구동성으로 터져 나오는 이 같은 반감에 반대한 극소수 가운

데 한 사람이 케인스였다. 런던정경학회London Political Economy Club◀
에서 행한 강연에서 그는 미국 시장의 활성화만 염려한다는 비난
을 받던 루스벨트를 변호했다. "우리는 그를 심각하게 오판하고
있습니다." 그는 청중에게 이렇게 말했다. "그의 목적이 경쟁적인
평가절하로 월가를 활성화하는 것이라고 가정한다면 말입니다."24
7월 3일, 런던세계경제회의에서 루스벨트가 [금본위제로 회귀하려는
입장을 비판하고 협상안을 거부하는] "폭탄선언"을 하자, 케인스는 다음
날 『데일리 메일』에 다음과 같은 제목의 글을 실었다. "루스벨트
대통령이 전적으로 옳다." 케인스는 루스벨트를 비판하는 이들이
본말을 전도하고 있다고 주장했다. 즉, 그들은 자신감[신뢰] 회복을
위해 합의안을 제시했지만, 그것은 자신감이 먼저 회복되어야만
효과가 있을 수 있다는 것이었다. 케인스는 경제 회복 문제가 군축
문제와 전혀 다르다는 리프먼의 지적을 거듭 강조했다. [경제적] 진
보는 집단의 합의를 기다릴 필요가 없었다. 회의 참가국들은 "관
점의 근본적 차이를 감추려고 이러쿵저러쿵 둘러대기보다는 자신
의 처지를 잘 알아야" 했다.25

　이제 문제는 회의 자체였다. 회의는 여전히 진행 중이었고,
루스벨트는 회의가 결렬되는 것에 대한 책임을 뒤집어쓰고 싶진
않았다. 그의 가장 큰 약점은 외교 수완에 너무나 서툴었다는 것
이다. 그는 지속적인 국제 협력을 성취하는 방법을 세계에 가르치
고 있었는데, 이 같은 태도는 동맹국들에게서조차 반감을 샀다.
케인스와 마찬가지로 루스벨트가 기본적으로 옳다고 생각했던 리

▶ 1982년에 제임스 밀, 데이비드 리카도, 토마스 맬서스 등이 세운 학회.

프먼은 정확히 이런 이유에서 그를 비판했다. 리프먼은 루스벨트의 결정에 대해 이렇게 썼다. "루스벨트가 제시한 목표는 훌륭했지만 그와 같은 목표들을 표현하는 외교적 수단을 조직하는 데는 전적으로 실패했다."[26] 미국이 제시한 목표가 얼마나 좋은지 이야기해 봐야, 그것이 다른 민주국가들에서 반미 여론을 조성한다면, 아무 쓸모없었다.

루스벨트는 회의를 계속 이어 나가기 위해 할 수 있는 모든 것을 다했다. 회유의 말들을 늘어놓았고, 다른 의제들에 대해서는 여전히 합의할 의사가 있음을 비치기도 했다. 하지만 때는 너무 늦은 상황이었다. 회의는 7월로 이어졌지만, 아무런 성과도 없었다. 불화와 악감정이 넘쳐 났다. 영국은 루스벨트의 거만한 행태에 질렸을 뿐만 아니라, [금본위제에 대한] 프랑스의 비타협적 태도에 대해 미국이 우물쭈물하는 모습을 비난했다. 그때껏 미국은 금에 대한 프랑스의 맹목적 집착에 겁을 먹고 단호한 태도를 취하지 못하고 있었다. 프랑스는 영국의 이중성에 대한 미국의 행태를 비난했다. 영국이 온갖 수단을 동원해 자국 통화를 평가절하한 마당에, 왜 루스벨트가 달러 안정화에 동의하겠냐는 것이었다. 프랑스는 영국 정부가 아무튼 금본위제에 다시 참여할 의사가 없다고 믿었고, 그것은 아마도 맞았을 것이다. 루스벨트의 중재는 선진 민주국가들 사이에 늘고 있던 불신을 더욱 단단하게 했을 뿐이다.

회의는 7월 27일에 결국 합의 없이 결렬됐다. 이번에는 케인스도 이구동성으로 터져 나온 한탄에 동참했다. 케인스는 상대적으로 행동의 자유가 있었던 것이 미국에 어떤 이득을 가져다주었을지 모르지만, 여기에는 커다란 대가가 따랐음을 인정했다. 만약 즉각적인 결과가 무력감과 배신감을 퍼뜨리는 것이라면, [미국 역시] 두려움 없이 미래를 자신할 수 있다고 자랑할 만한 상황이 전혀 아니었다. 1933년, 세계는 몹시도 위험한 곳이었고, 민주주의가 자신의 장기적 가치를 증명하기 위한 시간이 얼마나 남았는지도 분명하지 않았다. 그동안 민주주의는 이와 같은 실패를 더 많이 감당할 수 없었다. 회의가 끝난 날, 케인스는 이렇게 썼다.

> 회의의 한탄스러운 종료는, 뜻밖은 아니라 하더라도, 실망스러운 일이다. 대중의 항의는 없을 것이다. 그러나 이 사실은 널리 알려졌다. 회의의 참담한 결렬은 냉소주의를 일반화하고 권력자들에 대한 존경을 더욱 무너뜨릴 뿐이다. 도처의 결과들이 보여 줬듯이, 이 같은 존경의 상실은 민주국가에 닥칠 수 있는 가장 심각한 사태들 가운데 하나이다. 왜냐하면 진짜 위기 상황이 발생할 때, 자국민들의 신뢰에 확고히 뿌리내리지 못한 정부 당국은 한 벌의 카드처럼 일거에 쓰러지기 때문이다.[27]

장기적으로 민주주의는 여전히 중대한 장점들이 있었다. 그러나 장기는 현재 사건들을 오도한다.

그럼에도 불구하고 케인스는 여전히 루스벨트를 개인적으로 상당히 신뢰했다. 그의 모든 외교상의 실패는 미국 경제를 되살리기 위해 온갖 노력을 경주했던 그의 지칠 줄 모르는 에너지와 의지에 의해 보상됐다. 그는 그 어떤 교의에 사로잡히지 않았고, 그 어떤 물신숭배에도 빠져 있지 않았다. 그는 전문가의 조언에, 언제나 그것을 받아들인 것은 아니지만, 열린 자세를 취했다. 그는 융통성이 있었다. 1933년 말, 케인스는 루스벨트에게 다소 잘난 체하는 공개장을 썼다. 그가 저지른 실수들에 대한 엄중한 경제적 조언들과 어느 정도 번지르르한 배려가 뒤섞인 그 서한에서 케인스는 이렇게 말했다.

> 당신은 순서와 방법에 엄청난 변화가 필요하다는 것을 알아보고, 불관용, 폭압, 파괴적 방법을 쓰지 않고 그것을 시도 중인 유일한 사람입니다. 당신은 당신의 방법이 시행착오 중에 있다고 느끼고 있겠지요. 또한, 마땅히 그래야 하듯, 특정한 기술의 세부 사항들에 개인적으로 전혀 연연해하지 않고 있다고 느끼고 있습니다.[28]

케인스는 런던세계경제회의 결렬의 여파 속에서 한 친구에서 보낸 편지에서 더 직설적으로 썼다. "루스벨트는 전쟁 직전의 전투기 조종사만큼이나 자신이 어디에 착륙할 것인지 정확히 알고 있어."[29] 재난 같은 사고가 발생할 가능성이 여전히 있었다. 그러나 유럽의 일부 지도자들과 달리 적어도 그는 공중에 떠있었다. 즉 [그가 어디에 착륙할지는 아직] 미정이었다.

여파

1933년 말에 출간된 『닥쳐올 세계의 모습』*The Shape of Things to Come*에서 허버트 조지 웰스는 런던세계경제회의가 인류사의 전환점임을 확인했다. 새로운 "불만의 시대"의 막을 연 것이었다. 한 장의 제목은 이렇다. "런던세계경제회의: 구태 정권들의 더없는 실패. 그리고 독재와 파시즘의 확산." 웰스는 대공황이 "온 세계에 5개년 혹은 10개년계획"이 압도적으로 필요함으로 보여 줬다고 믿었다.[30] 반면 런던세계경제회의는 빈말을 낳고 약속 위반을 야기했을 뿐이다. 민주주의의 종말이었다.

그 시대의 거대한 미스터리는 민주주의에 대한 믿음이 그렇게 오래 지속되어 왔다는 것이었다. 웰스는 20세기 민주주의가 오래전에 역사의 쓰레기통에 들어간 미래를 상상한 글에서 민주주의를, 신비주의에 토대를 두고 "그들[통치자들—옮긴이]의 가난하고 우유부단한 대중이라는 신神, 유권자" 숭배에 몰두하는, 다 낡아 빠진 종교로 취급한다. 런던세계경제회의라는 소극笑劇은 "이 신적 존재가, 머지않아 파멸과 죽음을 가져올 긴급한 정치경제적 난제들에 대한 이해가 지극히 느리다는 것"을 폭로했다. 민주국가의 정치인들이 결단력 있는 조치를 취하지 못하는 이유는 그들이 "막연하게 이해되는 군중, 편견이 있는 유권자에게 이야기하는, 혹은 지시하는 일생의 습관을 버리지 못하고, 또한 분명하게 말하는 것을 몹시 싫어하기 때문이었다." 그들이 할 수 있는 것이라고는 어떤 일이 나타날지 기다리는 것뿐이었다. "램지 맥도널드는 런던세계경제회의 동안 r을 굴려 발음하면서 눈을 굴렸다. 또한 아무 이유 없이 갑자기 유리한 사건이 발생해 역사의 아주 불리한 평결에서 자신과 같은 이들을 구해 주리라고 여전히 희망하는 듯했다." 웰스가 말하길, 그것은 "베르사유조약의 젠체하지만 실은 어리석은 실수들보다 훨씬 어리석은 것"이었다. 이 "가짜

지도자들 …… 이 놀랍도록 비효율적인 사람들은" 망할 운명이었다. 파시즘("전적으로 나쁜 것은 아닌 …… 나쁘기도 하지만 좋은 것")은 자신이 무엇을 할 수 있는지 보여 주기 위한 준비가 되어 있었다.[31]

『닥쳐올 세계의 모습』은 대다수 과학소설과 마찬가지로 기이하고 터무니없다. 웰스는 또 다른 세계대전이 1940년에 독일과 폴란드 사이의 결전으로 시작해 이내 다른 모든 국가를 끌어들일 것이라고 예견한다. 전쟁은 마침내 1947년 런던강화회의로 종결된다. 강화회의가 결렬되고 새로운 충돌들이 일어나지만 말이다. 세계는 이제 완전히 쇠퇴한 상태다. 질병이 만연해 있다―이 전쟁은 지난번 전쟁처럼 지나가는 자취마다 대단히 파괴적인 독감을 퍼뜨린다. 도처가 누추하고 불결하며 빈곤에 시달린다. 미국은 거의 통치 불가능한 상태다. 바로 그곳에서, 케인스를 포함해, 그때껏 무시되던 이전 세대 사상가들에게서 영감을 얻은 테크노크라시"라 불리는 새로운 움직임이 출현한다. 전문가들에 의한 지배는 앞으로 나아갈 수 있는 유일한 길로 간주되지만 그것의 케인스 버전은 국경에 대한 집착, 그리고 테크노크라시 정부와 민주정치의 양립 가능성을 순진하게 믿는 치명적인 결함들이 있다. 더 많은 전쟁, 더 많은 독재, 더 많은 실패한 회의들이 (1965년 제1차 바스라 회의, 1978년 제2차 바스라 회의) 왔다 간 뒤에야 인류가 참된 정치적 운명에 도달할 수 있다. 곧 효율과 교육에 토대를 두고, 자연을 관리하고 종교를 무력화하며 인간의 충동을 건강한 방향으로 돌릴 수 있는 테크노크라시 세계국가World State(지구를 휩쓸려 하는 포르노그래피의 조류는 마침내 역전된다). 불만의 시대는 끝이 난다.

웰스는 미래에 과거와 닮은 놀라운 사건들이 발생하리라고 추정한다는 점에서 많은 미래학자가 범하는 오류를 반복한다. 그가 예상하는 제2차 세계대전은 제1차 세계대전과, 런던강화회의는 파리강화회의와 흡사하고, 1966년은 처참했던 1933년이 더 심각해진 판본 같다. 그런데 그는 정치의 진실을 사건들의 표면에서 알 수 있다고 추정하는 오류도 범한다. 그는 런던세계경제회의의 실패를, 민주주의가 더는 내놓을 것이 없음을 보여 주는 증거로 간주한다. [그에 따르면] 민주국가의 정치인들은 자신들이 할 수 있는 모든 것을 보여 줄 기회가 있었다. 만약 이번 위기에 잘 대처하지 못한다면 영원히 못할 것이다. 그러나 그것은 어떤 정치체제의 강점을 시험하는 기준을 위기 대처 능력으로 가정한다. 자동으로 이는 위기 대처의 정치에 지나지 않는 권위주의에 대한 편향을 낳는다. 민주주의의 강점은 성패가 달린 위기 상황을, 정치적으로 불확실한 정례적 시기로 바꿀 수 있는 능력이다. (약점 하나는 정치적으로 불확실한 정례적 시기―선거―가 성패가 달린 위기 상황으로 바뀌는 경향이다.) 민주주의가 다른 정부 체제보다 오래가는 이유는 성공해야 할 때 성공하기 때문이 아니라 실패할 때 실패를 감당할 수 있기 때문이다. 민주주의는 경쟁 체제들보다 실패에 더 능숙하다.

　루스벨트는 민주주의가 고정된 틀을 거부하고 계속 실험을 해나갈 필요가 있다는 것을 이해했다. 그렇지만 그것은 민주주의에 대한 그의 헌신에 일련의 새로운 의문을 제기했다. 만약 루스벨트가 민주주의를 "실험하고" 있다면 히틀러와 뭐가 그리 다른 걸까? 1933년 내내, 특히 그들이 그 시대를 주도해 나갈 정치인이 될 공산이 분명해지자, 두 지도자를 견주는 일이 비일비재했다. 이들은 새로운 독재자였나? 『이코노미스트』는 루스벨트가 취임한 다음 주에, 또 한편으로 히틀러가 독일에서 집권하고 6주 뒤에, 다음과 같이 언급하면서 이와 같은 분위기를 조성했다. "독일 못지않게 미국에서도 민주주의가 위기를 극복하려면 전통적인 주권을 행정부 통치자들에게 넘겨주어야 할 조짐들이 보인다."[32] 두 사람 모두 일종의 케인스식 테크노크라시를 믿는 것으로 이해됐다. 5월, 『이코노미스트』는 독자들에게 이것이 유일한 선택지가 아님을 상기시키려 했다.

> 우리의 히틀러들과 우리의 루스벨트들을 찾기 전에, 또 경제학의 거물들을 선택하기 전에 우리는 사람들이 흔히 생각하는 것처럼 위기가 그렇게 민주주의를 휩쓸어 버릴 정도로 강력한 것인지 아닌지 잘 생각해 봐야 한다.[33]

민주국가들은 "독재자들"에게 권력을, 일시적인 권력이라도, 너무 성급히 건네줘서는 안 됐다. 그런데 한 가지 주의해야 할 것이 있었다. 독재자들이 외교 문제에서 민주국가의 지도자들보다 수행력이 더 낮다는 것이다. 그들은 필요한 경우 결단력 있는 조치를 취할 능력이 있었다. 국제 무대에서 민주국가들은 집단행동을 해야 했다. 그런 이유에서 그 신문은 이렇게 예측했다. "다가오는 런던세계경제회의는 경제적 전환점일 뿐만 아니라 정치적 전환점일 공산이 있다."

사실, 1933년은 루스벨트와 히틀러의 근본적 차이가 드러난 해였다. 한 사람은 민주주의를 가지고 실험하고 있었다. 나머지 한 사람은 마치 생체 해부 실험을 하듯 민주주의에 메스를 들이대고 있었다. 1933년, 어떤 면에서 히틀러는 루스벨트보다 할 수 있는 일이 제한돼 있었다. 이를테면, 독일 국민은 인플레이션으로 인한 상처가 프랑스보다 훨씬 깊어서 히틀러는 감히 금본위제에서 탈퇴할 수 없었다. 그는 토템처럼 신성시되는 금의 가치가 규율의 기표로 필요했다. 독일의 막대한 부채 또한 달러, 파운드, 프랑으로 빚을 지고 있어서 마르크화를 평가절하하면 고스란히 빚부담이 늘어나는 상황이었다. 그러면 사실상 전면적인 지불 거부가 될 터였고, 1993년, 히틀러는 그럴 배포가 없었다.

대신 그는 자본 및 물가통제, 공공 지출의 중앙집권화, 재무장 계획, 정치 선전의 막대한 증대를 수단으로 국내 경제를 되살리겠다고 약속했다. 달리 말해, 자신도 독일도 곤경에서 벗어나게 하고자 국가 강제력에 건곤일척의 승부수를 던졌다. 이것은, 독재국가는 도전에 대처하고 어떤 상황에 적응하기 위해 늘 물리력을 사용한다는 생각이 틀렸음을 보여 준다는 점에서만 실험적이었다. 물론 히틀러는 마음을 바꿔, 변덕스럽고 예측할 수 없으며 무신경하고 괴물 같으며 제정신이 아닌 행동에 나설 능력이 여전히 있었다. 그런 의미에서 그는 스스로를 가둔 게 아니었다. 그러나 그는 자신이 선택한 정치 방식을 제외한 모든 정치 방식을 차단했다. 그는 자신이 원한다 하더라도 민주주의를 실험할 수 없었다. 그의 독재 형태는 일방적인 것이었다.

루스벨트는 그 반대였고 그런 이유에서 진짜 독재가 결코 아니었다. 1933년, 미국 정부는 제한적 강제력이 있을 뿐이었고 연방제는 대통령이 할 수 있는 것에 현저한 제약을 가했다. 루스벨트는 자신이 원할 때조차 자신의 정치적 의지를 나라에 강요할 수 없었다. 그는 취임식에서 이야기한 그런 전면적인 비상조치권을 결코 얻지 못했고, 또 그가 그것을 기대했는지도 불분명하다.[34] 대신 그는 엉망인 민주정치를 헤쳐 나갔고 그 방법은 유도하고 구슬리며 미혹하고 매혹하는 것이었다. 그는 그 방면에 천재였다. 1933년, 그는 히틀러가 할 수 없는 것을 했다. 금본위제에서 탈퇴한 것이다. 그러나 어떤 일이 있어도 그는 국민을 단일한 행동 방침으로 결속할 수 없었다. 그의 실험주의 형식에 따르면 그는 행정 권한을 이용해 선택을 계속 보류해야 했다.

루스벨트의 접근법에는 단기적 위험이 많았다. 그는 카지노에서처럼 분산해 돈을 걸었고 일정한 돈을 잃을 준비가 돼 있었다. 히틀러는 열성적인 도박꾼처럼 [블랙과 레드 둘 중 하나에 돈을 거는 게임에서] 레드에 모든 것을 걸었다. 결국 카지노가 도박꾼을 이긴다. 더 긴 연패를 당해도 결국에는 버텨 낼 수 있기 때문이다. 하지만 그것은 카지노가 늘 재원이 훨씬 많음을 당연시하는 것으로, 위험한 추정일 수 있고, 특히 예측할 수 없는 국제정치 세계에서는 더 그렇다. 불운의 연속에도 늘 견뎌 낼 수 있다고 여기는 민주국가는 숙명을 시험하고 있는 것인지도 모른다.

전년, 그러니까 1932년 6월 4일, 『이코노미스트』는 사설 "표류하는 세계"에서, 앞으로 전개될지 모르는 사태에 관한 또 하나의 그림을 제시했다. 이제 민주주의는 혼란 속에 있었다.

"권위"에 대한 히틀러주의적 관점들, 그리고 위기가 야기한 불합리하고 히스테리적이며 기만적인 다른 모든 엉터리 묘약들이 ─ 감염된 혈액 속에서 [백혈구 같은-옮긴이] 식세포들이 충분히 활성화되기

전까지 균들이 번창하듯이 — 번성할 기회를 얻는 권력 공백기 이후에 국민들은 영웅들이 아니라 "보통의 경제적 인간"을 대표하고 또한 안전한 세계를 만들 능력도 있는 대표들을 선출해 권력의 자리에 앉히는 데 성공할 것이다.[35]

돌이켜 보면 『이코노미스트』가 궁극적으로 옳았다고 말할 수 있을 것이다. 히틀러주의는 무너졌다. 민주주의는 결국 매우 강했음이, 또 일반 시민들에게 훨씬 좋은 것임이 입증됐다. 그러나 이 비유에는 잘못된 것이 두 가지 있다. 첫째, 민주주의가 권위주의 체제들보다 오래갈 뿐만 아니라 언젠가 그들을 능가해, 즉 그들과 같은 방식으로 그들을 이겨 내 자신의 참된 가치를 입증하리라는 헛된 기대를 제시한다. 기대가 지나치다. 둘째, 기저의 가정이 여전히 너무 숙명론적이다. 몸이 반격할 시간을 늘 가지고 있지는 않을 것이다. 때로는 병원균이 이길 것이다. 심지어 몸이 이길 때조차 병이 없어질 때까지 기다리다 보면 심신이 심히 쇠약해질 수 있다. 몸이 그런 경험 덕분에 반드시 더 강해지는 것도 아니다. 만약 『이코노미스트』 논설위원들이 그 질병이 1945년까지 지속되리라는 것을 1932년에 들었다면 민주주의를 덜 낙천적으로 전망했을지도 모른다.

3장 ·········· 1947년 ················· 재시도

위기

1947년 말엽, 윈스턴 처칠은 이후 20세기 민주주의에 관해 아마도 가장 많이 인용될 발언을 남겼다. 11월 11일, 그는 하원에서 이렇게 말했다. "수많은 사람들이 민주주의는 가장 열악한 통치 형태라고 말해 왔습니다. 하지만 이는 이제까지 시도되어 온 다른 모든 통치 형태를 제외했을 때 하는 말입니다."[1]◄ 처칠의 발언은 오늘날 너무나도 익숙한 나머지 상투적 문구, 위기에 빠진 민주주의에 관한 대표적 문구가 되었다.

그가 그렇게 말하는 것을 처음 들은 사람들이 그 말의 중요성을 놓쳐도 무리는 아니었다. 그 발언은 1947년 의회법에 관한 토론 도중 나온 것이었다. 이 법안은 영국 노동당 정부가 [상원의 권한

▶ 해당 구절의 전후 맥락을 좀 더 살펴보면 다음과 같다. "역사상 많은 통치 형태들이 시도되었습니다. 죄악과 비통으로 가득한 이 세상에서는 앞으로도 수많은 통치 형태가 시도될 것입니다. 민주주의가 완벽하다거나 모든 것을 다 아는 현명함을 갖추고 있다고 생각하는 사람은 없습니다. 실제로 수많은 사람들이 민주주의는 가장 열악한 통치 형태라고 말해 왔습니다. 하지만 이는 이제까지 시도되어 온 다른 모든 통치 형태를 제외했을 때 하는 말입니다. 우리나라에 널리 퍼져 있는 감정은 이렇습니다. 국민이 지배해야 한다는 것, 그것도 단절 없이 지속적으로 지배해야 한다는 것, 또한 모든 입헌적 수단에 의해 표현되는 여론이 장관들의 행동을 바로잡아 주고, 인도해 주며, 통제해야 한다는 것입니다. 장관들은 국민의 주인이 아니라 심부름꾼입니다." 존 킨, 『민주주의의 삶과 죽음』, 양현수 옮김, 교양인, 2017, 744쪽.

을 제한함으로써] 상원의 운영 속도를 높여 중요한 법률 제정이 ― 정부가 구체적으로 염두에 둔 법안은 철강 산업 국유화 계획이었다 ― 지연되는 일이 없게끔 하려고 내놓은 것이었다. [1940년 구성된 거국 연립내각의 총리였다가 1945년 총선 패배로] 이제 야당이던 처칠은 이렇게 기본법을 어설프게 손대는 것에 단호히 반대했다. 그는 이것이 민주정치의 특성을 참지 못하고 조바심을 내는 증거라고 보았다. 그는 민주주의가 국정을 운영하는 세련되지 못하며, 대체로 더딘 방식임을 청중에게 상기시키고 싶었다. 그것은 훨씬 효율적이지만, 잘못될 경우, 훨씬 파괴적이기도 한 다른 체제들을 피하기 위해 민주주의국가가 치러야 하는 대가였다.

처칠은 자신의 연설이 합리적으로 비치도록 애썼다. 그는 자신이 "슈퍼맨들과 거대 계획 기획자들"이라고 부르는 이들의 거창하기만 한 계획들을 반대하는 민주적 실용주의의 입장에 있었다. 그렇지만 이 발언이 담긴 그의 연설이 그다지 합리적인 것은 아니었다. 연설에는 처칠 특유의 수사가 마구 펼쳐졌다. 그는 상원에 제출된 노동당의 비교적 온건한 계획들을 "이 나라가 지금 …… 말하자면 독재국가가 갖게 되는 범죄성도 없지만, 한편으로 독재국가가 갖기 마련인 효율성도 없는 독재에" 매우 근접했음을 보여 주는 증거로 삼았다. 그는 자신의 정적들이 무능하고 성말라서 나라를 철저한 파멸 직전으로 몰아가고 있다고 비난했다. "파산뿐만 아니라 진짜 기근이 이 섬을 덮칠 것인데, 그 주요 원인은 그들이 나라를 잘못 관리하고 있어서입니다."[2] 민주주의를 신중하게 변호하려 하다가, 처칠은 다소 평정심을 잃은 듯했다.

그는 수사적 곤경에 빠져 있었다. 차분한 태도를 유지하면서도 동시에 경고를 통해 세상을 소란스럽게 하고 싶기도 했다. 즉 민주주의가 성취할 수 있는 것에 대해서는 차분히, 민주주의가 직면한 위기에 대해서는 소란스럽게 경고하고 싶었다. 그의 정적이 었던 노동당 하원의원들은 그를 은근슬쩍 그러면서도 효과적으로 질책했다. 그의 연설을 전성기가 지난 연주자의 진부한 공연으로 취급해 버린 것이다. 1947년 처칠의 곤경은 민주주의 삶의 희비극 같은 것이었다. 영국 민주주의를 그 역사상 가장 심각한 위협에서 구한 그가 선거에서 국민에게 퇴짜를 맞았다. 1945년에 노동당이 거둔 압승은, 유권자들이 원했던 것은 자신들의 희생에 대한 현실적인 보상이었음을 보여 줬다. 새로운 통치자들은, 루스벨트가 보여 준 것 이상의, 독재자가 될 인물들이 아니었다. 그들은 실용주의자이기도 했다. 그래서 처칠은 민주주의에 분별력을 회복시키고자, 그들로 인해 야기되는 위협을 과장해야만 했다. 사람들은 무엇에 성패가 달렸던 것이지, 또 누가 자신들을 구했는지 잊었던 것일까? 처칠의 문제는 사람들이 잊지 않았다는 것이었다. 사람들은 훤히 알고 있었고, 그래서 심사숙고한 뒤 다른 무언가를 선택했다. 토크빌이라면 이렇게 말했을지 모른다. 민주주의는 다른 모든 체제를 제외하면 최악의 체제이다. 민주국가는 분별력이 부족하기 때문이다. 민주국가는 두렁을 산으로 여기기도 산을 두렁으로 여기기도 한다.

처칠만이 상황을 분별력 있게 해결하기 힘들었던 것은 아니었다. 그가 처한 곤경은 1945년 이후 민주주의가 처한 곤경을 반영한다. 제2차 세계대전의 끝은 제1차 세계대전의 끝과 판이했는데, 그 부분적인 이유는 사람들이 제1차 세계대전에서 무슨 일이 있었는지를 기억하고 있었기 때문이다. 사람들은 1918년 당시 민주주의에 너무 많은 것을 기대했다고, 다시 말해 큰 희망은 훨씬 큰 실망을 낳았을 뿐이라고 느꼈다. 이번에 필요한 것은 민주주의를 좀 더 온건하게, 좀 더 실용주의적으로 변호하는 것이었다. 그러나 제2차 세계대전은 참으로 대격변의 사건이었다. 그 여파는 대혼란과 비참함이었다. 민주주의에 대한 온건한 변호를 통해, 즉 각적인 조치가 요구되는 전후 시기의 도전들을 적절히 해결할 수 있었을까? 민주주의를 가장 덜 나쁜 선택지로 인정하는 것은, 자만심을 경계하는 방법이다. 그런데 그게 진짜 위기시에 어떤 도움이 될까?

위기는 이내 찾아왔다. 1947년 무렵, 서구 민주주의는 서로 관련된 두 가지 위협에 직면했다. 첫째, 전후에 미국에 필적할 초강대국으로 등장해 점점 더 위협이 되어 가던 소련이었다. 경쟁하는 초강대국이 또 다른 전쟁을 야기한다면 민주국가들은 전쟁에서 승리를 자신하기 쉽지 않은 상황이었다. 둘째, 유럽 대륙은 전시에 겪은 일들로 인해 파산하고 분열되고 외상을 입은 상태가 계속되어 정치·경제적으로 붕괴할 위협이 증가하고 있었다. 인민은 민주주의를 원했다. 인민은 민주주의를 원했다. 그러나 그들에게 민주주의를 맡겨도 될까? 민주주의는 변호가 필요했다. 그러나 민주주의의 약점을 알고도 그것을 변호할 수 있을까?

한 가지 끊이지 않는 두려움은 민주주의에 실용주의를 강조하면 누군가가 [독재 또는 전체주의로의] 정치적 변형을 외칠 수도 있게 된다는 것이었다. [그러니까] 인민이 장차 독재자가 될 수 있는 이들과 스스로 맞설 준비가 되어 있지 않는 한 그들에게 대항하기란 쉽지 않은 것이었다. 그런데 또 다른 두려움은 실용주의가 숙명론과 아주 가깝다는 것이었다. 도처에서 시민들은 자신들의 희생에 대한 현실적 보상을 바라고 있었다. 그런데 만약 그들에게 원하는 것을 주게 되면, 그들의 좁은 시야, 세속적 야심을 묵인하는 게 될 터였다. 위기는 사태를 균형 잡힌 시각에서 볼 수 있는 기회였다. [하지만] 민주국가들이 그럭저럭 버텨 나가기로 일관하는 상황에서 그 기회는 물거품이 될 공산이 컸다.

1947년의 위기는 극심한 위기였다. 유럽은 경제적으로 붕괴하기 직전으로 보였고, 미국은 소련과 전쟁 직전으로 보였다. 그렇지만 그해의 핵심 질문은 민주국가들이 장기적인 관점을 취할 수 있는지 여부였다. 1947년의 가장 중요한 주장들은 민주국가들이 당면한 위기 그 너머를 보고 자신의 장기적 장점들을 포착하는 법을 찾는 능력과 관련된 것이었다. 이런 주장들은 냉전의 조건이 되었다. 또한 궁극적인 결과를 만드는 데 중대한 역할을 하기도 했다. 그러나 그와 같은 주장들은 민주국가들에게 자기 운명을 통제하는 법을 가르친다는 궁극의 목적을 달성하지 못했다.

불확실한 승리

서구 민주국가들의 일반적인 역사 기억에서 제2차 세계대전은 "선한" 전쟁이다. 악한 적과의 피할 수 없는 전투로 명확한 결과[승리]를 낳은 전쟁 말이다. 반면 제1차 세계대전에 대한 기억은 훨씬 모호하다. 그것의 변하지 않는 상징은 무의미한 참호전이다. 그것은 많은 고통을 야기했지만 해결한 것은 거의 없는, 피할 수 있었던 경합이었다. 제1차 세계대전이 한 것이라고는 재난이 일어날 수 있는 조건을 만든 것뿐이었다. 그러나 민주주의의 관점에서 보면 이런 대조는 사람들을 오도하는 것이다. 제1차 세계대전은 전쟁이 진행되면서 더 분명해진 경합이었다. 그것은 거대한 제국주의 권력투쟁으로 시작했지만 민주주의 대 전제주의의 싸움으로 바뀌어 결국 민주국가들이 승리한 전쟁이었다. 제2차 세계대전은 그 반대였다.

1939~45년의 대참화는 사실 서로 무관한 두 개의 전쟁이었다. 1939년과 1941년 사이에 있었던 첫 번째 경합은 민주주의와 그 적들이 맞붙어 사실상 민주국가들이 패배한 경합이었다. 1941년 여름의 유럽 지도를 본 사람이라면 민주주의가 스스로 히틀러에 맞설 수 있었다고 생각하는 사람은 거의 없을 것이다. 1941년부터 1945년 사이에 있었던 두 번째 경합은 거대한 제국주의 권력투쟁으로 미국과 소련이 승리한 전쟁이었다. 그 결과 파시즘은 일본의 파시즘과 함께 파괴됐다. 그러나 1945년은 1918년보다, 전쟁의 결과를 민주주의의 순수한 승리라고 보기가 훨씬 어렵다. 스탈린의 수천만 신민들은 히틀러를 물리치기 위해 강압적인 조건에서 [싸우다] 죽었고, 그것은 민주주의의 관점에서 보면 지극히 기괴해 보인다. 미국은 제1차 세계대전에서처럼 돈과 물적 자원을 제공했지만 소련은 수많은 인적 자본을 제공했다. 민주국가들은 나치즘의 영광 아니면 죽음이라는 사생결단에 저항하기 위해 이런 도움이 필요했다. 1914~18년의 충돌은, 러시아가 전쟁을

그만두기 전까지는, 단순히 민주주의를 위한 전투였다고 보기 매우 힘들었다. 1939~45년의 충돌은, 러시아가 참전하고 나서는, 단순히 민주주의를 위한 전투였다고 보기가 매우 힘들었다.

스탈린은 전후 협정의 토대를 닦기 위한 전시 회의들에서, 즉 테헤란회담(1943년), 얄타회담(1944년), 포츠담회담(1945년)에서, 서구 민주주의 사상에 관해 입에 발린 말―동유럽에서 선거의 필요성을 포함해―을 했다. 1947년, 그의 약속들이 아무 쓸모없다는 게 분명해졌다. 스탈린은 공산주의자들이 승리하는 선거에만 관심이 있었다. 그렇지 않은 경우에는 선거가 아예 없을 터였다. 이런 전시 회의들은 제1차 세계대전의 결과와 제2차 세계대전의 결과 사이의 또 다른 근본적 차이를 두드러지게 보여 주었다. 1945년에는 새로운 세계 질서의 조건을 마련하기 위한 국제 강화회의를 소집하려는 시도가 전혀 없었다. 1919년 파리의 기억들이 여전히 강했다. 대신 주요 행위자들은 내부적으로 합의를 하고자 애썼다. 결과는 두 가지였다. 하나는 합의된 게 거의 없다는 것이었는데, 모든 것이 향후 미국과 소련의 관계에 달려 있었기 때문이다. 나머지 하나는 새로운 민주주의 질서를 위한 양식이 하나도 확립되지 못했다는 것이다. 제2차 세계대전의 여파로 탄생한 민주국가들이 눈부신 관심을 받으며 출연한 것은 아니었다. 그들은 서서히 출현했고 그 방식도 상이했으며 우연히 알려지게 됐다. 민주주의의 전망들은 열려 있었고 결정되지 않았다.

하지만 1947년 무렵에는 시간이 촉박하다고 느껴졌다. 두려운 것은, 세계가 민주주의가 장차 어떤 모습이 될지 지켜보며 기다리는 동안, 소련은 민주주의가 그 모습을 드러내는 곳마다 싹을 잘라 버리려 했다는 점이었다. 민주주의의 전망에 대한 합리적인 경고가 자만보다는 나았다. 그러나 경고가 위기 상황에서는 결코 답이 아니었다. 그 이상의 무언가가 필요했다.

1947년 초가 되자 상황이 심각해졌다. 상황을 촉진한 것은 그리스와 터키에서 증가하는 위기였는데, 양국이 정치적으로 불안정하고 경제적으로 곤경에 처해 소련의 영향권으로 떨어지지 않을까 하는 두려움이 만연했다. 미국에서는 트루먼 행정부가 확실한 입장을 취할 순간이 왔다고 판단했다. 트루먼 대통령은 그리스와 터키의 자유라는 대의를 지지하기 위해 4백만 달러의 원조 승인을 의회에 요청했다. 3월 11일 연설에서 그는 이런 요청 이면에 놓인 정치 원칙을 제시했다. "세계사의 지금 이 순간 거의 모든 국가는 양자택일의 삶의 방식 중에서 선택을 내려야 합니다"라고 트루먼은 선언했다.

첫 번째 삶의 방식은 다수의 의지에 기초하고, 그 특징은 자유로운 제도, 대의정치, 자유선거, 개인의 자유 보장, 언론과 종교의 자유, 그리고 정치적 압력으로부터의 자유입니다.

두 번째 삶의 방식은 소수가 다수에 강제적으로 부과하는 의지에 기초합니다. 그것은 테러, 억압, 신문과 방송 통제, 선거 조작, 개인의 자유 억압에 의지합니다.

미국의 정책은 무장한 소수 혹은 외부의 압력에 의한 종속 시도에 저항하고 있는 자유 인민을 지원하는 것이어야 한다고 나는 믿습니다.[3]

이것은 이내 "트루먼독트린"으로 알려지게 된 연설의 골자였다.

트루먼은 그리스 민주주의가 1947년에 제 기능을 거의 하지 못하고 있음을 완벽히 이해하고 있었다. 곧 그 나라는 내전이 막 시작된 상태였고, 임시 민주 정부는 잔혹함과 부패를 드러내고 있었다. 폭력이 만연했다. 미국인들은 트루먼이 앞서 간결하게 설명한 첫 번째 삶의 방식에 거의 부합하지 못하는 정권을 지지하라는 요구를 받고 있었다. 그러나 트루먼의 메시지는, 그리스 민주주의가 소련의 영향으로부터 보호된다면 개선되리라는 것이었다. 그는 "어떤 정부도 완벽하지 않습니다"라고 말했다. "하지만 민주주의의 주요 장점은 결점들이 언제나 알아볼 수 있고 민주주의의 절차들을 통해 지적되고 교정될 수 있다는 것입니다." 트루먼은 미국인들이 결벽증적 태도를 보일 필요가 없다고 생각했다. 민주주의와 다른 체제들 사이에 분계선을 그을 때가 도래했다. 민주주의가 가능한 곳에서는 민주주의가 더 나은 무언가로 진화할 것이다. 미국의 일은 그것을 여전히 가능하게 하는 것이었다.

트루먼은 민주주의가 가장 위기에 처한 곳들에서 민주주의를 보호해야 한다는 신념을 언명했다. 그가 말하지 않은 것은 이것이 그런 나라들을 보호하는 민주국가[미국]에 무엇을 의미할 것인가였다. 전 세계적으로 다른 나라 인민의 자유를 지키기 위한 투쟁에 개입하고 나면, 미국 역시 자신의 결점을 알아보고 이를 바로잡을 수 있을까? 대부분의 평론가들은 트루먼의 연설문에 제시된 명확한 목적에 대해 열렬히 환영했지만, 그때껏 미국에서 가장 유명한 저널리스트인(1947년, 그의 유일한 경쟁자라면 멩켄 정도가 있었다) 리프먼은 아니었다. 리프먼은 트루먼이 자기기만에 빠졌고 그의 주장은 자멸적이라고 생각했다. 트루먼독트린은 곧 무너질 것 같은 민주국가들[그리스와 터키]에 대해서조차, [민주국가로서의] 명백한 특성들을 믿어 달라고 미국인들에게 요청하는 것이었다. 그러나 이것은 미국 민주주의를, 그 자체가 투명하지 않은 행동 방침에 내맡기는 것이었다. 그것은 오래 끄는 모든 정치투쟁과 마찬가지로 불투명할 것이었다. 그것의 진행은 판단조차 어려워, 바로잡는 것은 생각도 못할 일이었다. 리프먼은 트루먼의 연설을 듣고 이렇게 썼다. "모호한 세계정책은 제한이 없다. 그것은 통제할 수 없다. 그 효과는 예측할 수 없다."4 그것은 민주국가들이 이길 수 없는 전투였다.

트루먼이 큰 실수를 저지르고 있는 게 아닌가 의심하는 이는 리프먼만이 아니었다. 트루먼독트린은 그 목적이 민주주의를 장기적으로 유지하는 것이었고, 그 방법은 지속성과 적응성이라는 민주주의 기저의 강점들을 발휘하게 하는 것이었다. 5월 17일자 『이코노미스트』는 외려 그것이 사실 소련 체제의 강점들로 작용하는 게 아닌지 의문을 제기했다. 민주주의의 적응성은 민주주의의 변덕과도 밀접하게 연결되어 있었다. 싸움이 길어질수록 민주국가들이 그 싸움을 망칠 가능성도 더 커질 터였다. 민주국가들에게 장기전을 벌일 투지가 정말로 있었을까?

어떤 의미에서 시간은 러시아 편이다—물론 보통 제시되는 이유[즉 장기적으로 자본주의는 망할 운명이라고, 마르크스주의에서 제시하는 근거] 때문은 아니다. 시간이 서구의 힘에 대한 러시아의 상대적 힘을 늘려 줄 것 같지는 않다—시간은 반대의 효과를 가져올지도 모른다. 그러나 시간은 서구 입장의 고유의 약점들, 모든 민주주의가, 수많은 일단의 민주국가가 권력정치의 게임(인내, 결단력, 명확한 통찰, 착각하지 않음, 전략적 조치에 겁먹지 않음, 겉모습에 속지 않고 감정에 굴복하지 않기 위한 결단력을 요구하는)과 관련해서 보이는 약점들을 끌어낼 것이다.[5]

신문은 이렇게 결론짓는다. "히틀러를 강하게 만든 것은 경제적 자원이 많이 쌓여 있어서가 아니라 민주국가들이 무기력하고 명확한 사고와 용기를 결여하고 있기 때문이었다. 러시아의 힘을 둘러싼 수수께끼의 답은 워싱턴에서 찾아야 한다."

냉전의 발명

워싱턴은 몇 주 뒤 그 수수께끼에 답하려 애썼다. 7월, 필명 "X"로 글을 쓰던 국무부 관료 조지 케넌은 "소련 행동의 원천"The Sources of Soviet Conduct이라는 글을 처음에는 『포린 어페어스』에, 그리고 잡지 『라이프』에 실었다. 수백만 명이 그 글을 읽었다. 거기서 케넌은 러시아가 장기적으로 왜 패배하는지 그 이유를 설명했다.

그 글은 케넌이 1946년 봄에 모스크바에서 [미국으로] 보낸 "장문의 전보문"에 기초한 글이었다. 이후 워싱턴으로 돌아온 그는 러시아인들을 이제 더는 누구의 동맹으로 생각하면 안 된다고 지도자 및 고위 관료들에게 전했다. 루스벨트는 러시아와 미국이 전후 세계를 공동으로 "감독"police할 수 있다는 기대를 1945년 4월에 죽기 전까지 내비쳤다. 케넌은 트루먼 행정부가 이것이 환상임을 인정하기를 바랐다. 러시아인들은 미국의 무릎을 꿇리는 것 외에는 미국과 무언가를 함께하는 것에 관심이 없었다. 그들은 서구 민주주의의 종말을 보고자 전념하는 무자비한 이데올로기 정권이었다. 러시아는 수용할 수 있는 정권이 아니라, 제압해야만 하는 정권이었다. 케넌은 전쟁까지 가지 않고 그들을 제압할 방법을 제시하고 싶었다.

"장문의 전보문"은 미국의 정책 입안자들에게 소련의 실제 사고방식을 숙지시키고자 작성한 내부 문서였다. 1947년의 그 글 역시 대중에게 공개할 의도가 아니었다(그것은 국방장관 제임스 포레스털을 위한 비공개 보고서로 탄생했다). 그러나 케넌은 만약 익명으로 싣는다면 더 넓은 독자들에게 좋을 거라는 말에 설득됐다. 트루먼이 자유를 옹호하는 독트린을 분명히 밝히자마자 케넌의 글은 불가피하게 그와 같은 접근법을 뒷받침하는 근거가 되어 버렸다. 훗날 케넌은 자신의 말들이 선전에 이용되었다고 느꼈다. 그렇지만 그 글에서 그는 자신이 소련에서 전보문으로 보낸 내용보다 더 나아갔다. 1947년, 그는 단순히 스탈린 정권을 쉽사리 움직일 수 있다는 착각들을 바로잡고자 그 정권의 본질을 까발리려 한 게 아니었다. 그는 역사의 운명이라는 틀에서 소련의 행위를 설정하고자 했다. "소련 행동의 원천"은 민주주의와 그 적들의 미래의 대립을 상이한 두 숙명의 전투로 그렸다. 소련은 스스로의 덫에 걸려 있었다. 만약 서구 민주국가들이 이것을 알아볼 수 있다면 승리는 자신들의 숙명이었다.

케넌은 소련이 두 가지 면에서 덫에 걸렸다고 느꼈다. 첫 번째, 그들은 강압과 언론의 자유에 대한 억압에 철저히 의존했다.

대안을 탐구[제시]할 수 있는 능력을 통해 권위를 획득하는 정치인들에게 언론 통제란 그야말로 위험한 것이었다. 그들은 자신들이 선택한 길, 곧 절대적인 국가 통제에 매달려 있었다. 어떤 면에서 이것 때문에 소련은 민주국가들보다 적응력을 더 잘 발휘할 수 있었다. 스탈린은 국민들이 어떤 일들을 하도록, 또는 무엇이든 참고 견디도록 할 수 있었는데, 이는 미국 대통령이라면 꿈도 꿀 수 없는 일이었다. 그러나 장기적으로 소련 체제는 적응력을 발휘할 수 없었다. 체제 전체가 불안정해지는 일 없이 국가를 운영하려면 시민들에게 그 어떤 발언권도 허락할 수 없었다.

이것이 오래 지속될수록 문제는 심각해질 터였다. 인민은 짐승, 어린애 취급을 당하면 훨씬 더, 덜이 아니라, 예측할 수 없어지는데, 자기표현의 기회가 주어졌을 때 그들이 무슨 짓을 할지 아무도 알 수 없기 때문이다. 케넌은 현 정권이 다음 정권 지도자에게 권력을 이양해야 할 때 한계점이 올 것이라고 생각했다. "만약 더 높은 권력을 좇는 경쟁자들이 자신들이 내세우는 고귀한 주장에 대한 지지를 구하기 위해, 정치적으로 미성숙하고 경험도 부족한 이 대중을 향해 손을 뻗는다면" 무슨 일이 일어날 것인가? 라고 그는 물었다.[6] 민주국가는 선거 때 늘 이렇게 한다. 그러나 민주주의국가에게는 정례적으로 찾아오는 위기가 소련 체제에는 종착역이 되기 쉬웠다.

러시아인들이 덫에 걸린 두 번째 이유는 미래가 자신들의 것이라고 여기는 절대적 믿음 때문이었다. 그들은 역사 결정론, 즉 자본주의는 필연적으로 붕괴하고 공산주의가 그것을 대체한다는 신조를 맹신하고 있었다. 소련 지도자들도 자신들의 이데올로기를 실제로 믿었을까? 케넌은 그것은 중요하지 않다고 했다. 그들이 그것을 진지하게 취급한 이유는 그것이 바로 그들의 권력 기반이었기 때문이다. 믿건 믿지 않건 그들은 그것을 의심할 처지가 아니었다.

게다가 이것은 소련 지도자들에게 몇 가지 이점을 제공했다. 그들은 시간이 명백히 자기편이었기에 인내할 수 있었다. 국제 무대에서 그들은 적을 농락할 수 있었고 필요한 경우에는 회유할 수도 있었다. 케넌이 보기에 이것은 스탈린이 히틀러와 구별되는 점이었다. 나치즘은 목적을 성취하기 위해 물리력을 사용한다는 것 외에는 어떤 것도 믿지 않는, 근본적으로 조급한 이데올로기였다. 무모함이 전부였다. 반면 스탈린은 합리적인 척할 수 있었고, 안전책을 강구해야 할 때를 알았다. 그러나 소련 체제는 여전히 필멸할 운명이었다. 그것은 그들이 남들을 속이고 그 지도자들은 스스로도 속이고 있었기 때문이다. 케넌은 애독하던 책, 에드워드 기번의 『로마제국 쇠망사』*Decline and Fall of the Roman Empire*에서 한 구절을 가져왔다. "열정에서 협잡으로 가는 길은 위험하고 미끄럽다. 소크라테스의 다이몬은 현명한 사람이 어떻게 자기 자신을 속이고, 착한 사람이 어떻게 다른 사람을 속이며, 양심이 어떻게 자기 환상과 자발적인 협잡이 뒤섞인 어중간한 상태에서 침묵할 수 있는지에 관한 기억할 만한 예를 제공한다"◂

▶ 맥락을 좀 더 명확히 전달하기 위해, 런시먼이 케넌의 글에서 인용하고 있는 문장의 앞부분도 추가해 두었다. 케넌은 기번의 이 문장을 인용하기에 앞서 다음과 같이 논평하고 있다. "마르크스주의 이론은 그들의 조급한 사고와 차르 체제의 모든 가치에 대한 절대 부정, 권력과 복수에 대한 열망, 안이한 방법으로 권력을 추구하는

이데올로기에 대한 러시아인들의 헌신은 지도자들이 가속 성장을 위한 터무니없는 계획들을 마음껏 시행할 수 있음을 의미했다. 그로 인해 경제 전체가 왜곡되었고 산업의 일부 부문들은 극도로 불균형하게 발전한 반면 다른 부문들은 위축되었다. 또한 그로 인해 러시아인들은 서구 자본주의의 혼란을 임박한 붕괴의 증거로 오해했다. 케넌은 이렇게 설명했다. "소련의 테제에는 서구가 자신의 경제적 운명을 전혀 통제할 수 없다는 함의가 담겨 있다. …… 자본주의 세계가 노쇠해서 마비되었다는 사실이 공산주의 철학의 핵심이다."7 소련은 서구 민주주의의 혼돈이 그 기저의 약점을 나타내는 증거인 반면, 자기 체제의 결단력 있는 모습은 그 기저의 강점을 나타내는 증거로 당연시했다. 역사적인 오인이었다.

소련의 위협과 싸우는 방법은 소련이 자신의 착각을 유지하고자 애쓰다가 스스로 붕괴하도록 내버려 두는 것이었다. 소련은 분쇄할 필요가 없었다. 단지 봉쇄하면 됐다. 소련의 가짜 인내력은 민주국가들의 참된 인내력에 직면할 때 그 실상이 폭로될 것이다. 케넌은 이렇게 썼다. 필요한 것은 "러시아의 팽창 경향에 대해 장기적으로 인내심을 가지고 확고히 방심하지 않으며 봉쇄하는 것"이다. 미국 국민은 그 과업을 감당할 준비가 되었을까? 케넌은 자신이 "민주주의의 산발적 행동들"이라고 부른 것과 "민주주의

성향 등을 뒷받침하는 유사과학적 정당화를 제공했다. 따라서 그들이 자신들의 충동 및 감정과 잘 들어맞는 마르크스레닌주의 교의의 진실성과 건전성을 절대적으로 믿게 된 것도 놀랍지는 않다." "소련 행동의 원천," 국역본, 250쪽.

의 끊임없는 변덕들"이라고 부른 것을 전혀 착각하지 않았다. 민주주의는 흔히 혼란스럽고 때때로 어리석은 의사 결정 방식이었고 특히 외교정책 결정에서 그랬다. 하지만 그런 까닭에 소련의 도전은 민주주의에 유익했다. 그로 인해 민주주의가 그 기저의 강점들에 접근할 수 있었기 때문이다. 케넌은 다른 세기에 모습을 드러낼 것으로 보이는 민주주의의 섭리를 호출하며 글을 결론짓는다.

소련과 미국의 관계에 주목하는 사려 깊은 관찰자라면 크렘린이 미국 사회에 도전하는 데 불만을 품을 이유가 전혀 없다. 오히려 미국인들에게 이런 무자비한 도전을 안겨 주어 함께 힘을 모으고 역사가 명백하게 부여한 도덕적·정치적 책임을 받아들이도록 함으로써 국가 안보가 달성될 수 있게 만들어 준 신의 섭리에 감사할 것이다.[8]

"X"는 더는 "장문의 전보문"을 썼던 신중한 저자 같지 않았다. 선지자에 가까워 보였다. 그는 토크빌에서 의문들을 뺀, 그러니까 의문을 품지 않은 토크빌이었다.

리프먼은 이내 케넌으로 알려지게 된 "X"의 글을 읽고, 자신이 찾던 것임을 깨달았다. 곧장 그는 『뉴욕 헤럴드 트리뷴』에 14회에 걸쳐 연재한 기사를 모아 한 권의 책으로 출간했다. 리프먼은 책 제목을 『냉전』 The Cold War으로 지었고 냉전이라는 말이 처음으로 광범위한 독자들에게 다가갔다. 그 제목은 명중했다. 그가 [소련과 미국의] 경합에 대해 그 이름을 붙이긴 했지만, 책의 내용은 이를 반박하는 것이었다. 그는 역사적 오인을 저지른 이가 바로 케넌이라고 생각했다.

　리프먼은, 러시아인들이 저질렀다고 비판한 실수를 케넌 본인도 저질렀다고 믿었다. 즉 케넌도 미래에 대한 전망의 덫에 걸려 있었다. 케넌이 보기에 소련의 위협에 맞서 싸우는 최상의 방법은 소련의 결의를 모방하는 것이었다. 똑같이 하되, 다만 더 잘하는 것이었다. 그런데 무슨 근거로 민주국가가 소련보다 더 잘할 수 있다고 생각했을까? 그 근거는 민주국가들은 소련 체제보다 유연하고 지략이 풍부하기 때문이었다. 그러나 바로 그 점은, 방책을 하나 고르고는 그것을 고수해야 하는 봉쇄정책과는 어울리지 않았다. [봉쇄정책을 쓴다면] 민주국가들은 자신들의 가장 유용한 특성, 즉 변화하는 환경에 적응하는 능력을 희생해야 했다. 그런데 무엇을 위해서? 먼 미래의 보상에 대한 불확실한 약속을 위해서였다.

　케넌의 의도는 적에 대한 헛된 기대들을 걷어 내고, 현실적인 평가를 하는 데 있었다. 그러나 사실 그것은 부질없는 생각일 뿐이라고 리프먼은 말했다. [누구에 대한 부질없는 기대였을까?] 소련에 대한 기대가 부질없는 것은 아니었다. 리프먼은 소련 체제가 본질적으로 서구에 적대적이고 도를 넘어 행동할 가능성이 크다는 케넌의 생각에 동의하지 않은 것은 아니었다(케넌이 지리적 측면을 희생해 가며 이데올로기의 중요성을 과장했다고 생각하기는 했지만 말이다). 케넌이 부질없는 기대를 품었던 곳은 미국이었다.

　리프먼은 봉쇄정책에 필요한 인내심을 지적하면서 케넌이 미국 민주주의에 너무나 많은 기대를 품고 있다고 생각했다("미국인 본인들이 러시아인들보다 훨씬 일찍 X 씨의 정책으로 인해 좌절감을 느끼게 될 것이다"라고 그는 썼다).[9] 그는 또한 [봉쇄정책을 위해] 전 세계적으로 [정당성이] 취약한 정권들에 원조와 지지를 보내는 것은 소련 체제가 가진 최악의 특성들을 단순히 모방하는 것에 지나지 않는다고 생각했다. 즉 이 같은 정책은 비효율적이고 부패한 정부를 지지함으로써, 시장의 작동을 왜곡하는 "정책 입안자들"의 손에 권력을 쥐어주는 꼴이라는 것이었다. 그런데 기본적인 문제는 봉쇄가, 준비도 전에 민주주의의 미래를 고정한다는 것이었다. 그것은 인내의 미덕을 설파했지만 사실 조급한 독트린이었다. **지금 당장** 봉쇄선을 그어야 한다고 말했기 때문이다. 지금 당장 — 혼돈의 1947년 — 은 봉쇄선을 그을 때가 결코 아니었다.

리프먼은 기시감을 느꼈다. 케넌과 트루먼 모두 이전 세대의 혹독한 교훈을 배웠다고 자신했고, 같은 실수를 반복하지 않으려 했다. 즉 그들은 우드로 윌슨과 달랐다. 그럼에도 리프먼이 보기에 그들은 윌슨의 치명적인 판단 착오를 답습하고 있었다. 그들은 장기적 관점에 속아 경솔한 행동에 나섰다. 그 결과 지속적인 평화를 성취하기 위한 기회들을 윌슨만큼이나 확실히 망쳐 버렸다. 그들은 국제연합의 장래성을 파괴함으로써 이제 국제연합은 단순히 미국과 소련이 벌이는 전쟁의 또 다른 전장이 될 터였다. 성장의 공간을 민주주의에 제공하는 것과는 거리가 먼 봉쇄정책은 너무도 빨리 민주주의를 가두고 있었다. 봉쇄는 민주주의 발전의 인위적인 단계에 민주주의를 붙박아 놓는 것이었다.

리프먼이 원한 것은 그가 "트루먼독트린이 제거된 마셜플랜"이라 부른 것, 즉 전 세계 모든 민주주의를 지키겠다는 정치적 약속을 하지 않은 채 유럽 경제 재건을 위한 재정 원조를 하는 것이었다. 그는 이런 정치적 약속이 독일에선 지속될 수 없다는 게 지극히 명백하다고 생각했다. 전쟁은 한 나라를 서독과 동독, 연합국 영향권과 소련 영향권으로 양분했다. 트루먼독트린은 서독의 민주주의를 지키겠다고 약속했다. 그러나 독일인 대부분이 원한 것은 다시 하나가 된 나라였다. 어느 시점에 러시아인들은 미래에 대한 미국의 약속(먼 미래의 재통합에 대한 약속과 같은)과 현재의 인위적인 현실에 대한 미국의 고집 사이의 부조화를 이용할 수 있었다. 소련은 독일이 미국인들을 차 버린다면 그 보답으로 신속한 재통합을 선사할 수 있었다. 독일인들이 그런 선택지를 취할 것이라고 리프먼은 추측했다.

> 독일인들의 지지를 파는 경매가 있다고 치자. 러시아인들은 그들에게 큰 상을 줄 수 있고 우리는 줄 수 있는 게 아무것도 없다ㅡ누추하고 비참하며 몸까지 팔아야 하는 상태에서 단조롭고 위축된 삶을 살아가는 5등 국가로 나아가도록 돕는 것 외에 말이다.[10]

자존심 있는 민주국가라면 그런 것을 원하겠는가?

케넌은 리프먼의 공격에 몹시 당황했다. 화도 났다. 케넌은 자신이 트루먼독트린에 지적 근거를 제공했다는 리프먼의 논지에 몹시 분개했고, 봉쇄라는 용어를 자신과 결부시킨 것을 유감스럽게 생각했다. 그는 소련이 서구의 영향권을 침범하겠다고 위협하는 곳마다 미국이 항상 소련을 밀어내야 한다고 말한 게 아니었다. 그는 전 세계 모든 신생 민주국가를, 그 국가가 매우 취약하거나 비효율적일지라도, 지켜야 한다고 주장한 것도 결코 아니었다.

그는 민주국가들이 어리석고 무모할 수 있다는 데 동의했다. 그는 미국 민주주의가 방심하지 않고, 집요한 태도를 유지하며, 때를 기다릴 필요가 있다고 말하려 한 것이었다. 그가 보기에 이것은 경직성이 아니라 적응성을 주장하는 것이었다. 그렇다면 케넌과 리프먼은 정작 무엇을 두고 언쟁을 벌이고 있었던 것일까?[11]

그들이 사실 논쟁하고 있던 것은 민주주의와 숙명이었다. 케넌은 민주국가에 미래를 일별할 기회가 주어진다면, 그들이 활력을 얻을지 모른다고 생각했다. 리프먼은 민주국가들에게 그들이 장기적으로 승리하리라고 이야기하면, 심지어 실제로 그렇게 된다고 해도, 그들을 잘못된 길로 이끄는 것이라고 생각했다.

케넌과 리프먼의 논쟁은 1840년 토크빌과 밀의 사이가 틀어졌던 일과 비슷했다. 두 사람은 민주주의의 문제에 관해 의견이 같았지만 정반대의 입장에서 이 문제를 바라봤다. 두 사람 모두 민주주의의 단기적 결함과 장기적 장점 사이의 긴장을 의식했다. 케넌은 그 장점들에 접근하는 유일한 방법이 민주국가를 정말 심각한 장기적 도전에 직면시키는 것이라고 생각했다. 리프먼은 그렇게 하면 결함을 악화시킬 위험이 있다고 생각했다. 소련과 장기적인 투쟁을 하면 장차 연속적으로 틀림없이 위기에 연루될 것이고, 그와 같은 상황에서 민주주의의 장기적 장점들은 전혀 도움이 안 될 것이었다. 봉쇄정책은 표류하게 될 것이고, 또한 표류성과 함께하는 무모함으로 이어질 터였다. 그리하여 미국인들은 그 투쟁에 관심을 잃고 있다가, 불시에 덮치는 다음 위기에 맞닥뜨릴 것이다. 그게 아니라면 보상과 보복에 안달이 나서 성급히 다음 위기로 돌진해 사태를 악화시킬 것이다.

두 사람에게 의문은 토크빌과 밀의 의문과 같은 것이었다. 민주국가들은 어떻게 실수로부터 배울 것인가? 리프먼은 트루먼독트린의 기저에 깔린 메시지를 [민주국가들이] 면책으로 받아들이지 않을까 우려했다. 즉 민주국가들이 장기적으로 실수를 가볍게 여기게 될까 두려웠다. [트루먼독트린에 따르면] 가장 중요한 것은 가능한 세계 모든 곳에서 민주주의를 유지시키는 것이었다. 도덕적 해이가 발생할 게 분명했다. 곧 민주국가들에게 실수로부터 배우는 것이란 의무가 아니었고, 그래서 같은 실수를 반복할 것이다. 케넌 역시 민주국가들이 같은 실수를 반복하기 쉽다고 생각했다. 그러니까 그들이 배울 수 있는 유일한 방법은 소련이 저지르는 역사적 실수를 살펴보는 것이었다. [케넌이 보기에] 민주국가들은 항상 원근감[한 발 물러나 자신을 돌아볼 수 있는 감각]이 부족하다. 그것은 늘 외부에서 주어져야 한다. [그런데] 리프먼은 이 같은 외부의 관점이 뒤틀렸다고 느꼈다. 이 같은 관점은 민주주의를 획일적 실체로 바꿔 놓았는데, 이는 획일적인 상대[그 적수인 소련]라는 거울을 통해 바라보기 때문이다. 그 외부의 관점은 민주국가들이 여전히 잘못 가고 있는지도 모르는 부분들을 모두 감췄다.

케넌은 민주주의를 위한 실용적 비전, 즉 민주주의가 자신의 결함에 민감해질 수 있는 비전을 제시하려 애썼다. 명백한 사실은 이데올로기적 비전들이 더 나쁘다는 것이었다. 그는 자신의 주장이 현실적이라고 생각했다. 그럼에도 그는 너무 많은 것을 요구했다. 이내 그는 이 같은 사실을 인정했다. 그 어떤 장기적 비전도 진정으로 실용적일 수 없고, 그 어떤 민주국가도 다른 국민의 실수로부터 배울 수 없었다. 봉쇄는 계속적인 대립과 상호 의심을 낳았다. 그것은 무심하고 무모한 사고방식을 야기했다. 봉쇄는 케넌이 몹시 우려했던 것, "롤백"rollback으로 알려진 정책으로 바뀌었다. 롤백정책은 서구가 소련을 밀어내야 한다고, 더 강하게 밀어붙여야 한다고 주장했다. 그렇게 되자 케넌은 리프먼과 생각이 같았음을 알게 되었다. 장기적 관점은 민주주의에 위험한 것이다. 그것은 덫으로 이끈다. 민주국가들은 자신의 운명을 자신할수록 더욱 거칠게 항로를 이탈했다.

인내력을 심어 줄 것으로 기대되었던 미래에 대한 믿음이 결국 인내력을 좀먹는다.

산에서 보는 관점

리프먼은 20세기 정치의 젤리그▸다. 그는 중요한 모든 순간마다 도처에서 나타났다. 돌이켜 보면 우리는 대체로 그를 알아보지 못했지만 말이다. 우리가 기억하는 사람들은 바로 그 옆에 있었던 사람들이다.

전쟁이 끝나고 난 후, 오스트리아 경제학자 하이에크 또한 예기치 못한 명성을 얻고 있었다. 케넌과 마찬가지로 그 명성에 박차를 가한 것도 리프먼이었다. 1937년에 리프먼은 『좋은 사회』*The*

▸ 우디 앨런의 영화 〈젤리그〉(1983)의 주인공 레너드 젤리그에서 유래한 말로, 카멜레온처럼 어떤 환경에서도 자유자재로 변신할 수 있는 사람을 뜻한다.

*Good Society*를 출간했는데, 그 책에서 그는 뉴딜식 정치가 개인의 자유를 점점 더 위협하고 있다고 주장했다. 즉 그는 1933년의 비상사태가 정부의 과도한 통제의 구실이 되었다고 생각했다. 리프먼에게서 일부 영감을 얻은 하이에크는 중앙의 계획이 자유에 제기하는 위협에 관한 짧은 대중서를 썼다. 그는 책의 제목을『노예의 길』*The Road to Serfdom*로 붙였는데, 이 표현은 토크빌의『미국의 민주주의』말미에서 가져온 것이었다.[12]

하이에크의 책은 1944년에 발간되었다. 그것은 전후 세계의 가능성과 한계에 관해 생각하기 시작하던 그의 동료 경제학자들에게 호평을 받았다. 케인스는 하이에크에게 돈키호테 같은 측면이 있긴 하지만, 많은 부분 공감한다고 말했다. 1945년,『리더스 다이제스트』는『노예의 길』의 축약본을 내, 가급적 폭넓은 독자들이 그 핵심 주장에 다가갈 수 있도록 했다. 어떤 이들에게 그것은 일종의 성경이 됐다.

『노예의 길』의 주제는, 계획이 민주국가가 시장의 힘을 통제하는 한 가지 방법으로 보일지도 모르지만, 이는 사실 착각이라는 것이었다. 오히려 그 결과 민주국가는 통제력을 모두 상실하게 된다. 하이에크가 보기에, 유권자들은 어떤 경제계획을 세울 것인가를 두고 합의를 볼 수 없기에—그것은 매우 복잡할 것이고 또한 서로 경쟁하는 이해관계들이 매우 많을 것이다—계획은 엘리트 전문가 집단에게 누가 무엇을 가질 것인가에 관한 적절한 결정을 내리도록 요구한다. 민주주의는 다수결의 원칙을 의미하는데, 정작 다수는 계획에 대해 의견의 일치를 볼 수 없다. 두 가지 선택지가 남는다. 하나는 다른 누군가가 중요한 모든 결정을 내리도록 합의하는 것이다. 나머지는 다수가, 계획이라는 구상을 포기하는 데 합의하는 것이다. 하이에크는 민주주의를 구하는 유일한 방법은, 두 번째 선택지를 고르도록 설득하는 것이라고 생각했다.

1945년부터 하이에크는 자유주의 지식인 모임을 조직하기 시작했다. 그 모임의 목적은, 민주국가들이 자신의 운명을 통제하려는 노력을 중단할 때에만 그 통제력을 보유할 수 있다는 반직관적인 주장을 펼치는 것이었다. 사람들은 불확실성과 함께 사는 법을 배워야 한다. 하이에크는 전후 민주국가들의 과업이 자신의 한계를 이해하는 것이라고 생각했다.

마침내 하이에크는 재정 후원자를 찾아냈고 1947년 4월에 스위스의 휴양지 몽펠르랭에서 개최할 회의의 프로그램과 초청자 명단을 준비했다. 리프먼은 초대받았지만 오지 않았다. 그는 미국에서 몹시 바빴다. 하이에크의 오스트리아인 동료 루트비히 폰 미제스가 참석했고 칼 포퍼, 마이클 폴라니, 그리고 시카고의 밀턴 프리드먼을 비롯해 유럽과 미국의 젊은 경제학자들이 대거 참석했다. 하이에크는 자신이 생각하는 19세기 자유주의의 두 영웅을 기리고자 새로운 모임의 이름을 액턴-토크빌 협회로 하고 싶었다(여기서 액턴은 "권력은 부패하기 쉽고 절대 권력은 절대적으로 부패한다"라고 말한 그 액턴 경이다). 결국 그 모임은 몽펠르랭 협회Mont Pelerin Society로 알려지게 됐다.

하이에크가 생각한 몽펠르랭 협회의 목적은 그가 감지한 표류성에 대한 해독제를 제공하는 것이었다. 그는 "숙명론"이 전후 시기의 가장 큰 위협이라고 평가했다. 그는 외상을 입은 채 지칠 대로 지쳐 있던 유럽의 민주국가들이 사회주의에 표를 던지지 않을까, 거의 자동적으로 그렇게 되지 않을까 두려웠다. 상당수 사람들은 사회민주주의 ― 복지국가, 계획경제, 물가통제 ― 가 전쟁의 공포에서 벗어날 수 있는 방법을 제시하고, 전쟁으로 이어졌던 경제적 혼란이 반복되는 것을 막아 주리라고 보았다. 여기에는 새로운 출발을 할 기회와 더 안정적이고 더 공정한 세계에 대한 희망이 있었다. 어느 누가 그것에 아니오 라고 말할 수 있었겠는가?

영국 유권자들은 1945년에 지도자를 정했다. 용맹한 왕 처칠을 버리고 온화한 클레멘트 애틀리가 이끄는 행정부를 지지한 것이다. 전쟁 직후 나타난 증거는 유럽 대륙 전역의 다른 유권자들역시 영국 유권자들과 유사한 선택을 하거나, 더욱 심한 투표 행태를 보이는 것 같았다. 프랑스와 이탈리아에서는 공산주의자들이 지방선거에서 많은 표를 얻었다. 독일의 각 지역에서 행해진투표에서 주민들은 주요 산업의 국유화를 강력히 지지했다. 대부분의 사람들은 생계를 위해 하루하루 비참하게 살아가는 자신들의 삶을 정부가 돌봐 주고 안정된 삶을 꾸려 갈 수 있도록 도와주길 바랐다. 하이에크는 이런 안정에 대한 욕구가 정치적인 죽음으로 나아가는 덫이라고 생각했다. 그는 사람들에게 사회주의에 대한 대안이 있다고 알리는 게 긴급히 필요하다고 느꼈다. 그런데문제는 사람들이 그것을 원해야 한다는 것이었다.

하이에크가 많은 동시대인과 다른 점은 민주국가가 자제력을발휘하는 법을 배울 수 있다는 바로 이런 믿음이었다. 그것은 민주국가가 자신이 무엇을 하고 있는지를 잘 모른다고 본 리프먼과크게 다른 점이었다. 민주주의에 대한 하이에크의 믿음은, 그와흔히 비교되고 때때로 혼동되는 또 다른 오스트리아 경제학자 조지프 슘페터와도 구별되는 점이었다.

슘페터는 1942년에 출간된 『자본주의·사회주의·민주주의』 *Capitalism, Socialism, and Democracy*로 국제적으로 유명해졌는데, 민주주의는 [인민이 자신들이] 바라는 대로 방향[정책]을 선택할 수 있다는 생각을 타파하는 책이었다. 슘페터는 "일반의지", "공통의 이익" 같은 것은 없다고 주장했다. 유권자들은 장기적으로 자신들이 무엇을 원하는지 전혀 몰랐다. 대다수는 서로 모순되는 것들을 원하기도 했다. 민주주의는 단순히 한 정부를 다른 정부로 교체하는 기제였다. 그 방법 ― 선거 ― 은 단순히 공산품에 대한 선택의 기회를 제공하는 판매원들의 경합에 지나지 않았다. 이 같은 경합에서는 가장 좋아 보이는 제품을 유권자들에게 제공하는 정치인들이 당선될 것이다. 사회주의는 자본주의보다 좋아 보였다. 그것은 안정, 연대, 마음의 평화를 약속했다. 이것들은 김빠진 시시한 약속이었지만 그게 문제가 되지는 않았다. 민주주의 자체가 김빠진 시시한 사업이었기 때문이다. 유권자들은 자동으로 사회주의를 선택할 텐데, 그 까닭은 다른 것들은 팔기 너무 힘든 것이기 때문이었다.

그런 생각이 토크빌의 사상을 받아들인 하이에크가 보기에는 너무 숙명론적이었다. 곧 하이에크는 토크빌의 사상이 유럽 민주주의가 자신의 숙명을 자각하게끔 하고 그 숙명에 대한 통제력을 어느 정도 되찾는 기회를 줄 수 있다고 보았다. 슘페터와 달리 하이에크는 민주주의를 그 단어의 뜻[인민의 권력] 그대로 바라봤다. 그러니까 결정 및 책임을 맡고 있는 것은 판매원들이 아니라 다수였다. 이것은 극히 위험했는데 다수는 어리석고, 자기 파괴적인 짓을 저지를 수 있기 때문이다. 민주주의가 잘못된 길로 갈 수 있는 능력을 고려할 때, 민주주의가 그 자체로 가치 있다고 가정하는 것은 큰 실수였다. 민주주의는 오직 자본주의와의 결합되어 있을 때만 가치가 있었다. 그런데 이처럼 민주주의가 자본주의와 결합할 경우, 민주주의는 너무나도 큰 가치가 있었다. 민주주의는 자본주의에 정치적 정당성과 대중의 지지를 부여했다. 하이에크는 민주주의 없는 자본주의를 원하지 않았다. 그래서 확고한 의지로 그것들을 공존시키는 방법들을 찾으려 했다.

하이에크가 생각한 답은 실험주의와 숙명론을 나란히 놓고 민주주의가 선택하도록 하는 것이었다. 양자택일의 선택이었다. 만약 실험주의를 선택한다면 민주주의는 안정에 대한 요구에 굴해서는 안 된다는 것을 배울 것이다. 그리고 다수의 권력을 제한해야 한다고 주장하게 될 것이다. 이는 하이에크가 토크빌에게서 배운 교훈, 즉 미래에 대한 가능성을 열어 두어야만 민주주의가 유지될 수 있다는 교훈이었다. 나머지 선택지[숙명론에 기대는 것]는 다수의 폭정으로 이어지는 것이었다.

그러나 하이에크는 문제의 한 면과 토크빌의 한 면만을 보았다. 토크빌의 민주주의 숙명론은 근원이 두 가지였다. 하나는 조건의 평등을 향한 멈출 수 없는 경향이었다. 나머지 하나는 어떤 것도 보이는 것만큼 그리 나쁘지는 않다는 맹목적 믿음이었다. 1947년, 하이에크는 이 두 번째를 위협으로 보지 않았다. [전후]지칠 대로 지치고 기가 꺾인 유럽 인민이 그런 맹목적 믿음을 갖지 않을 것은 확실했다. 그가 두려워한 것은 첫 번째였다. 즉 민주주의가 평등을 수용하는 것은 미래에 대한 믿음을 대가로 평등을 사는 것이었다. [그렇지만] 그는 [숙명론뿐만 아니라] 실험주의를 수용하는 것 또한 구속이 될 수 있음을 알아보지 못했다. [요컨대 자신의] 미래를 믿는 민주국가들은 현재의 선택지들을 닫아 버린다. 그들은 주변 환경을 변화시킬 능력을 상실한다. 장기적 관점을 고집하는 것 또한 일종의 근시안이다. 그것을 수용하는 민주국가들은 자신이 무엇을 하고 있는지 보지 못하다가 너무 늦어 버린 상황을 맞이할 것이다.

하이에크가 추구한 것은, 그 스스로 인정했듯, 엄청난 노력을 요하는 것이었다. 즉 민주주의의 자제력은 영웅적 자제력을 요한다. 그럼에도 그는 그게 너무 쉬운 것처럼 말했다. 민주국가들이 해야 하는 것은 유혹에서 벗어나는 것이었다. 자제가 얼마나 힘든지를 알게 되면 민주국가들은 자제력을 발휘해야 하는 위험 상황을 피하고 싶어 할 터였다. 하이에크가 추구했던 것을 압축적으로 보여 주는 비유는 율리시스와 사이렌의 이야기 — 이것은 그와 동료들이 거듭 사용한 것이다 — 이다. 하이에크는 인민이 배의 선장이어야 함을 인정했다. 곧 다른 누군가가 키를 잡는다면 진정한 민주주의가 아니었다. 그런데 앞으로 나아가는 길은 극히 위험했다. 안정에 대한 달콤한 노래가 들려왔다. 계획경제주의자들은 그 어떤 위험도, 그 어떤 위험 가능성도 없다고 노래했다. 배가 암초를 향해 나아가도록 하는 것은 너무도 쉬웠다. 하이에크는 민주주의가 사회주의라는 사이렌의 노래에 저항하기 위해 스스로를 돛대에 묶는 법을 배우기를 원했다. 이것은 그가 추구한 일종의 자기 이해, 즉 우리가 유혹에 얼마나 쉽게 넘어가는지에 대한 지식에서 나온 것이었다.

매력적인 비유다. 그러나 사람들을 오도하는 비유이기도 하다. 첫째, 어느 누구도 결코 스스로를 돛대에 묶지 않는다. 그 방법이 효과가 있으려면 누군가가 묶어 주고 풀어 줘야 한다.[13] 스스로 묶을 수 있는 민주국가는 스스로 풀 수도 있다. [이를테면] 헌법에 따른 규제, 균형예산 요구, 공공 지출에 대한 제한에 찬성하는 민주국가는 이 모든 것들을 취소할 수도 있다. 둘째, 율리시스는 위험이 어디에 있는지, 암초가 저쪽에 있다는 것을 알았다. 그는 유혹이 끝날 때까지 자기 손을 계속 묶어 두라고 선원들에게 말했고, 그동안 선원들은 풀어 달라는 그의 필사적인 외침을 외면했다. 배가 사이렌의 노래가 들리지 않을 만큼 먼 곳에 이르자 선원들은 그를 풀어 주었고 그는 다시 선원들을 지휘했다. [그런데] 민주주의는 유혹의 목소리가 들리지 않는 곳에 언제 도달할 것인가? 언제쯤 풀려날 수 있는가?

어떤 답도 가능하지 않았다. 민주국가들은 다수결원칙을 제한하고 시장의 자유를 보호하는 영구적 제약들을 도입해야 할 것이다. 이를 위한 한 가지 방법은, (하이에크를 포함해) 다수가 여전히 민주주의의 부족한 절제력을 지켜 주는 궁극의 안전장치로 인식한 전통적 금본위제로 돌아가는 것이었다. 그렇지 않으면, 유럽의 신생 민주국가들은 다수의 지배를 견제하기 위해 헌법상의 안전장치를 마련한 미합중국의 건국 과정에서 배워야 했다. 하이에크는 유럽 민주국가들이 미국의 본보기를 따르기를 원했다—그는 다음과 같이 쓴, 자신의 또 다른 영웅 액턴 경과 견해를 같이했다. "우리[영국-옮긴이]는 민주주의를 위한 안전장치를 만들었지 민주주의에 대비한 안전장치를 만든 것이 아니다—그와 같은 사고방식에서, 미국은 우리보다 뛰어나다."[14] 그런데 민주주의에 안전장치를 마련하는 것은 민주국가에 스스로를 어떻게 제한할 것인지 가르치는 것과 같지 않다. 영구적인 안전장치를 마련하는 것은 위험을 알아차리는 민주국가의 능력에 대한 불신을 함축한다.

　다른 방법은 민주주의가 위기 상황에서만 제한을 받는 것이었다. 그런 위기는 1947년에 분명히 가시적이었다. 당시 전쟁 신경증을 앓던 유럽 민주국가들이 제멋대로 행동하기에는 암초들이 너무 가까이 있었다. 그러나 시간이 흐르면서 당면한 위험들이 장차 사라진다면 구속의 끈은 느슨해질 수 있었다. 좀 더 낙관적인 태도로 하이에크는 이런 가능성을 열어 놓는 듯했다. 곧 유럽 민주국가들이 가라앉지 않고 계속 떠있을 수 있다면, 스스로 항로를 조정하는 게 언제쯤 안전한지, 또한 제약이 언제 필요한지를 결국에는 스스로 결정할 수 있을 것이라고 말이다. 이것이 하이에크가 케인스와 근본적으로 달랐던 지점이다. 하이에크는 안정적이고 잘 기능하는 민주국가는 위기가 닥쳤을 때 제약을 풀어서는 안 된다는 사실을 알고 있을 텐데, 그런 국가들은 위험을 인식할 수 있을 것이기 때문이라고 생각했다. 케인스는 안정적 민주주의는, 일련의 규칙들에 구속되어 있더라도, 위기시에는 위험물을 피해 방향을 틀 수 있도록, 그 제약들을 풀 수 있어야 한다고 생각했다. 케인스는 암초들이 가까워질수록 행동의 자유가 더 필요하다고 믿었다. 하이에크는 그 반대라고 믿었다.

　모든 것을 감안하면 케인스가 옳았다. 위기란 본질적으로 불시에 나타나 민주국가들을 놀라게 하는 것임을 알았기 때문이다. 바로 그것이 민주국가들을 위기 상태에 빠뜨리는 것이다. 따라서 사이렌의 비유는 맞지 않는다. 어느 누구도 암초가 어디에 있는지 알지 못한다. 민주국가들은 돛대에 스스로를 묶어 두었다가 위험이 지나가고 나서야 그것을 푸는 그런 일을 할 수 없다. 둘 중 하나다. 탈출하지 못하도록 영구히 꼭 묶여 있다면, 배에 대한 결정과 책임을 질 수 없다. 그게 아니라 탈출할 수 있을 정도로 느슨히 묶여 있다면, 위험한 순간에 도망치기 쉽다. 사이렌의 비유는 여전히 매력적인 비유, 즉 지난 실패의 경험들을 자신의 약점들을 규제하는 데 이용할 수 있는, 자의식적 민주주의에 대한 비유이다. 그러나 그것은, 훗날의 위기가 보여 주듯, 위험한 환상이었다. 당대에 하이에크가 1947년 몽펠르랭에서 보낸 노래, 민주주의에 사이렌의 유혹을 경고한 노래를 경청하는 이는 별로 없었다. 사람들의 귀에 전해지는 데 시간이 걸린다는 그의 말은 옳았다. 사람들이 그것을 경청하기 시작했을 때, 그러니까 그 세기의 더 늦은 시기에, 그것은 사이렌의 노래로 드러난다. 그것은 다시 암초로 이끄는 노래 말이다.

여파

케넌과 하이에크는, 서로 판이한 이유에서, 전후 세계가 민주주의가 버텨 나가기에 매우 위험한 곳이라고 생각했다. 민주국가들은 자신의 운명을 떠맡아야 했다. 다른 한편, 그들 중 누구도 민주주의에 그 어떤 환상도 품지 않았다. 그들은 혼동, 혼란, 두려움, 잘못된 희망이 민주주의의 방식임을 알았다. 민주국가들은 어떤 주어진 순간에 무엇이 자신에게 최선인지 알지 못했다. 케넌과 하이에크가 추구한 것은, 민주국가들이 스스로 이것을 볼 수 있게 하는 방법이었다. 그들은 자기 인식을 통해 민주주의가 1947년의 위기 상황에서 벗어나게 하는 방법을 모색하고 있었다. 민주국가들이 자신의 숙명을 떠맡는 유일한 방법은 이러저러한 시도들이 초래할 수 있는 위험을 이해하는 것이었다. 자신의 약점을 아는 데서 생기는 강점. 그것이 기대할 수 있는 최선이었다. 그것은 처칠이 원한 것이기도 했다.

그럼에도 그것은 여전히 너무 큰 바람이었다. 1947년과 그 이후 민주국가들의 경험은 자기 인식으로 이어지지 않았다. 원근감도 얻지 못했다. 그럭저럭 버텨 나갈 뿐이었다.

서독에서 출현한 공공 철학은 하이에크가 추구한 것과 가까웠다. 그것은 "질서 자유주의"로 불렸고 몽펠르랭 협회의 주요 회원들과 연계되었다. 당시 협회에는 독일 경제학자 발터 오이켄과 1950년에 협회에 가입한 서독의 첫 재무장관 루트비히 에르하르트도 있었다.[15] 질서 자유주의자들은 위에서 시장의 힘이 작동할 수 있는 체제를 만들기 위해 강한 국가가 필요하다고 믿었다. 국가의 일은 시장의 작동을 방해할지 모르는 그 모든 실체들을, 이를테면 카르텔과 충동적인 민주주의의 다수를 통제하고 제한하는 것이었다.

이것은 장기적 강점을 확보하려는 노력 속에서 단기적 약점을 차단한 민주주의였다. 그러나 민주주의가 스스로를 성찰할 수 있는 방법은 아니었다. 민주주의를 안전한 통제 상태에 두는 것이 목적인 하향식 방식이었다.

효과가 있었다. 마셜플랜의 재정 원조와 독일 자유주의자들의 현명한 관리를 받은 서독은 번영했고, 안정을 찾았으며, 안전해졌고, 이내 꽤 부유해졌다. 여기에는 무언가 거의 마법 같은 것이 있었다. 그 마법의 상징은 에르하르트의 결단력 있는 초기 조치였다. 1948년 7월, 임시 재무장관이던 그는 일부 소비재에 대한 물가통제를 풀고, 전후의 끔찍한 [물품] 부족 현상을 단번에 끝냈으며, 물건을 비축해 뒀다 파는 상점들을 일소했고, 거의 하룻밤 사이에 소비경제를 창출했다. 물가는 치솟았다가 안정을 찾았다. 초기의 충격 이후 사람들은 미래의 번영을 더욱 믿게 되었고, 사회주의적 대안에 대해서는 점차 신뢰를 거두게 되었다.

그럼에도 이것은 진리의 순간이 아니었다. 점령군 당국의 묵인 아래 순진한 대중에게 강요된 행정 조치였다. 정상적으로 기능하는 국가의 조치가 아니었다. 1948년, 서독은 여전히 헌법상 독립되지 않았기 때문이다. 그것은 임시 체제가 안정화될 때까지 떠받쳐 줄 목적으로 주입한 임시변통의 조치였다. 그것은 서독 민주주의의 착각들을 점검해 주지 못했다. 숨 쉴 틈을 마련해 주었을 뿐이다.

서독이 1949년에 마침내 헌법을 마련했을 때 그것은 무언가 부자연스럽게 짜 맞춘 것이기도 했다. 헌법은 이 임시 국가가 장차 통일 독일의 일부로 적절히 재편성될 수 있을 때까지 국가의 기본 원칙을 세우는 것이 목적인 임시 제도—혹은 "기본법"—였다. 이것은 리프먼이 조롱한 바 있는 구상이었다. 즉 서독인들은 민주주의를 자칭하지만 실상은 미래에 관한 중요한 선택을 할 수 있는 능력을 흉내만 내는 데 만족하고 있는 것이었다. 서독인들은 자신의 운명에 대한 통제력을 안정과 맞바꾸고 있었고 그것은 무기한 연기되는 듯 보였다. 리프먼은 이 같은 임시 제도가 오래갈 수 없다고 확신했다. 독일인들에게 진정한 선택권이 주어진다면, 그들은 즉시 민주주의의 운명을 붙잡는 선택을 할 것이다. 만약 그와 같은 선택[권]이 주어지지 않는다면, 그들은 자신들이 살고 있는 세계가 진정한 민주주의가 아님을 깨닫게 될 것이다.

리프먼의 예상은 빗나갔다. 그 제도는 오래갔다. 그것은 유예된 약속에 기초해 있었지만 그렇다고 받아들일 수 없는 것은 아니었다. 그것은 그저 가늠하기 힘들었을 뿐이다. 서독 민주주의의 겉모습 — 그것이 일시적 해결책이었다는 것 — 이 그 기저의 현실 — 민주주의가 생활의 일부로서 존재하고 있었다는 것 — 을 가렸다. 레몽 아롱은 리프먼이 정치의 진실이 사건의 표면에 있다고 생각하는 덫에 걸려들었다고 생각했다. 아롱은 이렇게 썼다. 독일인들이 무엇을 견디는지, 무엇을 견디지 못하는지를 그가 전혀 이해하지 못한 것은 "사건들에 반응하고, 그 결과들이 분명해지기 전에 그 의미를 분별해야 하는 그 생색 안 나는 일을 떠맡은 이들[저널리스트 – 옮긴이]에게 신중한 교훈"이었다.[16] 아롱은 그것이 자신을 포함한 모든 저널리스트들에 대한 경고라고 보았다. 즉 숙명을 부추기지 말라는 것, 아니 더 정확히 말하자면, 모든 저널리스트는 항상 숙명을 부추겨야 하기에 자신은 숙명을 모면했다는 생각을 결코 하지 말라는 것이었다.

아롱에게 서독 민주주의의 생존은 민주주의의 운명을 이해하는 게 불가능함을 보여 줬을 뿐이다. 그것은 미스터리였지만 그렇다고 사기는 아니었다. 서독의 첫 총리 콘라드 아데나워를 비롯해 헌법 입안자들은 헌법이 일단 공인되면 분단 체제가 불안정해질 것이라고 믿었다. 그렇게 [점령군에 의한 분단이 곧 끝날 것으로 보고 통일 독일을 전제로 한 잠정적 헌법을 제정해] 분단을 원칙적으로 거부함으로써, 그들은 분단을 실제적으로는 유지하도록 도운 것이었다. 아롱은 이렇게 썼다. "객관적 이해에 접근할 수 있는 유일한 진실은 이런 모순들을 인정하는 것이다. 이런 혼돈 속에 섭리가 존재한다면 그 섭리가 우리를 구해 줄 것이다."[17] 장 폴 사르트르를 포함해 다수가 아롱의 숙명론을 비판했다. 아롱은 숙명론을 피하는 방법이 그 어떤 착각도 하지 않는 것이라고 생각했다.

독일 민주주의는 또한 다른 임시방편적인 타협, 즉 프랑스와의 동맹에도 들어가게 됐다. 최근의 경험[제2차 세계대전] 이후 프랑스인들이 독일에 대해 안전하다고 느낄 수 있는 유일한 방법은, 그 경험을 묻어 두는 것이었다. 아데나워는 이 같은 협력이 즐거웠다. 그가 구상한 서독의 가장 안전한 미래는 서유럽 연합의 일부가 되는 것이었다. 그러나 이 동맹은 명확하게 규정된 정치적 기획을 바탕으로 만들어진 것이 아니었다. 그것은 마셜플랜이 적절히 작동하게 하고, 유럽 경제를 성장시키며, 주요 정치적 결정들을 가능한 연기하기 위해 고안한 일련의 임시방편적 경제협력이었다. 서유럽 민주주의는 자신의 숙명을 통제하라는 요구나 기대를 받지 않고 있었다. 그냥 더듬더듬 신중하게 미래로 나아가라는 격려를 받고 있었다.[18] 어느 누구도 진리의 순간이 가져올지 모르는 피해가 두려워 그 순간을 기대하지 않았다.

진리의 순간을 계속해서 뒤로 미루는 한 가지 이유는, 이 시기 프랑스 민주주의가 독일 민주주의와 전혀 비슷하지 않았기 때문이다. 프랑스는 새로운 (제4) 공화국[1948~58년]의 헌법을 수립하면서 국민투표의 길로 갔다. 즉 제헌의회의 선출 대표들의 제안들을 국민투표에 부쳤다. 결과적으로 헌법은 가능한 많은 상이한 이해들을 수용하려 했다는 의미에서 상당히 민주적이었다. 그 보호 아래 프랑스에서는 1948년부터 1958년까지 10년 동안 열아홉 차례 정권이 바뀐 반면 서독은 하나였다. 질서 자유주의가 민주주의를 안정화하는 데 좋았을지는 모르지만, 초기 민주국가들이 질서 자유주의를 선택하도록 하기란 쉽지 않았다.

이탈리아는 프랑스처럼 제헌의회의 경로로 나아갔고, 결과도 비슷했다. 1948년 이탈리아 총선에서는 공산주의자들이 승리해 정부를 구성할 가능성이 커보였다. 스탈린의 허황된 기대가 실현될 것처럼 보였다. 그렇지만 결국 미국의 막대한 자금과 바티칸[로마교황청]의 선전으로 말미암아 기독교민주당(기민당)이 승리를 거두었다.◀ 그러나 이탈리아 민주주의는 여전히 안정을 찾지 못

▶ "미국 정부는 1948년 첫 3개월 동안 이탈리아에 1억7,600만 달러의 '잠정 원조'를 결정했다. 그 이후 마셜플랜이 전면화되었다. 로마 주재 미국 대사인 제임스 던은 이 대대적인 원조가 이탈리아 공중들의 주목을 끌지 못한 채로 공여되지 않도록 일을 진행했다. …… 다리나 학교나 병원이 미국의 원조로 새로 지어질 때마다 대사는 지치지도 않고 반도를 종횡하며 미국과 자유세계의 이름으로, 그 이름 안에 기민당을 암시하며, 연설했다. …… 국내 상황에서, 기민당은 로마 가톨릭교회의 맹렬한 전방위적 개입 덕을 톡톡히 보았다. 3월 29일에 교황 비오 12세는 로마인들에게 '기독교적 양심에 따를 엄숙한 시간이 다가왔다'고 말했다. 시리 추기경과 주교단의 다른 주교들은 투표하지 않는 것 또는 '신과 교회와 인류의 권리에 대한 존중을 충분하게 보장하지 않는 후보자들에게 투표하는 것'은 대죄를 범하는 짓이라고 경고했다." 폴 긴스버그, 『이탈리아 현대사』, 안준범 옮김, 후마니타스, 2018, 171-172쪽 참조.

했다. 1948년부터 1958년까지 총리가 여섯 번 바뀌었다. 그럼에도 이탈리아 민주주의는 분명 확고했다.

유럽 사례가 보여 주듯이 전후 민주국가들이 공동의 미래를 향해 비틀거리며 나아가는 양상은 다양했다. 유럽 밖에서는 그 차이들이 훨씬 컸다. 가장 눈에 띄었던 신생 민주국가 셋—인도, 일본, 이스라엘—은 상이한 방식으로 나아갔다. 인도에서는 간접선거로 구성된 제헌의회[1946년 12월~1950년 1월]가 자국의 신생 민주주의의 형태를 두고 3년간 토론을 벌이고 있었는데, 각각의 장단점을 따지는 논의가 신중하면서도 무겁게 전개되었다. 그동안 의회 밖에서는 [종교 집단 사이의] 폭력과 격정이 부글부글 끓고 있었다. "민주주의 절차에 과도함 같은 것은 없습니다."네루는 자제를 요청하며 대의원들에게 이렇게 말했다.[19] 신생 민주국가 인도는 자제력이 없었지만 자신의 특별한 운명을 자신했다.

일본에서는 헌법이 미군정에 의해 부과됐다. 미군정은 일본 민주주의에서 가장 위험한 본성들을 제거하기 위해 할 수 있는 모든 것을 했다. 새로운 일본 헌법에는 전쟁을 포기하는 조항이 포함됐다. 이 조항은 전쟁을 경험한 일본 국민의 환영을 받았지만, 만약 직접 선출로 구성된 제헌의회였다면, 그와 같은 조항은 강요로 느껴졌을 것이고 의회에서 통과되지 않았을 게 거의 분명했다.

이스라엘 민주주의는 전시 상황에서 탄생했고,◀ 당시 제정된

▶ 팔레스타인 지역을 위임 통치하던 영국군의 철수가 시작되자, 1948년 5월 14일 이스라엘은 독립을 선언했는데, 그 다음날인 5월 15일 자정 무렵부터 이스라엘과 이집트, 이라크, 요르단, 시리아, 레바논 등 아랍 국가들 사이에 전쟁이 벌어졌다. 흔히, 제1차 팔레스타인 전쟁(1948년 5월~49년 1월)으로 불린다.

기본법이 교전 중인 공화국의 헌법이었다.◄ 그것은 군대와 첩보 기관의 역할을 분명하게 규정하고 있지 않아, 그들에게 상당한 재량이 허락됐다. 기본법은 이스라엘 민주주의가 자의에 의해 무방비한 상태에 빠지는 일이 없도록 함으로써 그 자신의 약점들로부터 이스라엘 민주주의를 방어하는 골간이 됐다.

어떻게 [민주주의 유형과 발전 양상이 상이한] 독일, 프랑스, 이탈리아는―여기서 인도, 일본, 이스라엘은 [잠시] 제쳐 두자―모두 민주주의라는 운명을 맞게 됐을까? 그들의 다양한 헌법은 민주주의가 가진 적응력의 증거였다. 이는 민주주의의 강점이었다. 그것은 여전히 임시적인, 우연적인 정치 유형이었다. 이 모든 차이들은, 아마도 토크빌의 바람과는 달리, 새로운 민주국가들이 서로의 실수에서 배울 수 있는 처지는 아니었음을 의미한다. 그들 각각의 실수들은 그저 서로를 불신하게 만들었을 뿐이다. 그들이 공유한 운명은 그럼에도 불구하고 계속될 터였다.

그런데 세계 정치에는 다양한 민주국가들 사이의 차이를 넘어, 그들이 공동 운명체임을 공감할 수 있도록 해준 새로운 요소가 하나 있었다. 그것은 바로 핵폭탄이었다. 러시아인들을 막무가내로 몰아붙이는 정책은 너무나 위험할 수 있다고 케넌을 설득하는 데 가장 큰 역할을 한 것은 바로 소련인과 미국인이 핵을 가지고

▶▶ 참고로 이스라엘은 성문헌법을 가지고 있지 않다. 이스라엘의 독립선언서는 1948년 10월 1일까지 제헌의회에서 헌법을 제정하도록 규정했지만, 세속 성향 세력과 종교 성향 세력 간의 갈등으로 단일 헌법 제정에 실패했다. 이후, 헌법적 성격의 개별 기본법들을 제정하고 추후 이를 통합해 헌법을 제정하는 것으로 타협했으나, 아직까지도 성문헌법이 제정되지 않았다.

대립하는 위협적 상황이었다. 그것은 판돈이 훨씬 많이 걸린 결전으로 미국을 끌어들이게 된다. 게다가 이는 군축에 관한 합리적인 논의들을 사실상 불가능하게 만들었다. 케넌은 강대국들 사이에 완충제를 제공하고 봉쇄정책에 숨 쉴 여지를 주기 위해 독일의 비무장을 외치는 리프먼의 주장에 함께했다. 롤백정책은 [이제] 롤백[밀침]을 당해야 할 상황이었다. 케넌은 민주국가들이 무심코 결전의 핵전쟁에 빠져들지 않을까 평생 두려워했다. 그들이 자신의 충동성을 충분히 제어하지 못한다고 생각했기 때문이다. 민주국가의 혼란과 핵무기는 근본적으로 양립할 수 없는 것 같았다.

만약 어떤 것이 민주국가들의 시야를 넓힐 수 있다면 그것은 분명 궁극적 위기의 위협, 즉 핵 홀로코스트였다. 그러나 이에 대해서도 케넌은 실망했을 것이다. 민주국가들은 핵의 그림자 아래서도 자신의 약점에 대한 통찰을 얻지 못했다. 앞으로 보겠지만 그들은 그럭저럭 버텨 나가기로 대응했다.

4장 ··········· **1962년** ··················· **일촉즉발**

위기

12월 29일, 『이코노미스트』는 연말 리뷰에서 사회 전반에서 느껴졌던 안도감을 다음과 같이 요약했다. "1962년에 세계가 무엇을 했냐고 묻는다면, 살아남았다고 답할 수 있다"[1] 냉전의 역사에서, 어쩌면 인류의 역사에서, 가장 위험한 순간을 세계는 견뎌 냈다. 그것은 바로, 그해 10월 며칠 동안 소련과 미국을 총력전 직전까지 몰고 갔던, 쿠바 미사일 위기였다. 소련의 쿠바 핵미사일 기지를 두고 두 강대국이 벌인 결전은 흔히 현대 정치에서 **가장 심각한** 위기의 순간으로 기억된다. 잠깐 동안 거의 모든 것이 위태로웠다. 세계의 운명이 불확실한 상태에 있었다.

　그런 이유에서 쿠바 미사일 위기를 민주주의의 위기로 보는 것은 어려울 수 있다. 그것은 민주주의의 위기라고 하기엔 너무 커 보이기도 하고 동시에 너무 작아 보이기도 한다. 너무 커 보이는 이유는 걸려 있는 게 너무도 많았기 때문이다. 최악의 상황이 일어난다면, 다른 모든 것들은 사소한 게 될 것이었다. 다른 정부 체계와 비교해 민주주의가 가지고 있는 장점은 아마겟돈에 직면하면 별로 중요하지 않을 테니 말이다. 1962년, 1962년 미국과 소련의 핵전쟁이 정치의 종말을 의미하지는 않았을 것이다. 왜냐하면 적어도 당시의 핵전쟁은 인류의 종말을 가져오지 않았을 것이고, 인류는 여전히 정치적인 동물이기 때문이다. 그렇다 해도, 그것은 적어도 우리가 알고 있는 정치의 종말을 의미했을 것이다. 그 뒤에 어떤 형태의 정치가 도래할지는 오직 신만이 알 수 있는 일이었다.

이 위기는 또한 작아 보이기도 했는데, 사건이 펼쳐진 규모 때문이다. 위기는 매우 짧은 기간 동안 발생했고─미국이 쿠바의 핵무기 발사장들을 발견하고 흐루쇼프가 그것들을 폐쇄하겠다고 발표하기까지 몇 주밖에 걸리지 않았다─또한 양 진영에서 소수의 집단들만이 관여했다. 민주주의가 관여할 시간이나 공간이 거의 없었다. 양 진영의 정치 엘리트들은 연기 자욱한 밀실에서 노심초사했고, 상대편이 보내는 신호를 알아내고자 암중모색했으며, 결국 그 모든 게 철회되자 안도의 숨을 내쉬며 밖으로 비틀비틀 걸어 나왔다─여기서 민주주의가 작동할 여지가 어디 있었겠는가?

역사학자와 정치학자만큼이나 수많은 영화 제작자와 소설가들이 쿠바 미사일 위기에 지속적으로 매력을 느꼈던 것은 바로 그 폐쇄적 의사 결정 과정과, 한 번의 실수가 가져올 측량할 수 없는 결과 때문이었다. 거기서 우리는 결단주의라는 신선한 공기를 마시게 되고 지옥불 같은 유황 냄새도 한 모금 맛보게 된다. 거기서 민주주의가 작동할 때 들려오는 떠들썩하고 부산한 소리를 기대할 수는 없다.

그러나 민주주의와 관련해 흔히 그렇듯 우리는 그 겉모습에 속을 수 있다. 쿠바 미사일 위기는 전형적인 민주주의의 위기였고, 내가 이 책에서 말하고 있는 이야기와도 딱 들어맞는다. 이유는 세 가지다. 첫째, 민주주의는 위기를 해결하는 데 일정한 역할을 했지만 간접적인 방식으로만 관여했다. 그 결과는 행운에 가깝고 의도적인 것과는 먼 것이었다. 외려 민주주의적 부주의의 승리였다. 둘째, 그런 이유에서 큰 교훈을 얻을 수 있는 경험이 아니었다. 위기의 성공적 해결로부터 가장 손쉽게 끌어낸 교훈은 민주주의가 신의 섭리에 따른 정부 체제라는 것이었다. 위기는 민주주의 숙명론을 바로잡아 준 게 아니라 외려 조장했다. 셋째, 그것은 1962년 10월 말에 민주주의에 제기된 유일한 위협이 아니었다. 쿠바 미사일 위기라는 실존적 사건은 온 세계가 며칠 동안 숨죽이며 그 위기가 해결되길 기다렸다는 인상을 남겼다. 그러나 그 사이에도 세계는 계속 돌아가고 있었다.

10월, 같은 주에 두 개의 또 다른 명백한 민주주의 위기가 인도와 서독에서 펼쳐지고 있었다. 10월 22일, 케네디 대통령이 텔레비전을 통해 국민에게 쿠바의 위협을 경고한 그날, 인도 총리 네루는 라디오방송으로 국민에게, 자국이 중국의 공격을 받았고, 민주국가인 인도의 안전이 위태롭다고 알렸다. 10월 26일에서 27일로 넘어가던 밤, 쿠바 미사일 위기가 중대 국면◀에 이르고 그 주역들이 서로의 하늘을 응시하고 있던 그때, 서독 국방장관 프란츠 요제프 슈트라우스는 주간지 『슈피겔』의 사무실에 대한 현장 급습을 승인함으로써 서독 민주주의의 짧은 역사에서 가장 큰 위기를 촉발했다.

▶ 흐루쇼프가 미국이 쿠바를 침공하지 않겠다고 약속하면 미사일을 철수하겠다고 밝힌 시기를 가리킨다.

인도와 중국의 국경분쟁도, 『슈피겔』 사건도, 모든 것을 얻거나 잃는 양단간의 큰 사건이 아니었기에 오늘날 다른 나라 사람들은 그 일들을 중요한 사건으로 기억하지 못한다. 그러나 두 사건 모두, 상이한 측면에서, 민주국가들이 위기를 어떻게 다루고 또 위기가 민주국가를 어떻게 조형하는지에 관한 근본적인 것을 드러냈다. 1962년에 세계는 단순히 살아남기만 한 것이 아니었다. 자신의 미래를 일별하기도 했다.

이 장은 1962년 말 며칠 동안 분출된 세 가지 위기에 관한 것이다. 그 위기들은 서로 관련이 있었지만 판이하기도 했다. 각 사례에서 민주주의는 온전한 상태로 위기를 통과했다. 그러나 세 사례 가운데 어떤 것에서도 그 사실에서 많은 위안을 얻을 수는 없었다. 1962년의 위기들은 민주주의가 바로 무엇을 견뎌 낼 수 있는지, 그리고 경험으로부터 민주주의가 무언가를 배운다는 게 얼마나 어려운 일인지 보여 주었다.

민주국가는 엄포를 놓을 수 있는가?

1960년대 초까지도 민주국가들이 외교 문제에 서투르다는 토크빌의 견해◂는 통념이었고, 특히 국제정치와 관련해 스스로를 "현

▶ 예를 들어, 토크빌은 『미국의 민주주의』에서 다음과 같이 말한다. "현재로서는 외교정책의 수행에서 미국의 민주정치가 어느 정도의 지혜를 발휘할 것인지를 확언

실주의자"로 여기는 지식인들 사이에서 그러했다. 현실주의자들의 대부는 독일에서 미국으로 망명한 한스 모겐소였는데, 그는 직접적으로 토크빌에 의지해 민주국가에서 나타나는 외교정책의 결함을 분석한 인물이었다. 모겐소의 주장에 따르면, 민주국가들은 어리석지 않지만 반성적이지도 않았다. 그들은 자신들이 무엇을 하고 있는지 멈추어 생각하지 않는다. 이런 까닭에 민주국가들은 조울증 환자처럼 양면적 태도를 보였다. 즉 한편으로 대중의 조야한 선악 관념이 무신경하고 충동적인 판단을 낳아 조증 같은 모습을 보였고, 다른 한편으로 마음을 잘 바꾸지 못하고 새로운 환경에 적응하지 못해 울증 같은 모습을 보이기도 했다. 모겐소는 이렇게 썼다. "여론이 말하기 전까지 정부가 아무런 행동도 취하지 않는 것은, 정부가 아무것도 하지 않는 것과 다를 바 없다."[2] [모겐소에 따르면] 정치 지도자들은 외교 문제의 현실에 대해 국민들을 교육시키고, 그들의 생각을 지도해야 했다. 그러나 냉전이 시작되고 그때껏 그 모든 선전에도 불구하고 그런 일이 일어날 기미는 거의 보이지 않았다. 대신 그 갈등은 정치적 비전이 없고 [여론과] 동떨어진 테크노크라시 정부를 만들어 내고 있었다. 여론은 계속 어둠 속에 있었고, 그와 같은 어둠 속에서 대중은 그 어떤 교육도 받지 못하고 있었다.

하기는 매우 어렵다. …… 나의 경우로 말한다면 특히 외교 관계의 수행에서 민주정치는 다른 정치형태에 비해 결정적으로 뒤떨어진다는 점을 서슴지 않고 말하는 바이다. …… 외교에는 민주정치에만 있는 특질들이 거의 필요하지 않다. 오히려 민주정치가 가지고 있지 않은 거의 모든 특질들을 완벽하게 이용해야 한다." 『미국의 민주주의 1』, 국역본, 308쪽.

현실주의 진영의 또 다른 인물로는 월터 리프먼과 조지 케넌
도 있었는데, 이들 사이의 차이점은 그 무렵 거의 잊힌 상태였다.
케넌은 1950년대 하반기를, 1917년부터 1918년까지 전개된 볼
셰비키 혁명을 미국이 처참하게 오독했던 역사를 조사하고, 이에
관한 글을 쓰며 보냈다. 그것은 우드로 윌슨의 개인적 실패였지만
민주주의의 실패이기도 했다. 케넌은 이렇게 결론을 맺는다.

이렇게 미국의 정치력이 실패하는 이유는, 외교 관계의 수행이란 관
점에서 볼 때 미국의 정치체제에 내재해 있는 다음과 같은 결함들 때
문이었다. 즉 민주주의 사회를 방종에 빠뜨려 히스테리적 호전성을
보이게 하는 심히 왜곡된 미래상. 세계 문제에 관해 워싱턴이 야단법
석을 떨며 만들어 내는 접근법의 선천적인 철학적·지적 천박함. 미국
의 정책 실행 과정에 만연한 아마추어 같은 어설픔.[3]

케넌은 이렇게 이어 갔다. "만약 이렇게 기록할 수 있다면 얼마나
기쁘겠는가. 이런 결함들은 이제 사라졌다. …… 그러니까 그것은
이미 끝난 일이고, 과거를 반성할 때만 되돌아보는 일이다. 그것
은 현재의 우리에게는 거의 남아 있지 않다."

현실주의자들의 두려움은 민주국가들이 여론의 압박에서 자
유로운 소련에게 압도당하는 것이었다. 1962년 무렵, 소련은 베
를린에서 벼랑 끝 전술을 쓰고 있었다. 1년 전인 1961년, 그들은
동독 주민들이 동독을 떠나 서독으로 가지 못하도록 [서베를린 주변
에] 장벽을 세운 바 있었다. 서베를린은 봉쇄되었고, 위태로운 상
황에 처했다. 더 큰 충돌에 휘말리지 않은 채 서베를린을 방어할

수 있는 지혜가 민주국가들에게 있었을까? 그들에게는 전쟁을 벌일 뜻도 평화에 대한 전망도 없는 듯 보였다. 그들은 의분과 편안한 삶을 바라는 욕망 사이에서 이러지도 저러지도 못한 채 교착상태에 빠져 있었다.

이 시기의 평론가와 언론인들은 민주주의의 문제점을 전달하기 위해 두 가지 비유를 즐겨 사용했다. 민주국가들이 소련과의 경쟁에서 지고 있는 이유는, 포커나 체스 게임에 능숙하지 못하기 때문이라는 것이다. 민주국가들은 [낮은 패를 쥐었지만 강한 패인 척하는] 엄포를 놓을 수 없기에 포커를 잘할 수 없다. 그들은 자신이 가진 패를 적당히 숨기지도 못할 뿐만 아니라(너무 많은 정보가 공개되어 있다), 결단력 있게 행동하지도 못한다(어떤 입장을 세우고 이를 일관되게 밀고 나가지 못한다면, 상대방에게 엄포를 놓을 수 없다). 엄포를 잘 놓기 위해서는 침착한 태도가 필요한데, 민주국가들은 그것이 부족하다. 다른 한편, 민주국가들은 앞일을 미리 생각할 수 없기에 체스를 두지 못한다. 그들은 자신의 차례가 돌아올 때만 한 번씩 움직인다. 그들은 장기적인 소모전보다는 값싼 이득을 선호하며, 희생을 잘 감수하지 못한다. 체스에선 때때로 희생을 치르지 않으면 승산이 없다.

그러나 몇몇 평자들이 지적하듯, 이런 비유들은 중요한 것을 놓치고 있었다. 중요한 것은 그 게임이 아니라, 그 게임에 무엇이 걸려 있느냐였다. 핵전쟁의 위협은 판돈을 엄청나게 올려놓았다. 만약 양편 모두에 핵이라는 선택지가 있어서 승자조차 모든 것을 잃을 가능성 있다면, 그 게임은 포커라고 할 수 없다. 어느 편도 패배를 감당할 수 없다면, 그 게임을 체스라고 말할 수 없다. 케넌의 친한 친구이기도 한 정치철학자 루이스 할레는 1962년 1월, 한 잡지에 기고한 글에서 "여론이 왕인 나라는 체스를 둘 수 없다"는 전통적 견해를 고수했다.[4] 그리고 그는 이렇게 덧붙였다. 승리하는 법을 모른다는 것은 민주국가들이 패배하는 법 역시 모른다는 뜻이다. 그들은 단순히 상대가 훨씬 더 잘 싸운다는 이유로 물러서지 않았다. 그들은 게임을 계속 이어 갔고, 패배를 인정하기를 거부했다. 통상적인 체스 게임이었다면, 어쨌든 이들은 결국 졌을 것이다. 그러나 냉전은 통상적인 경합이 아니었다. 패배 전 양편에는 핵무기 발사라는 선택지가 있었기 때문이다. 판을 아예 뒤집을 수 있었던 것이다.

따라서 민주국가들이 체스를 두지 못한다는 점은 "일반적인 방식으로 체스를 두는 흐루쇼프 씨"와 맞붙을 때 뜻밖의 강점이 되었다. 즉 흐루쇼프는 자신의 강점을 얼마나 밀어붙여야 할지 확신할 수 없었다. 할레는 이렇게 썼다. "그것은 [흐루쇼프가] 경험하고 있는 새로운 약점, 강함이라는 약점, 우세한 힘이라는 약점, 우세에도 불구하고 무력을 시험하는 위험을 감당할 수 없는 약점이다. 사람들이 그가 배우기를 바라는 본질적 교훈은 …… 우리 편이 체스를 둘 줄 모른다는 점이다."[5] 민주주의의 약점은, 상대편이 그것을 알아차릴 정도로 똑똑한 한에서, 강점으로 뒤바뀌었다.

할레는 정치학의 새로운 흐름을 언급했던 것으로, 이는 앞서 제시한 사고방식의 정교한 근거를 제시하고 있었다. 1960년, 경제학자 토머스 셸링은 신기원을 이룬 책『갈등의 전략』*The Strategy of Conflict*을 발간했다. 거기서 그는 참가자들이 최상의 전략적 선택지들을 추구한다는 조건에서 양단간의 결전을 분석했다. 그의 결론 하나는 치킨 게임 ― 먼저 피하는 자가 패자가 되는 ― 에서 합리적인 전략은 비합리적 행동을 보이는 것이다. 즉, 당신이 언제 피해야 할지 알지 못한다는 것을 상대에게 확신시키기 위해서다. 그렇다면 그는 감히 당신을 시험하려 들지 못할 것이다. 합리적 행위자에게 어려운 것은 자신이 비합리적으로 보이도록 쇼를 하는 것이다. 상대가 그게 전략적 목적에서 나온 연기에 불과하다는 사실을 안다면 효과가 없다. 그런데 그것은 진짜 비합리적 행위자들에게는 문제가 아니다. 그들의 위협이 확실한 까닭은 그들은 계산을 하지 못하기 때문이다. 따라서 엄포를 놓는 법도 모르고 체스를 두지도 못하는, 생각이 없고 반성하지 않는 민주국가들에게 그런 장점이 있었을지도 모른다.

쿠바 미사일 위기는 이런 이론들을 테스트했다. 돌이켜 보건대, 수많은 사람들이 두려움에 떨었던 이유 가운데 일부는 단순히 성패 사이의 아슬아슬함 때문이 아니라, 민주정치의 합리성과 비합리성 사이의 아슬아슬함에서 기인한다. 당시에 위태로웠던 것이 무엇이었는가를 고려해 볼 때, 여전히 충격적인 사실은 케네디 대통령이 [쿠바 미사일 위기라는 미증유의 위기 상황에서] 다가오는 중간선거에서 이 위기를 이용해 유권자를 어떻게 구슬릴지를 고민했다는 것이다. 러시아가 쿠바에 핵무기를 배치한다는 소식을 처음 들었을 때 그는 불운한 타이밍을 한탄했다. 위기를 한 달 연기할 수 없을까? 선거가 끝날 때까지 말이다. [하지만] 그럴 수 없다는 게 분명하자 케네디는 판을 키워야 한다는 것을 깨달았다. 그는 유권자들에게 허약한 모습을 보일 수 없었다. 민주국가의 정치인들에게는 더 큰 그림을 그리지 못한다는 비난이 흔히 제기되는데, 그 까닭은 가차 없이 돌아오는 선거 주기가 그것을 허락하지 않기 때문이다. 그들을 사로잡는 것은 오직 다음 선거에서 이길 수 있는 방법뿐이다. 전 세계의 미래가 위험에 처해 있는 와중에, 케네디는 그로 인해 자신이 속한 정당이 의석을 잃을까 불안해했다. 기괴한 풍경이었다.[6]

그러나 이 사례에서 근시안은 장점이었다. 그것은 케네디가 실존적 위기 상황 ─ [예컨대, 당면한 선거가 없어 어느 정도] 자유재량을 가진 정치인이라면 우물쭈물하다 아무것도 하지 못했을 수도 있는 ─ 에 집중해 대응할 수 있도록 했다. 위기 동안 케네디는 타협이 불가능한 두 가지 국민 여론에 의해 추동되었다. 첫째, 그는 충돌을 피하기 위해 모든 것을 해야 했다. 둘째, 그는 물러서는 모습을 보이면 안 됐다. 민주국가의 국민들은 불필요한 전쟁을 몹시도 싫어하지만, 양보하는 것 역시 몹시 싫어한다. 이는 이성적인 태도가 아니며, 이 두 요건들은 상호 모순적일 수 있다. 즉, 전쟁을 피하기 위해서는 물러나야만 할 때도 있는 법이다. 반면 물러나지 않으려면, 전쟁을 해야 할 때도 있다. 그러나 이 같은 대치 상황에서 비합리성은 케네디에게 도움이 됐다. 즉 케네디는 자신이 무모한 여론에 의해 제약을 받고 있다는 사실을 알았고, 이는 그가 상대방을 압도해 승리하도록 더 애쓰게 만들었다.

민주국가 여론의 무모한 성격은 전술적 장점일 뿐만 아니라 위안이 될 수도 있다. 선거철에 대중은 정치인들에게 수많은 요구를 쏟아 내는데 외려 그들은 그런 요구에 큰 위안을 느낀다. 그런 요구 때문에, 정치인들에게 주어지는 선택지가 감당할 수 있는 수준으로 제한되기 때문이다. 중대한 결정에 직면해 그것이 피오리아◂에서 받아들여질지 묻는 것은 우스꽝스럽게 보이지만 민주주의의 그런 특징 ─무모함, 근시안─은 외려 정치인들이 과도한 결정을 하지 못하도록 막는다. 그 위기와 관련해 가장 유명한 대화 가운데 하나에서 대통령과 동생은 자신들이 꼼짝 못하는 상황에 갇혔다는 생각에서 서로를 위로했다. 그들이 10월 22일[케네디가 해군에 쿠바 봉쇄 명령을 내린 날] 저녁, 사람들이 없는 데서 나눈 대화가 테이프에 담겼다.

> 케네디　　　　정말 골치 아프게 될 것 같아, 그치? 하지만 다른 방법이 없어. 이 문제에서 그가 이런 식으로 나온다면 다른 방법이 없잖아. 달리 선택할 게 없다고.
>
> 로버트 케네디　다른 방법이 없지. 형이 탄핵됐을 수도 있었으니까.
>
> 케네디　　　　내 생각도 그래, 아마 탄핵됐겠지.[7]

물론 흐루쇼프도 제약에 직면했다. 그도 다른 사람들, 즉 동료, 장군, 정당, 대중이 무슨 생각을 하는지 염려했다. 대체로 전제자들 역시 여론에 과민해, 그것을 통제하려고까지 한다. 그러나 흐루쇼프는 위기에 대한 시간표, 그러니까 위기를 언제 고조시킬지, 언제 확산시킬지를 훨씬 더 자유롭게 정했다. 그의 이런 행동의 상대적 자유를 고려해 보면 그는 매우 분별력 있는 인물에 훨씬 가까웠다. 그 위기 동안 흐루쇼프가 의사소통에서 보여 준 변덕스럽

▶ 미국 일리노이 주에 있는 작은 도시. 이곳 주민들의 여론은 인구 구성상 국민 여론의 전형으로 여겨졌다.

고, 때로 조증적인 특성들로 말미암아, 사람들은 흔히 그를 크렘린에서 경쟁하는 파벌들의 포로로 간주했다. 그러나 그것은 또한 흐루쇼프의 태도가 그만큼 불확실했다는 증거로도 볼 수 있다. 그는 어떤 선택을 해야 할지 갈팡질팡하고 있었다.

군부의 현실주의자들은 흐루쇼프가 열세여서 물러섰다는 주장을 고수하고 있다. 미국의 핵무기 규모는 소련의 네 배여서, 최후의 결전이 발생한다면 양측 모두에게 나쁜 결과라 하더라도, 러시아인들에게는 훨씬 더 심각한 결과를 야기할 것이었다. 그들은 패배할 것이다. 그런 의미에서 흐루쇼프는 엄포를 놓고 있었다. 흐루쇼프는 케네디가 베를린을 두고 망설이는 태도를 보였다는 점에서, 또 그를 어리고 검증이 안 된 인물로 보고 과욕을 부렸는지도 모른다. 그러나 민주국가들이 엄포를 놓지 못한다는 점이 외려 도움이 되었다. 포커 게임에서 엄포를 놓지 못하는 이들은 상대의 엄포에 속지도 않기 때문이다. 그들은 신호를 무시한다. 연륜이 깊은 포커 선수들은 이들이 가장 상대하기 힘든 이들이라고, 특히 많은 것이 걸린 일회성 게임의 경우 더 그렇다고 이야기했다.

위기의 2주 동안 케네디가 내린 중대한 결정 가운데 하나는 소련이 벌이던 일을 찍은 항공사진을 공개한 것이었다. 미 행정부가 속았음을 자국민들과 세계에 널리 알림으로써, 케네디는 소련이 그 일을 제 마음대로 하지 못하도록 하겠다는 의지를 다잡았다. 리프먼을 포함해 현실주의자들은 케네디가 순진하고 무모하다고 생각했다. 정치가들이 비밀리에 가장 잘 수행할 수 있는 예민한 협상에 왜 무지한 여론을 끌어들인단 말인가? 그러나 케네디는 무지한 여론이 그 협상에서 자신이 쓸 수 있는 중요한 무기

가운데 하나임을 잘 알고 있었다. 그것은 소련에 자신이 물러날 수 있는 처지가 아님을 알리는 신호였다.

케네디에게 진정한 도전은 양보하는 모습을 전혀 보이지 않은 채 흐루쇼프가 물러나도록 돕는 방법을 찾는 것이었다. 여기서 리프먼이 의도하지 않게 도움을 주었다. 10월 25일, 리프먼은 미국이 터키에 배치한 핵무기와 쿠바에 배치될 러시아 핵무기를 거래하는 것을 제안하는 글을 썼다. 흐루쇼프는 리프먼이 미 행정부를 대변하고 있으며, 타협의 신호를 보내고 있다고 믿었다. 사실 리프먼은 케네디를 대변하지 않았다. 게다가 그의 영향력은 워싱턴에서 기울고 있었다. 1년 전 케네디는 이렇게 불만을 토로한 바 있었다. "압니다. 흐루쇼프가 월터 리프먼의 글을 읽고 그가 미국 정책을 대변한다고 생각하는 것 말입니다. 그 문제를 저보고 어쩌란 말입니까?"[8] 리프먼의 위상에 대한 흐루쇼프의 오해는—전제자인 그는 저널리스트가 당국의 허가도 받지 않고 그런 말을 할 수 있음을 이해할 수 없었다—케네디에게 도움이 되었다. 이것은 로버트 케네디가 워싱턴의 러시아 대사에게 전달했던 비밀 전갈, 즉 민주국가의 여론은 [비공식] 거래를 지지하지 않을 것이기에, 거래로 비치지 않을 경우에만 대통령이 터키에서 조치를 취할 수 있다는 전갈에 힘을 실어 주었다. 흐루쇼프는 아무런 조건 없이 먼저 조치를 취하는 모습을 보여야 했고, 그는 바로 그렇게 했다. 그는 리프먼이 자신에게 신호를 보냈다고 생각했다. 케네디는 다섯 달 뒤 터키에서 핵무기를 철수했다. 그것은 민주주의 체제에서 나타나는 부주의의 승리였다. 젤리그[리프먼]가 가장 빛났던 순간이었다.

어느 위기에서도 그렇듯 운은 제 몫을 했다. 1962년, 미국 민주주의는 지도력에서 운이 좋았다. 케네디의 기질은, 경계심과 결심 모두에서, 그 위기에 적합했다. 만약 더 호전적이고 더 비밀스러웠던 부통령 린든 존슨이 책임을 맡았다면 상황은 판이해졌을지도 모른다(물론 존슨이 책임을 맡았더라면 흐루쇼프가 과욕을 부리지 못했을 테지만 말이다). 그러나 위기가 평화롭게 해결된 이유는 행운 그 이상의 것에 있었다. 그 위기는 평화를 바라지만 타협과 양보는 원하지는 않는, 또한 지도자들을 제한하면서도 협상의 여지를 주는 민주주의의 기질과 잘 맞아떨어졌던 것이다. 민주주의의 공적 삶의 무계획적 특성은—판단력 부족, 엇갈리는 메시지들을 만들어 내는 경향—지도자들이 해결책을 찾는 데 도움이 됐다.

그 결과가 명백한 승리는 아니었다. 재난을 피한 것에 지나지 않았다. 그렇지만 재난 회피는 민주주의에 장점을 부여한다. 즉 끔찍한 일이 일어나지 않는 한 민주주의가 승자인데, 장기적으로 민주주의가 조금 우세하기 때문이다. 세상이 끝나지 않는 한 민주주의는 계속 전진한다. 이것은 어떤 의미에서 케넌이 제시한 교훈이었다. 서구 민주주의가 자제력을 발휘하고 상호 파괴적인 어리석은 대립을 피할 수 있다면, 경쟁 체제를 능가하고 더 오래갈 것이다. 쿠바 미사일 위기는 케넌이 민주국가들이 피하기를 바란 바로 그런 어리석은 대립이었다. 그는 그것이 공포스러웠다(케네디가 그것을 "능수능란하게" 다루었음을 그가 인정했지만 말이다).[9] 그래서 그 결과는 그가 가르치고 싶어 한 교훈이 틀렸음을 입증하기도 했다. 미국 민주주의는 일촉즉발의 순간에 이르러서야 재난을 피했다. 미국 민주주의는 케넌이 바란 특성, 즉 인내심, 선견, 경계심, 기꺼이 장기전의 관점을 취하고 불필요한 위험을 감수하기 않겠다는 맹세를 보여 주지 못했다. 미국 민주주의는 기습에 깜짝 놀랐고, 격분할 일을 당했다고 느꼈으며, 그 위험들에 눈을 감았고, 숨을 죽이고 있다가, 살아남았다. 미국 민주주의는 순간순간을 살았다.

세계가 끝나지 않으리라는 게 분명해지자 미국 유권자들은 이내 보통의 민주주의 삶으로 돌아갔다. 중간선거가 시작됐고 민주당은 케네디 덕분에 선전했다. 다만 쿠바 위기 전 국내 정치 상황을 생각하면 선전이었지만, 그가 세계를 구원했다는 점을 고려하면 기대에 못 미치는 것이었다. 늘 그렇듯 지역 현안과 단기적 불만 사항들은 더 큰 사안들을 이겼다. 그 위기가 민주주의에 원근감을 회복해 주지는 못했다. 토크빌은 재난을 당할 뻔한 일들이 민주주의에 자기 운명을 통제할 필요를 일깨워 줄지 모른다고 희망했다. [그렇지만] 이 사례에서는 아니었다. 이 위기일발의 상황은 사람들에게 자신들이 통제할 수 없는 일도 있음을 상기시켰을 뿐이다. 지옥의 심연을 들여다보았을 때, 십자가를 긋고 고개를 돌리는 것 외에 무엇을 할 수 있겠는가? 그것은 그다지 학습 경험이 되지 못했다. 그것은 신의 섭리와 같은 사건에 가까웠고, 그런 의미에서 그 사건으로부터 숙명적이지 않은 결론을 끌어내기란 쉽지 않았다. 쿠바 미사일 위기는 숙명이 민주주의 편이라는 생각을 강화했다.

토크빌이 서술한 교육적 귀감에 좀 더 잘 맞는 사례는 같은 시기에 있었던 또 다른 민주주의의 위기였다. 미국이 쿠바에서 소련의 기습을 당하는 동안 인도는 히말라야 국경에서 중국의 기습을 당하고 있었다. 인도 정부가 갑작스레 깜짝 놀랄 이유는 없었다. 중국은 이미 오래전부터 자신들의 의도를 숨기려 하지 않았기 때문이다. 1961년 내내, 중국 정부는 인도와의 분쟁 지역◀을 무력으로 되찾겠다고 위협해 왔다. 그해 12월, 의회 연설에서 인도 총리 네루는 인도와 중국의 전쟁은 초강대국들을 핵전쟁으로 이끌 수도 있기에, 그와 같은 위협을 심각하게 받아들이지 않아도 된다고 이야기했다. 그러니까 그것은 상상도 할 수 없는 일이었다. 중국이 엄포를 놓고 있다고 그는 자신했다.

그럼에도 네루는 어쩔 수 없이 중국 측의 위협에 맞서는 모습을 보여야 한다고 생각했다. 1962년 봄, 그는 총선을 앞두었고, 그가 즐겨 말했듯이 "선거철에는 악마가 국민을 붙잡고 있는 것 같"았다.[10] 포퓰리즘적 정치인들의 국가주의적 열정과 위압 때문에 그는 분쟁 지역에 군대를 추가로 배치하고 어떤 위협에도 맞서 그곳을 지키겠다고 약속해야 했다. 그러나 엄포를 놓고 있는 사람은 바로 네루였다. 그가 이런 조치를 취한 의도는 격앙된 여론에 작은 선물을 줘 달래려는 것이었다. 즉 그는 군인들이 실제로 전투를 벌이는 일은 없을 것이라 생각했다. 그 결과 그들은 전투를 치를 준비를 하지 않았고 장비도 제대로 갖추지 못했다. 필요한 것은 오직 결의의 제스처라고 네루는 생각했다.

그가 틀렸다. 즉 민주국가들은 엄포를 놓을 수 없다. 중국은 인도가 어떤 공격에도 저항할 준비가 되었다는 네루의 주장에 속

▶ 인도 정부는 영국의 식민지 시기 영국이 그은 '맥마흔 라인'(1914년)을 국경선으로 보고 있었던 반면, 중국은 영국 침략 이전의 전통적 경계선을 국경선으로 주장해 왔다. 이 같은 갈등으로 중국과 인도 사이에 1959년 최초의 충돌이 발생했지만, 1960년 저우언라이와 네루 사이의 회담으로 일시적인 소강상태를 유지하고 있었다.

지 않았다. 중국은 그가 전쟁의 현실적 가능성보다는 국내 여론을
달래는 데 더 신경을 쓰고 있음을 잘 알았다. 그의 속내가 빤히 들
여다보였고, 이는 상황을 자멸로 이끌었다. 10월 20일, 중국 군대
는 침입했고 인도의 저항을 물리쳤다. 며칠 만에 인도군이 대패하
고 있는 게 분명해졌다. 이 시점에서 세계는 또한 미국과 소련이
쿠바를 두고 잠재적인 죽음의 무도를 추고 있음을 알게 됐다. 국
제적 확전 가능성이 중국을 단념시키리라는 네루의 희망은 말 그
대로 희망 사항에 불과한 것으로 밝혀졌다. [쿠바 미사일 위기에 따른]
국제적 긴장은 인도와 중국의 국경분쟁을 후순위의 문제로 생각
할 만큼 고조되었다. 세계에는 다른 걱정거리가 있었고, 이로 인
해 중국은 기회를 붙잡을 수 있었다. 인도 민주주의는 스스로 문
제를 해결해야 했다.

　　네루는 항상 인도 민주주의를 [서구식 민주주의와] 다르게 생각
했다. 그는 독립 이후 그 나라의 유일한 총리였고, 미 대사 존 케
네스 갤브레이스에게 말했듯이 스스로를 나라의 "교사 …… 인도
를 통치하는 마지막 영국인"으로 보았다.[11] 그의 기질과 태도는
귀족적이었다. 즉 그는 인도 국민에게 민주주의에 관해 교육하고,
그들이 자신들의 최악의 본능들을 멀리할 수 있도록 이끌려 했다.
네루는 인도가 냉전의 양편 사이에서 어느 편에도 속하지 않고 대
안을 만들어 내길 원했다. 그는 소련식 사회주의와 서구의 민주주
의적 자본주의 사이에 펼쳐진 간극을 메우려 했다. 그가 지도하는
인도는 일련의 5개년계획들을 의회의 승인을 받아 채택했고, 부
진한 부문에 상당한 보조금을 지급했을 뿐만 아니라, 경제를 과하
게 통제했다. 네루의 의도는 위험한 고속 성장보다는 점진적 진보

를 지향하고, 자유 시장의 혼란스러운 상태를 국가 통제라는 '지도하는 손'으로 대체하는 것이었다. 그것은 미국 민주주의와 전혀 다른 것이었다.

그러나 1962년 10월의 위기는 인도 민주주의도 결국 별반 다르지 않음을 시사했다. 인도 민주주의는 부주의와 과잉 반응이라는 민주주의의 표준적 약점들을 보였다. 인도 민주주의는 끊임없이 우려했던 일에 기습을 당한 형국이었다. 사실 인도는 중국의 위협에 대해 끊임없이 말들을 늘어놓았고, 이는 그 위협을 심각한 일로 간주하지 못하도록 했다. 토크빌이 1848년 혁명 직전의 프랑스 정치 계급에 관해 썼듯, 인도 정치인들 역시 "그런 일들이 벌어질 것을 별로 믿지도 않으면서, 너무나도 자주 들먹이는 바람에, 결국에는 전혀 믿지 않게 됐다. 사건들이 정말로 발생하려는 바로 그 순간에 말이다."¹² 민주국가들이 기습을 당하는 한 가지 이유는 언제나 양치기 소년처럼 거짓 경보를 울리기 때문이다. 가차 없고 결단력 있는 중국의 [무력] 간섭은 민주국가와 전제 국가의 차이를 뚜렷이 보여 주는 듯했다. 즉 한편은 말만 많고 실행은 별반 하지 않는 반면, 다른 한편은 별 말도 없이 실행하고 있었다.

그러나 인도의 전쟁 대응은 작동 중인 민주주의의 익숙한 약점들뿐만 아니라 그 기저의 강점들도 보여 줬다. 그 나라와 정치 엘리트는 자신의 결함들을 꽤 빨리 깨닫게 됐고 그것들을 피하려 하지 않았다. 10월 22일, 방송에서 네루 총리는 인도 국민에게 이렇게 말했다. "우리는 현대 세계의 현실에 어두웠고 우리가 인위적으로 꾸민 환경에서 살고 있었습니다. 우리 정부, 우리 국민은 그로 인해 충격을 받았습니다."¹³ 준비를 하지 못한 네루를 향한 조용한 비판이 일부 있었지만 여론은 정부를 공격하지 않았다. 대신 여론은 단결했고 전국에서 친정부 시위가 열렸다. 진군하던 중국이 자기 마음대로 모든 것을 한 번에 차지하지는 못했다. 일부 인도 부대들은 강력히 저항했고, 나흘간의 전투 뒤 중국은 [전투] 중지를 명령하고 휴전을 선언했다. 그때쯤 그들은 인구가 많은 중심지로부터 떨어져 있긴 했지만 인도 영토 깊숙이 들어온 상태였다. 더 전진했다면 대중의 심각한 저항에 직면했을 것이다. 중국은 패배할지도 모르는, 언제 끝날지 모르는 충돌에 휩쓸릴 의사가 전혀 없었다. 토크빌이 옳았다. 즉 민주국가를 빨리 패배시키지 못하는 전제 국가는 늘 패배의 위험을 감수하게 된다. 그 전쟁은 인도에게 굴욕이었다. 그러나 재난은 아니었다.

인도 민주주의는 유연성이란 장점도 있었다. 이것은 네루가 전에 생각했던 [인도식] 민주주의의 유연성(비동맹국이었던 인도는 그 자신만의 도덕적 원칙에 따라 유연하게 동맹을 고르고 선택할 수 있었다)이 아니었다. 정확히 말하자면 그것은 필사적인 태도에서 나오는 유연성이었다. 위기에 빠진 민주국가들은 자신의 원리에 매달리지 않는다. 도움이 되는 것이라면 지푸라기라도 잡으려 한다. 네루는 기꺼이 누구에게라도 군사적 지원을 받을 뜻이 있었다. 그 시작으로 그는 전에는 거리를 두었던 미국인들에게 접근했다. 쿠바 미사일 위기가 해결되기 전까지 미국인들은 반응을 보이지 않았다. 그러나 위기 끝나자 그들은 지원을 약속했고 이것은 11월에 전투가 더 격렬히 재개되었을 때 중국의 추가 진군에 제동을 거는 데 일조했다. 그동안 네루는 러시아에서 무기를 들여왔다. 그는 군수품을 구하고자 이스라엘 정부와도 접촉을 했다가 이집트의 제지를 당하기도 했다.

실수를 직시하는 문제와 관련해, 민주국가는 너무 많은 실수를 저지른다는 점에서 실수를 직시하고 바로잡는 데 서툴다고 할 수 있다. [하지만] 민주국가들은 경향상 실용주의적이다. 토크빌이 말했듯, 민주국가에서는 더 많은 불이 피어오르기도 하지만 더 많이 꺼지기도 한다. 민주국가들에 중요한 것은 자신의 실수들을 인정하는 게 아니라, 그 모든 잡음 속에서도 그 실수들에 주목하는 것이다. 해야 할 일이 분명해지면 선출직 정치인들은 실행하는 수밖에 없다. 한때 수용할 수 없다고 맹렬히 비판했던 선택지라도 말이다. 전제자들은 자신의 결함들을 자인하는 것을 훨씬 어려워한다. 마음에 들지 않는 이들에게 도움을 구하지도 않는데, 무언가 매우 잘못되어 가고 있음을 공개적으로 자인하는 셈이기 때문이다. 그들은 벙어리 냉가슴 앓듯 침묵 속에서 고통 받는 것을 선호한다(즉, 주민들이 침묵 속에서 고통 받게 한다). 1962년, 중국 정부는 사태가 아무리 나쁘게 흘러가더라도 미국인들에게 결코 애걸하지 않았을 것이다. 인도 민주주의는 1962년 10월에 무서운 일을 경험한 뒤, 스스로 인식하던 자신의 도덕적 독특성을 일부 상실했다. 인도 민주주의는 원칙을 지키기보다는 적응력 있게 행동하는 모습을 보여 줬다. 또한 생존법을 알고 있다는 것도 보여 줬다.

이것은 이 기간 인도 민주주의와 중국 전제주의의 근본적 차이를 가리킨다. 중앙집권적이고 매우 억압적이며 이데올로기에 추동되고 있던 중국은, 준비가 덜됐고 결집력도 약한 인도보다 군사적 충돌에 훨씬 더 적합해 보였다. 그럼에도 그 대립은 중국 국민을 사로잡고 있던 근본적 위기에서 볼 때 사이드 쇼sideshow◀에 지나지 않았고, 또한 사이드 쇼로 의도된 것이었다. 그 근본 위기는 기근이었고, 현재 추산에 따르면 1958년부터 1962년까지 4년간 4천만 명을 때 이른 죽음으로 몰고 갔다. 1962년, 세계는 아직도 중국에서 일어나고 있던 재난을 거의 알지 못했는데, 중국 정권이 그것을 외부에 알리기 위해 아무것도 하지 않았기 때문이다. 농업 집산화 정책은 그 위기를 야기하는 데 일조했다. 그 문제의 규모를 직시하지도 외부의 도움을 구하지도 않았기 이런 정책 실패는 20세기에 인간이 만들어 낸 가장 큰 재앙 가운데 하나로 변해 버렸다. 중국이 심각한 실수를 저질렀을 때, 그 결과는 불가해한 수준이었다. 인도 민주주의는 그 모든 결함에도 불구하고 이와 같은 실패를 하지는 않았다.

그 세기의 더 늦은 시기, 노벨상을 수상한 인도 경제학자 아마르티아 센은 이런 유명한 말을 했다. 기근은 민주국가에서 일어나지 않는다. 자유로운 여론이 정치인들이 너무 늦기 전에 재난을 직시하도록 강제하기 때문이다. 즉 아사의 원인은 정보의 부족이지 식량의 부족이 아니라는 것이다. 그러나 1962년 당시 이 같은 생각은 아직 도래하지 않았다. 그때 군사 대립이라는 직접적인 위기 상황에 있던 인도는 중국의 공격에 직면해 허약하고 취약해 보였다. 중국과 인도의 국경분쟁은 민주주의 기저의 장점들을 드러내는 게 아니라, 민주주의에 관한 전통적인 우려들을 확인해 주는 것처럼 보였다. 민주주의는 혼란스러웠고, 무계획적이었으며, [현실이 아닌] 희망에 기댔다. 전제주의는 가차 없고 결단력도 있었다.

▶ 서커스 등에서 손님을 끌기 위해 보여 주는 소규모 공연.

인도인들은 중국인들에게 엄포를 놓으려 했지만 탄로가 나고 말았다. 그럼에도 그것은 인도 민주주의에 유익했다. [인도의 현실이 탄로가 나자, 국민이 단결하고, 인도 정부가 다방면으로 도움을 구하려 나섬에 따라] 최악의 상황이 일어나는 것을 막았기 때문이다. 최악의 일을 실행할 수 있는 체제는 노출을 당할 리 없는 체제들뿐이다.

진실은 민주국가는 엄포를 놓지 못한다는 것이다. 1962년 말의 사건들은 그와 같은 것들을 확인해 주었다. 또한 엄포를 놓지 못한다는 것보다 나쁜 것들이 있다는 것도 보여 줬다.

노인과 스캔들

네루는 중국과의 전쟁 당시 일흔 둘이었고 15년 넘게 총리를 해오고 있었다. 그 충돌에 이르기까지 그가 한 오판들을 고려하면 그의 나이가 너무 많았다고 결론짓기 쉽다. 즉 그 귀족 선생은 고리타분해 보였고 고인 물 같았다. 중국 측 상대들 — 말쑥한 마오쩌둥과 미소 짓는 얼굴의 노련한 저우언라이 — 보다 나이가 고작 10년 많았지만 이전 세대에 속한 듯 보였다. 그는 존 F. 케네디와도 전혀 다른 세대에 속했다. 케네디는 자식뻘이라 할 정도로 젊었다. 케네디는 민주국가들이 스스로를 갱신하는 능력을 상징했다. 네루는 구식으로 보였고 비교적 자기 방식을 고집했다. 그는 민주국가들이 어떻게 교착상태에 빠지게 되는지를 상징하는 듯했다.

그럼에도 네루는 케네디보다 1962년의 민주주의를 훨씬 더 대표했다. 쿠바 미사일 위기만 따로 떼어 놓고 볼 때, (사실을 오도하게 하는 그 특징은) 냉전의 본질이 젊은 민주주의와 전투에 단련된 전제주의 사이의 대결이라는 인상을 준다. 즉 비교적 검증되지 않은, 새파랗게 젊은 케네디가 더 나이 많고 더 강인한 흐루쇼프와 맞섰다는 것, 또 그 나이 많은 이가 그 젊은이를 과소평가했다가 그 대가를 치렀다는 것이다. 우리는 소련 체제가 장로정치gerontocracy라고 생각하곤 하는데, 전제 정권에서는 지도자를 바꾸는 게 쉽지 않기 때문이다. 즉 혁명이 일어나지 않는 한 보통은 지도자가 죽어야 새로운 지도자를 볼 수 있을 것이다. 민주국가들에는 이런 문제가 없다. 적어도 이론적으로는 그렇다. 그러나 1962년, 많은 민주국가들에서는 현실이 그렇지 않았다. 장로정치는 소련의 문제로 보이지 않았다. 외려 민주주의의 문제로 보였다.

1947년으로 돌아가, "소련 행동의 원천"에서 케넌은 장기적인 봉쇄정책이 효과가 있으려면 10~15년이 필요하다고 썼다. 어떤 민주주의에도 긴 시간이었고 따라서 인내를 요했다. 양차 세계대전을 합한 것보다 길었고, 대통령 임기의 두세 배에 맞먹었으며, 한 세대의 절반이었다. 민주국가들은 소련 체제가 근본적인 경직성으로 인해 발목이 잡힐 때까지 기다려야 했다. 1962년, 케넌이 예상한 기간이 다 찼다. [하지만] 결과는 아직 한참 멀었다는 것이었다.

소련은 케넌의 바람대로라면 몰락을 촉발했을 사건, 다시 말해 현 지도자의 권력을 다음 지도자에게 이양하고도 살아남았다. 스탈린은 1953년에 사망했고, 격렬한 당내 투쟁 이후 흐루쇼프가 그 뒤를 이었다. 새로운 지도자는 소련의 정치 문화를 바꾸려는 시도를 했고, 전임자를 비판했으며, 소련의 가장 억압적인 구조들을 닥치는 대로 개혁하는 일에 착수했다. 그러나 오래가지 않았다. 개방성에 대한 실험은 이내 억압됐고 정권은 통제를 재천명했다. 케넌은 흐루쇼프의 개혁들을 (소련 체제의 버팀목을 부식시키기 전에) 좌절시킨 게 바로 서구의 경직성이라고 여전히 자신했다. 가장 투박하고 노골적인 판본의 봉쇄정책 ― 한 치도 물러서지 않는다 ― 을 고수함으로써 미국은 모스크바의 강경파들이 손쉽게 통제력을 되찾도록 했다. 미국이 러시아를 모방해 경직적 태도를 보이자 결국 러시아도 경직된 정권으로 회귀한 것이었다.

그럼에도 소련은 붕괴하지 않았다. 권력의 세대교체도 해냈다. 1962년 무렵, 변화를 무서워하는 것 같은 체제는 바로 민주국가들이었다. 그중 다수는 노인들이 지배하고 있었다. 이들은 흔히 네루처럼 자국 정치체제를 세운 건국의 아버지들이었다. 서독 민주주의의 아버지 아데나워는 1962년에 여전히 재직 중이었고, 이스라엘 민주주의의 아버지 다비드 벤구리온도 마찬가지였다. 프랑스에서는 샤를 드 골이 자신이 설계한 제5공화국을 이끌고 있었는데, 그는 제5공화국의 헌법을 대통령 권력 및 자신의 위상을 높이는 수단으로 생각하고 있었다. 이 민주국가들 가운데 어떤 국가도 권력 이양에 성공하지 못했다(이스라엘은 1954년에 시도했지만 1년 뒤 벤구리온이 다시 키를 잡게 됐다. 그의 나라는 그 없이는 어려움에 대처해 나가지 못하는 것처럼 보였다). 무엇으로 권력이 교체되는지는 분명하지 않았다. 그 노인들이 일단 죽어야 가능했을까?

많은 신생 민주국가에서 안정성은 큰 대가를 치르게 한 것으로 보인다. 이 나라들이 정말로 민주국가인지 의문이 제기될 정도였다. 일부 논평자들이 보기에 서독, 프랑스, 인도, 이스라엘은, 어린이들에게 무엇을 해야 하는지 일러 주는 어른이 없는 삶을 무서워하는 가부장적 정권들에 더 가까웠다. 그러나 그 대안이 더 매력적으로 보이지는 않았다. 지도자를 바꾸는 법을 아는 신생 민주국가들은 도무지 멈추는 법을 모르는 듯했다. 일본은 1962년에 이르는 10년 동안 총리가 여섯 번 바뀌어 총 일곱이었다. 이탈리아는 열이었다. 프랑스는 1947년과 1958년 사이 정권이 스무 번 교체됐고 이는 드 골이 제5공화국을 세우기 위한 길을 닦았다. 마음을 너무 천천히 바꾸거나 아니면 너무 빨리 바꾼다는 것, 그게 여전히 민주주의의 이중의 곤경이었다.

1962년, 안정성과 정치적 경화증 사이에서 어떻게 길을 찾을 것인가는 서독에서 가장 심각한 문제였다. 아데나워는 이제 여든여섯, 케네디의 할아버지뻘이었다. 1917년, 케네디가 태어난 그 해, 아데나워는 이미 쾰른 시장이었다. 그는 20세기 전반기 동안 독일 민주주의의 그 모든 재앙 같은 부침들을 겪으며 살아왔다. 그는 자신의 역할이, 그와 같은 일이 다시는 일어나지 못하도록 막는 것이라 생각했다. 서독은 안정성, 안전, 그리고 방향타 역할을 할 단호한 인물이 필요했다. 이 과업에서 자신이 필요 불가결한 인물이라고 아데나워는 생각했다. 1954년, 한 회담에서 그가 벨기에, 룩셈부르크의 외무부 장관들에게 이렇게 한탄하는 것을 누군가 우연히 듣게 됐다. "내가 없으면 독일은 어떻게 될까요?" 드 골의 집권, 또한 아데나워가 그와 수립한 비교적 좋은 관계는 자기 말고는 어느 누구도 그 일을 감당할 수 없다는 그의 느낌을 확인해 주었을 뿐이다. 곧 위대한 정치가들은 서로를 필요로 했다. 1961

년, 그는 다음 총선 전에 사임할 것을 약속하라는 권고를 받고 있었는데, 그해는 1965년, 그러니까 그가 여든 아홉이 되는 해였다. 그 사이 무슨 일이 일어날지 누가 알 수 있었겠는가?

서독은 제대로 기능하는 민주주의라고들 했다. 그러니까 어떤 지도자도 꼭 필요 불가결한 것은 아니었다. 그렇다면 이 지도자를 어떻게 무대 아래로 안내해야 했을까? 1962년 무렵, 이것이 서독 정치의 주요 쟁점이었고, 아데나워의 정당, 즉 중도 우파인 기독교민주동맹당(기민당CDU) 내에 실망을 낳았다. 후임자들은 줄을 서 자리를 차지하려고 다퉜지만, 아데나워는 요지부동이었다. 그는 잠재적 후임자들이 하나같이 부적합하다고 보았고, 자신이 총애했던 인물, 곧 재무장관이자 서독 경제 "기적"의 기획자 루트비히 에르하르트는 더군다나 부적합하다고 보았다. 아데나워는 에르하르트를 정치가가 아닌 기술자로 여겼고, 지도력이 잠깐만 약해져도 서독 민주주의는 견뎌 내지 못할 것이라 생각했다. 그러나 꼼짝도 않으려는 아데나워의 태도는 자신이 보호하겠다던 그 민주주의를 불안정하게 하는 위협이었다. 원칙은 그의 당에서부터 무너지고 있었다. 그의 권위에 공공연한 의문이 제기되었다. 서독 민주주의는 곤경에 빠진 듯 보였다. 즉 아데나워를 끌어내리지 못하자 [역설적으로] 그 자신이 직책을 계속 유지할 수밖에 없다고 믿게 되는 곤란한 상황이 발생하고 있었다.

결국 교착상태를 타개한 것은 스캔들이었다. 1962년 내내, 중도좌파 잡지 『슈피겔』은 아데나워 정부의 전투적인 국방장관이자 정부에 대한 많은 비판을 도맡아 대응하던 프란츠 요제프 슈트라우스와 설전을 벌였다. 슈트라우스는 자신을 독재자로 추정하며 비판한 기사에 대해『슈피겔』을 고소했다. 법원은 슈트라우스의 손을 들어 줬지만 형식적인 승리에 지나지 않았다. 잡지는 그가 미군과의 계약에서 이득을 취했다고 고발하는 기사*를 또다시 내보냈다. 슈트라우스는 또 고발했고 이번에도 부분적인 승리만을 거두었다. 마침내 10월 10일, 잡지는 전달에 실시된 나토 비밀 군사작전의 세부 사항에 관한 기사를 실어 슈트라우스가 지휘하는 서독 방어 계획이 무능하고 불충분하다고 주장했다. 또한 슈트라우스가 독일의 재래식 병력을 전술핵무기로 대체하길 원하고 그것을 기꺼이 선제공격에 사용하리라고 주장했다. 슈트라우스는 잡지를 반역죄로 고소했다.

　10월 26일 밤, 아데나워의 재가를 받은 슈트라우스는『슈피겔』 사무실에 대한 현장 급습을 허가했다. 정부 내부의 다양한 부서들과 폭넓은 협의를 거친 조치가 아니었다. 다른 장관들은 의도적으로 자신들에게 알리지 않은 채 이 일이 실행되었다고 느꼈다. 다음 날 슈트라우스는 편집장 루돌프 아우크슈타인과, 문제가 된 기사를 쓴 콘라드 알러에 대한 체포 명령을 내렸다. 그 결과 대소동이 일어났다. 언론의 자유를 옹호하는 대중 집회가 전국에서 열렸다. 정치적 성향이 다른 신문들 역시 정부에 비판적인 기사를 발행할 권리를 침해당했고, 그 체포가 자의적인 결정이었다며 격렬히 항의했다. 10월 31일, 법무장관 볼프강 슈탐베르거가『슈피겔』에 대한 압수 수색 및 기자들에 대한 체포 결정과 관련해, 자신은 아

▶ 슈트라우스가 F-104 전투기를 구매하는 조건으로 미국의 록히드 사로부터 1천만 달러의 뇌물을 받은 스캔들을 말한다.

무런 정보도 들은 바 없다고 주장하며 사임했다. 슈탐베르거는 아데나워 정부의 연립 정당인 자유민주당(자민당FDP) 소속이었는데, 자민당은 연립내각에서 다른 장관들도 사퇴시켰다. 그들은 슈트라우스가 사임할 경우에만 복귀하겠다고 했다. 정부를 실각시키겠다는 이런 위협에 직면해 슈트라우스는 선택의 여지가 없다고 느꼈고, 11월 30일에 사임했다. 아데나워는 재기를 시도했지만 잠재적 파트너들은 그의 정계 은퇴 일자를 정확히 못 박아야 새로운 연정을 구성할 수 있을 것이라고 주장했다. 12월 6일, 마침내 그는 이듬해에 퇴임하기로 마지못해 동의했다. 그는 끝까지 빠져나갈 구멍을 남겨 두려 애썼다. 미국의 한 텔레비전 리포터가 퇴임 후 독일이 어떻게 될 것 같은가 라고 질문하자 그는 이렇게 대답했다. "그 질문에는 전혀 답을 할 수 없습니다. …… 정치적 상황이 ― 그러니까 여기 우리나라의 상황뿐만 아니라 국제적 상황도 ― 불분명하고, 또 우리는 1963년에 무슨 일이 생길지 알지 못합니다."[14]

『슈피겔』사건은 서독 민주주의 역사에서 결정적인 순간이었다. 그것은 아데나워 시대의 가부장적 미몽에서 서독을 깨우고, 서독의 민주주의가 비밀이 유지될 때에만 생존할 수 있다는 생각을 불식하는 데 일조했다. 1950년대 ― 경제가 극적으로 성장하고 나치즘의 공포에서 신속히 회복한 기적의 시기 ― 는 서독 민주주의가 살얼음판을 걷고 있다는 인상을 만들어 내는 데 일조했다. 깨지기 쉽고 근본적으로 신비스러운 무언가[경제 회복]가 나타났지만, 그게 어떻게 가능했는지에 대한 수많은 난처한 질문들은 제기되지 않았다. [아데나워에 따르면] 독일 정치는 공개적으로 수행되기보다는 장막 뒤에 가려져 있는 게 나았다. 이 발전 단계에서 서독 민주주의는 위기를 감당할 수 없었다. 이것이 늘 아데나워의 입장이었고, 그의 독특한 통치 방식을 정당화하는 근거였다. 그러나 이 같은 발전 단계에서 서독 민주주의에 필요한 것은 바로 위기였음이 드러났다. 그것은 서독 민주주의가 다시 작동하도록 하는 데 일조했다. 그 사건은 꼭대기의 교착상태를 타개했을 뿐만 아니라, 대중 토론을 활성화했고, 서독의 결함들을 훨씬 더 직접적으로 비판할 수 있는 여지를 마련하는 데 일조했다. 또한 새로운 세대의 지식인들이 독일 정치사회에 들어가게 했고, 그들에게 도약의 발판을 마련해 주기도 했다. 그리고 서독이 훨씬 더 근대 민주국가로 보이도록 했다.

그러나 『슈피겔』 사건이 하지 못한 일을 강조해 두는 것이 중요하다. 그것은 서독 유권자들을 고무해 변화를 요구하도록 이끌지는 못했다. 스캔들이 터진 뒤 아데나워 개인의 인기는 [외려] 늘었다. 대중은 그를 지지하는 집회를 열었고 궁지에 몰렸으면서도 위엄을 지키고 있는 그 노인을 보호했다. 그 사건은 수많은 독일인에게 아데나워에 대한 자신들의 견해를 확인해 주었고, 그 견해는 아데나워가 자신을 보는 견해와 다르지 않았다. 즉 그는 더러운 권모술수가 난무하는 통상적인 정치, 그 위에 있는 존재로 취급되어야 했다. 당내 경쟁자들은 스캔들을 이용해 그를 밀어내려 했지만, 그럼에도 그와 같은 일이 심한 재촉으로 보이지 않도록 신경 써야 했다. 그는 이듬해 늦게, 그러니까 여론의 압박에 직면한 교활한 정치인들에 의해 공직에서 강제로 물러나는 것처럼 보이지 않을 만큼 충분히 늦게 퇴임할 수 있었다. 그들은 또한 언론에, 언론이 정부의 운명을 좌지우지할 수 있다는 과장된 자신감을 심어 주고 싶지도 않았다. 슈트라우스 또한 유권자들 사이에서 자신의 인기가 늘어나는 것을 스캔들의 직접적 결과로 보았다. 11월 25일, 어쩔 수 없이 사임하기 닷새 전, 그는 고향 바이에른에서 "안전을 위한 행동인가, 반역죄인가?"라는 표어로 선거를 치렀다. 완승이었다. 언론의 격분은, 민주국가들에서 흔히 그렇듯, 투표함에서 어떤 결과가 나올지 예측하는 지표로 신뢰할 만한 것이 아니었다.

슈트라우스를 끌어내린 것은 『슈피겔』이 그에 대해 제기한 혐의들이 아니라, 그것들에 대한 그의 대응이었다. 『슈피겔』이 제기한 혐의들은 매우 심각한 것일 수 있었다. 즉, 국가 안보를 위기에 빠뜨리고 있는 그의 관료적 무능뿐만 아니라, 서독이 스스로 핵 억지력을 가져야 한다는 고집과 핵을 기꺼이 사용할 수 있다는 명백한 태도는 세계 평화에 위협이기도 했다. 슈트라우스를 변호하는 이들은 그 혐의들이 근거가 없다고 주장했고, 소련이 『슈피겔』에 관련 자료를 제공했음을 암시했다. 이 스캔들은 쿠바 미사일 위기와 같이 대단원의 막을 내리면서 양편의 막대한 책임에 사람들의 이목을 집중시킬 것 같았다. 그러나 결과는 그 반대였다. 언론과 정치인들 사이에 급속히 퍼진 주장들은 대부분 국가 안보, 핵 억지력, 초강대국들의 경쟁을 우려하는 게 아니었다. 그들은 누구에게 무엇을 말했고, 또 그것을 언제 말했는지가 전부였다. 민주국가들에서는 스캔들이 이런 식으로 사용된다. 절차가 본질에 우선하는 것이다.

슈트라우스가 저지른 절차상의 잘못은 두 가지였다. 첫째, 두 저널리스트에 대한 체포를 허가하기에 앞서 충분히 폭넓게 논의하지 않았다. 둘째, 개인적으로 그 자신이 얼마나 관여했는지에 관해 거짓말을 했다. 체포 영장이 발부된 날 알러가 스페인에서 휴가 중임을 알게 된 슈트라우스는 마드리드의 독일 대사관 무관에게 연락해 그를 꼭 체포해야 한다고 했다. 그러고는 의회에서 자신이 그런 전화를 한 적이 없다며 부인했다. 그 대가는 그의 직위이었다. 즉, 범법 행위는 아니지만 은폐 행위였다.

이 같은 절차를 둘러싼 논쟁에서 정부를 비판하는 이들은 많은 주장을 펼쳤다. 만약 슈트라우스의 자의적인 조치들이 밝혀지지 않았다면, 서독 민주주의가 실상 허울뿐이었다는 사실 역시 계속 은폐되었을 것 아닌가? 한 정부의 장관이 자신을 비판한 언론인에게 이처럼 개인적으로 복수를 감행해도 되는가? 전에는 아데나워 정부에 동조적이었던 한 보수 평론가는 이렇게 썼다. "문제는 독일연방공화국이 여전히 자유와 헌법에 기초한 민주주의인지 여부, 또는 두려움과 자의적인 권력에 기초한 쿠데타를 통해 하룻밤 사이에 그것이 완전히 뒤바뀌는 것이 가능하게 되었는지 여부다."[15] 그러나 질문이 이것이라면, 『슈피겔』 사건은 이에 대한 만족할 만한 답을 주지 못했는데, 너무나도 많은 여타의 세부 문제들이 이 문제에 대한 만족할 만한 답을 찾는 걸 계속해서 가로막았기 때문이다. 스캔들의 자잘한 내용들을 시시콜콜 따져 보면 슈트라우스가 주된 정치적 희생양이라고 주장할 수 있었다. 물론, 그 희생양은 일시적인 것이었다(그는 3년 뒤에 다시 정부로 돌아갔다). 그러나 세부 절차들을 따지다 보면, 더 큰 그림을 보지 못하기도 한다. 스캔들은 충격요법으로 민주국가들에 활력을 주고, 또한 민주국가들을 사로잡을 수도 있다. 그러나 스캔들이 민주국가가 지향하는 근본적 문제들에 대한 해결책인 경우는 드물다.

궁극적으로『슈피겔』사건은, 그것이 서독 민주주의의 진리의 순간이 되어, 급조된 외관 이면의 모습을 드러내 주길 희망한 많은 독일 지식인에게 실망을 주었다. 1962년 말, 그 격렬한 며칠 동안, 다수의 지식인들이 거론한 선례는, 세기의 전환기에 프랑스를 갈라놓고, 그 공화국의 중심이 텅 비었음을 드러냈으며, 한 세대 이상 나라의 정치를 재형성한 드레퓌스사건이었다.『슈피겔』사건은 서독에서도 그런 일을 할 것 같은 조짐이 있지 않았을까? 궁극적으로 대답은 아니오다. 드레퓌스사건은 민주국가에서 스캔들을 통해 성취할 수 있는 것에 대한 기대를 늘 부풀려 왔다. 그것은 일반적인 것이 아니라 예외적인 것이었고, 또한 변함없이 지식인들로 하여금 자신들이 매우 중요한 존재라는 느낌에 도취하게 했다.『슈피겔』사건은 사실 민주국가에서 나타나는 스캔들의 전형에 훨씬 가까웠다. 그것은 정치인과 언론의 관계를 재조정해 주었다. 또한 일군의 정치인들을 권좌에서 끌어내리는 데 일조했고, 또 다른 일군의 정치인들에게 문을 열어 주었다. 그리고 몇 주 동안 온 국민의 관심을 사로잡았다. 그러나 민주주의의 진리의 순간을 나타내지는 못했다. 그런 순간들은 여전히 포착하기 어렵다.

스캔들은 우리를 민주정치의 중심으로 데려갈 것 같지만 사실 그것은 정치적 삶의 표면에서 일어난다. 우리는 스캔들을 위기라 부를 수 있는데, 정치 에너지를 소진할 수 있기 때문이다. "스캔들이라는 위기"는 "선거라는 위기"와 유사하다고 토크빌은 서술했다.

온 나라가 열에 들뜬 듯이 되며, [스캔들이] 매일 신문의 주제가 되고,

일반인들의 화젯거리이자 모든 언행의 목적이 되고, 오늘을 사는 단 하나의 관심사가 되는 것이다. 이것이 끝나자마자 이런 열광은 물러 가고 평온이 다시 찾아오는 것도 사실이다. 거의 둑을 무너뜨릴 지경 으로 불어 올랐던 강물은 다시 보통 때의 수량으로 되돌아가는 것이 다. 그러나 이런 폭풍우가 일어난 일에 어느 누가 놀라지 않을 수 있 겠는가?

잦은 스캔들은 민주주의의 독특한 특성 가운데 하나이다(토마 스 만이 1918년에 썼듯 "매해 새로운 것으로 시민들을 흥분시켜 날뛰게 하는 사건, 스캔들, 상징적 충돌, 거대한 위기"). 전제 정권들에서는 그렇지 않다. 전 제 국가에서 스캔들은 진짜 위기이기 때문이다. 그것은 정권이 통 제력을 근본적으로 상실했음을 가리킨다.[16] 민주국가에서 스캔들 은 민주주의가 허용하지 않는 유형의 통제력을 정치인이 행사하 려 할 때 흔히 발생한다. 그것은 열정, 모든 것이 달려 있다는 느 낌, "공화국의 위기"라는 정서, 그리고 인민이 이 기회를 반드시 잡아 자신들의 운명에 대한 통제력을 되찾아야 한다는 정서를 만 들어 낸다. [그러나] 오래가지 않는다. 결국 그 열정은 사그라지고 민주주의는 전처럼 그럭저럭 버텨 나가기로 되돌아간다.

스캔들은 민주국가들이 정말로 중요한 것이 무엇인지 보게 하는 원근감을 회복시켜 주지 않는다. 스캔들은 민주국가들이 자 신들이 처한 실제 환경이 어떤지 깨닫게 해주지 못한다. 외려 스 캔들은 모든 민주국가의 특징인 원근감의 부재를 예증한다. 『슈 피겔』 사건의 중심에 있던 쟁점들 ― 법의 지배, 국가 안보, 언론 의 자유 ― 는 서독 민주주의에 필수적이었다. 그러나 스캔들에서 큰 쟁점들은 작은 쟁점들과 뒤섞인다. 즉 본질이 절차와, 원칙이 개별성과 뒤섞인다. 바로 그것이 스캔들이 작동하는 방식이고 그것이 제한된 변화만을 야기하기 쉬운 이유이다. 모든 민주국가의 스캔들에는 승자와 패자가 있다. 누군가는 명성을 얻고 누군가는 잃는다. 개개인의 경력과 출세는 앞날을 알 수 없는 상태에 처한다. 그러나 민주주의 그 자체는 좀처럼 승자도 패자도 아니다. 그것은 극적 사건이 펼쳐지는 배경이다.

『슈피겔』 사건은 서독 민주주의가 성년이 되었음을 보여 주는 것이었지만, 그 사건이 체제가 근본적으로 변형되는 순간이어서는 아니었다. 외려 그것은 어떻게 민주주의가 [근본적으로] 변형되지 않고서도 갱신되는지를 보여 주었다. 스캔들은 사람들의 마음을 온통 빼앗는 것이고 또한 빤히 들여다보이는 가식적 행사이기도 하다. 노인은 무대 밖으로 안내된다. 어느 누구도 죽지 않는다.

여파

1962년 10월 말, 세 건의 민주주의 위기는 판이한 규모로 작용했다. 미사일 위기는 너무나도 위험했으며, 오늘날까지도 그와 견줄 만한 위기는 없다. 그것은 민주주의의 성공이었지만, 우리가 어떤 교훈을 얻을 수 있는 순간은 아니었다. 케넌처럼 [쿠바 미사일 위기와 같은] 성공을 또 한 번 성취하기 위해 일부러 위험 상황을 조성해 [민주주의가 결국 승리한다는] 숙명을 시험해 볼 수 있다고까지 생각할 필요는 없다. 가장 분별 있는 교훈은 [그런 위기에] 다시는 가까이 가지 않겠다는 것이다.

근대사를 일별해 보면, 인도와 중국의 국경분쟁은 좀 더 익숙한 규모로 발생한 사건이었다. 그것은 토크빌 책에서 찾아볼 수 있는 민주국가와 전제 국가의 군사 대치였다. 민주주의는 단기적으로 패자였다. 그러나 민주주의는 손실을 입었음에도 살아남았다. 어떤 비관론자들은 그 패배가 인도 민주주의의 자신감confidence을 파괴하지 않을까 생각했다. 또한 한 평자가 썼듯이, 중국의 도전은 "신속한 진보를 위해서는 전체주의적 통제가 필요하며 네루에 대한 신뢰confidence를 상실하면, 인도인들은 자기 자신에 대한 신뢰도 상실할 것이다"라고 오랫동안 주장해 온 이들의 영향력이 강화될 것처럼 보였다.[17] 그런 일은 일어나지 않았다. 1963년은 인도 민주주의에 너무나 힘든 해였지만, 결사적으로 버텼고, 네루역시 그러했다. 민주주의의 아버지 같은 인물 가운데 그는 재직 중에 사망한 유일한 인물이었다. 건강이 쇠했을 때조차 그는 민주국가의 총리라기보다는 왕조시대의 임금에 가까웠다. 네루는 딸인디라 간디에게 권력을 물려줄 수 있을 정도로 충분히 오랫동안그 자리를 유지하길 희망했다. 결국 그는 1964년에 죽었다. 인디라 간디는 아버지를 계승해 총리가 될 수 있는 기회를 거절했지만, 오래지 않아 수락했다.

따라서 인도 민주주의는 전형적이기도 했고 비전형적이기도 했다. 중국과의 분쟁이 초래한 위기는 인도와 다른 민주국가들 사이의 유사성과 차이들을 부각했다. 군사적 실패와 어설픈 대처라는 스캔들이 가부장적 미몽을 산산조각 내지는 못했다. 그러나 인도 민주주의는 패배를 겪으며 순진함을 잃었고, 교훈을 얻었다. 즉, 군사 충돌에 대비하고, 다시는 엄포를 놓지 않겠다고 다짐했다. 인도 민주주의는 공갈을 놓기보다는 군사적 과잉 대응을 하기 쉬운 다른 근대 민주국가들처럼 되었다. 인도는 이길 수 있는 싸움(무엇보다 파키스탄과의 싸움)을 고르는 법을 배웠다. 그 결과 1962년 이래 중국과의 무력 충돌은 재개되지 않았다. 그 위기는 마지막 위기였다. 만약 인도와 중국이 또다시 전쟁을 벌인다면 그때는 기존과는 판이한 전쟁이 될 것이다. 1962년 소련과 미국의 대립이 가까운 전례일 것이다.

가장 익숙한 규모로 벌어진 위기는 『슈피겔』 사건이었다. 스캔들은 당시에는 중요해 보이지만 시간이 흐르면서 그 중요도는 약해진다. 스캔들이 일으켰던 먼지가 가라앉고 뿌연 연기가 사라지고 나면 사실 달라진 게 아무것도 없음을 깨닫게 된다. 또 스캔들에 연루되었던 지도자들은 자신들이 그리 필요 불가결한 존재가 아니었음을 깨닫게 된다. 이를 깨닫게 된 가부장은 아데나워만이 아니었다. 1963년에도 그는 에르하르트의 승계를 방해하면서 자신의 자리를 지키려 애썼지만, 그의 권위는 이미 다시 돌이킬 수 없을 만큼 약해졌고, 결국 변화를 요구하는 당내 아우성에 저항할 힘을 상실했다. 10월 16일, 그는 사임했고 에르하르트가 집권했다. 몇 달 전 이스라엘의 벤구리온도 총리직에서 물러났다. 그의 권위도, 흔히 "이스라엘의 드레퓌스사건"으로 묘사되는 "라본 사건"Lavon affair 스캔들로 침식됐다. 스캔들의 본질은 이스라엘이 1954년에 이집트에서 비밀리에 벌인 테러 활동이었고, 이것이 폭로되었을 때 이스라엘의 국제적 위신은 심각하게 손상되었다.

그러나 이후 10년 동안 그 사건은 일련의 고소 및 맞고소, 누가 무엇을 언제 알았는가에 대한 조사 및 역조사로 전개됐다. 벤구리온의 지지자들은 국방장관 라본이 완전히 실패한 그 사건을 승인했다고 지적했다. 라본의 지지자들은 그가 죄를 뒤집어썼고, 그 사건 뒤에 그 노인네[벤구리온]가 있다고 주장했다. 정치인도 대중도 양편으로 갈렸다. 이스라엘의 엄격한 군 검열 규정상, 사건을 세세히 보도하기는 어려웠지만 전국의 신문들은 그 사건을 계기로 여러 목소리들을 강하게 내기 시작했다. 1963년 무렵, 정부 내 벤구리온에 대한 지지는 사그라들었고, 6월 16일, 그 모든 내분에 신물이 난 듯한 그가 물러났다. 그 옛날 이스라엘 국민들이 그 없이 나라를 이끌어 가는 것이 얼마나 힘든지 깨닫고 나서 자신을 다시 불렀듯이, 그는 이번에도 이스라엘 국민들이 자신을 다시 부를 것이라고 기대했을 수도 있다. 만약 그런 기대를 했다면 실망했을 것이다. 그런 요청은 다시 오지 않았다.

10월 18일, [곧] 아데나워가 물러난 지 이틀 뒤, 또 다른 총리가 스캔들의 여파로 물러났다. 매춘부, 러시아 스파이, 국가 기밀, 의회에서의 거짓 증언이 뒤섞인 영국의 "프러퓨모 사건"Profumo affair은 흔히 현대 민주국가 스캔들의 전형으로 간주된다. 그 또 다른 노인은 영국 총리 해럴드 맥밀런이었다. 보이는 것만큼 그리 나이가 많지는 않았지만 말이다. (벤구리온이 그랬듯) 건강이 좋지 않아 떠난다는 이유를 댔지만 그는 살날이 20년도 넘게 남았었다. 맥밀런은 재직 중 아버지 같은, 혹은 심지어 할아버지 같은 인상을 쌓았고, 케네디 대통령 재임 시절, 의도적으로 그 젊은이가 의지할 수 있는 현명하고 원숙한 멘토 같은 역할을 하고자 했다. 쿠바 미사일 위기 동안 케네디는 그와 자주 상담했고, 그 노인이 차분하게 건네는 말은 그 사건의 중대성과 어울렸다. 그러나 그런 모습은 경솔한 섹스 및 스파이 스캔들과는 어울리지 않았다. 노련한 정치가로 보였던 맥밀런을 이제 사람들은 그저 그런 구시대의 유물에 지나지 않는다고 느끼게 됐다.

병상에서 맥밀런은 자신의 후임자로 예상되는 인물 래브 버틀러가 그 자리에 오르지 못하게 할 책략을 구상했다. 버틀러는 실용주의자였고, 재무장관을 포함해 대다수 장관직을 섭렵한 정치 기술자였다. 맥밀런은 그가 근본적으로 허약하고 지도자에 어울리지 않는다고 생각했다. 벤구리온 또한 명백한 후임자이자 장기간 재무장관을 역임한 레비 에슈콜이 뒤를 잇지 못하도록 애썼다. 그는 에슈콜이 국가 지도자에게 필요한 지난한 결정을 내릴 능력이 부족하다고 생각했다. 아데나워도 에르하르트에 대해 이렇게 생각했다. 네루가 끝까지 자리를 고수했던 이유 가운데 하나는 재무장관 모라르지 데사이를 막기 위해서였다. 총리들은 언제나 재무장관들을 불신한다. 그들은 정치가가 아니라 계산을 하는 사람이라고 의심하는 것이다. 총리들은 민주주의의 최고위직에는 차가운 전문 지식 이상의 것이 필요하다고 주장한다.

지식인들이 민주주의적 삶에서 지식인의 중요성을 과대평가하듯이, 정치가들도 정치인의 지도력[수완]statesmanship을 과대평가한다. 맥밀런과 네루는 단기적으로는 목적을 달성했다. 비록, 인디라 간디의 후임으로 데사이가 결국 총리가 되고, 또 맥밀런이 선택한 후임자 앨릭 더글러스-홈이 이듬해 선거에서 당을 패배로 이끌고 정치 기술자 해럴드 윌슨에게 패배하지만 말이다. 아데나

위와 벤구리온이 꾀한 책략들은 실패했고, 그들은 자신이 막으려한 인물이 자신을 대체하는 것을 지켜봐야 했다. 퇴직하는 지도자들의 눈에는 이 모든 게 탐탁지 않아 보였다. 나라의 아버지들은 옹졸하게 정치 스캔들을 떠벌리는 이들로 인해 힘을 잃었다. 그들의 후임자는 회계 직원 같은 이들이었다. 그들 국가의 인민들은 분별력을 잃었다. 큰 결정은 큰 인물을 필요로 한다. 큰 인물은 방관자의 입장에서 조롱하고 트집을 잡는 것 이상의 무언가를 필요로 한다.

정치적 지도력의 중요성을 "현실주의" 입장에서 옹호한 한스 모겐소 역시 민주국가들이 점점 원근감을 잃어 가고 있다고 느꼈다. 민주정치는 웃음거리가 될 위험에 처했다. 1963년에 서독에 갔을 때 모겐소는 『슈피겔』 사건의 지속적인 여파를 보고 기운이 꺾였다. 스캔들은 진지한 태도를 조장하지도 못했고, 충분한 정보에 입각해 판단하는 대중을 만들어 내지도 못했다. 외려 사소한 일에 관심을 갖게 했고 경멸과 무시의 정서만을 조장했다. 모겐소는 이렇게 썼다. "민주주의, 정치인, 본Bonn 정부[서독 정부-옮긴이]에 대한 냉소가 만연했다. 나이트클럽에서는 코미디언이 이를 조롱할 때마다 우레와 같은 박수가 터져 나온다."[18] 프러퓨모 사건도 영국에서 같은 효과를 냈다. 풍자가 만연했다. 사람들은 정치를 진지하게 취급하기는커녕 외려 더 가볍게 취급했다. 1963년, 전 세계가 여전히 위험해 처해 있던 1963년, 민주국가들은 스스로를 비웃고 있었다. 그들이 대체 어떻게 교훈을 얻을 수 있을까? 그럼에도 여전히 조롱과 트집은 민주국가들이 위험에 대처하는 법을 배우는 한 가지 방법이다. 즉 산을 두렁으로 여기는 것이다.

이것은 전제 국가에는 없는 자원이다.

　민주국가들이 스캔들을 겪는, 또한 그 사건을 통해 새로워지는 과정이 모두 똑같지는 않았다. 영국, 서독, 인도, 이스라엘은 의원내각제였고, 여기서 총리 혹은 그에 준하는 직위의 사람들은 각료들에게 자리를 빼앗기기 쉽다. [반면] 대통령들은 그런 위협에 직면하지 않는다. 프랑스는 드 골 집권 당시 의원내각제에서 대통령제로 바꿨는데, 그 이유는 바로 정부 내부의 지속적인 불안정을 제거하기 위해서였다. 드 골은 비상하고 진지한 태도를 견지한 정치가였다. 그는 분별력을 유지해야 한다고 믿었다. 곧 위대한 나라 프랑스는 위대한 인물이 방향타를 쥐고 있을 필요가 있었다. 1963년, 그는 직위를 지키고 있는 민주국가의 유일한 가부장이었고, 그 위치는 여전히 확고했다. 미국 대통령들은 재무장관들에게 자리를 빼앗길까 염려할 필요가 없다(그 직책을 맡았던 75명 가운데 어느 누구도 대통령이 된 적이 없다). 물론 그렇다고 미국 대통령들이 위대한 정치가라는 결론으로 이어지지는 않는다. 그러나 경향상 회계 직원 같은 이들은 대통령이 되지 못한다.

　그런데 1963년 미국 민주주의는 국내적으로 위기감에 사로잡혔다. 케네디는 쿠바에서 승리를 거둬 대통령직을 유지할 구실을 되찾았지만, 기본적 어려움을 극복할 힘은 전혀 얻지 못했다. 즉 케네디 행정부는 법안들을 상원에서 통과시키지 못하고 있었다. 견제와 균형이라는 미국 의회 체제는 교착상태를 야기했고, 어떤 평자들은 교착상태가 미국 민주주의의 영구적 특징일지도 모른다는 두려움을 보이기 시작했다.[19] 변화의 주요 장애물은 남부 민주당 상원의원단이었다. 이 상원의원들 가운데 다수가 영원

불멸할 것 같은 초고령의 노인들이었다. 이런 점에서 젊은 대통령을 두었음에도 불구하고 미국 민주주의는 장로정치이기도 했다. 상원의 그 노인들은 선거의 영향을 거의 받지 않았다. 어떻게 그들을 바꿀 수 있었을까? 그들이 먼저 죽어야 가능했을까?

다시 앞으로 나아가기 위해서 죽음이 필요했다는 것은 미국 민주주의사에서 가장 아이러니한 것 중 하나인데, 그것은 노인의 죽음이 아니라 젊은이의 죽음이었기 때문이다. 1963년 11월 22일, 케네디 암살은 시대의 결정적 사건, 모두가 기억하는 순간, 일순간 세계를 얼어붙게 한 사건이었다. [그런데] 암살에 많은 사람들이 충격에 빠졌지만 위기감은 아니었다. 미국 민주주의의 탄력성, 가장 극단적인 충격조차도 견뎌 내는 능력은, 이 사건을 가까이에서 지켜보던 이들에게도 멀리서 지켜보던 이들에게도, 분명해 보였다. 케네디의 뒤를 이은 이는 비교적 노인으로 보이는 린든 존슨이었다(그 또한 보이는 것만큼 나이가 많지는 않았지만). 존슨은 전에 남부 상원의원단이었고, 그 단체를 훤히 알고 있었다. 그는 그것으로 무엇을 할 수 있는지, 그것 없이 무엇을 할 수 있는지도 알았다. 이후 몇 년 동안 그는 케네디의 법안들을 통과시켰을 뿐만 아니라 더 나아가 남북전쟁 이후 가장 급진적이고 광범위한 개혁 의제도 만들어 냈다. 결국 변화를 이끌어 낸 이는 그 젊은이가 아니라 바로 그 노인이었다.

존슨에게는 또 다른 면도 있었다. 쿠바 미사일 위기 동안 케네디는 부통령이 자신의 후임이 되지는 않을까 하는 생각에 겁에 질렸다. 그 끔찍했던 2주 동안 존슨이 보인 행동을 보았기 때문이다. 존슨은 민주주의 여론의 그 모든 상스러운 요소들, 호전성, 비타협적 태도, 선견의 결여를 체현하고 있는 듯했다. 존슨은 러시아의 위협에 정면으로 맞서려는 매파였다. 수뇌부가 대통령에게 조언하기 위해 모인 국가안보비상대책위원회ExComm 회의에서 부통령은 케네디 형제가 자리를 비운 새를 틈타 자기 생각을 드러냈다. "내가 아는 거라곤 이것뿐입니다. 텍사스에서 어린 시절을 보낼 때 길을 가다가 방울뱀이 공격하려 들면, 할 수 있는 건 막대기를 들어 대가리를 내리쳐 잘라 버리는 것밖에 없다는 거요." 존슨의 전기 작가는 이렇게 기록한다. "그런 발언을 하자 방에는 약간의 냉기가 흘렀다."[20] 대통령과 최측근 참모들이 흐루쇼프가 위기의 탈출구를 찾을 수 있도록 돕는 최종 계획을 생각해 냈을 때, 그들은 존슨이 이해하지 못할까 봐 그 계획을 그에게 알리지도 않았다. 민주주의국가에서 나타나는 여론의 비합리성은 그들이 보기에 자신들이 활용할 수 있는 무기였다. 그러나 그런 비합리성을 이용할 수 있는 것은 그들이 합리적인 사람들이었기 때문이다. 그들의 눈에 비합리성의 구현자로 보인 존슨은 그들이 무엇을 계획하고 있는지 전혀 알지 못했을 것이다.

존슨이 쿠바 미사일 위기에서 얻은 교훈은 민주국가들이 결코 굽혀서는 안 된다는 것이었다. 그가 이해하기에 봉쇄는 싸움을 피하지 않는 것이었다. 만약 민주국가의 여론이 그것을 지지하지 않는다면 그는 사태가 어떻게 돌아가는지를 대중에게 비밀로 하면 된다고 생각했다. "베트남을 빼앗기지 않을 겁니다." 암살 이틀 뒤 케네디의 외교 문제 팀원들에게 그는 이렇게 주장했다. "동남아시아가 [공산화된-옮긴이] 중국의 전철을 밟는 것을 지켜보는 대통령이 되진 않을 거요."[21] 그는 그 분쟁 지역으로 인력과 자금을 계속 투입하되 언론에 노출되지 않도록 하라고 지시했다. 미국 민주주의를 다시 움직이게 한 그 사람은 그 역사상 가장 재난 같은 전쟁에 미국을 빠뜨린 사람이기도 했다.

민주국가들이 견뎌 낸 위기마다 적절한 교훈을 배우기를 기대하는 것은 무리한 요구다. 교훈은 얻을 때도 있지만─인도는 1962년의 경험에서 교훈을 얻었다─못 얻을 때도 있다. 진실은 그들이 위기를 견뎌 내고 앞으로 나아간다는 것이고, 이는 그들이 다음 위기로 나아간다는 뜻이다.

5장 ·········· **1974년** ····················· **자신감의 위기**

위기

1970년대 중반, 민주주의국가들에 문제가 쌓여 가고 있었다. 물가가 오르고, 에너지 공급은 줄었으며, 성장은 침체됐고, 스캔들은 끝없이 터져 나왔다. 문제들은 미국, 라틴아메리카, 유럽, 중동, 극동에서 감지됐다. 영향을 받지 않는 곳은 어디에도 없었다. 악재들이 겹친 최악의 폭풍perfect storm이 태동하는 듯했고 그만큼 더 불안했다. 어느 누구도 그게 언제, 어디서 터져 나올지 확신할 수 없었기 때문이다. 복합적 위기들은 주의가 필요했지만 주의를 분산시키기도 해서 결단력 있게 하나의 행동 방침을 정하기가 어려웠다. 1974년은 불길한 예감으로 시작해서 점점 커지는 절망감으로 끝났다.

3월 2일, 『뉴욕타임스』의 제임스 레스턴은 칼럼 하나를 실었는데, 그 제목은 "민주주의의 위기"였다. 월터 리프먼을 밀어내고 대통령 및 총리들의 최고 절친 저널리스트 자리를 꿰찬 레스턴은 사흘 전 열린 영국 총선의 여파를 보도하기 위해 런던에 있었다. 에드워드 히스 총리는 교착상태를 타개하려는 시도에서 그 선거를 전국광부노조와의 고된 투쟁으로 불렀다. 여당인 보수당은 "누가 영국을 통치하는가?"라는 거창한 표어를 내걸고 선거운동에 나섰다. 대중이 선출한 정부인가, 아니면 분파적이고 책임성 없는 특정 노조들인가? 유권자들이 보내온 답은 히스가 바라던 것이 아니었다. 그의 당은 득표에서는 근소한 차이로 승리[보수당 37.8퍼센트, 노동당 37.2퍼센트]했지만 야당인 노동당에게 의석[노동당은 301석을 얻어 기존보다 20석이 늘어난 반면, 보수당은 334석에서 297석으로 37석 줄었다]을 빼앗겼다. 3월 3일, 히스는 연립내각을 구성하려 했지만 실패했다. 다음날 그는 사임했고 해럴드 윌슨이 과반이 안 되는 행정부의 총리로 돌아왔다.

1974년 2월 영국의 선거는 명백한 재앙은 아니었다. 경제적 고난의 심화를 배경으로 실시된 선거운동은 공격적이었고 추했으며 요령부득이었지만, 그 결과가 나라가 결딴나기 직전의 상태임을 가리키지는 않았다. 오히려 국민들은 다음에 어떤 조치를 취해야 할지 확신하지 못하고 있음을 시사했다. 레스턴이 보기에 이것은 신호였다. 그가 진단한 민주주의의 위기는 그 특징이 직접적이고 긴급한 위험이 아니라 만연하는 표류성이었다. 서구 민주국가들은 확신이 없었다. 레스턴은 이렇게 썼다. "세계는 지금 두려움과 무력으로 지배하는 공산주의 정부들과, 국민의 신뢰를 얻지 못한 비공산주의 정부들이 운영하고 있다." 영국의 상황은 광범위한 불만malaise의 징후였다. 즉 상황은 나빴지만 정치인들이 정신을 바짝 차리게 할 만큼 나쁘지는 않았다.

레스턴은 이렇게 말했다. 민주국가들은 현재 "설득력을 갖춘 이상주의자들"이 아니라 도전마다 타협과 임시방편으로 일관하는 "정치 기술자들"이 지배하고 있다. 민주국가들은 지속 불가능한 방향으로 가고 있었고, 유권자들의 변덕에 영합하며 (미미한 성장에도 물가가 오르는) "스태그플레이션"이 제기한 장기적인 도전과 불안정한 에너지 공급 문제를 처리하지 못했다. 레스턴의 말에 따르면 상황이 "곤란하고 심란하며 걱정스럽기도 했지만 '재난 같은' 수준은 아니었다." 그 결과 "히스와 윌슨은 나라가 심각한 위험에 직면해 있지만 둘이 연합해 나라를 구해야 할 만큼 심각하지는 않은 역설적 상황을 고수한다. 그래서 그들은 그럭저럭 계속되는대로 해나갈 것이다." [그러나] 이런 방식을 무한정 유지할 수는 없다. 끊임없이 그럭저럭 버티기로 일관하면 결국 민주주의는 발목을 잡힐 터다. 레스턴은 이렇게 결론을 맺었다. "'서구 정치의 쇠퇴'는 더는 이론적 논의의 대상이 아니라 불길한 현실이다."

영국에서 그럭저럭 버티기는 1974년 내내 계속되었다. 새로 들어선 윌슨 정부는 오래가지 못했다. 경제 상황이 악화되어 가던 와중인 10월에 [윌슨은 정국 불안으로 의회를 해산한 뒤] 두 번째 총선을 실시하기로 했다. 이번 총선에서는 지난번보다는 가까스로 확실한 결과를 얻긴 했지만[노동당이 간신히 과반보다 3석 더 얻었다], 윌슨은 의회에서 작은 다수당을 이끌고 비틀대야 했다. 그러는 동안 세계 곳곳의 민주국가들에서도 유사한 패턴이 나타나고 있었다. 정권들이 무너지고 새로운 정권이 그 자리를 채웠지만 권력이나 목적의식이 더 뚜렷하지는 않았다. 정권들을 실각시킨 것은 대체로 스캔들이었고 그로 인해 독일, 일본, 이스라엘, 미국에서 선출직 지도자들이 옷을 벗었다. 경제적·지정학적 긴장이 절정에 달한 듯 보였던 시기에, 미국은 당시 가장 큰 스캔들이었던 워터게이트사건으로 말미암아 엄청난 정치 에너지를 소진했다. 베트남에서의 패배를 받아들이려 애쓰던 미국 민주주의는 이제 자신의 문제에 몰두해야 했다. 서구 민주주의가 방향타를 잃었다는 정서를 더욱

강화하는 사건이었다.

한 해를 돌아보는 글 말미에서 『이코노미스트』는 1974년을 "잊지 못할 끔찍한 해"로 서술했다. 그해의 특징은 "곤란한 일은 뒤로 미루는 정치"였다.[1] 근본적 문제들은 여전히 외면한 채, 일시적인 사안들에 모든 에너지를 소진했다. 『이코노미스트』는 민주주의가 난관을 극복하리라는 그 특유의 자신감을 가지고 있긴 했다. 그러나 뒤에서 도사리고 있는 것은 심각한 위협들이었다. 산만한 민주주의 삶 밑에서는 훨씬 험악한 무언가가 우르릉거리고 있었다. 어떤 민주국가도 계속되는 높은 인플레이션을 견뎌 낼 수 없다는 것은 정치 토론의 뻔한 말이 되었다. 즉 인플레이션이 초래하는 사회적 혼란이 너무도 심각해서 평화를 유지하려면 전제적 수단들이 필요하다는 것이었다. 민주주의가 견딜 수 없는 인플레이션율은 보통 20퍼센트였다. 1974년 말, 영국은 19퍼센트에 이르렀고 여전히 증가하고 있었다. 이탈리아, 이스라엘, 일본은 훨씬 높았다. 라틴아메리카는 그 끔찍한 예로 자주 거론되었다.

전해 칠레에서는 선거로 집권한 살바도르 아옌데 사회주의 정부가 군부 쿠데타로 전복됐고, 1974년, 아우구스토 피노체트 장군이 스스로 나라의 원수임을 선언했다. 아르헨티나에서는 한물간 전제자 후안 페론이 [대통령으로] 돌아왔다가 7월에 사망했고 셋째 부인 에바 페론이 그 뒤를 이었다. 같은 시기, 좌익 테러리즘이 라틴아메리카뿐만 아니라 유럽에서도 부상하고 있었고, 이탈리아에서는 붉은 여단이, 서독에서는 적군파가 폭력을 행사했다. 북아일랜드에서는 종파 갈등이 테러로 분출되어 영국이 이를 억누르고자 분투하고 있었다. 서유럽 수도들의 많은 거리에서는 군인들을 자주 볼 수 있었다. 1974년, 긴급한 조치가 필요하다는 음울한 징후 속에서 민주주의의 천은 해진 듯 보였다. 만약 찢어진다면 어떻게 됐을까?

그렇지만 1974년의 정치적 조건들이 단순히 민주주의의 위기만을 나타내는 것은 아니었다. 그해는 모든 곳에서 나쁜 해였다. 진정으로 지구적 위기였던 것이다. 인플레이션, 불확실한 경제, 정치 불안은 모든 유형의 정권이 직면한 문제였다(석유가 풍부한 중동의 전제 국가들은 예외일 수 있다). 그것이 민주주의에 더 심각해 보인 이유는 민주국가들에서는 이 같은 혼란이 겉으로 드러났기 때문이다. 즉 스캔들은 더 눈에 띄었고 폭력 행동은 더 광범위하게 보도되었으며 격변이 임박했다는 느낌이 강력하게 감지됐다. 이런 표면적 활동은 더욱 심각한 문제들에서 주의를 돌리게 했을 뿐만 아니라, 불만을 표출하는 배출구가 되기도 했다. 전제 정권들에는 이 같은 배출구가 없었다. 정권에 대한 불만은, 압도적인 규모로 터져 나오는 경우가 아니라면, 숨겨야 했다. 1974년, 더 강한 전제 정권들은, 특히 동유럽에서, 위기의 조건들을 억눌렀고 장기적으로 재난 같은 결과를 야기했다. [반면] 더 약한 전제 국가들, 특히 남유럽 전제 국가들[포르투갈, 그리스 등]은 그 조건들에 굴복했다.

돌이켜 보면, 1974년은 민주주의에 좋기도 나쁘기도 한 해였다. 흔히 나쁜 일들은 더 나쁜 일을 피하다가 직면한 것들이었다. 가장 심각한 결과를 겪은 국가들은 나쁜 일이 발생하는 것을 받아들이지 못하는 비민주국가들이었다. 당시 민주국가에 살던 사람들 가운데 이를 알아본 이는 극소수였다. 레스턴처럼 대부분은 민주국가들이 연합하지 못한다면 장기적으로 패자가 되리라고 느꼈다. 그러나 1974년의 위기가 서구의 쇠퇴를 예고하진 않았다. 정확히 말하자면, 어려운 일들을 뒤로 미루는 데 일조했을 뿐이다.

이 장은 서구 민주주의에 발생하지 않은 위기에 관한 것이다. 최악의 폭풍은 발생하지 않았고, 민주주의는 살아남았다. 민주주의가 어떻게 살아남았는지를 살펴보는 것도 유익한 일일 것이다. 즉 재난이 임박했다는 느낌은 일종의 유용한 자산으로 입증되었다. 그 까닭은 그것 때문에 민주국가들의 국민이 울분, 열기를 발산할 수 있었기 때문이다. 민주국가들이 스스로가 무엇을 하고 있는지 정말로 아는 것은 아니었다. 1970년대에, 민주주의를 구한 것은 결단력이 아니라 산만함이다.

전쟁과 데탕트

1972년, 리프먼이 냉전을 주창한 지 25년 된 것을 기념해, 동명의 책이, 그 책을 쓰게 한 자극이 되었던 케넌의 글과 더불어 미국에서 재출간됐다. 새롭게 출간된 책의 편집자는 이 저작들이 다시 읽을 가치가 있다고 제안했는데, 그에 따르면 "냉전이 사망했고 이제 부검이 시작됐기" 때문이었다.[2] 전쟁은 어느 한 편의 승리로 끝나지 않았다. 대신 점차 사라지고 있었고, 대립은 협상으로 바뀌었으며, 초강대국의 긴장은 데탕트, 곧 긴장 완화로 바뀌었다. 양편은 이제 공존의 길을 찾았다. 어느 편이 긴장을 풀 동인을 주 있는지는 분명했다. 민주국가들이 먼저 지쳤다. 그들은 더는 싸움을 할 생각이 없었다. 싸움을 너무 오래 끌었고, 너무 많은 비용이 들었으며, 불만도 너무 컸다. 케넌이 제시한 10~15년의 기간이 사반세기로 길어지자 봉쇄는 지속될 수 없었다. 이것은 리프먼의 책이 다시 나올 필요가 있음을 설명해 주었다. 곧 리프먼이 결국 옳았다는 점에서 1947년 그와 케넌의 논쟁은 한 세대가 지난 시점에서도 다시 읽을 가치가 있었다.

미국 민주주의가 도를 넘어 개입한 것은 베트남전이었다. 베트남전은 방어할 수 없는 것을 계속 방어하려는 미국의 국제적 시도에 대한 스스로의 우려를 확증해 주었다. [공산주의에 맞서 전 세계를 방어하겠다는] 그와 같은 기획은 통제할 수 없다는 점에서 지속 불가능했다. 곧 "민주주의에 대한 위협들"은 절대 끌 수 없는 불이었다. 리프먼은 이 성전을 시작한 인물 트루먼을 비판했던 바로 그 표현들로, 그 전쟁에서 승리를 거두겠다는 존슨을 비판했다. "사실 그가 제시하는 전쟁 목적은 끝이 없다. 다시 말해, 그의 목적은 아시아의 모든 지역을 평정하려는 것이다. 그런 무제한적인 목적 때문에, 제한적 수단을 가지고 전쟁에서 이기는 것은 불가능하다. 우리의 목적은 끝이 없기에 우리는 반드시 '패배할' 것이다."[3] 미국 민주주의는 물적 자원뿐만 아니라 도덕 자원에서도 한계가 왔다. 미국인들은 베트남전에서 사용된 잔혹한 방법들과 인간적 고통(자국 군인도 적군도 겪는)을 감당할 수 없었다. 그들은 좋은 소식을 매우 초조하게 기다렸고 나쁜 소식에는 결벽증이 있는 듯 호들갑을 피웠다. 특히 민주국가의 저널리스트들은 대중에게 최악의 상황을 경쟁적으로 보도하려 했다.

만약 전쟁이 "패배"로 끝났다면, 그 전쟁 또한 교훈적 경험이 되었을까? 어쨌든, 그것은 절대적인 패배는 아니었다(그런 이유에서 리프먼이 따옴표를 썼다). 비록 위신에 먹칠을 하기는 했지만, 미국은 여전히 가장 부유하고 가장 강력한 국가였다. 외려 그것은 착각의 패배였다. 착각의 패배, 곧 착각에서 깨어나는 것은 자기 이해의 전제 조건이다. [이런 논리에 근거해] 리프먼을 비롯해 미국의 현실주의자들과 여전히 가장 가까웠던 유럽 지식인 레몽 아롱은 희망의 신호들을 보았다. 1974년에 쓴 글에서 그는 봉쇄가 실패하긴 했지만, 이로부터 교훈을 얻을 수 있다고 선언했다. 리프먼을 말을 되풀이하며 그는 이렇게 주장했다. "제국의 논리에 따르면, [제국은] 모든 곳에 편재해야만 하며, 패배를 용납할 수 없다. 이와 같은 피로스의 논리는 제국에 승리를 가져다주기보다 재앙을 가져다준다."◀ 패배[후퇴]를 용납할 수 없는 국가는 패배를 피할 수 없는 국가이다. "25년 후 봉쇄는 어느 한편의 승리가 아니라 협상을 이끌어 냈다. …… 실패가 성공인 이유는 철수를 하고, 온건함을 배우며, 국가 간 균형을 이루는 방법을 준비할 수 있게 되었기 때문이다."⁴ 서구 민주주의, 특히 미국 민주주의는 자신의 한계를 이해하게 되었다는 것이다.

▶ 맥락을 좀 더 명확히 하기 위해, 런시먼이 인용하고 있는 문구보다 좀 더 인용해 두었다. 피로스는 고대 그리스 지역에 위치한 에피로스의 왕으로, 로마와의 두 번에 걸친 전투에서 모두 승리를 거두었지만 장수들을 많이 잃는 바람에 마지막 최후의 전투에서는 패배했다. 커다란 희생이나 비용을 치르고 거둔, 실속 없는 상처뿐인 승리를 가리켜 '피로스의 승리'라 한다. 참고로, 2009년에 재출간된 아롱의 책에는 패배(defeat)가 아니라 후퇴(retreat)로 되어 있다.

반면 또 다른 현실주의자 가운데 일부는 이와 같이 확신하지 못했다. 그들은 베트남에서의 완패는, 민주주의가 종말에 이른 증거라고 보았다. 여론은 전쟁을 견딜 수 없어 했지만, 그렇다고 이성적으로 타협안을 찾아낼 분별력이 있는 것도 아니었다. 여론은 정치인들에게 불가능한 요구를 했고, 그런 까닭에 정치인들은 대중을 무시하고 싶었다. 이것이 민주국가들이 와해되는 과정이다. 민주국가들은 체스를 잘 둘 수 없다고 경고한 바 있는 루이스 할레는 그 상황을, 약 10년 전 쿠바 미사일 위기와 대비시켰다. 당시에는 비합리적 비타협을 요구했던 미국 국민의 여론으로 말미암아 소련이 물러섰는데 "미국 정부라면 받아들일 수 없을 그 후퇴라는 굴욕을 소련인들은 받아들였기 때문이다."5 이길 수 없는 전쟁에서 후퇴하는 법을 모르는 것은 미국인들이었다. 그들은 굴욕을 당하고 있었지만 여전히 선택지들에 대한 제대로 된 논의조차 하지 못했다. 할레는 토크빌에 대해 "제아무리 까다로운 사안이어도, 대외 관계에 대한 통제에 있어서는 권위주의 정부가 자유민주주의 정부보다 낮다는 점을 처음 알아본 사람"이라고 말했다.6 할레는 더 거슬러 올라갔다. 서구 자유주의 사회들은 고대 그리스에서부터 지금까지 모든 민주국가들이 기다려 온 "최후"의 순간에 다다르고 있었다. 해외에서 벌인 경솔한 행동과 국내의 무질서가 치명적으로 결합된 결과로 민주국가들은 "도덕적·정치적 파산" 상태에 이르렀다. 일단 이 상태에 도달하면 "권위주의적 관리 상태가 유일하게 운용 가능한 대안"이다.7

리프먼은, 좀 더 초연하긴 했지만, 마찬가지로 우울한 견해를 내놓았다. 이제 여든넷으로 거의 생의 끝에 다다른 그는 1973년

4월에 진행된 한 인터뷰에서 서구 민주주의가 "의심스러운 실험"이었다고 선언했다. 현대의 국가들은 민주주의가 "작동 불가능한" 크기와 규모에 도달했다.[8] 스스로 만들어 낸 난점들로부터 빠져나오는 법을 아는 것은 그야말로 너무나 어렵고 힘들었다. 현실주의의 창시자 격인 한스 모겐소는 그 상황의 비극적 요소를 간파하고 있었다. 아롱처럼 그도 민주국가들이 자신의 실패로부터 교훈을 얻고 좀 더 현실주의적인 방향으로 스스로를 재구성하길 원했다. 그러나 타이밍이 결코 좋지 않았다. 민주국가들은, 정작 자제력을 발휘해야 하는 시기를 놓치고 나서야, 자제력이 필요하다는 사실을 깨닫곤 한다. 이것이 비극이다. 즉 "[민주주의 사회가] 민주적인 재구성 수단을 사용해 여전히 스스로를 구할 수 있을 때 자제력은 필요 없어 보이고, 그 필요가 분명해질 때는 너무 늦다."[9] 민주국가들이 실수에서 교훈을 얻을 수 있는 여지는 보이지 않을 정도로 작았다. 반면, 어떤 교훈을 얻을 수 있을 정도로 심각한 실수를 저질렀을 경우, 얄궂게도 회복이 어렵다.

이 같은 견해는 당대의 가장 중요한 공공 정책학자였던 헨리 키신저도 공유했다. 지적 자신감이 대단했고 정치적으로 냉철했던 키신저는 닉슨 행정부 시기의 외교정책을 좌지우지했다. 그는 자신의 역할이, 미국의 권력이 좀 더 현실주의적인 방향으로 투사될 수 있도록 재조정하는 것이라고 보았다. 민주주의에 대한, 모든 것을 얻거나 모든 것을 잃는 양단간의 방어책은 사라지고, 장차 발생할 수 있는 상황에 적응하는 유연한 전략이 그 자리를 차지해야 한다는 것이었다. 키신저는 민주주의의 친구 또는 적을 고정된 실체로 분류하고 싶지 않았다. 그는 그들이 서로 싸우기를 바랐다. 한 평자가 썼듯이 그는 현실주의자라기보다는 "기회주의자"였다. 그는 상황을 이용하는 것이 중요하다고 믿었다. 또한 그 자신의 표현에 따르면 그는 "상황의 압력에 구애받지 않고 선택의 여지를 마련해 두고자" 했다.[10]

키신저는 또한 외교 문제를 수행하는 과정에서 여론이 만들어 내는 병리적 측면과 관련해 토크빌을 즐겨 인용했다. 그가 느끼기에 민주국가들은 늘 너무 과하거나 너무 부족하게 행동했다. 그것을 바로잡기 위해서는 정치가가 필요했다. 또한 그는 민주국가들이 실수로부터 교훈을 얻는다고 생각하지도 않았다. 자신의 결함들을 직시하려 애쓸 때마다, 민주국가는 그 안에서부터 파열될 조짐을 보였다. 민주국가는 자신이 성취할 수 있는 것에 과한 자신감을 보일 뿐, 분별력 있는 혹은 합리적 수준의 자신감에 머물지 못한다. 그들은 과한 자신감을 보이며 휘청거리다가 자신감의 위기에 빠진다. 이 두 상태 사이에는 안정적인 균형 상태란 없다. 끝없이 둘 사이를 왔다 갔다 할 뿐이다. 키신저는 베트남에서의 경험이 미국 민주주의에 관해 말해 준 것을 다음과 같이 이야기했다. "다른 어떤 사회도 스스로를 갈가리 찢어 놓아도 원래대로 돌아갈 수 있을 정도로 튼튼하다고 자신하지는 않았을 게 분명하다. 다른 어떤 국민도 갱신을 위해 그토록 대범하게 붕괴의 위험을 감수하지는 않았을 것이다."[11] 이와 관련해, [미국 민주주의에는] 존경스러운 점도 있었지만, 매우 심란한 점도 있었다. 곧 미국인들은 자신의 경솔함을 바로잡는 노력에서조차 경솔했기 때문이다.

베트남전이 미국 민주주의에 준 교훈은 대외 정책을 수행할 때 좀 더 신중해야 한다는 것이었다. 하지만 키신저가 보기에 미국 민주주의는 스스로 그런 교훈을 도출해 낼 수 없었다. 또 다른 문제가 하나 있었다. 과거의 실패들에서 벗어나고 싶은 민주국가는 자신이 지금까지 무슨 짓을 벌이고 있었는지 인정할 수 없었다. 민주국가는 만만해 보이지 않도록 자신들이 저지른 실수를 숨겨야 했다. 실제로 키신저는 미국이 패배를 인정하지 않아야만, 베트남전의 곤경에서 벗어날 수 있다고 확신했다. 미국은 출구를 찾는 동안에도 계속해서 힘을 표출할 필요가 있었다. 약함을 인정하면 적들은 사기가 오를 것이고, 들끓는 여론을 이용하기만 할 것이다. 그들은 점점 더 큰 양보를 요구하고 점점 더 큰 불화의 씨앗을 뿌릴 터였다. 키신저는 이 전쟁에서 드러난 무능으로부터 미국 민주주의를 보호하는 방법이, 미국이 마치 [베트남에서] 충분히 열심히 싸우지 않은 듯 처신하는 것이라고 생각했다. 그것은 일종의 신용 사기였다.

그 결과 그와 닉슨은 미국 민주주의 구출 작전을 추진했는데, 그것은 비밀스럽고 기만적이며 궁극적으로 부패한 것이었다. 그들은 베트남전을 확대하는 방법으로 그 전쟁을 끝내려 했다. 이를 위해, 충돌 지역을 캄보디아까지 확장했고 폭격 범위도 대대적으로 확대했다. 이런 결정은 공개적인 토론 없이 행정부 내부에서 최소한의 논의만을 거친 채 이루어졌다. 겉으로는 이처럼 비타협적으로 보였지만, 키신저는 평화를 확보하겠다는 태도로 베트남과 비밀 협상을 벌였다. 그는 이 평화를 미국민들에게 기정사실, 그러니까 비밀 협상의 지저분한 내막을 모르는 대중이 순순히 따를 수 있는 것으로 제시하고 싶었다. 결국 그는 대중에게 패배처럼 보이는 평화를 주었고, 이는 미국민들이 허락하지 않은 수단을 통해 확보한 것이었다. 1974년, 마지막 미 전투 병력이 베트남을 떠나 고국으로 돌아왔고, 미국은 베트남의 운명을 베트남인들에게 맡겼다. 1년이 안 되어 공산주의자들이 권력을 장악했다. 캄보디아에서는 잔혹한 전쟁이 크메르루주의 집권 아래 훨씬 더 잔혹하게 변해 갔다. 베트남전은 미국 민주주의에 깊은 상흔을 남겼다. 그러나 미국 민주주의가 그 경험으로 더 현명해지지는 않았다. 이 사례에서 실패는 자기 이해로 이어지지 않았다. 이어진 것은 비통, 혼란, 그리고 잊고 싶은 마음이었다.

닉슨 행정부는 자신들이 양보를 했다는 사실이 탄로날 수 있고, 공산주의 세계가 확대 재편성되는 더욱 곤란한 상황 속에서, 베트남전의 결과를 평화로 간주하고 싶었다. 1972년, 닉슨의 중국 방문은 이 같은 전략 가운데 가장 눈에 띄는 부분이었고, 러시아인들은 확실히 이에 불안을 느꼈다. 키신저는 [케넌이 제시한] 봉쇄의 궁극적 목적, 즉 소련을 소련과 같은 방식으로 상대하되 다만 더 잘해야 한다는 것을 포기하지 않았다. 또한 이것은 단순히 그들보다 더 강함을 넘어 더 기민해야 가장 잘 수행할 수 있다는 케넌의 독창적 견해에도 동의했다. 그렇지만 그가 케넌에 동의하지 않는 부분이 있었다. 이 기획이 민주국가의 국민에 대한 교육의 일부가 될 수 있다는 생각이었다. 민주국가의 국민들은 소련을 압도하기 위한 노력의 일환으로 수행되는 도덕적 원칙에서의 타협을 용인할 수 없었다. 키신저의 말에 따르면, 그들은 너무 "불안해"할 터였다. 민주국가의 의사 결정 과정에서 계속 여론을 참여시키려면 대중이 이해하기 쉽도록 상황을 충분히 단순하게 만들어야 했다. [그러나] 키신저는 복잡한 상황을 단순화할 뜻이 없었고, 그런 까닭에 대중을 의사 결정 집단에서 배제해야 했다. 만약 상황이 성공적이라면, 대중의 구미에 맞는 좋은 소식들을 많이 전할 수 있을 것이다. 만약 그렇지 않은 상황이라면 아무도 모르도록 해야 했다.

키신저는 양수걸이를 하고 있었다. 하지만 그만 그렇게 한 것은 아니었다. 1979년에 집권한 서독 총리 빌리 브란트는 분단 독일을 받아들이는, 동방 정책으로 알려진 데탕트 전략을 밀고 나갔다. 브란트는 동독을 정치적 독립체로 인정하기 시작했고 이후 유럽의 미래상을 두고 소련과 여러 차례 대화에 나섰다. 아롱이 냉전이 시작될 때 지적했듯이, 서독의 설립자들이 자국의 분할을 인정하지 않은 것은 사실상 그것을 고스란히 용인한 것이었다. 비포용 정책은 [분단 상황에 대한] 일종의 묵인이었다. 이제 브란트는 그 반대의 방법으로 접근하려 했다. 현재의 상황과, 그것을 만들어 낸 역사적 환경들을 인정함으로써, 그는 상황을 전진시키고 싶었다. 그는 서구 민주국가의 유연성을 이용해 동구권이 완벽히 안정화되는 것을 막고 싶었다. 포용 정책을 쓰면 공산주의 지도자들은 진짜 선택의 순간에 직면할 것이고, 궁극적으로 현상 유지가 훨씬 힘들어질 터였다. 이데올로기는 비타협에 직면해 와해되지 않는다. 무수한 가능성의 세계에 직면해 와해되는 것이다. 이것은 기존에 알고 있던 봉쇄가 아니었지만—닉슨 행정부는 브란트의 제안에 깜짝 놀랐다—케넌의 애초 생각과 일치했다. 즉 소련 체제를 느슨하게 하려면, 자신과는 다른 조건의 세계와 대면시켜야 한다는 것이었다. 우호적인 교섭 제의는 이를 위한 한 방법이었다.

얼마간 동방 정책은 성공적으로 보였다. 모스크바는 협조하는 듯했다. 키신저가 공통분모를 찾으려는 브란트의 노력이 소련을 고립시키는 데 일조할 수 있다고 생각하게 되자, 워싱턴 역시 브란트의 노력에 협조했다. 미소 간 긴장은 완화됐고, 잠정적인 공존이라는 새로운 시대가 시작하는 듯했다. 베를린은 전 지구적 분쟁 지역이 더는 아니게 되었고, 양편 사이에 통상 관계가 시작됐다. 브란트는 독일 내외에서 엄청난 인기를 얻었다. 1971년에는 노벨평화상을 받았고 1972년에는 압도적으로 재선에 성공했다. 그러나 이듬해 브란트는 철저한 환멸을 느끼게 되었다. 선천적으로 우울한 성격에 과음과 외도로도 전혀 누그러트릴 수 없었던(외려 과음과 외도가 그 원인이었을) 우울증에 빠진 그는, 건설적인 포용이라는 장기 전략이 민주주의의 변덕스러운 기질을 견뎌 낼 수 없음을 알게 됐다.

1973년, 그의 개인적 인기는 일련의 스캔들과 인플레이션이 부채질한 경제 위기가 고조되면서 급락했다. 그해 6월, 독일인의 76퍼센트가 브란트의 정책에 찬성했지만 12월에는 절반 이상 줄었다. 그해 말 브란트는 악명 높은 인터뷰를 남겼는데, 이 인터뷰에서 그는 유럽 민주주의의 수명이 20, 30년밖에 남지 않았을지도 모르고, 이후 "독재의 바다에 둘러싸여 사라질 것"임을 시사했다.[12] 만약 유럽 민주주의가 어려운 시기에 불굴의 의지와 도덕적 용기를 발휘하지 못한다면, 민주주의의 장기적 장점들은 무용지물일 것이다. 브란트는 민주국가들의 가변성이 민주국가들을 구하기 전에 민주국가들을 먼저 파괴하리라 생각했다. 동방 정책이 마법을 부리기 전에 서구는 포기를 선언할 것이라고 말이다.

훨씬 무뚝뚝하고 확신에 차있던 키신저는 이 같은 비관론에 굴복하지 않았다. 그는 서구가 적응하고 헤쳐 나갈 수 있다고 늘 믿었다. 그런데 그 이유는 첫째, 그가 민주주의를 그다지 신뢰하지 않았고, 둘째, 그가 선거에 나갈 일이 없기 때문이었다. 브란트는, 대중의 인기를 얻어 당선한 정치인이 민주주의에서 인기가 덧없는 것임을 깨닫게 될 때 느끼는 환멸로 괴로워하고 있었다. 그것은 정치인이라는 직업상 어쩔 수 없이 겪게 되는 위험이다. 키신저는 인기가 별로 없었고, 그래서 환멸도 느끼지 않았다. 1973년에 노벨평화상을 받았을 때 키신저는 "겸손한 마음으로" 받겠다고 말했다. 굳이 농담임을 밝히지 않아도 농담처럼 들렸다. 1974년 무렵, 브란트의 세계는 와해되고 있었다. 키신저의 세계는 늘 그렇듯이, 위기에서 위기로, 기회에서 기회로 돌아가고 있었다.

석유와 인플레이션

미국 민주주의는 베트남전에서 싸울 의지도 부족했고, 그 비용을 치를 의지도 부족했다. 미국이 베트남전처럼 비용이 많이 드는 충돌에 쓸 자금이 부족한 것은 아니었다. 베트남전이 한창일 때 소요된 비용은 연간 국내총생산의 2퍼센트를 약간 넘었는데(방위비 지출은 전체 지출에서 거의 10퍼센트에 달했다), 이는 한국전쟁의 약 절반 수준, 제2차 세계대전의 10분의 1 수준에도 못 미치는 것이었다.[13] 미국은 그 비용을 충분히 감당할 만한 형편이었다. 그러나 그 비용을 치르고 싶지 않았다. (베트남전이 절대적 패배가 아니었듯이)

이것은 절대적 판단이 아니라 [국내의 다른 현안들을 고려한] 상대적 판단이었다. 정부는 전쟁에만 자금을 대는 게 아니라 다른 많은 재정 이행 약속도 지켜야 했다. 존슨 행정부에서 착수했고 닉슨 행정부에서도 계속 추진되었던, 사회 개혁 정책은 매우 돈이 많이 드는 것이었다. 또한 브레턴우즈 체제에서 달러를 세계 기축통화로 유지해야 했다. 곧 달러 가치를 금과 대비해 유지해야 했다. 그러나 전쟁 비용과 사회보장 지출이 늘어남에 따라, 이를 유지하기는 점점 더 어려워졌다. 곧 증가하는 인플레이션은 체제 전반에 대한 자신감을 상실케 했다. 이 도전은 두 가지 방법 가운데 하나로 해결할 수 있었다. 미국 정부가 늘어 가는 국제 채권자들을 만족시키고자 긴축정책을 시작하거나 혹은 금 태환을 중지하는 것이었다. 닉슨은 후자를 택했다.

1971년 8월 15일, 소위 닉슨 쇼크는 브레턴우즈의 제약에서 미국을 자유롭게 하려는 일련의 조치들을 수반했다. 그러면서도 통화 및 재정 규율을 완벽히 포기한다고 한 것은 아니었다. 즉, 닉슨은 달러의 금 태환 정지 선언을 통해 자국 통화의 가치를 떨어뜨렸지만, 또한 대통령령으로 임금과 물가를 통제하고 예산 삭감을 주장했다. 이런 행정 결정들은 온화한 전제주의로 돌아가는 듯 보였다. 그러나 닉슨은, 브레턴우즈협정에서 금융시장의 변덕스러운 요구를 충족시켜야 할 필요성으로부터 미국을 해방시킴으로써, 자신이 실제로는 미국 민주주의에 신뢰를 보낸 것이라고 말했다. 이제는 미국인들이 자신의 결의를 입증해야 했다. 그는 저녁에 행한 텔레비전 연설에서, 금 태환 중지 결정을 발표하면서 국민에게 이렇게 촉구했다. "국민은 성공을 위한 확실한 내적 충동이 있어야 합니다." 그는 자신이 취한 모든 행동은 "우리의 에너지를 약화하고 자신감을 침식하는 자기 회의, 자기 경멸에서 재빨리 벗어나도록 도와주는" 것이 그 목적이라 말했다. 그리고 이어서,

이 나라가 세계경제에서 계속 일등을 하느냐 아니면 이등, 삼등, 사등의 자리로 물러나느냐, 국민으로서 우리가 스스로를 신뢰하느냐 혹은 그 신뢰를 잃느냐, 이 세계에서 평화와 자유를 가능케 할 힘을 고수하느냐 혹은 놓아 버리느냐―그 모든 것은 여러분에게, 그 모든 것은 여러분의 결심이 얼마나 강한지에, 운명을 얼마나 신뢰하는지에, 나라와 자기 자신을 얼마나 자부하는지에 달려 있습니다.[14]

이와 동시에 그는 다른 모든 민주국가들(자국의 통화가 기축통화인 달러와 연계되어 있는 국가들과 자국의 경제정책이 워싱턴의 결정에 종속되어 있다고 때때로 불평을 토로했던 그 나라의 정치인들)에게 다음과 같은 메시지를 보냈다. 이제는 힘든 결정을 내려야 할 때이다. 달갑지 않은 결과를 감내할 의사가 있다면, 자신의 방향을 스스로 정할 기회가 당신에게도 있다. 그것은 당신에게 달려 있다.

이것은 충격적인 전개였는데, 브레턴우즈 체제의 연대 정신을, 개별 민주국가가 자신의 정책과 운명을 스스로 결정해야 하는 경쟁적 질서로 대체하는 것으로 보였기 때문이다. 행동의 자유가 늘어난 상황이 방종이 아니라, 자기 규율을 고무할 것이라는 보장이 있을까? 만약 미국이 금융 질서를 유지하는 핵심 중추로서의 역할을 방기한다면 세계 군사 질서를 유지하는 핵심 중추로서의 역할을 수행할 것이라고 누가 보장할 수 있을까? 그 답은 아무런 보장도 없

다는 것이었다. 곧 닉슨이 암시했듯이 그것은 맹신이었다.

그 충격은 2년 뒤 또 다른 충격과 결합되어 심화됐다. 1973
년 10월, 이스라엘과 아랍 국가들 사이에 벌어진 욤 키푸르 전쟁
으로 세계는 균형을 잃고 흔들렸다. 이집트와 시리아의 공격을 예
상하지 못한 이스라엘은 기습을 당했다. 오랫동안 이스라엘은 내
부 결속력과 투지가 투철해 보였던 유일한 민주국가였다. 1967년
벌어진 [제3차] 아랍 이스라엘 전쟁에서 이스라엘은 [단 6일 만에] 적
들을 궤멸하며 압도적으로 승리했는데, 이를 통해 민주국가가 여
느 전제 국가 못지않게 규율이 잘 잡혀 있고, 가차 없으며, 군사적
결단력이 강력할 수 있음을 보여 주었다. 그러나 성공한 다른 민
주국가와 마찬가지로, 이스라엘 역시 쉽게 안주했다. 1970년대
초 무렵, 역동적인 이스라엘은 점차 과거의 영광에 기대어 그 어
떤 도전도 막아 낼 수 있다고 자신하는 듯 보였다. 자신의 명성을
믿어 왔기에, 욤 키푸르 전쟁 초반에 겪은 패배는 예상치 못한 충
격이었다. 이스라엘은 이내 무기력에서 벗어나 반격을 개시했고,
결국 적의 영토로까지 진군했다. 키신저가 휴전을 중개하고, 충돌
에 따른 미소의 긴장을 완화하는 데 일조했다. 붕괴 직전까지 갔
던 데탕트는 온전히 살아남았다. 그럼에도 그 충돌은 모든 관련국
들을 흔들었다. 데탕트가 안전을 보장하는 데는 거의 도움이 되지
못했던 것이다.

진짜 충격은, 아랍 국가들이 산유국 카르텔인 석유수출국기
구OPEC를 통해 일련의 금수 조치와 가격 인상을 단행함으로써,
1974년 초까지 석유 가격을 네 배로 올린 것이었다. 이것은 부분
적으로 욤 키푸르 전쟁 당시 이스라엘에 무기를 공급하고 지원한

미국 및 그 동맹국들에 대한 보복이었다. 또한 닉슨의 달러 평가 절하에 대한 대응이기도 했다. 국제시장에서 석유는 달러로 가격을 매겼기에 석유 가격도 하락했던 것이다. OPEC의 결정으로 세계 경기는 위축됐다. 석유 소비는 모든 선진국에서 급감했고, 특히 미국에서는 1974년 초 20퍼센트까지 줄었다. 국제무역이 쇠퇴하고 경기후퇴가 서구 대부분의 나라로 번져 나가 실업이 증가하고 주식시장이 급락했으며 인플레이션 위험이 상존했다.

이 두 가지 충격 — 닉슨 쇼크와 오일쇼크 — 이 결합해 민주주의에 관한 익숙한 두려움들을 다시 불러일으켰다. 더불어 그것들은 민주국가들의 분열과 전제 국가들의 연대 사이의 명백한 대조를 보여 주었다. 브레턴우즈 체제를 해체하면서 미국은 자기 길을 갔고 (닉슨이 보기에) 경쟁력과 자립, 혹은 (미국의 동맹국 다수의 관점에서는) 이기심과 단기적 이익 추구를 설파했다. 산유국들은 보복을 위해 뭉쳤다. 사우디아라비아와 이란이 이끄는 OPEC 회원국들은 모두 전제 국가였고, 그중 다수는 매우 권위주의적인 국가였다. 그들은 민주국가들이 위기가 닥쳤을 때 하지 못하는 일을 해냈다. 곧 공동 행동 방침에 합의하고 이를 굳게 지켰다. 이 정권들은 선거, 변덕스러운 여론, 헌법 준수 여부를 걱정할 필요가 없었다. 또한 정상들이 가격을 담합해 그대로 유지할 수 있었다. 그에 비해 민주국가들은 분열하기 쉽고 취약해 보였다. 양편은 이를 잘 알고 있었다. 1973년 말, 이란의 왕은 이탈리아인 [기자 및 작가] 오리아나 팔라치와 인터뷰 도중, 이란이 서구처럼 되려면 민주화되어야 한다는 의견을 듣고 이렇게 대꾸했다. "하지만 그런 종류의 민주주의는 원하지 않습니다! 이해 못했군요! 나는 그런 민주주의의 어떤 부분도 원하지 않습니다. 그건 전부 당신네들 것이고, 당신들이 꾸려 나가요, 모르겠습니까? 당신들의 멋진 민주주의 말이에요. 몇 년 후면 당신네들의 멋진 민주주의가 어떻게 될지 알게 될 거요."15

닉슨은 에너지 자급 필요성을 내세워, 민주주의의 취약성에 대한 점증하는 위기감을 해소하려 했다. 1973년 11월 25일, 닉슨은 텔레비전 연설에서 미국인들의 자립심에 대한 자신의 믿음과 관련된 주제를 꺼내 들었다. 이제 그것은 에너지 공급으로까지 확장되어야 했다. "미국은 독립을 성취하고 유지하고자 수많은 생명과 재산을 희생해 왔습니다." 그가 선언했다. "이 세기의 마지막 삼분의 일 동안, 우리의 독립은 에너지 자급의 성취 및 유지에 달려 있을 것입니다."16 민주국가는 석유가 풍부한 전제 국가들에 휘둘리지 말아야 했다. 아랍 석유에 대한 의존에서 벗어나기 위해서는, 혁신 능력에 의지할 수밖에 없었다. 자제, 규율, 협동력을 보여 줘야 했다. 그러나 이것들은 바로 민주국가들이 결여하고 있는 듯 보이는 특성들이었다. 일국의 에너지 자급이 허황된 꿈 그 이상이었을까? 닉슨이 착수한 것은 [고속도로] 주행 제한 속도를 시속 55마일로 낮춘 것이었다. 언 발에 오줌 누기 같은 조치로 보였다.

석유 의존은 장기적 근심거리였다. 1974년, 이것은 좀 더 직접적인 불안에 자리를 내줬다. 그것은 치명적인 인플레이션 경향이었다. 이 두 가지 충격이 결합해 서구 세계 곳곳에서 인플레이션에 대한 두려움을 더욱 부채질했다. 닉슨의 금본위제 탈퇴는 가장 쉬운 길을 가려는 민주주의의 고전적 경향에 잘 들어맞는 듯했다. 즉 다음 선거에 눈독을 들이고 있는 정치인이 금본위제를 포기하라는 국내 압력에 굴복한 것이었다. 석유 가격의 극적인 상승은 민주국가들이 외부 충격에 얼마나 많이 노출되었는지 보여 주었다. 곧 이들의 소비 욕구는 급작스런 공급 중단에 민주국가들이 휘둘리도록 만들었다. 이것들은 민주주의에 결여된 규율의 양면이었다. 임금에 대한 단기적 압력, 완전고용에 대한 약속, 사회보장 정책 축소에 대한 유권자들의 반대로 정부는 재정 규율을 유지하기가 어려웠다. 그동안 소비사회에서 나타나는 끊임없는 수요 욕망과 생활수준 향상에 대한 기대로 말미암아, 고갈 위기에 처한 천연자원들에 대한 의존에서 벗어나기 힘들었다. 민주국가의 정치인 가운데 그 누가 성장의 한계를 지적하고 생활수준에 대한 국민들의 커져만 가는 기대를 꺾으리라고 기대할 수 있겠는가? 민주국가들은, 제대로 기능하기 위해, 더 나은 미래를 믿을 필요가 있다. 정치인들은 당선을 위해 더 나은 미래를 옹호할 필요가 있다. 그러나 지속적인 진보에 대해 약속을 하면, 현재를 꾸려 나갈 수 없었다. 1974년, 물가가 상승일로로 치솟으면서, 민주국가의 정치인들이 물가를 잡지 못한다면 누군가라도 혹은 다른 무엇이라도 그들을 대신해 그렇게 해야 한다는 두려움이 퍼졌다.

런던의 『타임스』는 1974년 6월의 영국 상황을 다음과 같이 요약했다.

진실은 이렇다. 만약 완전고용 약속이 민주적 절차에 의해 자발적으로 수정되지 않는다면 순전히 하이퍼인플레이션의 힘에 의해 훨씬 더 잔인하게 파기될 것이고, 더욱 심각한 사회적·정치적 결과를 야기할 것이다. 민주주의자들이 그 일을 하지 않는다면 그 일을 대신할 사건들이 발생할 것이며, 그것도 그에 따른 고통을 덜어 주지 않은 채 가차 없이 진행될 것이다. ……

그런 계획은 우리 정치체제가 용인할 수 있는 범위 밖에 있다고들 말할 것이다. 만약 그렇다면—그리고 전후 줄곧 그랬다고 명백히 간주된다면—민주 정부가 민주주의 자체를 위협할 수준까지 치솟고 있는 인플레이션을 막을 방법은 전혀 없어 보인다. 충분한 용기로 어쩌면 극복할 수 있을 세력들 앞에서 나라와 국민이 수동적으로, 속수무책으로 쓰러지는 것을 그저 지켜보게 하는, 정치적 가능성이라는 저 개탄스러운 관습적 통념을 개인적으로 기꺼이 거부할 정치 지도자가 정말로 한 사람도 없단 말인가?[17]

이 칼럼은 '당황스러운 상황이야!'라고 외치고는 '당황하지 마!'라고 하는 듯했다. 1974년 인플레이션 "위기"는 자기실현적 예언◀이 될 조짐을 보이고 있었다. 언론과 정치인들은 계속되는 인플레이션이 사회 및 정치가 받아들일 수 없는 수준의 긴장을 야기할 것이라는 견해를 계속 피력했다. 재무장관 윌리엄 사이먼은 10월에 독일 신문 『디 자이트』*Die Zeit*에 마치 독일 독자들이 상기할 필요가 있다는 듯 "역사는 인플레이션으로 부서진 정치체제의 잔해들로 뒤덮여 있습니다"라고 말했다.[18] 문제는 정치적 불안정의 징후들을 그 원인과 구별하기가 매우 어렵다는 것이었다. 과도한 임금 인상 요구에 맞서는 것은 물가를 통제하기 위한 전제 조

▶ 과도한 위기의식이 투자 심리와 실물경제를 위축시켜 실제로 경제를 위기 상황으로 몰아가는 현상.

건으로 보였다. 그러나 민주국가의 정치인들이 이렇게 하면 민주
주의 자체가 위협을 받고 있다고들 하는 시기에 사회적 긴장을 고
조시킬 우려가 있었다. 그들은 이러지도 저러지도 못하는 곤경에
처해 있었다. 불안정 유발을 두려워하는 것은 양보와 임시방편으
로 이어졌고, 그것은 불안정의 원인이라고 하는 인플레이션을 부
채질했다. 양보에 대한 거절은 고압적이고 전제적인 것으로 보였
다. 민주주의를 짓밟지 않으면서도 대중 정치의 단기적 이익 추구
에 맞설 여지는 과연 어디에 있을까? 점점 더 많은 평자들이 그런
여지가 존재하지 않는다는 두려움을 느끼기 시작했다.

토크빌은 민주국가들에 이따금 충격이 발생해 자기 운명에
대한 책임감을 느끼기를 희망했다. 1970년대 초의 충격들은 그런
효과를 내지 못했다. 그것들은 무력감을 만연시켰고 낙심을 퍼뜨
렸다. [이런 상황에서] 체제의 한계에서 벗어나, 체제를 구할 수 있는
용기와 비전을 겸비한 정치인들을 찾는 외침이 계속되었다. 하지
만 이런 정치인들이 어디 있었을까? 또한 체제를 파괴하기에 이
른 정치인들과 그들을 어떻게 구별할 수 있었을까?

정권 교체

1974년 내내, 정치적 불안정을 나타내는 가장 눈에 띄는 신호는
정부들이 정권 유지에 어려움을 겪었다는 점이었다. 다수는 인플
레이션을 근본 원인으로 보았다. 그 무렵 몽펠르랭 협회의 지도적

인물이 된 밀턴 프리드먼은 직설적으로 이렇게 말했다. "인플레이션은 분명 1970년에 에드워드 히스를 총리로 만드는 데 일조했다. 더욱 분명한 것은 1974년에는 그가 총리에서 물러나게 하는 데도 일조했다는 것이다. …… 칠레의 아옌데 대통령이 목숨을 잃은, 적어도 부분적인, 이유는 인플레이션이었다. 세계 곳곳에서 인플레이션은 정치적 불안의 주요 원천이었다."[19] 그러나 두 사례를 한데 묶으려는 프리드먼의 시도에도 불구하고 두 사례 사이에는 큰 차이가 있었다. 그것은 단순히 한 사람이 직위를 잃고 또 한 사람이 목숨을 잃은 사건이 아니었다. 히스의 부침은 민주주의 체제에서 볼 수 있는 일상적인 변화였다. 반면, 아옌데의 종말은 민주주의 체제에서 그것과 전적으로 다른 것, 즉 군사 통치로의 변화를 의미했다.

이런 차이에는 경고도 있었고 유혹도 있었다. 히스와 윌슨 사이에서 왔다 갔다 하는 것은 사태를 제대로 파악하지 못하는 민주주의의 무능을 전형적으로 보여 주는 듯했다. 즉 배가 침몰하는 상황에서 유권자들은 그저 갑판의 의자들을 재배치하고 있는 것처럼 보였다. 칠레에서의 정권 교체는 적어도 그 상황의 심각성을 반영했다. 그 이행은 폭력적이었고 불쾌한 것이었다. 그것은 비위가 약한 사람들에게는 고약하기 짝이 없는 것이었다(비위가 엄청 좋았던 키신저에게, 그것은 아무런 문제가 없었다). 그러나 그 현장의 야만성을 즐겼거나, 기꺼이 못 본 체하려 했던 이들에게 정권 교체는 새로운 시작의 기회일 수 있었다. 칠레 경제의 문제들은 유럽보다 훨씬 심각했다(1974년 인플레이션은 1천 퍼센트에 달했다). 갑판 의자를 재배치하는 것만으로는 충분하지 않은 상황이었다. 1974년에 피

노체트가, 시카고의 프리드먼 수하에서 공부한 일단의 칠레 경제
학자에게 주로 영감을 받아 일련의 급진적인 자유 시장 개혁을 단
행했을 때, [민주적 선거에 의해 집권한 아옌데 정권을 군사 쿠데타로 전복한 피
노체트의] 과거를 그냥 묻어 두는 것이 [인플레이션이 야기할 수 있는] 훨
씬 더 암울할지도 모를 미래를 피하기 위해 치러야 할 대가일지도
모른다고 생각하고픈 유혹이 있었다.

대단하게도 프리드먼은 그 유혹을 거부했다. 그는 피노체트
같은 독재자가, 그럴 가치가 있는 존재라고는 결코 주장한 적이
없었다(이는 프리드먼이 추인했으며, 피노체트 주변에 있던 자신의 제자들을 통해
전달했던 견해와는 상반되는 것이었다. 즉, 그는 독재자가 어쨌든 집권을 하게 되면,
시장 원리를 수용하도록 권해야 한다고 자신의 제자들에게 말했다고 한다). 하이
에크는 훨씬 애매모호한 입장이었다. 그는 새로운 정권의 옹호자
가 되었고, 법의 지배를 유지하는 독재자가 있는 것이 법의 지배
를 무시하는 민주국가보다 낫다고 주장했다. 법의 지배에 대한 발
언에서 하이에크가 의도한 것은 무엇보다 인플레이션을 통한 약
탈에 맞서 사유재산을 보존해야 한다는 것이었다. 그는 아옌데 집
권기의 사회주의적 개혁들을 노예의 길로 가는 중간 역으로 보았
다. 독재의 막간극은 그 나라를, 민주주의의 자유가 적어도 미래
에 생길 수 있는 방향으로 되돌릴 수 있는 기회였다.

하이에크는 마음속으로는 민주주의를 단념하지 않았다. 1970
년대에 그는 자신이 여전히 민주주의를 믿는 몇 안 되는 지식인이
라고 종종 주장했다. 그는 민주주의가 자제력을 배워야만 스스로
를 구할 수 있다고 거듭 주장했다. 1974년에 노벨경제학상을 받은
하이에크는 수상 연설에서, 경제학자들이 무엇을 성취할 수 있는

가에 대해 "겸손"을 보여야 할 때라고 말했다. 그들은 자신들의 힘을 과대평가했고 결국 사태(특히 인플레이션 억제와 관련해)를 엉망으로 만들어 버렸다. 동일한 교훈이 민주국가들에도 적용됐다. 민주국가들은 자신이 할 수 없는 그 모든 것들에 대해, 또는 자신들이 자멸할 수 있다는 것을 인정해야 했다. [민주주의에 대한] 규제와 [민주주의의] 실패[즉, 전제주의] 사이에는 중간 지대가 없었다. 이는 칠레의 상황을 잘 설명하는 설득력 있는 주장이었다. [곧 칠레가 직면한] 선택지들은 냉혹했다. 즉 [작동] 불가능한 민주주의로 갈 것인가 아니면 미래에 민주주의가 들어설 가능성 있는 전제주의로 갈 것인가. 민주주의의 혼란 상태를 받아들이지 못했던 하이에크는 후자를 선택했다.

　몽펠르랭 협회의 지도적 회원 가운데, 냉혹한 선택지들을 직시해야만 한다고 생각한 사람은 하이에크만이 아니었다. 미국 경제학자 제임스 뷰캐넌(프리드먼과 마찬가지로 나중에 노벨상을 수상한)은 1974년에 『자유의 한계』 *The Limits of Liberty*를 탈고했는데, 여기서 그는 서구 민주주의가 "무정부주의와 리바이어던[무소불위의 국가]" 사이에서 위태롭게 균형을 잡고 있는 것으로 서술했다. 뷰캐넌은 이런 두 상태 사이에 중간 지대가 여전히 존재하지만, 그 중간 지대는 매우 좁고 또한 계속 좁아지고 있다고 보았다. 10여 년 전인 1962년에 고든 털록과 함께 그는 신기원을 이룬 『국민 합의의 분석』 *Calculus of Consent*을 출간했고, 거기서 민주주의에 대한 규제를 주장하기 위해 합리적 선택 이론을 사용했다. 저자들은 민주국가들이 성공적으로 기능하려면 다수결원칙을 억제할 필요가 있음을, 민주주의의 관점에서 입증할 수 있다고 믿었다. 필요한 것은 사람들이 합리적으로 사고하기만 하면 되었다. [그러나] 이제 뷰캐넌은 자신이 너무나 많은 것을 당연시해 왔다고 느꼈다. 합리성이 민주주의 삶의 잡음, 우는 소리와 히스테리적인 자기주장을 뚫고 사람들에게 전달될 수 있을지 그는 더는 자신하지 못했다.

뷰캐넌은 "지적 파산의 시대"를 살고 있다고 느꼈고, 지금은 새롭고 신선한 사고가 필요한 때라고 보았다. 민주국가들은 통제 불능의 상태였다. 분수에 넘치는 지출을 했고 인플레이션을 조장했으며 이익집단에 영합하고 관료 체제를 확장했으며, 힘든 진실에 좀처럼 직면하지 않으려는 유권자들의 변덕스러운 욕구를 채워 줬다. 민주주의를 유지해 줄 수 있는 유일한 것은 헌법에 따라 공공 지출을 제한하는 것이었다. 민주주의 체제에서 헌법상의 제한은 인민의 동의를 받아야 했다. 프리드먼과 마찬가지로 뷰캐넌 역시 독재자를 좋아하지 않았다. 민주주의의 미래는 유권자들이 그 미래가 자신들에게 달려 있다는 사실을 자각하고 정부에 제약을 가할 수 있는가의 여부에 좌우된다. 뷰캐넌은 이렇게 썼다. "서구 민주사회의 현대인은 자기 운명에 대한 충분한 통제력을 만들어 내거나 획득해 정부에 제약을, 즉 정부가 진정한 홉스적 주권자[리바이어던]로 변형되지 못하게끔 하는 제약을 가할 수 있을까?"[20] 그 답은 아마도 '아니오'였을 것이다. 뷰캐넌에게는 그것이 유일한 문제였다.

하이에크와 뷰캐넌은, 서로 다른 방식으로, 민주주의 삶의 시끄러운 표면 아래, 그 잡음 이면으로 들어가, 규제에도 치우치지 않고 과잉에도 치우치지 않는 그 중간의 근본적 대안을 밝히고 싶었다. 그러나 1974년, 정치적 과잉과 관련한 싸움은 [근본적인 것을 드러내지 못한 채] 여전히 표면에서 일어나고 있었다. 가장 시끄러운 잡음은 귀청이 터질 정도로 쇳소리를 낸 스캔들이었다. 거의 2년 간 떠들썩하게 이어져 온 워터게이트사건은 1974년에 이르러 절 정에 달했다. 범죄 혐의가 확실해지고, 탄핵이 가까워 오자, 결국 닉슨은 8월에 사임했다. 많은 사람들이 워터게이트를 비극으로 보았다. 키신저는 닉슨의 종말을, 선한 사람이 사적으로 거느린 악마 같은 인물들 탓에 실각하고, 그 재능마저 안타깝게 사장된 사건으로 보았다. 또한 그는 자신이 짠 지정학적 계획으로 가능해 진 기회들이 물거품이 된 사건이라 생각했다. 이 기회들을 이용하 려면 대통령의 확실한 권한이 필요했지만, 1974년, 닉슨의 권한 은 사라졌다. 반면 다른 이들에게 워터게이트는 닉슨과 키신저 시 대의 비밀주의와 거짓말과 정확히 일치하는 것이었다. 민주주의 를 불신한 행정부는 필연적으로 민주주의를 남용하기 시작했다. 이제 민주주의가 반격에 나섰다.

워터게이트는 어떤 면에서 "순수한" 스캔들이었다. 한 평자 의 말에 따르면 "그래서 [그것은] 더 심란하고 위험하다. 섹스도 관 련 없다. 돈도 관련 없다. 오직 권력이다. 그것은 유전 사용권을 공격하지 않는다. 그것이 공격하는 것은 민주주의다."[21] 불가피하 게, 모든 스캔들에서 그렇듯, 위기에 관한 말들이 나왔다. 대통령 의 이중성과 피해망상이 드러나자 민주주의가 발가벗겨지고 밑동 의 썩은 것이 드러난 것 같았다. 모든 스캔들에서 그렇듯, 폭로는 카타르시스적 효과를 낳고 미국 민주주의가 더 진실한 방향으로 스스로를 개조할 기회를 붙잡게 될지 모른다는 희망들이 표출됐 다. 이런 희망들은 사실상 물거품이 됐다. 제럴드 포드 대통령이 취임 후 채 한 달도 안 되어 전임자를 사면하고 국민에게 이제 다 털고 일어서자고 권한 것이다. 미국 민주주의는 워터게이트로 정신이 산란했고, 그것을 즐겼으며, 이따금 격분하기도 했다. 하지만 성숙해지지는 못했다.

워터게이트가 1974년에 민주국가들을 집어삼킨 유일한 스캔들은 아니었다. 5월 서독에서는 브란트가 (최측근 비서 귄터 기욤이 동독 간첩으로 밝혀진) 기욤 사건의 여파로 총리직을 사임했다. 한 달 전에는 이스라엘 총리 골다 메이어가 욤 키푸르 전쟁에 적절히 대비하지 못한 일로 고소와 맞고소를 이어 가다 물러났다. 11월에는 이탈리아 총리 마리아노 루모르가 뇌물 수수와 부패 혐의로 물러났다. 12월에는 일본 총리 다나카 가쿠에이가 기업 관련 비리 혐의[토건 비리와 록히드 사로부터의 뇌물 수수]와 불륜 스캔들로 자리에서 물러났다. 이 스캔들은 섹스와 돈이 다였다. 두둑한 돈 봉투와 게이샤 여성 스캔들이었다.

이 스캔들들은 그것이 발생한 국내 상황과 대중이 받은 충격이라는 측면에서 각국별로 판이했다. 정치인들의 부패에 이골이 난 이탈리아에서는 스캔들 피로라는 말까지 나왔다. 이탈리아인들은 지도자들의 부패에 너무도 익숙한 나머지, 한 평자의 말의 말에 따르면, "걷잡을 수 없는 냉소" 상태에 이른 듯 보였다.[22] 실제로 선거가 끝나고 나면, [정치인들의 부패 관련] 뉴스가 가장 먼저 보도되는 곳이 이탈리아였다. 일본 대중도 정치 부패에 꽤 익숙했다. 그럼에도, 그와 같은 사실이 폭로되는 일은 흔치 않았기에 충격이었다. 표면적인 예의를 잃지 않는 것이 중요한 일본 사회에서, 총리의 나쁜 행실이 만천하에 드러난 것은 자극적이고도 혼란스러운 일이었다. 일본의 젊은 민주주의가 이탈리아를 닮아 가지 않도록 공직 윤리를 회복해야 한다는 말들이 많았다. 하지만 지도자의 결함을 직시하고 이에 맞섬으로써, 일본 민주주의가 마침내 성년이 되었다는 견해도 있었다. 그러나 이는 착각이었다. 스캔들을 겪음으로써 민주주의가 장성하는 것은 아니다. 폭로를 즐기고 사회적 대립을 바라는 것은, 모든 오래된 민주국가들의 특징인, 사춘기의 무례하고 상스러운 상태에 이르렀다는 신호이다.

브란트의 몰락은 서독에 자기반성의 계기가 됐다. 그는 악인이었을까, 희생자였을까? 대인 관계[뇌물 수수 또는 외도]에서 그의 판단 착오가, 미래의 두 독일 사이의 관계에 대한 그의 정치적 판단도 무효화하는 것이었을까? 브란트의 몰락은 신속했다. 그는 기욤이 간첩으로 체포되고 2주도 안 돼 사임했다. 너무 빠른 게 아니었을까? 서독, 이스라엘, 이탈리아, 일본 같은 의원내각제의 특징은 스캔들이, 충분한 가속도가 붙으면, 정부를 상당히 빨리 해체하는 경향이 있다는 것이다. 의원내각제의 지도자들은, 일단 권위가 실추되면, 즉각 물러나게 할 수 있다. 반대로 워터게이트가 극히 고통스러웠던 한 가지 이유는 사건이 해결되는 데 너무 오래 걸렸다는 것이다. 대통령들은 한 발짝 움직이게 하기도 매우 어렵다. 한 평자는 닉슨이 마침내 사임하기 한 달 전 이렇게 썼다. "미국이 캐나다 같은 의원각제였다면 워터게이트사건이 발각된 뒤 두 달 내에 그것을 처리할 수 있었을 것이다. 경직된 정부를 둔 우리는 대중이 난감해하는 지점, 위대한 국민이 모욕을 느끼는 지점에 이르렀다. 모욕적이고 위험하다." 다른 비교들은 더 노골적이었다. "독재국가를 제외하면, 지구상의 어떤 나라도 이처럼 신임을 잃은 사람이 여태껏 집무실에 있는 것을 허용하지 않을 것이다."[23]

너무 서두르거나 지나치게 느리다는 것. 그것은 여전히 민주주의의 문제였다. 늘 그렇듯, 어려운 것은 균형감을 찾는 것이었다. 미국에서 닉슨이 권좌에서 물러나지 않고 버텼던 것은 다른 누군가가 사태를 진정시키는 데 장애물이 되었다. 그러나 다른 사례들에서처럼, 지도자를 이 사람 저 사람으로 신속하게 바꾸는 것도 나을 게 없어 보였다. 만약 지도자가 변화를 만들어 내기에 충분한 시간을 확보할 수 없다면, 이는 다른 누군가도 사태를 진정시킬 수 있는 시간을 충분히 가질 수 없다는 것을 의미했다. 브란트의 일부 고문들은 그가 자리를 계속 지켜야 한다고 조언하면서, 민주국가에서 경험이 풍부한 지도자를 개인적 일탈을 이유로 바로 내치는 것은 위험한 조치라고 주장하기도 했다. 중요한 것은 그 나라 전체가 직면한 장기적 도전들이었다. 나중에 브란트는 자신이 너무 성급히 물러났다고 느꼈다.[24] 그러나 당시 그가 내린 결론은 버텨 봤자 소용없다는 것이었다. 민주국가에서 지도자들은 자신들이 필수 불가결한 존재인지 아닌지 스스로 결정할 수 없다. 모든 사람이 없어도 되는 존재다. 이것이 민주국가들이 작동하는 방식이다. 즉 권력자는 언제든 신뢰를 잃을 수 있다. 지도자들이 지금은 변화를 주기에 너무 위험하다고 고집할 수 있는 체제는 전제 국가뿐이다.

지도자를 내친 이 민주국가들의 공통점은 통치 체계까지 내버리진 않았다는 것이다. 즉, 그 어떤 기성 민주주의국가도 1974년에 무너지지 않았다. 변화는 게임의 규칙[선거]에 따라 일어났다. 규칙 자체는 변화하지 않았다. 스태그플레이션과 사회불안으로 진짜 위험이 닥쳤을 때 민주국가들에서는 이 같은 규칙들이 작동하는 것처럼 보였다. 본질적인 조치가 필요한 상황에서, 민주국가들은 절차 — 각각의 스캔들에서 언제나 그렇듯 문제는 누가 누구에게 무엇을 했는가였다 — 에 집중하고 있었다. 그럼에도 민주국가들을 위기에서 구하는 데 일조한 것은 절차에 대한 집중이었다. 그것은 민주주의 자체를 문제 삼지 않으면서도, 대중이 느끼는 불안과 불만의 배출구가 되었다. 1974년의 "위기"를, 그 위기의 수준으로 대응했다면 민주주의는 위기에 빠졌을 것이다. [그런 경우] 긴급조치와 군사적 해결에 관한 말들이 나오기 때문이다. 위협을 그 규모에 맞게 대응하는 체제는, 심각한 위협에 처할 때, 체제 변화를 심사숙고해야 할 것이다. 민주국가들은 결코 그렇게까지 하지는 않았다. 그런데 외려 그랬기에 그들은 살아남을 수 있었다.

1974년에 체제 변화가 발생한 곳은 위협에 대처하지 못한, 유럽의 전제 국가들이었다. 민주국가들의 골칫거리로 곧잘 이야기되는 인플레이션은 사실 유럽의 비민주국가들에서 훨씬 더 심각했다. 군부가 지배하던 두 나라 그리스와 포르투갈에서는 30퍼센트를 넘었다. 1974년, 이 두 곳에서는 전제주의가 최후의 발악을 시작했다. 체제 변화가 진행되는 상황은 무계획적이고 혼돈 그자체였다. 포르투갈에서는 살라자르 정권이 좌파 위관 장교들의 쿠데타로 전복됐고, 내전으로 치닫는 상태까지 이르렀다가 민주주의가 출현했다. 그리스에서는 나라를 운영할 생각이었던 장교들이 자기들끼리 절망적으로 싸우다가 [결과적으로는] 민주주의로의 길을 터주게 됐다. 실패한 전쟁 — 포르투갈 아프리카 식민지 전쟁, 그리스와 키프로스의 전쟁 — 은 커져 가는 경제적 혼란과 더불어 이 정권들을 불안정하게 했다. 그런데 가장 눈에 띈 것은 그들이 대내외적인 압력에 너무나도 불안정하고 유연하지 못했다는 것이다. 즉 결단력이 있다고들 하는 전제자들도 자신이 저지른 실수의 결과를 어떻게 처리해야 하는지는 알지 못했다. 그리스와 포르투갈의 1974년 위기는 그 문제의 규모에 상응하는 변화를 초래했는데, 문제의 정권들이 적응력을 발휘해 그 영향을 줄이지 못했기 때문이다. 그들이 할 수 있는 것이라고는 판돈을 키우는 것이었고, 이것은 사람들이 결국엔 돈을 잃게 되는 이유였다.

동유럽에서도 인플레이션은 심각한 문제였다. 이들은 그리스나 포르투갈과 같은 얄팍한 전제 국가들이 아니라, 이데올로기에 토대를 두고 있었으며, 소련의 군사적 후원을 받고 있었다. 그들은 광범위한 국가 보조금을 쓰고, 석유 수출국으로서 석유 가격 인상에서 이득을 본 소련의 도움을 받아, 석유파동의 인플레이션 효과를 억제할 수 있었다. 그러나 인플레이션 억제와 그것과 씨름하는 것은 결코 같지 않았다. 동유럽에서는 정부가, 국민이 물가 인상과 성장 저하의 충격을 오롯이 경험하도록 하는 것을 주저함에 따라, 비효율과 낭비가 깊이 자리 잡고 있었다. 이런 주저함의 일부는 서구 소비사회에 뒤처졌다는 인식에서 기인했다. 데탕트를 통해 수많은 동유럽인은 자신에게 없는 것을 깨닫게 됐다. 그것은 잘 굴러가는 자동차, 볼 만한 텔레비전 프로그램, 즉흥적으로 쫓아낼 수 있는 정치인이었다. 이런 점에서 동유럽 지배자들은 직면한 도전의 규모와 [국민의 생활수준을] 유지하지 못할 경우에 치러야 할 대가로 말미암아 점점 초초해졌다.

그래서 그들은 다른 전략을 택했다. 석유파동은 중동에 새로운 재원, 즉 [투자처를 찾아] 어딘가로 가야 할 오일달러를 창출했다. 닉슨 쇼크는 증가하는 규제 완화의 장점을 이용하고자 고안된 역외시장의 성장을 가속화했다(이 시장들 가운데 가장 유동적인 것은 런던에 있었다. 그것은 국가의 관할권에 속하지 않는다는 의미에서 "역외"였다).[25] 오일달러는 역외시장을 통해 서구 은행가들에게서 동유럽 정부들에게로 차관 형식으로 흘러들어 갔고, 이 덕분에 동유럽 정부들은 점점 늘어만 가는 국민의 기대를 매수할 수 있었다. 그것은 치명적인 계약이었다. 좀 더 "선진적인" 동유럽 국가들 ─ 동독, 헝가리, 폴란드 ─ 의 공산주의 지도자들은, 빚을 내서라도 자신의 목적을 충족시키는 서구 자본주의의 "적응력"(즉 탐욕)을 자신들도 발휘할 수 있기를 희망했다. [하지만] 그들이 그렇게 해서 얻은 것은 빚뿐이었다. 물론 서구 자본주의가 그들의 생각처럼 혼돈 속에서 붕괴한다면 문제가 안 되겠지만, 그런 일이 일어나지 않는다면 공산주의 국가들은 꼼짝 못하게 될 터였다. 약점을 덮기 위해 돈을 빌린 그들은, 위기가 닥쳤을 때 은행가들에게 또다시 돈을 더 빌려 달라는 것 외에 다른 대책이 없는 신세가 됐다. 결국 은행가들은, 자신들이 파산하는 것을 막기 위해, 더 이상의 대출을 거절할 것이었다. 동유럽권은 한 역사가의 말처럼 "폰지 사기"Ponzi scheme◀의 과정을 거치고 있었다.[26] 그러나 당시에 그렇게 본 사람은 아무도

▶ 1920년대 미국에서 희대의 다단계 금융 사기극을 벌인 찰스 폰지의 이름에서 유래한 말로, 고수익을 미끼로 투자자들을 끌어모은 다음 나중에 투자하는 사람의 원금을 받아 앞 사람의 수익금을 지급하는 방식의 사기를 의미한다. 넓은 의미에서는 경제 영역에서 발생하는 광범위한 사기 행각을 지칭하기도 한다.

없었다.

1974년, 위기와 어렴풋이 보이기 시작한 재난에 관한 모든 이야기는 주로 서구와 관련된 것이었다. 그러는 사이 진정한 장기 위기는 동유럽 정권들과 소련 정권에서 태동하고 있었다. 이들은 적응력은 부족하지만 힘든 일을 계속해 나갈 힘을 보유한 국가였다. 서구에서는 용기 있고 사심 없는 정치인을 물색하려는 노력이 계속되었지만 허사였다. 민주국가의 지도자들은 유권자를 너무나도 두려워한 나머지 그들을 보호하기 위해 필요한 조치를 취하지 못한다고들 했다. 그러나 체제를 쇠약하게 하는 진정한 두려움은, 감히 자신들의 실패들을 자백하지 못하는 공산주의 정권들 사이에서 꿈틀대고 있었다. 그들은 스스로에 대한 착각과 자발적 기만이 뒤섞인 중간 상태에서 자신들을 구해 줄 무언가가 나타나길 희망했다. 민주국가들은 위기에 직면했을 때 전제 국가보다 강하지 못했다. 목적의식이 더 뚜렷하지도 않았다. 그들은 더 변덕스러웠고, 더 전전긍긍했으며, 더 쉽게 산만해졌다. 이로 인해 통제력을 발휘하기가 더 힘들었다. 1974년, 그들은 [역설적으로] 이런 특성들로 말미암아 더 나쁜 숙명으로부터 벗어날 수 있었다.

여파

1975년, 3국위원회*Trilateral Commission*를 자칭한 한 단체가 폭넓은 주목을 받게 되는 "민주주의의 위기"란 보고서를 발간했다. 위원회는 미합중국, 서유럽, 일본이 서구가 직면한 공동의 위협들에 공동으로 대응하고자 1973년에 설립됐다(민주국가 일본은 이제 "서구"의 일부로 간주됐다). 최종 보고서에서 세 저자 — 유럽은 미셸 크로지에, 미국은 새뮤얼 헌팅턴, 일본은 와타누키 조지가 썼다 — 는 지난 몇 년간 대내외적으로 민주주의국가들 사이에서 동시적으로 발생한 위협들을 개탄했다. 민주국가들은 어느 한쪽에서 발생하는 위협에 대처할 수 있었을지 모르지만, 두 가지 위협에 동시에 대처하기란 불가능했을 것이다. 저자들은 서론에서 이렇게 썼다. "외부 환경으로 말미암아 부과되는 중요한 요구 사항들이 없는 체제는 스스로를 운영하면서 생기는 결함들을 바로잡을 수 있을지도 모른다."[27] 석유파동은 국가 재정을 무책임하게 늘리지 않았더라면, 충분히 관리할 수 있었을지도 모른다. 석유파동의 급작스런 충격이 없었더라면, 민주국가들은 국내 재정 문제를 관리할 수 있었을지 모른다. 결국 치명적인 것은 당면한 사건들과 장기적 추세의 결합이었다.

프랑스 사회학자 크로지에는 셋 중 가장 우울한 전망을 내놓았다. 그는 민주주의의 역경을 야기하는 유력한 용의자들, 즉 인플레이션, 청년 소외 문제, 스캔들을 사소하게 여기는 태도, 무책임한 지식인, 이 모두를 탓했다. 유럽의 민주국가들은 "빠져나오기 매우 어려운 악순환에 빠졌다. 더 심각한 경기후퇴에 들어설 것으로 보이는데, 이는 사회구조의 취약성을 고려할 때 받아들일 수 없을 것으로 보인다." 유럽공동체EC(유럽연합EU의 전신)는 집단적 대응을 조직하기엔 중심부가 매우 약했다. 각 나라들은 어둠 속에서 더듬더듬 임시변통으로 그때그때 대책을 마련했다. 이것이 결국에는 효과가 있을지 몰랐지만 시간은 민주주의의 편이 아니었다. 크로지에는 이렇게 한탄했다. "장기적으로는 성공할 실험이 현재의 취약한 상황에서는 매우 위험해 보인다."[28]

저명한 정치학자 헌팅턴은 [민주주의의] 생존이 달린 절망적 상황에 저항했다. [민주주의의 생사가 달린] 그 게임은 아직 끝나지 않았다. 하지만 민주주의의 모든 장점이 거의 소진되고 있었다. 헌팅턴은 미국 민주주의가 1960년대에 정치제도에서뿐만 아니라, 사회제도에서도 차고 넘치도록 실험을 했고 이제 그 대가를 치르고 있다고 느꼈다. 시민들 사이에서 광범위하게 나타나고 있는 정치적 불만으로 말미암아 구제책을 실행하기 어려운 상황에서, 공공지출은 감당할 수 있는 수준을 넘어섰다. 유권자들은 정부에 대한 믿음을 잃었지만 동시에 정부에 너무 많은 것을 원했다. 즉 정치인들은 유권자들의 수많은 요구와 냉소주의라는 불가능한 조합에 직면했다. 최선의 희망은 대중이 정치에 환멸을 느끼며, 불참과 무관심으로 돌아서는 것이었다. 헌팅턴은 유권자들이 스스로 문제를 해결할 수 있을 것이라 자신하지 못했다. 그러나 [정치에 대한] 관심을 잃는다면, 그들은 적어도 정치인에게 불가능한 요구를 더는 하지 않을 테고, 이럴 경우 정치인에게 행동의 여지가 생길 수 있었다. 살아남기 위해 민주국가는 더 많은 관심이 아니라 더 적은 관심이 필요했다.

와타누키는 좀 더 낙관적이었다. 일본은 미국의 전철을 밟는 길에서 여전히 조금 떨어져 있었다. 다나카 스캔들에도 불구하고, 정치[인]에 대한 대중의 경멸은 아직 만연하지 않았다. 일본의 많은 정치·사회제도들은 1960년대의 격동에서 비교적 온전히 살아남았다. 일본 민주주의는 상대국들보다 확실히 안정적으로 보였다. 그러나 일본은 따라잡아야 할 것이 많은 미숙한 민주주의였다. 일본 앞에 격동의 해들이 기다리고 있는 게 거의 확실했다. 아직 위기가 극심하지 않은 것은 아마도 시간문제일 터였다. 와타누키는 1980년대에 이르면 일본 역시 큰 위기를 겪게 될 것이라고 결론지었다.

위원회는 1975년 5월, 교토의 한 회의에서 보고서를 제출했다. 회의에 참석한 랄프 다렌도르프는 런던정경대 학장으로 막 지명된 상태였다. 다렌도르프는 한껏 과장된 담론들을 불신하는 중도주의자이자 실용주의자였다. 그는 저자들에게 자신은 그들이 팔려고 내놓은 견해들을 사지 않겠다고 말했다. 그들은 지나쳤고 원근감을 잃었다. 그들은 민주국가들이 사건에 대한 통제력을 회복하기를 원하면서도 잘못된 기준, 즉 경쟁국들[예컨대, 전체주의]의 기준에 근거해 민주주의를 판단했다. 다렌도르프는 이렇게 말했다. "민주국가들의 전통적 특징은 경제, 사회, 정치 공동체가 나아가야 할 방향을 지시하라고, 정부에 요구하지 않는다는 것 아닙니까? 적어도 비민주적 사회에서 하는 정도에는 못 미치게 말이지요."[29] 사실, 진정한 곤란에 빠진 것은 바로 통제력을 양도할 수 없는 국가들이었다. 다렌도르프는 이렇게 이어 갔다. "저는, 다른 많은 사람들의 의견과는 달리, 민주주의의 미래에 대해 비관적이지 않습니다. 제가 보기에, 근래에 나타나고 있는 수많은 사회 발전들은 독재국가들을 훨씬 더 힘들게 하는 것 같습니다." 과잉 반응을 하지 않는 것이 중요하다는 것이었다. 위기에 관한 말은 늘 "의도적인 긴축", 즉 통제력 회복, 위험 최소화를 요구하도록 했지만 잘못된 조치였다. "제가 보기에, 우리가 무엇보다 해야 할 일은 어쨌든 민주주의 제도의 장 큰 장점인 유연성을 유지하는 것입니다."30

다렌도르프는 1970년대 민주주의의 위기에 과잉 반응하지 않은 소수의 대중 지식인이었는데, 그가 옳았다. 민주제도의 유연성이 민주제도를 구한 것이었다. 그러나 민주주의의 위기가 보기와는 다르다는 게 드러나는 데는 시간이 걸렸다. 매우 암울한 또 다른 해는 1975년이었다. "우리 미국의 상황이 좋지 않다는 것을 여러분께 말씀드리지 않을 수 없습니다." 포드 대통령이 국민들에게 연설 첫머리부터 한 말이다.31 경기후퇴가 오래 이어지면서 많은 나라에서 실업과 인플레이션 모두 절정에 달했다. 인도에서는 인디라 간디가 스캔들(부정선거 혐의로 유죄판결을 받았다)◀과 사회적 불안이 결합된 압력 속에서 6월에 [비상사태를 선포하고 헌정을 중단시킴으로써] 민주주의를 일시 정지했다. 그녀가 선포한 "비상사태"는 21개월간 지속됐다. 11월, 스페인에서는 장기간 집권했던 독재자 프랑코가 마침내 죽었고 그가 선택한 후임, [37세의] 젊은 왕 후안 카를로스가 뒤를 이었다. 후안 카를로스는 다음해로 넘어가기도 전에 민주주의의 이행을 개시했다. 처음에는 스페인이 어디로 갈지 매우 불분명했다. 많은 나라에서 급속한 정치 전복이 발생하던 시점에서 어느 누구도 무엇이 일시적 단계인지, 영구적 변동인지

▶ 인디라 간디는 1975년 6월 자신의 지역구에서 저지른 부정선거에 대해 알라하바드 고등법원에서 의원직 박탈 및 향후 6년간 피선거권 박탈 판결을 내리자, 인도 헌정 사상 처음으로 비상사태를 선포하고 헌정을 중단시켰다. 이후 야당 정치인을 구속하고, 언론을 탄압하는 등 독재정치로 가다가, 국민들의 저항에 부딪혀 1977년 총선을 실시하게 된다.

확신할 수 없었다. 인도는 민주주의에서 반半전제주의로 갑자기 기울어졌다. 스페인은 전제주의에서 잠정적 민주주의로 비틀거리며 나아가고 있었다. 누구도 어떤 정세가 지속될지 알 수 없는 상황이었다.

나중에야 이 시기의 패턴이 분명해졌다. 신생 민주국가들에게 이 시기는 이보 전진, 일보 후퇴였다. 신생 전제 국가들에게는 일보 전진, 이보 후퇴였다. 전제주의에서 민주주로의 이행들은 그 반대보다 훨씬 지속적이었다. 인도의 비상사태는 일시적인 문제로 밝혀졌다. 스페인의 민주주의는 지속적인 현상으로 밝혀졌다. 이 패턴을 가장 잘 알아보고 이름을 붙인 사람은 새뮤얼 헌팅턴이었다. 민주주의의 위기를 확인하고 나서 그 이후 15년을 기록하면서 헌팅턴은 1974년부터 1990년까지의 기간을 민주주의 진전의 "제3의 물결"이라 명명했고 이것은 20세기 전반기의 변동, 그리고 제2차 세계대전 이후 변동의 뒤를 이은 것이었다.[32] 헌팅턴에게 이 새로운 물결의 원인들은 복잡하고 다중적이었으며, 이것은 그가 이 물결이 진행되는 동안 그것을 알아보지 못한 이유이기도 했다. 또한 그 패턴은 어떤 면에서도 매끄럽지 않았다. 몇몇 나라들에서, 특히 라틴아메리카와 동남아시아, 민주주의와 전제주의 사이를 오락가락하는 현상이 수년간 계속됐다. 다른 지역에서, 무엇보다 아프리카 민주주의는 여전히 확고한 발판을 마련하지 못하는 것 같았다. 그럼에도 전반적인 방향은 분명했다. 지나고 보니 1974년은 판이했다. 민주주의의 위기는 사실 민주주의에 유리한 방향으로의 선회였다.

다렌도르프는 당시 이것을 얼핏이나마 알아보았다. 헌팅턴은 그러지 못했다. 그러나 한 가지 면에서 "민주주의의 위기"에 관한 헌팅턴의 견해는 선견지명으로 밝혀졌다. 그는 기성 민주국가[의 국민]들이 [정치와 위기감에] 덜 집중해야 할지도 모른다고 예견했다. 위기는 [외려] 민주정치가 절박감을 버려야만 사라질 것이다. 위기는 사람들이 그저 위기감에 싫증을 느껴야 나아질 것이다. 1970년대가 이어지는 동안 위기에 대한 피로감이 늘어났다. 무언가 심각하게 엉망이 되었다는 생각이 결코 사라지지 않았지만 예고된 대재앙이 닥치지도 않았다. 이런 어중간한 상태에서 민주국가들은 실험적으로 새로운 해법들을 써보기가 쉬워졌다. 1970년대가 끝을 향해 가는 동안 미국을 시작으로 [여러 민주국가에서는] 선출직 정치인들이 중앙은행장들에게 인플레이션 억제를 맡겼다(즉 그들은 중앙은행장들이 자신의 방식대로 하는 것을 막지 않기로 했다). 필요한 조치들—고금리, 고실업—은 1970년대 초반에는 어떤 민주국가도 받아들이려 하지 않던, [그랬다가는 유권자들의 광범위한 저항에 직면할 터라] 두려워하던 것들이었다. 또다시 미국을 시작으로 민주국가들은 그것을 받아들였다. 그런데 강조해야 할 중요한 것은 그들이 그저 그것을 받아들이기만 했다는 것이다. 그것을 고집하지는 않았다. 1970년대 후반기, 선출직 정치인들은 지치고 주의가 산만해진 여론의 상태를 이용해 무언가 다른 것을 시도하려 했다. 아무튼 처음에 이들은 급진적 변화를 약속해 당선한 우파 정치인들이 아니었다. 미합중국에서 실험은 카터 행정부에서 시작했고 영국에서는 노동당의 제임스 캘러헌 행정부에서 시작했다. 그들의 후임자들—로널드 레이건, 마거릿 대처—은 그 실험을 더 밀어붙였고 그 이유는 단지 대중이 많이 참고 견딜 수 있다는 조짐을

보았기 때문이다.[33]

민주국가들은 경제적 "불만"malaise에 대한 해법을 사실상 우연히 발견했다.[34] 동시에 자신의 숙명에 대한 통제력을 점점 상실해 가고 있다는 점을 인정해야 했다. 닉슨 쇼크는 자급자족을 받아들이는 강건한 민주국가들을 만들어 내지 못했다. 대신 순응적인 태도로 외부의 힘들에 점점 더 의존하는 민주국가들을 만들어 냈다. 유연성 덕분에 그들은 점점 더 상호의존적인 세계에 적응하게 되었지만 그런 세계에 살겠다고 선택한 것도 아니었고 그 세계가 어떻게 돌아가는지 잘 알지도 못했다. 민주국가의 대중은 1970년대 말에 자신들이 무엇을 하고 있는지 정말로 알지는 못했다. 그들은 지구화된 시장경제로 서서히 들어가고 있었다. 지구화라는 흐름을 피할 수 없었고, 1970년대 내내 견뎌 온 것들에 신물이 난 그들은 대신 이것을 받아들였다.

민주국가들의 유연성은 다렌도르프가 생각했던 것만큼 대단하지 않았다. 다른 지식인들처럼 그도 민주국가들이 자기 고유의 강점 및 약점을 이해해야 한다고 믿었다. 이 점에서 그는 자신이 비판했던 위기를 조장하는 사람들 및 비관론자들과 그리 다르지 않았다. 다렌도르프는 유연성을, 민주국가들이 자신에게서 알아볼 수 있고 또 인정해야 하는 장점으로 보았다. 그런 식으로 그들은 유연성을 보호하고 향상할 수 있을 것이다. 그러나 민주주의의 유연성은 이런 식으로 작동하지 않는다. 그것은 비계획적이고 비의도적으로, 다시 말해 그들이 부주의하기 때문에 발생하는 것이다. 민주주의의 장점들은 바로 그 순간보다는 돌이켜 볼 때 알아보기가 더 쉽다. 그 순간에는 늘 닿지 않는 어딘가에 있다. 단점들도 마찬가지다. 현실주의자들은 민주주의가 자신의 약점을 적절히 깨닫고, 이를 방비할 수 있을 때에만 살아남을 수 있다고 생각했다. 그러나 이를 위한 만족스러운 방법이 전혀 없었다. [그 까닭은 이렇다.] 민주국가들은 자신의 약점을 인정하지 않을 것이다. 그렇지만 만약 우리가 스스로 자신의 약점을 관리하려 애쓴다 하더라도—키신저가 그랬듯—결국에는 결코 민주주의가 아닌 무언가와 맞닥뜨리게 된다.

민주주의는 자신의 부주의에서 벗어날 수 없다. 민주주의는 그것을 통제할 수 없고 피할 수도 없다. 결국, 1970년대 표면적인 실패들은 민주주의의 성공담으로 밝혀졌다. 그 성공담은 1989년의 승리에서 온전히 가시적으로 드러나게 됐다. 하지만 그 승리도 그것에 선행한 민주주의의 위기와 마찬가지로 보기와 달랐다.

6장 ·········· 1989년 ················· 역사의 종말

위기

1989년을 민주주의 위기의 해로 서술하는 게 이상해 보일 수도 있다. (중국을 제외한다면) 그해 나쁜 일은 전혀 없었다. 대부분 좋았고, 거의 기적에 가까웠다. 그럼에도 위기는 파열의 지점, 현재가 과거를 밀어내는 순간이다. 위기가 그렇게 불안한 경험인 까닭은 너무 많은 것들이 달려 있지만, 거의 아무런 경고도 없이 들이닥치기 때문이다. 별안간 미래가 위태로운 상황에 처해 있는 것이다. 동유럽에서 소련의 권력 붕괴를 둘러싼 극적인 사건들은 민주주의에 진정한 위기가 되었다.

냉전의 결말은 제1차 세계대전의 결말과 흡사했다. 승리가 승자들을 불시에 덮친 것이다. 우리는 1980년대를 민주주의가 승리한 시기로 생각하는 경향이 있다. 그 이유는 그 10년이 어떻게 끝났는지 알기 때문이다. [그러나] 당시에는 그렇게 경험하지 않았다. 민주국가들에서 흔히 그렇듯 지배적인 분위기는 불안과 불확실성이었다. 1980년대는 1990년대를 예고하는 시기라기보다는 1970년대의 연장에 가까웠다. 서구 민주주의가 자신감의 위기를 막 겪은 지 얼마 안 된 시점이었다는 것을 고려하면 놀랄 일도 아니다. 10년은 상황이 완벽히 호전되기에 그리 충분한 시간은 아니었다. 나쁜 소식이 너무도 빠르게 좋은 소식으로 바뀌어서, 지금 무슨 일이 일어나고 있는지 갈피를 잡기 힘들었다. 적들에 대한 민주주의의 급작스런 승리는 모두를 어리둥절하게 했다.

[제1차 세계대전이 끝난] 1918년처럼, 역사를 그것이 전개되었던 대로 다시 써 그 혼란을 해결하고 싶은 강렬한 유혹이 있었다. 승리에게는 아버지가 많다.◀ 11월 10일, 그러니까 베를린장벽이 무너지고 다음날 아침, 빌리 브란트는 베를린으로 가서 환호하는 군중에게 국민들이 자신들의 운명[통일]을 결정했다고 말했다. "멋진 날입니다." 그가 선언했다. "긴 여정의 끝에 도달했습니다." 그러나 5년 전만 해도 브란트는 냉전으로 인한 독일의 분할이 이제 영구적인 것이 되었고, 통일 문제가 협상 테이블에서 영원히 사라졌음을 받아들였다. 1989년은 다른 사람들이 옳았음을 입증해 주었다. 그렇다고 그들이 그런 일이 벌어질 줄 알았다는 것은 아니다.

몇몇 이유에서 그런 입증은 시기상조로 보였다. 갈피를 잡기 힘든 승리의 결과들을 다루는 방법 가운데 하나는 민주주의의 승리를 부인하는 것이었다. 1989년의 사건들은 너무나도 좋아서 믿어지지 않았고, 그래서 보이는 게 사실이라고 단언할 수 없었다. 케넌은 1989년의 사건들을 서구 민주주의의 승리를 입증해 주는 사건으로 간주하는 것에 대해 경고했다. 그는 한편의 패배를 상대편의 승리로 보아서는 안 된다고 단호히 주장했다. 소련이 냉전에서 패배했다고 해서, 민주주의가 승리한 것은 아니라는 것이다.

이런 사고방식은 1989년에 꽤 널리 퍼졌다. 속단, 현재 상황

▶ '성공은 아버지가 많고 실패는 고아다'(잘되면 내 탓, 못되면 남 탓)라는 속담을 활용한 표현.

에 대한 과도한 해석, 마땅히 받을 자격이 없는 공을 차지하려는 것을, 많은 평자가 경고했다. 몇몇은 잘못된 교훈을 얻을 수 있다는 점에서 1989년이 민주주의의 덫으로 밝혀질 것 같다고 염려했다. 민주국가들은 덜이 아니라 더 방탕해질 것이다. 왜냐하면 걱정거리가 없다고 생각할 것이기 때문이다. 그리고 자신의 장점을 확증하고자 경쟁자들의 결점을 오해할 것이다. 또 자신의 악덕을 주체하지 못하고는 그것을 미덕이라고 부르는 민주주의의 오랜 버릇을 고치지 않을 것이다.

아니나 다를까 1989년을 [민주주의의 승리를] 입증한 해로 본 사람들도 있었다. 냉전은 길고 엉망진창이었으며 위태로운 투쟁이었지만, 명확한 결과로 말미암아 사태는 다시 단순해졌다. 민주주의가 승리했다. 승리는 현실일 뿐만 아니라 완벽했다. 자유민주주의가 21세기 동안 질질 끌어온 투쟁들의 분명한 승자라는 생각에 대한 가장 유명한 발언은 프랜시스 후쿠야마가 1989년 여름, "역사의 종말"이라는 글에서 한 것이었다. 이 글은 승리주의자들에게 수많은 정보를 제공했다. 그러나 정작 후쿠야마는 승리주의자가 아니었다. 그의 어조는 축하보다는 훈계에 가까웠다. 그 역시 토크빌처럼 민주국가가 자신의 성공의 본질을 이해하지 못할까 걱정했다. 1989년에 태평스러운 민주주의 낙관론을 설파했던 대중 지식인이라는 후쿠야마의 평판은 그에 걸맞지 않은 것이었다. 그의 분석은 1989년에 펼쳐졌던 사건들을 이해하는 데 거의 도움이 되지 않았지만 앞으로의 곤란들을 의도하지 않게 일별하게 해주었다.

1989년을 겪은 이들에게 그해는 이해하기 어려운 해였다. 무언가 중대한 일이 벌어지고 있다는 점만은 분명했다. 그러나 어떤 교훈이 도출될지는 알기 어려웠다. 민주국가들은 장기적인 탄력성[회복력]resilience을 보여 주었다. [하지만] 그들이 어떻게 그렇게 했고, 또 그것이 미래에 대해 무엇을 의미하는지는 훨씬 덜 분명했다. 민주국가들이 자신들의 숨은 강점들을 알게 된다고 해서 자기 인식이나 자제력이 커지지는 않았다. 민주주의는 20세기의 진통에서 승리를 거두고 있었다. 그러나 그 경험으로 더 현명해진 것은 거의 없었다.

선지자들

그런 일이 벌어지리라고 누가 알았겠는가? 1980년대의 정치적 예언들을 살살이 훑어보아도 [소련의 붕괴를] 예측한 이는 찾아보기 어렵다. 그렇다고 사람들이 자신들을 둘러싸고 무슨 일이 벌어지고 있는지 몰랐다는 뜻은 아니다. 소련이 큰 곤경에 빠질 것이고 머지않아 해체될 것이라는 점은 그 체제 내외부의 거의 모든 사람들에게 매우 분명해 보였다. 1980년대 내내, 러시아를 방문하고 돌아온 서구 지식인들은 그 미래에 대해 입을 다물었다. 그들은 줄곧 의기소침해져 돌아왔다. 그 나라는 서구 지식인들이 방문하기에 우울한 곳이었고, 추레했으며, 불편하고, 억압적이었다.

그렇지만 서구에서 소련 권력의 종말을 자신한 이는 거의 없었다. 1980년대, 서구 민주국가에서는 승리가 아닌 종말을 예언하는 책들이 많이 팔렸다. 물론 민주국가들에서는 그런 책들에 대한 관심이 언제나 많았고, 또 그런 책들이 잘 팔리기도 했다. 그런데 그런 관심은 또한 진정한 위기는 정작 도래하지 않았다는 대중의 정서를 반영하는 것이기도 했다. 1984년, 프랑스 지식인 장 프랑수아 르벨은 『민주국가들은 어떻게 사멸하는가』*How Democracies Perish*를 출간했고, 이 책은 대서양 양편에서 매우 중요하게 다뤄졌다([레이건의 연설문 담당 특별보좌관이었던] 페기 누넌은 훗날 이 책이 레이건 대통령 재임 당시 백악관 사람들 "모두"가 읽은 단 한 권의 책이라고 말한 바 있다). 르벨은 소련이 최후의 발악을 하고 있지만, 서구 민주주의까지 무덤으로 끌어들일 가능성이 있다고 주장했다. 그는 이렇게 썼다. "민주주의는 결국 역사상의 한 사건, 우리 목전에서 끝을 맺는 짧은 막간극으로 밝혀질지도 모른다."[1] 그 위기와 관련해, 민주국가들은 최종 위기에 대해 단호한 모습을 보여 주지 못했다. 즉 시간을 질질 끌었고, 적들의 응석을 받아 주었으며, 유권자들에게 영합했다. 소련은 최종 단계의 정치에 더 잘 준비됐다. 르벨이 말한 것 가운데 거의 모든 것이 새로울 게 없었다. 민주주의의 결함들에 관한 그의 기저의 논지는 플라톤, 토크빌, 니체 같은 인물들에게서 끌어낸 익숙한 생각들을 뒤섞은 것이었다. 그에게는 독자들이 준비되어 있었는데, 나쁜 시절만큼이나 호시절에도 이런 주장을 펼치는 것은 쉽기 때문이다. 서구는 마침내 냉전에서 승리하는 듯 보였다. 그렇기에 우리는 조심해야 했다고 르벨이 말했다. 민주주의에 좋은 소식은 늘, 변장을 한 나쁜 소식이다. 1980년대 말, 미국에서는 사태가 겉으로 보이는 것보다 훨씬 나쁜 이유에 관한 두 책이 대중의 상상력을 자극했다. 1987년 필독서는 앨런 블룸의 『미국 정신의 종말』*The Closing of the American Mind*로 이 책은 정말 희한한 베스트셀러였다. 이 책은 성적 문란과 포스트모더니즘이 어떻게 미국 대학들을 도덕적으로 무의미한 쾌락의 전당으로 전락시키고 있는지 설명하고 있었다. 블룸은 지적인 역사학자로, 후쿠야마도 그의 제자였다. 그는 야금야금 스며드는 상대주의가 민주주의를 잡아먹으려 들고 있다고 주장했다. 그것은 민주주의가 스스로를 잘 방어하지 못하도록 만들었다. 르벨처럼 블룸도 자신의 주장을 펼치는 데 유력한 인물들(플라톤, 토크빌, 니체)을 끌어들였다. 새로운 악한 한 명을 출연시켰지만 말이다([그에게는 록밴드 롤링스톤스의] 믹 재거가 칼 마르크스보다 훨씬 큰 위협으로 보였다). 지금 읽어 보면 다소 이상해 보이지만 당시 그 책은 불확실한 세계에서 철학적 확실성을 바라는 갈망을 담아냈을 뿐만 아니라, 자신의 가장 나쁜 점에 대해 듣고 싶어하는 민주주의의 끊임없는 욕구에 영합하기도 했다.

이듬해, 블룸의 논지는 학계의 또 다른 블록버스터 폴 케네디의 『강대국의 흥망』*The Rise and Fall of the Great Powers*에 밀렸다. 그 책은 미국인들에게 좋은 시절은 이미 끝났다고 알렸다. 케네디는 경제사와 전쟁사에 관심을 둔 역사학자로, 플라톤이나 니체에는 전혀 관심이 없었고, 자신의 책 어디에서도 그들을 다루지 않았다(토크빌을 다루긴 하지만 언젠가 미국 최고의 적이 러시아가 되리라고 예언한 인물로 나올 뿐이다).[2] 케네디에게 미국이 민주국가라는 사실은 쟁점이 아니었다. 중요한 사실은 미국이 제국의 지위를 획득했고, 그에 따라 반드시 제국의 과잉 확장 문제를 겪는다는 것이었다. 강대국들이 쇠퇴하는 이유는 세계를 지배하기 위해 경제적·기술적 장점을 유지해야 하는데, 그에 필요한 군사력을 유지할 수 없기 때문이다. 미국도 전혀 다를 바 없었다. 정상에서 보낼 날이 얼마 남지 않았다. 미국은 경쟁국들(유럽연합, 소련, 일본, 중국)을 오랫동안 저지할 수 없을 것이다. 얼마 동안 유지할 수 있을까? 케네디는 말을 아꼈는데, 특히 소련 제국이 미 제국보다 훨씬 더 큰 곤경에 빠져 있음을 잘 알고 있었기 때문이다. 게다가 소련은 아직 완전히 끝난 상황도 아니었다. 소련의 경제적 어려움들에도 불구하고 케네디는 확고했다. "그렇다고 소련이 붕괴 직전이라는 의미는 **아니다.**"³ 그는 강대국들의 경합이 아마도 20년 더 지속되리라고 예측했다. 하지만 그러면 모든 게 원점으로 돌아갈 터였다.

케네디의 책은 1988년 미 대선의 화두가 되었다. 조지 부시는 좀 더 비관적인 관점을 취한 민주당 후보 마이클 듀카키스에 맞서, 미국의 전 지구적 영향력을 유지하겠다고 약속했다. 비관론의 책들이 잘 팔렸지만 선거에서 승리한 것은 낙관론이었다. 부시가 백악관에 입성한 지 1년 만에 케네디의 주장은 이미 어찌할 도리 없는 낡은 것으로 보였다. 냉전은 끝났고, 그럴 듯한 경쟁국이 없는 상황에서 미합중국과 그 정치체제는 독무대를 차지한 듯 보였다. 1989년이 케네디가 틀렸음을 보여 준 증거라면 누가 옳았던 것일까? 소련 제국의 붕괴로 이어진 시기를 [민주주의의] 종말론자, 비관론자가 지배했던 점을 고려한다면, 과거로 더 거슬러 올라가 [민주주의, 자본주의의 승리를 낙관한] 진정한 선지자를 찾아야 했다. 소련 붕괴의 예언자로 인정된 사람들은 수년간 외로운 투쟁을 벌여 온 노인들이었다. 1989년, 서구 측 혁명의 선지자적 영웅은 케넌과 하이에크였다.

1989년 내내, 케넌은 현자 중의 현자로, 다시 말해 그 모든

것을 예측한 인물로 칭송되었다. 4월, 그는 상원외교관계위원회
에 출석했고 그와 대화를 나눈 이들은 저마다 그를 만나게 되어
영광이라고 말했다. 40년간 자신이 과소평가를 받아 왔다고 느
낀, 자만심 강한 인물 케넌은 그런 인정을 만끽했다. 그럼에도 그
가 진정한 지적 만족감을 느끼며 답한 유일한 질문은 냉전에서의
승리가 미국에 나쁜 소식인가를 묻는 질문이었다. 이 나라는 제대
로 유지되기 위해 도전이 필요하지 않았나요? 필요했습니다, 라
고 케넌은 답했다.

진실은 소련 권력이 종말을 고할 것이라는 자신의 예측이 맞
은 것에 그가 기뻐하지 않았다는 것이다. 자신들이 무엇을 하고
있는지 이해하지 못하는 사람들이 전쟁에서 승리하고 있었다. 그
들은 교훈을 얻지 못했고, 이제 그는 그들이 교훈을 결코 얻으려
하지 않을까 걱정이었다. 그해 여름, 그러니까 그 투쟁[냉전]에 기
여한 공로로 대통령 자유훈장을 받은 직후 그는 이렇게 썼다.[4] "그
와 관련해 그 어떤 희망도 품고 있지 않다." 베를린장벽이 무너졌
을 때도 그의 생각은 달라지지 않았다. 이 모든 것이 순식간에, 충
동적으로, 제멋대로 일어나고 있었다. 극적인 변화가 벌어지고 있
는 시대에 좌우명은 '주의'caution가 되어야 했다. 어느 누구도 흥분
하면 안 되었다. 어느 누구도 자신이 옳았다고 믿으면 안 되었다.

케넌은 미국 정치 지도자들이 냉전 시기에 그들이 선택했던
정책이 옳았다고 느끼지 않기를 특히 간절히 바랐다. 무엇보다 나
쁜 건 레이건주의자들이었다. 케넌은 대통령 레이건에 절망했고,
그를 편견에 사로잡힌 바보로 생각했다. 재임 시절 레이건이, 대
규모 핵무기 감축을 비롯해, 자신이 가장 바랐던 상당수 정책들을

추진했음에도 불구하고, 케넌은 이런 견해를 바꾸지 않았다. 레이건의 문제는 세계를 선악으로 양분해 바라보는 경향, 경솔한 민주주의 여론을 전적으로 대표하는 경향을 보인다는 것이었다. 케넌에게 그는 민주주의 최악의 정치인이었다. 즉 무책임한 군중의 비위를 맞추는 인물인 그는 결국 나쁜 이유로 옳은 일을 하는, 어쩌면 아무것도 안 하는 것만큼이나 위험할 수 있는 일을 하는 사람이었다. 1989년에 벌어진 사건들을 지켜보면서도, 케넌은 세계가 더 안전해졌다고 생각하지 않았다. 여전히 도처에는 핵무기들이 너무 많이 퍼져 있다. 그러나 세계는 더 어리석어졌는데, 민주주의의 승리라는 지나치게 단순화된 이야기가 퍼졌기 때문이다. 독일 통일에 대한 꼴사나운 흥분이 이런 어리석음의 전형적인 예였다. 케넌은 승리의 전리품을 성급히 요구하는 것이 기괴하고 터무니없다고 생각했다.

1947년, 케넌은 소련이 자신의 결함을 인정하지 못하는 이유가 (자신의 장점을 확증해 주는) 결정론의 틀에 갇혀 있기 때문이라고 주장했다. 이제는 서구가 그와 같은 식으로 갇힌 게 아닌지 그는 두려웠다. 1989년 그의 개인적 불운은, 아무도 그에게서 이런 메시지를 들으려 하지 않는다는 것이었다. 1989년에 칭송을 받는 사람은 낙관적인 먼 미래를 예측했던 1947년의 케넌이었지, 그 이후 자신이 한 말을 수정하기 위해 애쓴 케넌이 아니었다. 그의 마음속에서는 미국 민주주의가 자신의 한계를 직시하게끔 하는 길고도 외로운 투쟁이 계속됐다. 1989년, 케넌은 여든 다섯이었지만 지력이 온전했고, 그래서 더욱 가슴이 아팠다. 그는 한때 시대를 앞서갔던 노인으로 취급되었다. 『뉴욕타임스』의 한 논평자가 몇 년 전에 썼듯이 세계는 더는 케넌에게 구체적인 조언을 구하지 않았다. "그의 불가사의하기까지 한, 남다른 예지력을 그냥 흘낏거릴 뿐"이었다.[5] 그는 고국에서 인정받지 못하는 선지자가 아니었다. 선지자로 널리 인정받고 있었지만, 정작 그 자신은 다른 무언가로 인정받기를 바랐다.

1989년에 아흔이었던 하이에크의 고통은 더욱 극심했다. 1985년, 그는 대중의 시야에서 사라졌고, 병과 우울증을 앓았다. 그는 살아서 베를린장벽이 무너지는 것을 보았고, 그를 대신해 그것의 종말을 축하하는 성명이 발표되기도 했다. 그러나 그는 거기서 아무런 공적인 즐거움을 느끼지 못했다. 2년 뒤 하이에크도 대통령 자유훈장을 수상했지만, 병상에 있었기에 훈장을 받으러 워싱턴에 가지는 못했다. 아들이 대신 받았다. 백악관 정책기획관 오스틴 퍼스는 수상식에서 이렇게 말했다. "동유럽에서 일어난 사건들은 이 사람의 주장이 얼마나 타당했는지를 입증해 주었습니다. 그의 주장은 20세기 그 누구보다도 옳았습니다."[6] 이 무렵 하이에크는 사람들이 자신의 이름으로 무엇을 말하고 무엇을 하는지 거의 알지 못했다.

만약 알았다면 승인했을까? 1989년, 하이에크는 계획경제에 대한 시장의 승리를 설명하는 지적 틀을 제공한 것으로 명성을 떨쳤다. 그는 그 문제와 관련해 사람들이 자신의 이름을 들먹이는 것에 대해 전혀 개의치 않았을 것이다. 즉 그것은 그의 결정적 신조였다. 게다가 자신이 다른 사람들보다 먼저 계획경제의 종말을 예측했다는 생각에 언짢아할 이유도 없었다. 1983년, 후버연구소에서 열린 한 모임에서 그는 공산주의가 실패하리라는 낙관론의 근거를 제시해 달라는 요구를 받은 적이 있다. 그는 "그와 같은 희망을 품게 된" 개인적 일화로 답했다. 러시아에서 온 한 과학자를 런던에 있는 자신의 클럽으로 초대해 식사를 한 적이 있었는데, 이때 하이에크는 그 손님에게 서구에 가장 놀라운 게 무엇인지 물었다. 과학자는 이렇게 답했다. "아직도 마르크스주의자들이 넘쳐 나는군요. 우리나라엔 한 사람도 없는데 말예요!"[7]

하이에크에게 중요한 것은 사상 투쟁이었다. 러시아인들이 패배를 인정했다는 것은 그에게 분명했다. 그러나 한편이 자신이 틀렸음을 깨달았다는 것만으로 상대편이 내가 옳았다고 주장할 수 있는 것은 아니었다. 서구는 자신들의 사상 때문이 아니라 그것에도 불구하고 승리한 것이었다. 영국에서는 마거릿 대처 — 하이에크의 『자유헌정론』 *The Constituion of Liberty*을 머리 위로 쳐들었다 탁자에 탁 내리치면서 "여러분, 우리가 믿는 게 여기 다 있습니다!"라고 선언한 바 있는 — 가 지배적 영향력을 행사하고 있었다.[8] 그러나 하이에크가 내건 조건에 따르면 대처리즘조차도 민주주의의 지속 가능한 경로에 해당하지 못했다. 영국은 여전히 다수의 변덕에 휘둘렸고, 저금리 정책과 사회보장에 집착했다. 하이에크가 자신의 필생의 과제로 삼았던 것은 민주국가들이 스스로에게 고삐를 채울 필요를 느끼도록 하는 것이었다. 대처는 자유 시장의 전도사였지만, 민주주의에 대한 규제를 신봉하는 사도는 아니었다. 냉전의 종식은 사람들이 민주주의의 방종에 관한 하이에크의 경고에 주의를 기울인다는 신호가 아니었다. 외려 그것은 민주국가들이 스스로 그것을 해냈다고 생각하게 할 위험이 있었다.

이와 관련해 하이에크는 옳았을 터다. 그가 생각한 방식대로는 아니었지만 말이다. 1989년은 확실히 민주주의의 과잉을 끝내지 못했다. 외려 그것의 새 시대를 알렸다. 늘 그랬듯 하이에크가 틀린 지점은 민주주의의 과잉이 예외 없이 노예의 길로 가는 단계라고 추정한 것이었다. 그는 민주국가들이 사회주의의 사회보장이라는 사이렌을 갈망한다고만 생각했다. 또한 헌법상의 안전장치를 통해서만 자신의 약점들로부터 보호받을 수 있다고 생각했다. 그런 안전장치가 없다면 민주국가들은 유권자들에 영합하고 시장의 자유를 파괴할 것이다. 1980년대 무렵 하이에크는, 자신이 한때 숙명론자로 비웃었던 슘페터와 자신의 유사성을 기꺼이 인정했다. 선거 때마다 휘청거리는 민주국가들, 당선을 위해 무엇이든 말하고 행하는 정치인들은 파멸의 길로 들어서고 있었다. 그는 서구 민주국가들이 헌법으로 정치인의 권력을 제한하려는 모습을 전혀 보지 못했기에, 그 어떤 구원의 현실적 전망도 갖지 못했다. "개혁을 추진하려는 노력이 제때 이루어질 것이라고 생각하지 않습니다." 1983년, 마지막 인터뷰들 중 하나에서 그가 한 말이다. "그래서 일종의 독재적 민주주의로 돌아가게 될까 상당히 두렵습니다. …… 그리고 만약 체제가 붕괴한다면 진정한 민주주의가 다시 출현하기까지 매우 오랜 시간이 걸릴 겁니다."9

하이에크가 알아차리지 못한 것은 민주국가들이 단순히 유권자들에 영합하지만은 않는다는 것이다. 민주국가들은 유권자들과 거리를 두기도 한다. 1980년대를 지나며, 서구 민주주의가 1970년대의 위기에서 어떻게 회복했는가에 관한 이야기가 서서히 그 형태를 갖추기 시작했다. 즉 그런 성취를 이룬 것은 자신의 권력에 대한 제한을 승인한 정치인들 때문이었다. 정치인들은 제 손으로 인플레이션을 극복할 수 없었다. 유권자들은 그에 필요한 고통스러운 조치들을 취하도록 허락하지 않을 것이기 때문이다. 그래서 정치인들은 그 일을 독립적인 중앙은행장들에게 위임했고, 유권자들의 눈치를 볼 필요가 없는 그들이 대신 그 일을 수행했다. 한 평론가의 말에 따르면, 이 이야기가 "세련된 도덕적 교훈이 되기까지" 걸린 시간은 길지 않았다.[10] 핵심 결정들을 민주주의와 관련 없는 조직들에 전적으로 위임한 조치들이 민주주의를 민주주의 자신으로부터 구했다. [하지만] 이 같은 이야기가 모든 사례에 들어맞지는 않았다. 이를테면, 영국에서는 정부가 1980년대 내내 금리를 정하는 권력을 가지고 있었다. 영국은행은 1997년까지도 독립성을 얻지 못했다. 그러나 그 이야기는 [영국 사례에도] 들어맞을 수 있었다. 영국 사례에서 인플레이션 억제는 하이에크를 극찬했던 마거릿 대처의 특별한 자질, 그녀의 [독립된 관료처럼 철저한 통화 정책으로 인플레이션을 억제한] 강철 같은 결의를 입증해 준 것이었다.

그 도덕적 교훈은 1989년의 사건들에 의해 더욱 견고해졌다. 계획경제는 실패했다. 자유 시장이 승리했다. 민주주의가 승리했고, 그 이유는 자신의 약점을 알아차리고 그것을 보완하는 법을 배웠기 때문이다. 하이에크는 이 이야기의 영웅이 되었다. 즉 그는 승리로 가는 길을 보여 주었다. 그러나 하이에크는 사실 이 이야기의 영웅에 적합하지 않았다. 민주국가들은 그가 바란 식으로 교훈을 배운 게 아니었다. 그들이 이 길을 스스로 선택한 것은 아니었기 때문이다. 인플레이션 타파는 공산주의의 붕괴와 마찬가지로, 일련의 임시방편적 결정의 결과였다. 민주국가의 정치인들은 약간 자포자기한 상태에서, 즉흥적으로 행동을 했지 풍부한 경험과 헌법적 지식에 기초해 행동한 게 아니었다. 이런 식의 무계 획적 모험의 성공은 고유의 숙명론을 낳을 위험이 있었다. 이것은 하이에크가 평생 동안 두려워한 숙명 — 온화한 민주적 폭정으로 휩쓸려 가는 것 — 이 아니었다. 그것은 토크빌이 경고한 바 있는, 하이에크는 한결같이 무시한 다른 종류의 민주주의 숙명론, 즉 성 공적인 실험에서 나오는 숙명론이었다. 냉전의 종식은 서구 민주 국가들이 사건들을 관리하는 방법과 관련해 즉흥적인 것을 영속 적인 것으로, 임시방편적 방식을 고정된 합의로 오판하도록 조장 했다.

케넌은 냉전에서, 봉쇄에 필요한 절제력을 보여 주는 민주국 가들이 승리하기를 원했다. 하이에크는 다수결의 힘을 사용하지 않는 민주국가들이 승리하기를 원했다. 그렇지만 마침내 승리를 거머쥔 민주국가들은 자신들이 무슨 짓을 하고 있는지 모르는 민 주국가들이었다. 그들은 겁이 많고, 주의가 산만했으며, 방종했 다. 그들이 할 수 있는 것이라고는 낙관적으로 생각하는 것뿐이었 다. 민주국가의 국민들은 균형예산을 원하지는 않았지만, 중앙은 행장들이 인플레이션을 억제하는 동안 이를 못 본 척했다. 아마겟 돈 같은 핵전쟁을 잠시 잊고자 그들은 텔레비전을 보고 쇼핑을 했 다. 바로 그것이 주의를 다른 곳에 둔 국민이 냉전에서 승리한 방 식이었다. 일평생 민주주의와 포르노그래피의 연관성에 병적으로 집착한 케넌은 1976년 악명 높은 인터뷰에서 이렇게 선언했다. "현 상태로는, 워싱턴 중심부에 늘어선 포르노 가게들을 러시아 인들로부터 지키기 위해 우리가 뭉칠 이유가 거의 없어 보입니 다."[11] 러시아인들이 그 싸움을 포기했을 때에도, 포르노 가게들은 여전히 호황을 누리고 있었다(그리고 포르노그래피를 편리하게 접할 수 있는 권리는 곧바로 서구가 동구권의 신생 민주국가들에 수출한 시장의 자유 가운데 하나였다). 케넌은 민주주의가 승리를 얻을 만한 자격이 있기를 바랐다. 하이에크도 그랬다. 두 사람 모두 마음속으로는 도덕주의자이고 정치적 청교도였다. 그러니까 생각이 없는 민주주의가 성공하는 순간 그들은 실망하지 않을 수 없었다.

서구 민주주의는 자제하지 못했다. 또한 자신의 역할을 전적으로 [예컨대, 중앙은행장 등에게] 위임하지도 못했다. 그럭저럭 버텨나갈 뿐이었다. 서구 민주주의의 승리는 자제력이 아니라 기저의 적응력에 의지했다. 민주주의는 자기 운명을 움켜쥐지는 못했지만 역사가 던져 주는 것을 무엇이든, 경쟁 체제는 감당할 수 없는 방식들로, 견뎌 냈다. 다른 모든 것이 쓰러질 때도 민주주의는 여전히 견뎌 내고 있었다. 이 탄력성의 엄청난 중요성을 발견한 사람은 후쿠야마였다. [이제] 거대한 정치투쟁들은 끝났다. 작은 차이들만이 남아 있을 뿐이었다.

1989년의 어지러운 흥분의 한가운데서 후쿠야마는 장기적 관점을 고수했다.[12] 이런 관점에서 자유민주주의는 이제 경쟁자가 없었다. 그것은 부전승, 다시 말해 [적들이 스스로 무너졌기에] 자동으로 승리한 것이었다. 자유민주주의는 그럴듯한 미래가 펼쳐져 있는 유일한 정치사상이었다. 다른 모든 것은 길 밖으로 벗어났다. [그렇다고] 그것이 세계가 민주주의를 선호했기에 의도적으로 민주주의를 선택했다는 뜻은 아니었다. 또한 후쿠야마는 민주주의를 수용하면 모든 사람들의 형편이 나아진다는 것을 입증하기 위해 노력하는 것은 별 의미가 없다고 생각했다(특히 민주주의와 경제 발전

사이의 관계와 관련해 그 증거는 엇갈렸다). 대신 역사의 다른 모든 거대 사상들이 세계에 확산될 동력을 상실했다는 것을 보여 주는 것으로 충분했다. 처음에는 파시즘이, 다음에는 마르크스레닌주의가 자신들이 내건 약속을 이행하지 못했다. 그들은 그 실패에서 살아남을 수 없었다. 그들은 좀 더 나은 미래의 가능성을 보여 주지 못한 채, 잔혹함과 비효율의 기념비들이 되고 말았다. 자유민주주의는 승리를 위해 약속을 이행할 필요가 없었다. 그저 약속을, 여전히 믿을 만한 무언가로, 유지하고만 있으면 됐다.

역사의 종말은 사상의 영역에서, 즉 후쿠야마가 "선거철에 미국 정치인들이 하는 하찮은 제안들"이라 한 것과는 동떨어진 영역에서, 민주주의의 승리를 나타냈다.[13] 그는 폴 케네디의 『강대국의 흥망』이 핵심을 놓치고 있다며, 그 책에 대한 온갖 호들갑을 일축해 버렸다. 케네디의 환원주의적 역사는 무언가 본질적인 것, 즉 믿음이 중요하다는 것을 놓치고 있었다. 미국 민주주의의 숙명은 물질적 환경에 의해 확정되지 않을 것이다. 민주주의는 인민이 민주주의가 운이 다했다고 믿을 때에만 운이 다한다. 그렇지 않으면 민주주의는 어떤 것이든 견뎌 낼 수 있다. 게다가 민주주의 사회들은 환경에 적응하기 위해 믿음들을 조정할 수도 있다. 적어도 유연하게 적응할 수 있다. 따라서 역사의 종말은 유연한 사상의 승리이기도 했다. 그러나 그 이상은 아니었다. 그것은 누군가가 지배권을 주장할 수 있는 사상의 승리가 아니었다. 그것은 미래를 확정하는 데 사용할 수 없었다. 그것은 1989년 같은 위기 상황에서 무슨 일이 일어날지를 미리 결정지을 수 있는 것도 아니었고, 그런 위기가 한창인 순간에 이용할 수 있는 것도 아니었다. 그 장점들은 일정한 거리를 두고 봐야만 볼 수 있었다.

후쿠야마의 주장은 과장스러운 제목으로 시작하는 거창한 주장이었지만 조심스럽게 경고들이 배치돼 있었다. 그는 역사의 종말이 깔끔할 것이라고는 결코 말하지 않았다. 그러나 후쿠야마를 비판한 이들 중 다수는 그 경고에 주목하지 않았다. 그들은 과장한 것만 보았다. 인도 경제학자 자그디시 바그와티의 표현에 따르면 후쿠야마의 글은 "전사가 먹잇감에 한 발을 올려놓고 지르는 원시적인 기쁨의 포효" 같았다.[14] 이것은 [단순화된] 캐리커처였지만 받아들여졌다. 1989년의 사건들이 역사의 종말 대본과 더 가깝게 진행됐을 때, 후쿠야마는 그 대본을 저술한 사람이 되었다. 사건들이 그 대본에서 벗어났을 때, 그는 오판한 사람이 되었다. 민주주의가 1974년에 실패했다는 생각을 경멸한 바 있는 랄프 다렌도르프는 민주주의가 1989년에 승리했다는 생각도 경멸했다. 그는 후쿠야마가 허세가 있고 참을 수 없이 오만하다며 조롱했다. 그는 후쿠야마를 위험한 바보로 간주했다. 다렌도르프가 말하길, 어떤 '체제'도 결코 승리할 수 없는데, 그 이유는 장기적으로 승리하는 것은 오직 실험과 유연성뿐이기 때문이다.[15] 자유민주주의를 역사의 승리자로 앉히려는 시도들은 자유민주주의를 공산주의의 길로 가도록 만드는 것이다. 그렇게 되면 자유민주주의는 융통성 없고, 유연하지 않으며, 궁극적으로 부러지기 쉽게 될 테니 말이다. 그것은 깨질 것이고, 실험은 다시 시작될 것이다.

다렌도르프는 불공평했다. 후쿠야마는 사상을 변호한 것이었지 체제를 변호한 게 아니었다. 그는 그 사상의 가장 큰 장점을 유연성, 즉 적응하는 능력으로 이해했다. 자유민주주의는 20세기 끝에 여전히 강력해지고 있었고, 그 이유는 그 세기에 일어나던 일을 통제하지는 못하더라도 수용할 수는 있었기 때문이다. 민주주의는 역사를 위한 공간을 마련해 주었다. 반면 다른 정부 체제들은 그러지 못했다.

그럼에도 후쿠야마가, 고정된 체계가 아니라, 수용적인 사상을 변호했다면, 그의 주장에는 결함이 두 가지 있었다. 첫째, 역사의 종말에 관해 언급한 것은 잘못이었다. 물론 후쿠야마의 개인적 잘못은 아니었다. 그 구절, 다시 말해, 그의 주장의 중요한 세부 요소들을 모두 지워 버린, 그 구절로 말미암아 그는 부와 유명세를 얻었다. 잠시간 그는 세계에서 가장 유명한 지식인이었다. 그러나 그 구절은 민주주의가 [위기들을] 견뎌 냈다는 생각과는 맞지 않았다. 민주주의는 역사가 던져 준 것은 무엇이든 수용할 수 있었기 때문이다. 만약 그것이 참이라면, 민주주의의 승리가 역사를 끝내리라고 가정할 이유가 전혀 없었다. 민주주의는 경쟁하는 견해들, 예상치 못한 반전들, 예상 밖의 경쟁자들을 위한 공간을 늘 열어 둔다. 민주주의는 미래의 가능성을 배제하지 않는다. 바로 그것이 민주주의가 예상 밖의 변화에서 살아남는 방식이다. 그리고 그런 까닭에 역사의 종말은 없다.

둘째, 후쿠야마는 수용적인 사상, 사건들의 표면 아래서 작동하는 사상, 늘 규정하기 어렵고 순간에 포착할 수 없으며 장기적으로만 접근할 수 있는, 어느 누구도 직접적으로 통제하지 못하는 사상의 승리와 더불어 사는 것이 어떨지 충분히 말하지 않았다. 후쿠야마가 이런 상황을 포착하고자 그린 그림은 평범하고 지루한 세계다. 그는 말한다. "역사의 종말은 매우 슬픈 시대가 될 것이다. ……

그런 역사 이후의 시대에는 예술도 철학도 없고 그저 인류사 박물관을 영원히 관리하는 일만 남을 것이다."[16] 이 세계에서 살아가는 전형적인 주민들은 서유럽 사람들이었고, 후쿠야마는 그들의 전후戰後 경험을, 자신들의 시대를 앞두고 있는 "역사 이후의" 경험으로 보았다. 유럽인들은 이미 "무기력하고 번영했으며 자기만족적이고 내향적이며 유약한 상태로 살고 있었고 웅장한 기획이라고 해봐야 유럽경제공동체를 만드는 것뿐이었다."[17] 유럽은 딱히 해야 하는 중대한 일이 전혀 없는 살기 좋은 곳이었다. 그게 그 민주국가들의 미래였다.

그것은 민주주의 숙명론의 친숙한 이미지다. 그러니까 수동적인 시민들, 상상력이 부족한 삶, 기꺼이 자신들의 안락한 숙명에 휩쓸려 가는 생활. 그것은 민주주의 시대의 순응주의에 관한 토크빌의 불안들을 일부 상기시킨다. 그러나 그것은 민주주의 숙명론의 일면일 뿐이다. 후쿠야마는 다른 면을 완전히 놓치고 있다. 자신들의 숙명을 통치하지만, 자신들의 통제력 밖에 있는 정치사상과 더불어 살아가는 사람들 또한 조급하고 무모하며 무신경할 수 있다. 거대한 계획들을 결코 피하지 않는 그들은 그것들을 받아들이고 역사가 자기편이라고 자신할지도 모른다. 후쿠야마가 보기에 역사가 다시 시작되는 유일한 방법은 사람들이 물질적 안락에 싫증을 느끼고 지적 모험심을 재발견하는 것이었다. 이것은 너무도 협소한 견해다(너무도 주지주의적 견해다). 그것은 가장 안락한 사회들을 포함해 모든 민주사회의 지칠 줄 모르는 활동성을 무시한다. 또한 장점들이 실재하는 듯 보이지만 항상 손에 닿지 않는 곳에 있는 승리한 사상과 살아가는 불만도 무시한다. 민주국가들에서 사람들은 그런 장점들을 계속 붙잡으려 하고, 계속 실수를 하고, 그리고 역사는 앞으로 나아간다. 서유럽의 안락하고 따분한 오래된 국가들에서조차 그렇다.

예외적 국가들

1989년 말, 유럽에서는 누가 승리하고 누가 패배했는지 분명했다. 자신들을 후원해 준 소련이 그랬듯 동유럽 공산주의 정권들이 패자였다. 몇 달 사이에 폴란드, 헝가리, 동독, 불가리아, 체코슬로바키아, 마지막으로 루마니아에서 이런 정권들이 무너졌다. 승자는 서구 민주국가들과 더불어 동유럽의 인민이었고 그들은 최소한의 유혈 사태로 압제자를 제거했다. 서구 민주국가들은 그 과정을 지켜볼 수 있을 정도로 충분히 긴 여정을 버텨 왔다.

그러나 이 깔끔한 그림은 특정한 시공간에서만 유지된다. 1989년 이후로 갈수록 더 엉망의 것들이 보인다. 동유럽의 신생 민주국가들에서 인민 권력은 빠르게 약해졌다. 옛 공산주의자들이 새롭게 변장을 하고 되돌아왔고 선거에서 당선되었다. 민주주의는 이내 엇갈리고 혼란스러운 방식들을 재개했다. 그 그림은 또한 유럽 밖으로 시선을 돌릴수록 더욱 흐릿해진다. 이것은 1989년 극적 사건들이 벌어지는 동안과 그 여파에서는 참이었다. [그러나] 그해 말 유럽에서 출현한 뚜렷한 패턴이 더 넓은 세계에는 들어맞지 않았다. 지구적으로 보았을 때, 소련 제국의 종말로 누가 진정한 승자가 되고 패자가 되었는지는 훨씬 덜 분명했다.

"냉전이 끝났을 때 승자는 일본이었다."◀ 이 조롱의 말은 농담으로 시작해서 1980년대가 끝날 무렵에는 상투적 어구 같은 것이 되어 있었다. 일본은 냉전의 부침 가운데 힘과 위상이 가장 명백히 성장한 민주국가였다. 그 투쟁에서 빠져나왔을 때 일본은 안정적이고 안전하며 군사적 부담이 없는, 무엇보다 매우 부유한 국가가 되어 있었다. 1989년 말, 도쿄의 니케이 주가지수는 거의 3만 9천으로 최고조에 달했고, 이는 전 세계 주식시장 시가총액의 거의 40퍼센트를 차지했다. 일본 다국적기업들은 세계 전역에서 기업들을 사들이고 부동산을 매입하느라 바빴고, 미국에서는 할리우드를 사들이기 시작하기도 했다. 일본 관광객들은 서구에서 점점 더 친숙한 풍경이 됐다. 1965년에는 일본인 30만 명이 해외로 여행을 떠났다. 1989년에는 1천만 명에 육박했다. 일본 소비재, 특히 최첨단 제품들이 모든 시장을 침공했다. 수렁에 빠졌던 1970년대와는 달리 1980년대에 일본은 서서히 선두로 나섰다. 이제 문제는 일본 민주주의가 나머지 세계를 괴롭히던 문제들을 해결할 것인가가 아니라 나머지 세계가 일본을 따라잡을 수 있을 것인가였다.

1980년대 서구에서는 향후 일본이 우세하리라고 예측하는 책들이 꾸준히 출간됐다. 이를테면, 『일류 일본: 미국에게 주는 교훈들』*Japan as Number One: Lessons for America*(1980)과 『빼앗긴 자리: 우리는 어떻게 일본에 선두를 내주었나』*Trading Places: How We Allowed Japan to Take the Lead* (1988). 『강대국의 흥망』에서 케네디는 일본을

▶ 미 상원의원 폴 총가스(Paul Tsongas)가 한 말이다.

"21세기에 빛나는 상들을 수상할 가능성이 단연코 가장 큰", 부상하는 강국으로 인정했다.[18] 케네디에 따르면 일본은 컴퓨터 하드웨어 및 소프트웨어 모두에서 분명한 강점이 있을 뿐만 아니라(인터넷이 시작되기 전의 흔한 오해다), 높은 국민 저축률은 미국의 증가하는 부채와 더불어 도쿄를 이내 "전 세계의 금융 지원국"으로 만들 것이다. 일본이 결여하고 있는 것은 성장하는 경제 권력에 상응하는 군사 전략[군사력]이었다. 일본의 궁극적 운명을 좌우하는 것은 그런 군사 전략을 얻는가에 달려 있으리라고 케네디는 말했다.

1989년 중반, 『애틀랜틱 먼슬리』에는 "일본 봉쇄"Containing Japan라는 글이 실렸다. 글쓴이는 카터 대통령의 연설문 작성자였던 제임스 팰로우즈였다. 그는 미국이 증가하는 일본의 위협에 대응하기 위해 새로운 전략이 필요하다고 주장했다. 많은 면에서 이 위협은 소련의 위협과 정반대였다. 소련의 위협은 이데올로기에 추동되었다. 일본의 확장은 이데올로기적 목적이 없다는 것, 사실 어떤 "원리"가 전혀 없다는 것이 그 특징이었다. 일본이 매우 위험한 이유는 단지 실용주의적으로 행동하고, 사업 기회를 발견할 때마다 반드시 그것을 이용한다는 그들의 믿음이라고 팰로우즈는 말했다. 일본은 "이데올로기 시대 이후의" 강대국으로 거리낌 없이, 가차 없이 행동하고 있었다.

때마침 일본의 정계와 재계의 몇몇 지도자들은 늘어 가는 일본의 힘을 더는 숨길 필요가 없다고 말하기 시작했다. 이시하라 신타로 [운수성] 장관과 소니 창업자 중 한 명인 모리타 아키오는 1989년 여름에 "아니오 라고 말할 수 있는 일본"The Japan That Can Say No이라는 글을 발표해 큰 주목을 받았다. 그들은 일본이 미국,

즉 자초한 문제들에 시달리다 휘청거리고 있는 거인에 굴종하는 위치에 있을 필요가 전혀 없다고 주장했다. 일본의 경제적 강점들을 고려할 때, 자신의 지정학적 야망을 더는 숨길 필요가 없었다. 일본이 새로운 세계 질서에 참여하는 날을 정하는 순간이 온 것이었다.

미일 경쟁이라는 수사는 1989년 동안, 미소 경쟁이 서서히 줄어듦에 따라, 점점 더 뜨거워졌다. 미국과 일본은 냉전에서 표면적으로는 같은 편이었다. 그들은 모두 민주국가였다. 그렇다면 왜 그 둘 모두 승자가 될 수 없었을까? 그 이유 중 하나는 민주국가들은 적이 필요하고, 적이 사라질 때마다 그 빈자리를 채운다는 데 있다. 즉 민주국가가 주요 경쟁국과의 이데올로기 투쟁에서 승리하면 빈자리가 생긴다. 또 다른 이유는 냉전이 억눌렀지만 소멸시키는 못한 문화적(사실 인종적이기도 한) 반감에 있었다. 일본의 타자성으로 말미암아, 일본의 성공은 서구를 위협했다. 일본의 그 "공손함"으로도 그런 두려움을 달랠 수 없었다. 그것은 무언가 불가해한 일이 목전에서 일어나고 있다는 느낌을 주었다. 일본 상품과 일본 여행객들이 세계 도처에 등장했지만, 섬나라 고유의 배타성은 전혀 손상되지 않았다고 펠로우즈는 시사했다. 수백만의 일본인은 해외여행에 가서도 외국 문화, 외국인과 긍정적인 상호작용을 주고받지 않고 "자기들끼리만 똘똘 뭉친 집단으로" 돌아다녔다.[19] 그들은 도처에 있었지만 어디에도 없었다. 동시에 펠로우즈는 왜 더 많은 일본인들이 해외로 여행을 가지 않는지 알고 싶었다. 1천만 명은 인구의 10퍼센트에도 크게 못 미치는 인원이었다. 다른 민주국가들은 훨씬 많은 국민이 해외여행을 다녔다(배타적이기로 유명한 미국인들조차도 1989년까지 [전체 인구의] 15퍼센트가 해외여행을 갔다). 이것은 마치 우디 앨런의 오래된 농담처럼 들린다. "여기 음식은 정말 끔찍해." "맞아, 게다가 양도 너무 적고."

일본에 대한 서구의 불신에는 또 다른 근원이 있었다. 일본이 진짜 민주국가는 아니라는 의심이 늘어난 것이다. 그 나라는 총리들이 자주 바뀌긴 했지만, 같은 정당이 (당명이 바뀐 적은 있지만) 전후 내내 집권해 왔다. 자민당은 40년간 선거에서 패배한 적이 없었다. 민주주의임을 확인하는 시험이, 유권자들이 변화가 필요한 시기라고 판단할 때 권력이 평화롭게 이양되는가의 여부라면, 일본은 그런 시험에서 통과한 적이 없었다. 일본 정치는 파벌적이고 조합주의적이었으며 외부에서 보기에 불가해했다. 핵심 결정들은 일군의 엘리트들이 내렸고, 이들은 서로를 위태롭게 할 수 있지만 민주적 통제는 받지 않는 듯했다. 한 평자의 말에 따르면 일본 정치인들의 흥망은 "대중의 투표나 요구가 아니라 종잡을 수 없는 파벌 정치의 상황"에 좌우됐다.[20] 총리들은 들어오고 나가기를 거듭했고, 대체로 스캔들로 실각했다. 그러나 같은 사람들이 여전히 책임을 쥐고 있었다. 일본은 1970년대에 유행한, 벽 낙서들에 표현된 민주주의에 대한 불만의 실체를 보여 준다. 즉 당신이 누구에 투표하는가는 중요하지 않다. 정부는 늘 당선되니까.

일본 정부는 대기업과 복합적·중첩적 관계를 맺고 있었고, 일본 경제는 세밀히 조절되었다. 대기업들은 정부의 지지와 보호도 받았다. "아시아 자본주의"로 알려지게 되는 것이 바로 이것이었다. 성공한 아시아 자본주의국가들이 모두 민주국가는 아니었다. 당시 한국은 간헐적으로만 민주주의적 성격을 보일 뿐이었다. 싱

가포르는 부드럽지만 명백한 전제 국가였다. 일본에서 민주주의적 삶의 외형 ― 선거, 법의 지배, 비판적 언론 ― 은 그 진짜 이야기를 숨기고 있는 것 같았다. 민주주의는 일본인들의 삶의 표면적 특징으로 보였다. 즉 형식적이고 복잡하며 공허했다. 무언가 더 강력하고, 서구의 관점에서 볼 때, 더 이국적인 것이 그 기저에서 움직이고 있는 것 같았다.

이런 의심들이 퍼지던 1989년, 그와 같은 분위기에서 도드라진, 참으로 선견지명 있는 책 한 권이 출간됐다. 제목은 『해는 다시 진다』The Sun Also Sets로 저자는 영국 저널리스트(나중에 『이코노미스트』 편집장이 되기도 한) 빌 에모트다. 그는 일본이 서구와 그리 다르지 않다고 주장했다. 일본이 형식적인 민주주의 삶의 이면에 놀라운 경제성장의 비법을 감추고 있는 것은 아니었다. 일본의 엘리트들이 정치적 비전을 결여하고 있다는 인상은 거짓이 아니었다. 그것은 진실이었다. 그들은 자신들이 무엇을 하고 있는지 정말로 알지 못했다. 일본은 호황을 구가했지만, 그것이 어디로 향하는지 알지 못했다. 현저히 높은 저축률에 기초한 일본 경제의 성공은 무모함과 투기로 치닫고 있었다. 그 자금들은 갈 곳을 못 찾고 있었다. 부동산 가격은 주식시장의 가치와 마찬가지로 지속 불가능한 지점에 이르렀다. 동시에 노령 인구의 증가는 국가의 재정 지원을 점점 더 많이 요구했다. 일본은 미래를 위해 국내 투자를 강화해야 했지만, 외려 자본을 수출하고 있었다. 단기적 기회가 장기적 필요를 이긴 것이었다. 이것은 일본이 정교한 계획을 가지고 있다는 증거가 아니었다. 그것이 아예 없다는 증거였다.

에모트는 1985년과 1989년 사이의 일본 상황을, 1925년과

1929년 사이의 미국 상황, 그러니까 뉴욕 증시가 대폭락하는 검은 목요일로 치닫던 상황에 견주었다. 당시 연방준비제도이사회는 금리를 계속 낮게 유지했는데, 부분적인 이유는 파운드화 가치를 떠받치기 위해서였다. 이제는 일본 중앙은행이 금리를 계속 낮게 유지하고 있었는데, 그 부분적인 이유는 달러 가치를 떠받치기 위해서였다. 두 사례 모두에서, 호경기의 국제경제 질서를 떠받치려는 욕망이 다른 우려 사항들보다 우선시되었다. 두 사례 모두에서 곤경에 대한 해결책은 근시안적이었다. 그런 조치들은 영원이 지속될 수 없었고, 그것들이 실패했을 경우를 대비해 만반의 준비를 하고 있어야 했다. 일본은 미국만큼이나 대비를 못했다. 에모트는 1980년대에 서서히 진행되던 일본의 우세에 대한 서구의 두려움을, 1960년대에 서서히 진행되던 미국의 우세에 대한 유럽(특히 프랑스)의 두려움과 견주기도 했다. 이런 두려움들은 과도했다. 처음에는 닉슨 쇼크, 다음에는 석유파동이 그 두려움들을 불식했다. 즉 미국인들은 다른 모든 나라 국민들과 마찬가지로 취약한 것으로 드러났다. 일본인들도 마찬가지였다.

1970년대의 아이러니 가운데 하나는 일본이 그 10년의 충격들에, 닉슨이 자국민들에게 요구했던, 적응력 있고 자급자족적인 방식으로 대응했다는 것이다. 브레턴우즈 체제가 종식되면서 일본은 (오늘날 중국과 흡사하게) 저숙련, 저임금으로 소비재를 대량생산해 서구에 판매하던 방식에서, 최첨단 기술로 자동차와 컴퓨터 같은 상품들을 생산하는 방식으로 나아가게 됐다. 동시에 석유 가격이 대폭 인상되자, 비산유국이었던 일본은 대안 에너지를 모색했고 핵 발전소 건설에 전념하게 됐다. 그런데 이런 실험들의 성공에는 대가가 따랐다. 경직성이 생긴 것이었다. 적응력 있는 일본은 부유해지면서 조심스러워지고 틀에 박히게 되었다. 다음 충격은 그리 쉽게 넘어가지 못할 터였는데, 번영하고 안전한 나라는 무언가 새로운 시도를 주저하기 때문이었다.

이런 점에서 일본 정치의 안정 상태는 장점이 아니라 결점이었다. 에모트는 이렇게 썼다. "일본은 정치적 안정으로 고통을 겪고 있다."[21] 그 나라에는 민주주의 삶의 잦은 격변, 즉 현 상황에 불만을 터뜨리고, 이따금 반감도 표출하는 일이 더 필요했다. 일본은 유권자의 시선을 피해 협상과 거래를 하는 일에 극단적으로 집착한다는 점에서 다소 이례적인(비록 그 어떤 민주국가도 이로부터 자유롭지 않지만) 민주국가였다. 그런데 일본은 전형적 민주국가이기도 했다. 일본은 기저의 강점을 일깨워 줄 무언가가 필요했지만, 그런 상황 ─ 체제에 충격을 줄 수 있는 것 ─ 은 또한 일본의 약점을 노출할 것이었다. 에모트는 일본 민주주의가 곧 위기에 직면하게 될 수밖에 없다고 생각했다. 그는 위기가 일본을 파괴하리라고는 생각하지 않았다. 일본은 매우 강했다. 그러나 그는 일본인들에게 위기를 돌파할 수 있는 어떤 특별한 능력이 있다고도 생각하지 않았다. 위기는 모두에게 그렇듯 아슬아슬하고 위험한 일이었다.

통념에 따르면 일본은 냉전 종식의 최대 승자였다. 그러나 그 통념은 틀렸다. 또한 통념에 따르면 최대 패자는 인도였다. 소련의 종말은, 두 강대국의 경쟁 체제 사이에서 중간의 길을 추구하며, 어느 쪽에도 종속되지 않은 채, 양쪽으로부터 이득을 취하려 했던 인도의 야심을 폭로했다. 국제 문제에서 비동맹 사상은, 예컨대 1962년에 중국과 인도의 국경분쟁에서 볼 수 있듯이, 오랫동안 그 기반이 매우 취약했다. 이제 경제에서도 인도식 방식은, 소련 모델이 비참하게 실패함에 따라 재정 지원도 끊기고 지적 영감도 사라지면서 그 기반이 침식됐다. 1980년대에도 인도는 5개년계획을 충실히 유지했는데(6차 계획을 1980년에, 7차 계획을 1985년에 시작했다), 당시 나머지 세계는 이 같은 계획을 소련식 경화증과 비효율의 상징으로 간주하고 있었다.

인도 경제는 확실히 이 시기에 그다지 역동적으로 보이지 않았다. 관리된 성장은 제한된 성장으로 나타났다. 1950년부터 1980년까지 연평균 성장률이 약 3.5퍼센트였고, 1980년대에는 약 5퍼센트로 증가했다. 물론, 이것은 재난 같은 상황과는 거리가 멀었다. 인도의 기대 수명 역시 같은 시기 극적으로(독립한 해[1947년]에 33세에서 1989년에는 58세로) 증가했다. 그러나 빈약한 토대(1950년에 1인당 국민소득은 5백 달러에 못 미쳤다)에서 출발해 인구가 급속히 성장한 이 나라에게, 이 같은 성장률은 매우 평범한 성과였다. 어떤 이들은 조롱조로 그것을 "힌두 성장률"이라 불렀다. 그것이 동양의 숙명론에 기반하고 있음을 암시하는 말이었다. 그럴듯했다. 인도는 일본뿐만 아니라 한국과 대만에도 뒤처지고 있었다. 이들은 인도보다 두 배 높은 성장률을 보이고 있었다. 공산주의 국가 중국조차도 인도보다 빠르게 성장했다.

한국은 1980년대 말에 이르러 비교적 부유한 나라가 되었다. 인도는 여전히 매우 가난했다. 한국에도 5개년계획이 있었다. 그러나 한국의 계획은 소련식이 아니었다. 일본 모델에 기초했고, 급속한 수출 성장과 경쟁력 강화를 위해 고안된 것이었다. 인도 경제는 그에 비해 경쟁력이 턱없이 부족했다. 패자들[소련 및 동구권]

은 [서구와 협력하는 한편 동시에 소련식 경제개발계획을 받아들임으로써] 냉전의 이데올로기적 분단선에 다리를 놓으려 한 인도를 끌어내렸다.

1989년, 인도가 변화해야 한다는 생각이 만연했다. 그런데 인도는 변화할 능력이 있었을까? 문제는 힌두 숙명론과는 전혀 관련이 없었다. 문제는 인도 민주주의였다. 그것은 틀에 박힌 듯했다. 일본 민주주의의 틀에 박힌 유형과는 전혀 달랐다. 인도는 정치 포퓰리즘의 덫에 걸려 있었다. 인도는 대중의 기분에 영합해야 할 필요와 파벌들의 선거 경쟁으로 무력화됐다. 독립 이후, 한 정당과 사실상 한 가족이 인도를 대부분 통치했지만ㅡ1989년 수상은 인디라의 아들이자 네루의 손자인 라지브 간디였다ㅡ크기와 규모 때문에 인도 민주주의는 수많은 경쟁 세력들(소수 정당들은 물론이고, 각 지역 토호들과 견고한 기득권 집단에 이르는)에 시달렸다. 이것은 인도 정부에, 이 시기 출간된 한 책의 제목처럼, "통치력의 위기"를 낳았다.[22] 누가 정말 책임을 담당하고 있는지 불분명했다. 어떤 면에서 20세기 중후반의 인도 민주주의는 토크빌이 직면한 19세기 초중반의 미국 민주주의와 닮아 있었다. 모든 움직임은 표면에서 일어나고 있었다. 표면상으로는 야생의 활기가 (특히 선거철마다) 넘쳤고 단기 효과에 집착하는 모습이 나타났다. 그러나 기저에서는 움직이는 게 별로 없었다. 토크빌의 분석에 따르면, 미국의 정치적 마비 상태는 경제적 활력과 그나마 공존할 수 있었다. 인도 민주주의는 그조차도 결여한 듯 보였다.

그러나 인도 민주주의에는 커다란 성공담이 하나 있었다. 이 무렵, 민주국가에서는 기근이 일어나지 않는다는 아마르티아 센의 격언이 회자되기 시작했다. 센이 제시하는 주요 증거는 1947

년 이래 인도와 중국이 겪었던 대조적인 경험이었다. 센은 1982년 『뉴욕 리뷰 오브 북스』에 게재한 글에서 이런 주장을 하면서 같은 시기에 인도의 실적이 적은 이유를, 불평등의 증가와 가난을 해결하지 못해서라고도 지적했다.²³ 인도인들은 기근으로 죽지 않았다. 하지만 수백만 명이 매년 영양실조로 죽고 있었다. 인도 같은 민주국가들은 일회적인 재난 위협에는 신속하게 대응했지만, 일상에서의 재앙은 방치했다. 민주국가가 최악의 시나리오에서 발휘하는 대응 방식을 좀 더 일상적으로 발휘하도록 할 수 있는 방법은 없을까?

센은 있다고 주장했다. 그는 기근 방지라는 소극적인 장점을 빈곤 퇴치라는 적극적 장점으로 확장해야 한다고 했다. 민주주의가 평범한 시민들에게, 통치자에게 임박한 재난을 알릴 수 있는 권한과 역량을 부여한다면, 그렇게 얻은 권한과 역량을 통해 시민들은 다양한 영역에서 발생하는 문제들에 대해서도 서로 정보를 공유하고 적극적으로 문제를 해결할 수 있을 것이다. [요컨대] 초보적인 민주주의는 기근을 막을 수 있었다. 그리고 좀 더 진보한 민주주의는 [기근뿐만 아니라] 온갖 나쁜 일들이 발생하지 않도록 막아야 했다. 이것은 민주주의의 성취와 관련해 우리가 민주주의에 늘 품고 있는 희망 사항(즉 오직 위기시에만 이따금 나타나는 그 기저의 장점을 지속적이며 견고한 장점으로 바꾸는 것)이다. 비록 위기의 정치가 민주주의의 일상적인 정책 결정 과정과 연결되지 않는다는 것이 문제지만 말이다. 기근의 위협은, 일단 그것이 주의를 요할 만큼 매우 심각해지면, 여타의 고려 사항들은 부차적인 것으로 밀려난다. 즉 민주국가의 정치인은 선택지가 없을 때에야 비로소 행동에 나선다. 일상의 정치에서는 다양한 고려 사항들이 주의를 끌기 위해 서로 경합하며, 그로 인해 조율된 행동에 나서기가 어렵다. 이 같 은 사실로 말미암아, 기근을 피할 수 있었던 인도의 능력이 다른 문제들에서는 진척을 이루지 못하는 무능력과 일치하는 것이다. 일반적으로 주의를 촉구하는 알람은 작동 중인 민주주의의 소음 에 묻히고 만다.

민주국가 인도가 공산국가 중국보다 기근을 더 잘 예방했다 는 것은 1989년 무렵 꽤 분명했다. [그러나] 어떻게 그렇게 되었는 가에 관해서는 의견이 갈렸다. 센은 자유로운 정보 순환의 중요성, 즉 전제 국가에는 없는 중대한 자원을 강조했다. 그런데 도움이 된 다면 지푸라기라도 잡으려는 민주국가의 유연성도 그만큼 중요했 다. 민주국가의 지도자는 재앙에 직면할 때 오만을 부리지 않는다. 즉, 실용적인 도움을 얻고자 타협도 한다. 비상사태에 직면한 인도 는, [중국과의 국경분쟁 당시] 무기를 구했던 것과 마찬가지로, 이데올 로기적 분할선을 가로질러 나라 안팎에서 곡물을 구했다. 그것은 진정한 반응성과는 다른, 반응성에는 미치지 못하는 적응성이었 다. 센에 따르면 인도가 기존의 관성에서 벗어나는 최선의 길은 시 민의 필요에 좀 더 즉각적으로 반응하는 것이었다. 다른 방법은 사 태가 그대로 흘러가도록 내버려 두고 다음 위기가 강타할 때까지 기다리며 관망하는 것이었다. 그것은 덜 고무적인 방식이다. 그러 나 민주주의의 행동 경향과는 더 일치했다.

1989년의 승자가 일본, 패자가 인도라고 한다면 가장 알 수 없는 나라는 여전히 중국이었다. 6월 초, 군대가 가차 없이 진압해 버린 톈안먼 광장 학생 시위에 대한 해석은 다양했다. 중국에서 민주회를 바라는 욕구는 자명했다. 마찬가지로 그것을 억압할 수 있는 정권의 능력 역시 분명했다. 그런데 어느 것이 더 강했을까? 흥분을 잘하는 평자들은 사건을 과도하게 해석하는 경향이 있다는 후쿠야마의 말이 옳았다. 『이코노미스트』는 『역사의 종말』에 콧방귀를 뀌는 사설에서 —『이코노미스트』는 이 책을 비판적으로 보며 [영국사를 희극적으로 패러디한] 『1066년과 이후 역사적 사건들』 1066 and All that과 견주기도 했다 — 중국이 후쿠야마가 틀렸음을 증명해 준다고 주장했다. 『이코노미스트』는 이렇게 썼다. "톈안먼 사태는 다수의 중국 인민들이 공산주의에 여전히 힘이 남아 있다고 믿고 있음을 보여 줬다."[24] 이는 과장이었다. 그것이 보여 준 것이라곤 잔혹한 정부가 겁을 먹고 필사적으로 싸운 모습뿐이었다.

그럼에도 그 학살이 공산주의의 재기를 나타내지 않았듯이, 정권의 궁극적 취약성을 시사하지도 않았다. 다수는 공산주의 정권의 취약성이 드러나길 바랐다. [미국 저널리스트] 헨드릭 허츠버그는 『뉴 리퍼블릭』에 쓴 글에서, 대중 시위를 잔인하게 진압한 것은, 지배계급이 입만 열면 하는 "인민의 것, 인민의 것"이라는 말이 거짓임을 드러냈다고 주장했다. 인민군이 인민을 살해하는 데 이용되었다. "일당—黨 국가가 권위를 내세우고자 사용한 말들은 국가 스스로 저지른 행동 때문에 결국 자멸을 초래하는 원인이 되어 버렸다. …… 따라서 그런 잔혹한 행동의 경제적 결과는 차치하더라도, 중국의 막후 지배자들은 궁극적으로 자멸하게 될 터다. 덩샤오핑 일당은 일종의 정치적 자살을 저지른 셈이다."[25] 이후 동유럽에서 전개된 일련의 사건들과 더불어, 이것은 일반적 견해가 되었다. 중국 지도자들은 막을 수 없는 조류에 그저 임시방편으로 댐을 세운 것이었다. 그들이 일소되는 것은 시간문제였다.

그러면 향후 중국의 모델은 무엇이었을까? 자유화가 진행되면서 핵심 지도부가 더는 버틸 수 없던 소련이었을까? 민주주의라는 외관이 급속한 경제성장의 가림막이 되었던 일본이었을까? 민주주의가 온 나라를 작은 파벌들 간의 권력투쟁의 수렁에 빠뜨린 인도였을까?

이 모델 가운데 어떤 것도 맞지 않았다. 중국은 중국이었고, 나머지 세계는 그게 무슨 의미인지 알 수 있을 때까지 관망하며 기다려야 했다.

여파

일본 주식시장은 1989년 12월 29일 정점에 이르렀다. 그러고는 거품이 꺼졌다. 1년이 못 되어 니케이 지수는 반 토막 났다. 동시에 부동산 거품도 꺼졌고 은행들은 산더미 같은 악성 부채를 떠안았다. 그런 급작스런 대전환은 사람들의 기운을 꺾고 불안하게 했지만 공황의 필요를 알아본 이는 거의 없었다. 단순히 이것은 유례없는 10년간의 번영이 끝나 갈 무렵 발생한 불가피한 교정 과정이었고, 성숙한 정치·경제로 나아가는 데 필수적인 단계였다. 그에 앞서 1987년, 미국 주식시장도 참혹하게 추락했다. 며칠 만에 1929년보다 훨씬 빠르고 큰 폭으로 곤두박질쳤지만 그때와는 달리 곧 회복했다. 공황은 오래가지 않았고, 만족할 줄 모르는 소비경제가 재개됐다. 마찬가지로 일본도 지속적인 미국의 수요에 힘입어 회복될 것 같았다. 조지 소로스는 일본 당국이 분명, 짧고 급격한 충격이 일본 경제의 재균형에 일조할 수도 있다는 점에서, 붕괴를 환영했으리라고, 어쩌면 그것을 꾀했을지도 모른다고 추측했다.[26]

결과는 그렇지 않았다. 1990년은 교정 과정이 아니라, 침체가 시작되고, 운이 천천히 역전되는 사건의 시작이었다. 일본이 장차 21세기를 지배할 것이라는 가능성의 거품도 꺼졌다. 일본은 경로 변경에 필요한 적응력이 충분하지 않았다. 부실 은행들은 국가의 지원을 받았고 쇠퇴하는 산업들은 관련 단체들이 달아 준 인공호흡기에 의지해 연명했다. 소심한 일본 소비자들은 허리띠를 졸라맸고, 디플레이션은 심해졌다. 당국은 경제를 소생시키고자 침착한 태도로 문제들을 하나하나 해결하고자 했다. 아주 충분한 조치는 결코 아니었다. [그럼에도] 일본은 여전히 풍요롭고 살기 좋은 곳이었다. 기대 수명이 계속 증가했고 실업률이 손쓸 수 없는 수준을 넘지 않았다. 1993년, 일본 유권자들은 자민당 의원들을 낙선시켰지만, 그들은 1년 뒤 되돌아왔다. 사태는 체제에 대한 신뢰에 위기감을 촉발할 만큼 충분히 나쁘지 않았고, 정치인들은 극적으로 다른 무언가를 시도할 만큼 절박하지 않았다. 일본은 교착상태에 빠진 것이었다.

인도에서는 라지브 간디가 이끄는 국민의회파가 1989년 말 선거에서 패배했다. 새로운 시기의 정치적 불안정을 예고한 사건이었다. 2년간 수상이 총 세 번 바뀌었고, 연정들은 무너졌으며, 경쟁 파벌들은 자리다툼을 벌였다. 간디는 1991년 선거운동 도중

암살당했고, 국민의회파가 재집권했다. 그동안 인도 경제는 위기 국면으로 치달았다. 1991년 무렵, 국가 예산 및 국제수지 적자는 경고 단계에 이르렀고 정부는 부채를 상환할 돈이 바닥났다. 채무 불이행의 조짐이 보였다. 신임 수상 P. V. 나라시마 라오와 재무장관이자 경제학자인 만모한 싱은 국제통화기금에 도움을 청했다.

그들은 경쟁력 있는 인도 경제를 만들고자 일련의 경제개혁에 나섰다. 보조금, 관세, 국가가 관리하는 독점 사업이 폐지됐다. 고정환율제도 폐기됐다. 외국인 투자가 장려됐다. 인도 대중은 이런 개혁에 찬성하지 않았다. 하지만 그런 조치들이 진행되는 것을 지켜봤고, 그 변화를 막기 위해 아무것도 하지 않음으로써 그것에 응했다. 선거 직후 들이닥친 위기는 새로운 정부에 행동의 여지를 주었다. 국제통화기금은 당근과 채찍을 주었다. 1991년, 직접 계획을 세운 것도 아니고 결과에 대한 통제력도 그리 많지 않았던 인도 정치인들은 마음먹고 무언가 새로운 것을 시도했다. 위기가 경로를 변화시킨 것이었다. 인도 민주주의는, 유권자들이 방관자에 지나지 않았음에도, 새로운 길에 들어섰다. 그 나라는 다시 앞으로 나아가고 있었다.

1989년, 중국 정부는 자살을 저지른 게 아니었다. 살아남는 데 필요하다고 생각한 모든 것을 실행한 것이었다. 전제자들은 위기시 민주주의를 실험할 수 없다. 중국 정부가 톈안먼 광장 시위를 허용했다면 살아남지 못했을 게 거의 분명하다. 하지만 전제자들은 저마다 실수로부터 교훈을 얻을 수 있다. 사실 전제 국가는 민주국가보다 실수로부터 교훈을 더 잘 얻는지도 모른다. 토크빌은 민주국가들이 서로의 사례로부터 교훈을 얻길 바랐지만 그런 일은 잘 일어나지 않았다. 민주국가들은 개의치 않고 자기 방식대로 하는 경향이 있다. 가차 없는 단기 결정에 더 능숙한 전제 국가들은 다른 곳에서 그런 결정이 부적절하게 사용된 사례를 보고 배울 수 있다. 중국 공산당은 소련과 동유럽에서 벌어지던 일을 보았고, 그런 전철을 밟지 않기로 했다. 더 큰 민주주의적 자유로 가는 문은 여전히 굳게 닫혔다. 대신 더 큰 시장의 자유로 가는 문을 크게 열어젖혔다. 반면 공산당은 의사 결정 과정에 대한 강력한 통제력은 여전히 놓지 않았다. 1980년대, 덩샤오핑 정권에서 시작된 경제개혁들은 가속화되었다. 정치 변화를 바라는 대중의 모든 욕구는 급속한 성장에 수그러들었다. 이것은 경제적 변형을 은폐하는 방편으로 사용되곤 하는 민주주의의 약속이 아니었다. 그것은 어떤 면에서도 결코 민주주의가 아니었다.

1989년, 일본, 인도, 중국 모두가 자신들에 대한 기대들이 틀렸음을 입증하는 동안 독일은 다시 통일국가가 되어 새로운 세계 질서의 중심에 확고히 자리 잡았다. 1990년, 독일은 질서 자유주의 모델에 기초한 입헌 민주국가, 즉 강력하고 정치적으로 독립적인 중앙은행, 권력을 위임받은 연방 정부, 정치적 포퓰리즘에 대한 제한(이를테면 정치적 극단주의자들에 대한 높은 진입 장벽)을 그 특징으로 하는 통일국가가 되었다. 이것은 여러 면에서 20세기 말 이룬 민주주의의 위대한 승리였다. 독일, 그러니까 20세기 상당 기간 동안 세계 민주주의 평화에 가장 큰 위협이었던 나라가 이제는 민주주의의 궁극적 지속성을 나타내는 표지가 되었다. 유럽 전역에서 지켜보던 많은 방관자들에게는 거의 믿을 수 없는 일이었다. 폴란드 지식인이자 반체제 인사 아담 미치니크는 그것을 "기적"

이라 불렀다.

모두가 만족한 것은 아니었다. 독일 지식인 상당수는 모든 게 너무 빠르고 성찰 없이 진행되고 있다고 생각했다. 소설가 귄터 그라스는 독일 국민이 자유 시장과 사회주의 사이에서 유의미한 선택을 할 수 있도록 하는, 한 민족 두 체제론을 주장했다.[27] 한때는 그와 같은 체제가 [연합국이] 강제한 합의였지만, 이제는 생활 방식에 대한 공개적인 실험장이 될 수 있다는 것이었다. 무엇이 그보다 민주적일 수 있을까? [하지만] 그것은 몽상이었다. 사회주의 동독은 이내 자본주의 서독에 흡수됐다. 마르크화를, 사용 정지된 동독 화폐에 놀랍도록 후한 비율인 일대일로 환전해 주고 얻은 거래였다. 한 평자는 이렇게 썼다. "본Bonn 주식회사, 파산한 프로이센의 마르크스를 인수하다."[28]

동독의 초창기 민주주의 운동들 역시 서독의 선거 정치에 밀려났다. 1989년, 동독에서 민주주의란 거리를 메운 군중, '민주주의 각성'이나 '지금의 민주주의' 같은 이름으로 즉흥적으로 모인 정치 동맹들, 대중 시위, 인민 권력을 의미했다. 1990년 12월, 통일 독일이 첫 선거를 치를 때 이런 것들은 거의 자취를 감추었다. 군중은 흩어졌고 운동은 분열됐다. 민주주의는 번드르르한 광고, 연출된 집회, 능률적인 당 기구를 의미했다. 그리고 무엇보다 돈이었다. 동독인들은 마르크화에 표를 던질 기회를 얻었고 그것을 잡았다.

통일 준비 기간 동안 쓴 글에서, 위르겐 하버마스는 자신이 목도 중인 것에 대한 절망감을 표했다. "마르크화는 이제 리비도의 대상이 되어 버리는 것인가, 그러니까 일종의 경제적 국가주의가 정서적으로 평가절상되어 공화주의 의식을 압도하게 되어 버리는 것인가?"[29] 하버마스는 독일 민주주의를 참된 공화주의 정신으로, 대중이 민주주의 원리들을 수용하는 민주주의로 재건할 수 있는 절호의 기회를 놓치고 있다고 생각했다. 그는 서독과 동독 모두에서 국민투표를 실시해 새로운 국가의 국민들을, 그들 스스로 선택하는 운명에 결속하기를 원했다. 진짜 민주주의는 쉽게, 우연히 미래로 나아가지 못한다. 손쉬운 약속과 단기 이득에 주의를 빼앗긴다. 그런데 바로 그것이 민주국가가 행하는 전부다. 자제력 같은 것은 손에 닿을 수 없는 곳에 있다.

고국에 실망한 하버마스는 공화주의 정신을 재탄생시키기에 가장 유력한 정체인 유럽연합으로 주의를 돌렸다. 이 새롭고 실험적인 정치 공간에서 유럽인들은 무언가 참 민주적인 것을 만들어 낼 기회를 얻게 될지도 몰랐다. [그러나] 하버마스는 또 실망하게 된다. 유럽 정치인들은 더 세속적인 야심이 있었다. 새로운 독일은 위협으로 보이기 시작했다. 이웃 국가들은 과거의 실수를 반복하지 않겠다는 결심이 확고했다. 통일 독일은 야심을 제한하고 번영은 공유할 수 있는 더 넓은 유럽공동체에 묶여 있어야 했다. 특히 프랑스는 향상된 유럽 연대가, 독일인들이 다시 단일국가가 되기 위해 치러야 하는 대가여야 함을 확실히 했다. 프랑스인들이 보기에 자신들의 운명을 통제하기 위한 최선의 방법은 그것을 독일의 운명과 합치는 것이었다.

유럽연합을 형성하려는 거대 계획은 단일 통화를 만들어 마르크화의 강점을 모방하되 그 혜택은 유럽 전역으로 확산시키는 것이었다. 강력한 통화를 기반으로 통일을 확고히 했던 독일은 이제 더 넓은 공동체를 위해 그것을 포기해야 했다. 유로화 구상은, 거창하기만 한 계획을 세우는 관료들이 유럽인들의 위임을 받지 않은 채 유럽인들에게 억지로 떠맡기려는 몽상이라고 조롱당하기 쉬웠다. 그러나 유럽인들은 대부분 그 꿈을 공유했다. 유로는 민주주의의 바람, 곧 모두를 다 가지려는 욕망의 산물이었다. 유로는 무모함과 두려움에서 태어났다. 독일의 번영에 대한 두려움은 그것을 나누어 갖고 싶은 불굴의 욕망과 함께했다. 이것은 "역사 이후의" 기술 공학적인 기획의 일부가 아니었다. 그것은 역사적 진보의 조류가 유로를 떠받쳐 주리라는 믿음에 기초한 허약한 구성물이었다. 유럽인들은 후쿠야마가 예견한 대로 정치사 박물관에서 단순히 큐레이터 활동을 하는 게 아니라 그 이상을 하고 있었다. [곧] 그들은 검증되지 않은 미래, 장래성을 실험하고 있었다.

1992년, 후쿠야마는 마침내 1989년 글을 단행본 분량으로 늘려 출간했다. 제목은 『역사의 종말: 역사의 종점에 선 최후의 인간』The End of History and the Last Man. 이상하고 서투른 책이었다. 원래 글이 잡지 『내셔널 인터레스트』에 처음 실릴 때는 다양한 사상가에게 일련의 짧은 논평을 의뢰해 후쿠야마의 글과 함께 실었다. 후쿠야마는 스승이던 앨런 블룸이 쓴 글에 크게 마음을 썼던 것 같다. 블룸은 후쿠야마가 주장을 펼치는 방식에 관해 두 가지 불만을 피력했다. 첫째, 19세기 초 독일 관념론 철학자 헤겔의 사상에 기반을 두었다(다렌도르프는 무시하듯 다음과 같이 지적했다. "그가 헤겔을 읽었는지조차 의심스럽다"). 블룸은 한때 자신의 학생이던 그가 주장을 완성하려면 또 다른 독일인이 필요하다고 생각했다. 그가 바란 철학자는 민주주의 삶의 중심에 놓인 공허를 예견한 진정한 선지자 니체였다. 둘째, 블룸은 후쿠야마가 "역사 이후의" 미래에 가장 들어맞는 동시대 모델을 잘못 파악했음을 시사했다. 그것은 서유럽이 아니었다. 그것은 다도茶道와 장인의 땅, 일본이었다. 일본은 20세기가 저물 무렵의 민주주의 정신을 예시하는 번영하고 고상하지만 활기 없는 사회, 유의미한 것은 어떤 것도 일어나지 않는 풍족한 삶의 새로운 모델이었다. 유일한 경쟁자는 똑같이 공허하지만 더 분주한 소비 지상주의의 땅 미국이었다. 블룸은 이렇게 썼다. 미래의 경합은 이렇게 될 터다. "일본의 미국화 대 미국의 일본화. 이 경합에서 얻을 건 아무것도 없다."[30]

후쿠야마는 블룸의 지적을 문자 그대로 따랐다.『역사의 종말』은 블룸이 일본에 관해 쓴 구절을 거의 글자 그대로 썼다(두 사람 모두 블룸이 사사했던 프랑스 철학자 알렉상드르 코제브의 주장들을 그대로 따랐다). 동시에 그 책은 부제를 비롯한 곳곳을 니체로 도배했다("최후의 인간"은 모든 정념과 비전을 상실한, 그러니까 편안하고 평화로우며 영적으로 죽은 현대인을 지칭하는 니체의 용어다). 후쿠야마는 역사의 종말을 동반할 듯 보이는 공허를 한탄한다. 그리고 허무주의에 굴복하지 않지만 자기 앞에 놓인 문화적 불모지에 관해 꽤 우울한 견해를 보인다. 그가 무의식적으로 따라 한 독일인은 토마스 만으로, 1918년에 저술 작업을 하던 만 또한 후쿠야마 이상으로 니체를 읽고 있었다. 민주주의가 승리하는 순간에는 지적 절망을 담은 글이 유행하기 마련이다.

『역사의 종말』은 니체에만 기댄 책이 아니다. 후쿠야마가 끌어넣은 또 다른 사상가는 토크빌이다. 그런데 그는 토크빌과 니체를 결합한다. 즉 이들은 민주주의의 승리를, 인간의 창조적 정신의 종말을 고하는 전조로 예견했다. 성공한 민주국가는 평범함에 갇히게 된다. 개인적으로 더 우울한 순간마다 토크빌은 이렇게 믿었다. 그런데 토크빌을 니체의 선조로—민주주의의 어리석음을 비판한 흔해 빠진 귀족—바꿔 버림으로써 후쿠야마는 실수를 저지른다. 그는 민주주의에 관해 근본적으로 상이한 두 견해를 뒤섞는다. 니체는 민주주의가 새빨간 거짓말, 우리의 부족감을 스스로 달래고자 사용하는 공허한 사상이라 생각했다. [니체에 따르면] 민주주의가 하는 것이라고는 억압뿐이다. [반면] 토크빌은 평범함이 활력과 무분별한 야심과 함께한다는 것을 알았다. [토크빌에 따르면] 민주주의는 실체가 있지만 그것은 누구도 통제할 수 없는 실체다. 니체는 민주주의가 진짜라고 하기에는 너무 좋고, 그래서 의심스럽다고 생각했다. 토크빌은 민주주의가 좋다고 하기에는 [현실에서 구현될 때 과도한 활력, 무분별, 방종 등을 보인다는 점에서] 너무 사실적이라고 생각했다. 니체에게는 그다음 설명이 없다. 토크빌에게는 있다.

7장 ·········· 2008년 ················· 백 투 더 퓨처

위기

2008년 9월, 리먼브라더스가 무너진 뒤 전면적으로 터진 경제 위기는 정치적 혼란과 공황이라는 잊지 못할 장면들을 연출했다. 은행 시스템 전체의 붕괴에 직면한 조지 부시 대통령은 사색이 된 참모들에게 이렇게 고했다. "[돈이 풀리지 않으면] 이게 무너질 수도 있어."1 재무장관 행크 폴슨은 하원의장 낸시 펠로시 앞에 한쪽 무릎을 꿇고, 자신이 임시방편으로 급조한 구제책을 좌절시키지 말아 달라고 간청했다("어머나, 행크" 그녀가 대꾸했다. "당신이 가톨릭인지 정말 몰랐네요."◂). 공화당 대선 후보 존 매케인은 엉망인 상황을 해결하고자 선거운동을 중단하고 워싱턴으로 왔다. 주요 양당 지도자들과의 급조된 회의에 도착한 그는 말없이 앉아 있었다. 회의는 혼란스럽고 격앙된 분위기에서 파했고 민주당원들은 매케인을 조롱했다. "대책이 뭡니까? 대책이 뭐냐구요?" 계획은 없었다.2

2008년이 끝나 가는 몇 달 동안, 정치인, 은행가, 기업가들은 파국이 발생할 수 있는 상황에 직면했다. 그들은 하루만이라도, 아니 한 시간만이라도 위기를 미루기 위해 애쓰는 듯 보였다. 위기의 진원지에서는 [쿠바 미사일 위기가 일어난] 1962년 말의 강렬한

▶ 가톨릭 옛 전통에서는 성당에 들어갈 때 한쪽 무릎을 꿇는다.

공포가 느껴질 듯한 장면들이 연출됐다. 그때와 마찬가지로, 최악의 재난이 발생할 것 같은 조짐은 이전부터 있었지만, 느닷없이 발생한 것처럼 보였다. 거의 모든 사람들이 위기의 규모에 깜짝 놀랐다. 그 보기 드문 위험을 처리하는 일은 몇몇 소수의 몫이었다(1962년과는 달리 이번에는 여성들도 있었다). 그들은 세계의 운명을 손에 쥔 채, 세속과 격리된 (더는 담배 연기가 자욱하지 않은) 방에서 회의를 하고 있었다.

미 재무장관 폴슨, 연방준비제도이사회 의장 벤 버냉키, 뉴욕 연방준비은행장 티모시 가이트너는 위기 동안 막대한 권력을 행사했는데, 이들은 피를 말리는 듯한 강한 압박감을 느꼈다. 실수 하나가 점점 커져 결국엔 지구적 재앙으로 끝날 위험이 있었다. 상호 확증 파괴◀의 가능성도 다가오고 있었는데, 이번에는 미국과 죽음의 무도를 함께 출 상대가 러시아인들이 아니라 중국인들이었다. 2008년 무렵, 중국 정부는 미 재무부 채권과 미 정부가 보증하는 증권을 해외에서 가장 많이 보유한 나라가 되었다. 중국이 공황 상태에서든 아니면 악의에서든 달러 자산을 매각하기로 결정한다면, 미 정부는 그에 따른 대혼란을 막을 수 없을 터였다. 국제경제 질서가 혼란에 빠지면, 중국에도 커다란 재난이 될 것이기에, 그와 같은 위협은 모두 몰지각해 보였다. 그러나 흔히 최악의 위기 순간에는 지각을 찾아보기 힘들다.

그럼에도 2008년 9월의 상황은 미국이 독단적으로 위기를

▶ 전면적인 핵전쟁시, 선제공격을 가한 쪽도 보복 공격을 당해 결국 둘 다 파멸하는 상황, 또는 그런 보복 전략.

해결하려 한 쿠바 미사일 위기 때와는 달랐다. 세계는 워싱턴이 자신들의 숙명을 결정하도록 그저 지켜보고만 있지는 않았다. 리먼브라더스가 붕괴하자 재난이 전 세계를 덮칠 것처럼 보였고, 각국 정부들은 저마다 그 혼돈을 해결하고자 필사적으로 노력했다. 위기가 계속 진행 중인 와중이라 핵심 문제가 무엇인지 불분명했고, 위기에 대한 명철한 판단도 나오지 않았으며, 언제 끝날지도 알 수 없었다. 숨을 내쉴 만한 때가 없었다. 위기는 질질 끌었다. 지구 경제는 벼랑으로 몰리지도 않았고, 위기에서 완전히 벗어나지도 못했다. 문제는 언제가 재난 직전의 상황인지 확인하기 너무 어렵다는 것이었다.

국제금융 및 경제가 붕괴했을 때 발생할 수 있는 결과에 대한 전망 속에는 핵전쟁과 같이 모든 것을 얻거나 잃는 양단간의 특성이 없다. 그렇기에 대격변으로서의 성격은 덜하다. 그렇지만 불확실성은 더 크다. 그 결과를 명시하기란 쉽지 않다. 어느 누구도 그 결과가 정확히 무엇일지 확신할 수 없기 때문이다. 물론, 대량 실업과 더불어 광범위한 고통이 닥칠 것은 쉽게 짐작할 수 있었다. 하지만 [그 형태는 무엇일까] 문을 걸어 잠근 은행들? 물물교환으로 회귀? 내전의 발발? 무장한 채 거리를 배회하는 강도떼? 또 다른 대공황의 유령이 2008년에 출몰했다. 그러나 핵분열[연쇄반응]적이고, 복잡하며, 놀랍도록 상호 연결된 21세기 세계에서는 대공황이라는 관념조차 고풍스러워 보였다. 그 이름 없는 공포는 무언가 훨씬 더 심각한 것과 관련이 있었다.

이 같은 위기 속에서, 대부분의 사람들이 그 위기가 민주주의와 깊은 관련이 있다고 생각했다. 지도적 행위자 다수가 비선출직 관리들이긴 했지만(폴슨, 버냉키, 가이트너는 중국의 상대자들만큼이나 대중의 위임을 받지 않았다), 그들은 여론이 받아들일 수 있는 것과 그렇지 못한 것에 큰 영향을 받았다. 그 어떤 구제책도 선출직 정치인의 지지 없이는 실행할 수 없었다. 폴슨이 펠로시 앞에 무릎 꿇은 것도 이 때문이었다. 유권자들은 해결책의 일부여야 했다. 동시에 민주주의가 문제의 일부라는 것이 분명했다. 그것은 단순히 선출직 정치인들이 유권자들이 분노할까 두려워, 재난을 면하기 위한 과감한 조치들을 실행하는 데 주저하기 때문만은 아니었다. 위기의 기원은 서구 민주국가의 정치인 및 관리가 저지르는 실수와 오판에 있었다. 이것은 민주국가들이 자초한 재난이었다.

그런 점에서 그 위기는 달랐다. 그것은 민주주의에 대한 외부의 지속적인 위협이 아니라 민주주의의 성공으로부터 발생한 것이었다. 21세기 첫 10년 동안, 민주주의는 심각한 이데올로기적 경쟁자에 직면한 적이 없었다. 알카에다는 위협이었지만 경쟁자는 아니었다. 중국은 경쟁자였지만 이데올로기적 위협은 아니었다. 중국식 국가자본주의가 서구 민주주의에 대한 그럴듯한 대안이라는 생각은 2008년 위기의 결과였지 전조는 아니었다. 어떤 이들은 그 재난에 대해 중국을 탓하면서, 값싼 수출품에 의존했던 중국이 지구 경제의 불균형을 야기했고, 서구 국가들과 그 소비자들은 그것을 계속 이용하고 싶은 유혹에 빠졌다고 주장했다. 그러나 이것이 유혹이었다면, 거의 아무도 거역할 수 없는 유혹이었다. 민주국가들은 자기 숙명에 전적으로 연루되었다. 민주국가들이 자초한 위기는 다음과 같은 분명한 질문을 남겼다. 상황을 그렇게 엉망으로 만든 사람들은 그것을 바로잡을 방법을 알고 있을까?

민주국가들은 전에는 없던 한 가지 자원, 다시 말해 지난 위기들로부터 축적된 경험이 있었다. 이 위기가 1930년대 위기의 반복이 되지 않으리라 가정했던 이유는 1930년대의 위기가 경고의 역할을 할 것이라 생각했기 때문이었다. 벤 버냉키의 전공은 대공황이었다.[3] 그가 2002년에 한 유명한 발표에 따르면, 대공황이 또다시 일어날 이유는 전혀 없었다. 연방준비제도이사회가 그것을 피할 방법을 알고 있기 때문이었다. 그들은 이미 교훈을 얻었다는 것이었다. (밀턴 프리드먼의 아흔 번째 생일 때였다. 그의 생일을 기념해 열린 컨퍼런스 축사에서 버냉키는 프리드먼에게 다음과 같이 이야기했다. "당신이 맞아요, 우리[연준]가 그때 그랬죠[화폐 공급을 줄였죠]. 하지만 당신 덕분에 다시는 그렇게 하지 않을 거예요."[4]) 그러나 위기가 닥치자 버냉키의 약속은 오만했던 것으로 밝혀졌다. 과거의 실수를 피하는 법을 안다고 해서 재난을 피할 수 있는 것은 아니었다. 외려 재난에 직면했을 때 현실에 안주하게 했다. 엉망인 상태에서 벗어나는 법을 알고 있으니 외려 그것에 빠져들었다.

과거의 위기 가운데 어떤 것이 사실 현재 위기를 해결하는 데 가장 적합한 모델인지를 알아야 하는 문제도 있었다. 2007년, 치솟은 석유 가격을 의식한 연방준비제도이사회 정책 입안자들은, 가장 심각한 인플레이션 위협이 발생했던 1970년대의 위기를 다시 겪을지도 모른다고 생각했다. 폭풍이 몰아치자, 버냉키와 중앙은행 동료들은 1930년대의 반복을 막고자 사력을 다했다. 그러나 1990년대, 일본 당국도 그랬지만, 의도하지 않은 결과로 일본 경제는 20년간 스태그플레이션에서 빠져나오지 못했다. 아마도 미국은 결국 일본의 전철을 밟을 터였다.

미국이 여전히 미국인 한 가지 이유는 민주주의의 갱신에 관한 믿음에 있었다. 2008년 위기가 너무도 걱정스러웠던 이유 하나는 대선과 겹쳤기 때문이다. 이 선거는 1933년의 기억, 그러니까 대통령을 교체해 결국 질질 끌던 경제 위기를 타개했던 기억을 상기시켰다. 2008년은 1933년과 달리 그 변화의 본질이 모든 사람들에게 분명해 보였다. 우선 루스벨트는 여느 정치인들과 크게 다르지 않았다. 오바마는 늘 무언가 달랐다. 그는 백악관에 입성한 첫 아프리카계 미국인이었다. 어떤 변화도 그보다 더 뚜렷할 수 없었고, 더 큰 상징적 가치를 지닐 수 없었을 것이다. 그럼에도 민주국가에서 사람들이 볼 수 있는 변화, 가장 큰 희망을 품었던 변화는 대체로 착각으로 밝혀지곤 한다. 민주국가는 때때로 누구도 알아채지 못한 채 변화할 수 있듯이, 진정한 변화 없이도 스스로를 갱신[하는 척]할 수 있다. 오바마는 이 위기에서 변화의 동인이 아니었다. 많은 면에서 그는 위기 자체의 다루기 힘든 본질을 구현했다.

2008년 위기의 여파는 지금 이 책을 쓰는 (2013년 초) 시점에도 여전히 퍼지고 있다. 2008년은 긴박한 위기의 국면이었지만, 불확실하며 그 끝을 알 수 없는 이행기의 시작이기도 했다. 이후 너무 많은 것이 변화했지만, 그럼에도 변화는 미미했다. 이런 시기를 겪으면서 우리는 민주주의의 양면, 즉 조급함과 체념이 어떻게 상호작용하는지 볼 수 있다. 아직 발견하지 못한 것은 이 둘 사이의 긴장을 다루는 방법이다.

평가

1989년부터 2008년에 이르는 시기의 특징은 지속성과 파열이었
다. 지속성은 경제문제에서였다. 파열은 국제 문제에서였다. 지속
성은 현실 안주와 표류성을 낳기에 민주국가에 나쁘다. 파열은 충
동성과 공격성을 낳기에 민주국가에 나쁘다. 그 조합은 치명적임
이 입증됐다.

　그 기간은 주요 경제국들(일본은 제외하고)이 놀랍도록 꾸준한
성장과 낮은 인플레이션, 상승하는 주식시장을 누렸던 경제 안정
기[대완화Great Moderation]였다. 적어도 서구에서는, 호황과 불황 사
이를 자주 오락가락하는 일은 과거의 일로 보였다. 2008년 이전
에 마지막으로 발생했던 현저한 경기후퇴는 빌 클린턴이 백악관
에 들어간 1992년이었다. 독립적인 중앙은행장들은 이제, 임박한
위기를 관리하는 수단이 있었다. 선출직 정치인들은 그들이 그런
일을 계속하도록 하는 것이 얼마나 중요한지 이해했다. 모든 게
매끄러워지고 진정되었으며 질서가 잡혔다. 냉전의 종식은 마침
내 원숙한 자본주의를 안정화하는 만병통치약이 된 듯 보였다.
1999년, 유로화가 아무 탈 없이 도입되었고 유럽 대륙은 계속해
서 번영했다. 새로운 지구적 번영기에도 변두리에서는 여전히 난
폭한 부침들이 일어났다. 가장 심각한 것은 1997년 동아시아 위
기였다. 그러나 서구는 이런 소요들을 비교적 조용히 잘 넘겼다.
돈이 있는 사람들에게는 새로운 금융 질서가 돈을 잃을 리 없는,
무조건 이익을 보는 내기로 보였다.

　그럼에도 이 시기는 2001년 9·11 공격이 발생한 대혼란Great

Disruption의 시기이기도 했다. 그 결과 국제정치의 분위기가 급변했다. 평화롭던 세계는 거의 하룻밤 사이에 전시 상황이 되었다. 서구 민주국가들은 계속되는 경제 안정에도 불구하고, 갑자기 취약하고 위험에 노출된 듯 보였다. 그들은 도처에 있을지 모르는, 또는 어디에도 없을 적의 위협을 받고 있었다. 또한 불화가 심해지고 있었다. 알카에다의 위협에 대한 미국의 태도는 서유럽 사람들의 분위기와 현저히 달랐다. 서유럽은 군사적인 대응에 나설 의사가 전혀 없었다. 9·11 재난으로 선진 민주국가들은 겁을 먹었고 양분됐다. 그런 점에서 9·11을 저지른 이들의 목적은 일부 달성됐다.

2001년 미국이 주도한 아프가니스탄 침공으로 시작해 2003년 이라크 침공으로 이어진 테러와의 전면전은 큰 대가를 치른 실수였다. 그것을 추동한 것은 두려움, 분노, 그리고 응징을 바라는 욕망이었다. 도처에 있지만 어디에도 없는 적은, 공격할 수 있는 어떤 곳에서 찾아야 했다. 이라크의 경우, 결국 적은 거기에 없는 것으로 드러났지만 말이다(적어도 미국인들이 들어오기 전에는 없었다). 그 전쟁은 미국의 군사기술을 전시하는 기회였다. 비록 그것이 실제로 입증한 것은, 가장 정교한 무기일지라도 여전히 너무 무디고 무차별적이어서 광범위한 부수적 피해를 낳는다는 것이었지만 말이다.

하지만 그 전쟁에는 더 고상한 동기도 있었다. 민주주의의 장점을, 그것이 아직 정착되지 못한 지역에 확산시키고 싶은 욕망이 그것이었다. 조지 부시와 토니 블레어를 포함해 다수의 지도적 행위자는 테러 위협을 물리치는 것이 민주주의의 홍보와 불가분하게 연결된다고 믿었다. 서구 민주주의가 안전함을 느끼려면 날개를 펴야 했다. "세계 평화를 위해서는 무엇보다 전 세계에 자유를 확장해야 합니다." 부시는 2004년, 두 번째 취임 연설에서 말했다. "적들을 패배시키기 위해서는 무엇보다 먼저 자유국가들이 힘을 합쳐 민주주의를 알려야 합니다."[5]

9·11 이후, 부시의 대응은 1917년 민주주의의 위협에 대한 윌슨의 대응을 분명히 상기시켰다(특히 두 사례 모두 180도로 입장이 선회했기 때문이다. 즉 세계 분쟁 지역과 거리를 두려 했던 대통령들이 적극적인 개입주의자로 돌변했다). 학자들은 부시를 윌슨주의자, 혹은 신윌슨주의자로 부르는 게 타당한지를 두고 논쟁을 벌였다. 아마도 의견 일치를 보지 못할 것이다. 민주주의에 안전한 미래라는 윌슨의 비전은 국제기구를 통해 국가들을 연합한다는 사상에 토대를 두었다. 부시는 국제연합을 포함해 그런 조직들을 무시했다.[6] 윌슨은 민주주의를 **위해** 세계를 안전하게 만들고 싶었다. 부시는 민주주의를 **통해서**, 민주주의의 영역을 확장함으로써 세계를 안전하게 만들고 싶었다. 부시의 비전의 중심에는 민주국가들이 어떤 공통의 법적 틀을 통해서가 아니라 저마다 행동을 취해 평화를 고취한다는 생각이 있었다. 그리고 그런 견해의 중심에는 민주국가들은 서로 결코 전쟁을 벌이지 않는다는 사상("민주 평화론")이 있었다. 따라서 민주국가가 많아질수록 전쟁은 더 적어진다. 그런 추론에 따르면 민주주의를 확산시키는 전쟁은 미래의 평화에 투자하는 것이었다.

민주 평화론은 새로운 사상이 아니었다. 18세기 독일 철학자 칸트는 1795년에 "영구 평화"에 관한 글에서 그것을 제시한 바 있었다(입헌 공화국의 평화적 특성을, 일부 길들여지지 않은 민주국가들이 충동적으로 전쟁을 도발하는 특성과 조심스레 구별했지만 말이다). 윌슨 자신도 미국의 제1차 세계대전 참전을 공표하는 연설에서 그런 생각을 제시했고, 거기서 그는 유럽 국가들이 참으로 민주적이었다면 그 전쟁은 결코 일어나지 않았으리라고 언명했다. 그런데 1980년대 들어, 그 사상은 역사에 주목하는 정치학자들이 그것을 실증적으로 검증하기 시작하면서 새로운 주목을 받았다. 20세기는 자유민주주의국가들은 서로 전쟁을 하지 않음을 보여 줬다. 한 번도 없었다. 민주국가들은 기근을 겪지 않는다는 생각처럼 이것도 당대 정치학의 자명한 진리가 되었다. 마거릿 대처도 그 말을 인용했다 (1990년, 체코슬로바키아를 방문했을 때 그녀는 이렇게 말했다. "민주국가들은 서로 전쟁을 하지 않습니다"). 빌 클린턴도 그랬다(1994년, 연두교서 연설에서 그는 이렇게 말했다. "민주국가들은 서로 공격하지 않습니다"). 조지 부시도 마찬가지였다(2004년, 한 기자회견에서 그는 이렇게 말했다. "민주국가들은 서로 전쟁을 벌이지 않습니다").

민주국가들은 서로 싸우지 않는다고 주장할 때 윌슨은 역사 기록에 기대지 않았다. 당시에는 그 증거를 뒷받침할, 현존하는 민주국가들이 충분하지 않았다. 그의 주장은 정치학과 국제법에 대한 이해를 바탕으로 합리적 추론을 통해 도출한 철학적 입장이었다(그런 의미에서, 그는 칸트를 따르고 있었다). 반면 부시에게는 역사적 증거가 있었다. 민주국가들의 평화 성향에 대한 윌슨의 믿음이 본질적으로 믿음의 선언이었다면 부시의 것은 경험에 근거한 사실의 발언이었다. 그러나 이 같은 점이 부시의 입장을 좀 더 신중하거나, 더 타당한 것으로 만들지는 않는다. 전쟁을 통해 민주 평화론을 밀어붙이는 것은, 오히려 훨씬 더 많은 맹신을 요구했다. 그것은 과거의 포괄적 교훈이 현재의 복잡다단한 현실을 다 담아낼 수 있다고 가정했다. [하지만] 민주 평화론은 이와 같은 가정을 뒷받침할 증거를 전혀 제시하지 못했다. 그럼에도 부시는 역사의 추가 자기편에 있다고 믿었고, 그래서 위험을 감수할 수 있었다.

부시는 낙관적 숙명론자의 본색을 드러냈다. 민주주의의 상대적 장점에 대한 증거로 말미암아, 부시는 무신경하고 무모해졌다. 이것은 세계가 원인과 결과라는 규칙적 패턴에 따라 작동한다는 지식에서 기인하는, 밀이 말한 "수정 숙명론"이었다. 토크빌이 두려워했듯이 민주주의 정치(學)에서 도출될지도 모르는 것이 바로 그 숙명론이었다. 민주 평화론은 참이면서 동시에 위험한 것으로 드러난다. 그것이 위험한 이유는 참이기 때문이다. 즉 그것은 무신경하고 경솔한 정치 행동을 고무한다. 역사는 민주 평화를 낳는 마법의 비결을 제시하지 않는다. 역사가 우리에게 일러 주는 것이라곤, 민주 평화가 일어난다는 것뿐이다. 역사는 그 지식을 가지고 무엇을 해야 할지는 일러 주지 않는다. 윌슨처럼 부시도 민주주의 기저의 장기적 강점들을 이용하고 싶었다. [장점을 이용하고자 할 때 감수해야 하는] 그 위험들을 알았던 윌슨과는 달리, 부시는 그런 행동의 단기적 위험들을 그저 무시해 버렸다.

민주국가들은 서로 싸우지 않을 테지만, 그렇다고 그들이 평화를 고취하는 법을 안다는 뜻은 아니다. 외려 민주 평화론을 실제로 적용하려는 시도는 민주주의의 일반적 약점들, 즉 조급함, 초조, 부주의와 충돌한다. 이것은 1947년에 이미 리프먼이 주장한 것이다. 즉 전 세계에 민주주의를 고취하는 것은, 그와 같은 행동에 나선 민주국가에 해로운 영향을 미친다. 민주국가의 정치인과 대중은 다른 나라가 민주주의에 적합한 자질이 있는지를 잘 판단하지 못하는데 그들은 자신만의 제한된 경험을 통해 세계를 보기 때문이다. 그들은 보고 배우지 않는다. 또한 시선을 돌려 버리거나 덜컥 시작부터 한다. 성공한 민주국가는 호기심이 많지 않다. 세속과 격리되어 있고 근시안적이다. 아프가니스탄 및 이라크 전쟁은 부실한 계획, 불충분한 지역 정보, 그리고 본국에서 자초한 정치적 분열 때문에 곤란을 겪었다. 이것은 민주국가들이 역사에서 나타난 자신들의 장점을 이용하려 할 때 일어나는 일이다. 그들은 모든 것을 엉망으로 만들어 버린다.

이것을 알아본 한 사람은 후쿠야마였다. 1990년대 말, 그는 미국의 영향력이 전 세계적으로 확장되리라는 전망에 매우 낙관적인 입장을 취한 단체 '새로운 미국의 세기를 위한 프로젝트'Project for a New American Century, PNAC의 지지자였다(어떤 면에서 그 기획은 폴 케네디에 대한 터무니없는 응수였다). 이라크 전쟁 당시, 후쿠야마는 1990년대 초의 더 비관적인 사고방식으로 — 또 다르게 바뀌긴 했지만 — 되돌아갔다. 그가 두려워한 것처럼 미국의 정치적 삶은 차분해지고 진부해지지 않았다. 무모하고 자만하며, 포괄적인 해결책과 장대한 계획에 끌리게 됐다. 민주주의의 성공은 민주주의의 가능성에 관한 지극히 단순한 비전과 장차 문제의 빌미가 될지도 모르는 것을 만들어 냈다. 이라크 같은 나라에서 성공적으로 국가를 건설하기 위해서는 복잡하게 얽혀 있는 상충하는 요인들을 면밀히 검토할 필요가 있었다.[7] 그것들을 모두 "민주주의 확산"이라는 개념으로 한데 묶어 버리면 잘해야 역효과, 그렇지 않으면 파국으로 치달을 수도 있었다. 이제 후쿠야마는 운명보다는 우발적 사건을, 일반론보다는 세부적인 것들을 우선하는 정밀한 정치학을 위해 싸우고 있었다. 그러나 민주국가의 여론은 섬세한 정치학에 진정으로 관심을 보이지는 않는다. 그것은 정치학자들을 위한 것이다. 정치 전문가들이 알아차린 것은 역사의 종말을 공언한 사람이 이제는 자신이 한 일에 의구심을 품고 있다는 것이었다.

부시는 또 다른 면에서도 무모했다. 그는 미국이 아프가니스탄 및 이라크 전쟁의 막대한 비용, 결국 베트남전쟁 비용을 초과한 그 비용을 감당할 수 있다고 믿었다. 이런 믿음을 떠받치고 있는 것은 냉전이 끝나면서 힘차게 시작한 경제성장이 멈추지 않을 것이라는 믿음이었다. 『강대국의 흥망』에서 폴 케네디는 1980년대 중반, 미국의 연간 재정 적자가 GDP의 5퍼센트 이상이라는 것이 미국이 지속 불가능한 길에 있는 증거라고 지적했다. 그러나 얼마 뒤 냉전에서 승리하면서 그런 염려는 트집 잡기로 보였다. 딕 체니는 나중에 이렇게 발언했다. "레이건은 적자가 문제가 되지 않음을 입증했습니다." 1990년대 동안, 평화와 번영의 배당금으로, 정치적 책략에 능숙한 빌 클린턴은 균형예산을 유지할 수 있었다. 다음 10년 동안에는 부시의 감세 처방에 큰 전쟁 비용이 더해지면서 다시 적자가 됐다. 그것은 다른 것이 잘못되지 않는 한 감당할 수 있는 수준이었다. 그리고 달리 무엇이 잘못될 수 있었을까?

잘못된 것은 불충분한 금융 규제, 단기적인 목적에서 이뤄지는 정치적 개입, 과도한 희망 사항이 뒤섞인 것이었다. 경제 안정기는 [인위적으로] 연장된 호황기로 드러났고, 결국에는 엄청난 불황으로 이어졌다. 호황을 주도한 것은 오만한 중앙은행장, 간섭하길 좋아하는 정치인, 안일한 경제학자, 그리고 탐욕스러운 투자자들이었고, 그중 어느 누구도 이제 그 혜택을 끝낼 시간이라고 말하고 싶지 않아 했다. 2008년 붕괴의 근인近因은 여전히 열띤 논쟁의 대상이다. 그 참사를 야기한 여러 요인들에 대해서는 이견이 거의 없지만, 주요 책임이 어디에 있는가에 대해서는 합의를 보지 못했다. 자신들이 통제할 수도 없고 이해하지도 못한 채무 상품들을 패키지로 묶어 판 투자은행에 있을까? 그렇게 하도록 방기한 규제 당국에 있을까? 집을 살 형편이 안 되는 대다수 가난한 유권자들에게 주택 소유의 장점을 홍보한 정치인들에게 있을까? 임박한 폭락의 적신호를 알아차리지 못한 중앙은행장들에게 있을까? 아니면 상황을 흘러가는 대로 내버려 두는 것을 정당화한 효율적 시장 이론 경제학들에게 있을까? 그 답은 각자의 정치학에 달려 있을 것이고, 각자의 정치학에 따라 저마다 입맛에 맞는 답이 있을 것이다.

그러나 일반적으로 2008년에 전개된 위기는 민주주의의 실패였다. 다시 말해, 잘못된 것을 너무 늦게 직시한 선진 민주국가들의 잘못이었다. 과잉 호황의 징후는 다양한 장소에서 다양한 양상으로 나타났다. 미국과 마찬가지로 아일랜드와 스페인에서 주요 징후는 부동산 거품이었다. 영국에서는 차입금이 과도한 금융 부문이었다. 이탈리아와 그리스 같은 곳에서는 비대하고 비효율적인 공공 부문이었다. 독일 같은 곳에서는 유로가 창출한 값싼 수출 시장에 대한 지나친 의존이었다. 그러나 제때 스스로를 바로잡은 체제는 어디에도 없었다. 사태가 걷잡을 수 없게 되어서야 바로잡으려 했다. 그때는 이미 피해를 입은 상태였다.

이것은 이중의 실패였다. 21세기를 의기양양하게 출발한 민주주의 체제에는 두 가지 안전판이 있었다. 한편으로 민주국가의 여론은 정치인을 비롯한 공직자들의 과도함을 바로잡기 위해 존재했다. 즉 지배자들이 도를 넘으면 유권자들이 저지할 수 있다. 다른 한편, 독립된 중앙은행장을 포함해 공직자들은 유권자들의 과도함을 견제하기 위해 존재했다. 즉 대중이 도를 넘으면 기술 관료들이 그들을 저지할 수 있다. [그러나] 그렇게 작동하지 않았다. 민주주의 삶의 양편—여론, 전문가 의견—은 서로를 견제하지 않은 채, 그저 서로를 애지중지한 듯 보였다. 사태가 이미 걷잡을 수 없을 때 각각은 상대가 [먼저] 신호를 보내 준다고 믿고 있었다.

1980년대 이후 출현한 교훈적 이야기에 따르면 핵심 결정에 대한 전권을 비선출직 관리들에게 맡기면 민주국가들은 안정될 것이었다. 그러면 이런 관리들은 민주주의 정치에서 나타나는 일상적인 압력에서 벗어나 자유롭게 민주주의의 결함들을 면밀히 살펴보고 바로잡을 터였다. 그러나 사실 관리자들은 정치적 압력으로부터의 자유를 오용해 자신의 편견에 빠져 있을 가능성도 있다. 장기 호황기의 핵심 관료는 1987년부터 2006년까지 미 연방준비제도이사회 의장을 역임한 앨런 그린스펀이었다. 그린스펀이 오랫동안 의장을 할 수 있던 것은 초기의 경험들 덕분이었다. 첫째, 빨리 마무리된 1987년 주식시장 붕괴는 그가 의장직을 맡은 지 6주 만에 터졌고, 이 사건은 가장 충격적인 사건조차 침착한 태도와 건전한 전문가적 판단으로 극복 가능하다는 점을 보여 줬다. 둘째는 1989년 베를린장벽 붕괴로 이 사건은 자유 사회가 계획경제 사회를 장기적으로 항상 이긴다는 것을 보여 줬다.[8] 그 체제는 그린스펀 같은 인물이 책임을 지고 있는 한 건전한 모습을 보일 수 있었다. 그러나 이것은 치명적인 자만이었다. 그린스펀은 과거의 성공들에 눈이 멀어 실패 가능성을 보지 못했다.

후임 버냉키도 기술적인 조정을 통해 전면적인 위기를 피할 수 있다고 생각했다. 그린스펀과 마찬가지로 체제가 건전한 상태이며 언제든 적신호를 감지할 수 있다고 믿었던 것이다. 그 역시 틀렸다. 2007년에 경고들이 나타났지만 그와 동료들은 놓쳤다. 정해진 경로로 나아가는 과업을 위임받은 기술 관료들은 종말의 예언들을 무시하라고 배우기 때문이다. 민주국가에는 우울한 예언을 하는 사람들이 늘 있기 마련이다. 우울한 예언은 비선출직 관리들이 견제하는 민주주의의 과도함 가운데 하나이다. 민주국가들은 과도한 잡음을 만들어 낸다. 그러나 비선출직 관리자들은 매일매일 울리는 선거 정치의 경고음에서 차단되어 있기에 임박한 위험 경보에 민감하지 않다. 외려 그것에 점점 더 귀를 닫는다.

냉전 종식 이후 약 20년간 지속된 서구 민주주의의 상대적 호시절은 대중의 계속적인 요구들과 이를 적절히 완화하려는 전문가들의 영향력이 성공적으로 절충되었음을 시사하는 듯했다. 서로가 상대와 함께 사는 법을 배운 것이었다. (중간에 테러와의 전쟁이 있긴 했지만 그것이 초래한 분열 효과는 탈선이라기보다는 [일시적인 운행] 중단에 가까웠다.) 그러나 이 균형은 안정적인 상태가 아니었다. 균형은 호시절의 원인이 아니었고, 호시절은 균형의 원인이 아니었다. 2008년, 상황이 흐트러지자 서구 민주주의는 원상태로 되돌아갔다. 합의로 고정된 방식은 임시변통과 실험으로 바뀌었다. 상호 이해는 상호 비난으로 변했다. 결국 번영의 시대는 보이는 것과 달랐고 또한 그것의 혜택들이 매우 불평등하게 분배된 것으로 드러났다. 패자

가 승자보다 훨씬 많았다. 사람들은 새로운 출발을 할 수 있도록
해줄 누군가를 찾기 시작했다.

구세주

위기가 닥쳤을 때 선거는 뜻밖의 행운일 수도 있고 저주일 수도
있다. 사태를 엉망으로 만든 책임자들을 쫓아낼 수 있는 기회가
된다면 선거는 뜻밖의 행운이다. 유권자에게 버려질까 두려워, 사
태를 바로잡는 데 필요한 힘든 결정들을 못한다면 선거는 저주이
다. 2008년 미국 선거는 뜻밖의 행운이자 저주였다.

　9월에 위기가 터졌을 당시, 조지 부시는 임기가 다섯 달도 안
남은 상태였다. 당시 그는 미 역사상 가장 인기 없는 대통령이었
다. 리먼브라더스가 파산하기 일주일 전 그의 지지율은 30퍼센트
를 조금 넘는 선에서 맴돌고 있었다. 2주 뒤에는 25퍼센트에 근접
했고 이는 현대적 여론 조사 기법이 사용된 시대 가운데 딱 두 명
의 대통령, 즉 트루먼(1952년)과 닉슨(1974년)의 지지율과만 맞먹는
수준이었다. 부시가 인기 없다는 것은 그에게 급진적인 정책을 추
진할 권한이 없음을 뜻했다. 그러나 그가 잃을 게 별로 없다는 뜻
이기도 했다. 레임덕 현상은 민주국가의 지도자들 사이에서만 나
타나는데, 전제자들은 통제력을 잃기 직전까지 통제력을 보유하
기 때문이다. 그럼에도 레임덕에 걸린 대통령은 전제자들이 소유
한 속성들을 때때로 보일 수 있다. 다시 말해, 책임을 지지 않는

집행권 말이다.

위기가 터지자 부시는 자신의 정치 원칙들을 저버렸고, 패니 메이Fannie Mae, 프레디 맥Freddie Mac, 그리고 거대 보험 그룹 에이아이지AIG를 포함한 파산기관들에 대한 구제금융안에 서명해 당내 다수를 격분케 했다. 몇 주 전만 해도 아무도 예측하지 못한 문제들에 대해 폴슨이 임시변통으로 해결책들을 마련할 당시, 부시는 그에게 사실상 "필요한 게 무엇이든지 다 할 수 있는" 정치적 백지수표를 주었다. 폴슨이 직면한 주요 난제는 [특히, 공화당] 유권자들의 비위를 맞추고자 이데올로기를 고수하는 의원들에게 있었다. 그가 가장 두려워한 것은 대선 후보 가운데 누군가가 구제금융안에 반대하고 나설지도 모른다는 것이었다. 리먼브라더스의 파산부터 선거일까지 7주 동안, 대선 후보 가운데 누군가가 구제금융에 대한 대중의 반감에 영합할 경우, 가뜩이나 정치적으로 위태위태한 구제 법안의 [하원] 통과가 훨씬 더 위험해질 수도 있었다. 그러나 대중의 분노를 무서워하지 않은 매케인은 결코 굴복하지 않았다. 오바마는 그럴 필요가 없었다.

오바마에게 그 위기는 축복이었다. 그것은 부시의 집권기가 실패였음을 대중의 마음에 확고히 심어 주었고 변화할 때가 되었다는 생각을 굳혀 주었다. 변화와 갱신이라는 오바마의 메시지는 현재의 상황이 더는 지속 가능하지 않음을 보여 준 순간과 딱 들어맞았다. 더욱이 오바마의 출마는 말 그대로 변화를 구현한 사건이었다. 그 누구와 견주어도 다른 인물이 최고위직에 입후보했다. 흑인 대통령은 미국에서 오랫동안 상상도 할 수 없었다. 그랬던 것이 별안간 거의 불가피한 일이 되어 버렸다. 그런 변화를 이룰 수 있는 나라는 갱생의 힘을 믿을 만한 이유가 있었다.

2008년 선거 타이밍은 오바마에게 매우 좋았다. 그러나 일을 그르친 것도 바로 그것이었다. 너무 딱 들어맞았다. 그는 민주국가가 자신의 경로를 근본적으로 바꾸고자 할 때 발생하는 어려움들을 다루지 않은 채, 무언가 새로운 것을 바라는 욕구에 편승할 수 있었다. 오바마는 미국 민주주의가 자신이 자초한 곤경에 직시하도록 할 필요가 없었을 뿐만 아니라, 신임을 잃고 이제 떠나는 행정부 외에 다른 곳[예컨대, 위기를 초래한 방만한 은행 시스템 등]을 구태여 손가락질할 필요도 없었다. 그는 희망의 수사를, 변화를 낳는 세부 계획으로 구체화할 필요가 없었다. 그는 [그 자체로] 변화를 상징했다. 그러니까 변화를 구체적으로 드러낼 필요가 없었다.

민주국가는 희망을 먹고산다. 그래서 그것을 퍼뜨리는 이들에 관해 잘못된 판단을 내리는 경우가 많다. 무언가 분명 새로운 것을 제시한다는 점에서 새로운 출발을 표상하는 듯 보였던 사람이 결국에는 외려 똑같은 경우가 비일비재하다. 정치에 대한 새로운 접근법을 상징하는 최고의 인물로 집권한 20세기 두 대통령은 서부 [광산] 기술자 출신 허버트 후버와 남부 농부 출신 지미 카터였다. 둘 모두 저마다 상이한 면에서 틀을 깬 인물이었다. 그들은 불운, 과도한 기대, 그리고 자신들을 그토록 매력적으로 만들어준 바로 그 외부자로서의 특성 때문에 망하게 됐다. 다시 말해, 그들은 내부에서 체제를 변화시킬 방법을 충분히 알고 있지 못했다. 민주주의의 구세주로 알려지게 되는 지도자들이 무언가 새로운 존재로 규정되어 집권한 경우는 드물다. 흔히 그들에 대한 대중의 기대치는 낮았고, 그들의 과거는 파란만장하다. 우선 링컨은 그렇고 그런, 정치 관련 일을 담당하던 변호사였다. 레이건은 그렇고 그런 정치 행위자[배우]였다(그가 실제로 배우이기도 했다는 사실이 그를 새롭게 해주는 못했다. 외려 민주주의 정치의 천박함, 피상성의 화신으로 만들어 주었다). 루스벨트는 그렇고 그런 정치 책략가, 정치꾼이었다.

오바마는 선거운동에서 애써 자신을 링컨, 레이건, 루스벨트와 견주려고 애썼다. 잘못된 비교였다. 오바마는 자신에 대한 대중의 기대를 그들의 훗날 얻었던 명성과 동일시했는데, 사실 그들의 초기에 받았던 기대와 나중에 얻은 명성 사이에는 커다란 차이가 있었다. 링컨은 링컨으로 시작하지 않았다. 따라서 오바마가 링컨으로 시작한다면 결국 다른 누군가가 될 터였다.

가장 흥미를 끄는 비교는 루스벨트, 즉 이전 정권의 무능으로 인한 어려운 상황, 그리고 [미국 민주주의의] 표류성을 노출한 경제위기 상황을 물려받은 대통령과의 비교였다. 루스벨트처럼 오바마도 대중이 옛것에 지쳤다는 점에서 무언가 새로운 것을 실험할 기회가 있었다. 그러나 두 인물이 처한 상황은 크게 달랐다. 루스벨트가 물려받은 위기는 4년간 끌어온 것이었고, 또 그것을 해결하려는 일련의 시도들이 연이어 실패한 바 있었다. 오바마가 물려받은 위기는 이제 막 시작되었지만, 경제 붕괴를 막기 위한 일련의 임시변통적 정책들이 어느 정도 마련된 위기였다. 어떤 면에서 오바마는 과거 위기들에서 축적된 경험들로 말미암아 [새로운 시험을 시도할 기회가] 좌절되었다. 기술 관료들은 오바마가 집권할 때까지 그 상황을 부분적으로 안정시키고자, 대공황 당시 공황을 야기한 잘못된 정책들에 관한 자신들의 지식을 이미 사용한 상태였다. 즉 저금리를 유지했고, 취약한 기관에는 산소호흡기를 달아 주었다. 우선 최악의 시나리오는 피했지만 오바마가 [새로운] 방책을 쓸 여지는 더 적어졌다. 그는 가라앉는 배에 대한 책임이 아니라, 이제 막 물에 뜨기 시작한 배에 대한 책임을 지고 있었다.

2008년 위기는 오바마의 당선에 유리할 정도로 충분히 심각했지만 그가 집권 후 자유재량을 얻을 정도로 심각하지는 않았다. 2008년 선거와 취임 사이의 3개월은, 루스벨트가 당선한 1932년 선거와 1933년 취임 사이의 절망적인 4개월과 비교해, 그 영향이나 결과 모두 달랐다. 그러니까 후버 행정부가 쇠락해 가던 시기는 루스벨트가 근본적으로 새로운 시작을 하기 위해 더없이 좋은 배경이 되었다. 반면 오바마는 현 상황을 지속하고 싶은 유혹을 받았다. 2008년 11월, 오바마는 당선과 취임 사이의 시기 동안 폴슨과 긴밀히 일해 온 티모시 가이트너를 재무장관으로 임명하겠다는 뜻을 밝혔다. [개혁적 조치를 피하고 현 상황을 유지하는] 지속성에 매력을 느끼는 것은 부분적으로 기질과 경험의 문제다. 오바마는 지적이지만 경험은 부족한 정치인이었다. 그는 불필요한 위험들을 피하고 싶었다. 루스벨트는 지적인 사람이 아니었다. 하지만 모든 걸 운에 맡기고 새롭게 시도해 보는 것을 좋아하는, 경험이 풍부한 정치인이었다.

오바마는 테러와의 전쟁이라는 유산과 대면했을 때에도 비슷한 어려움을 겪었다. 그는 까다롭고 엉망진창이긴 했지만, 그렇다고 전면적인 참사는 아닌 상황을 물려받아야 했다. 그 충돌은 전시의 민주국가에 관한 토크빌의 언명들을 확인해 주었다. 민주국가는 흔히 잘못된 전쟁을 선택한다. 그리고 전쟁에 걸려 있는 이해관계를 오판하고 목표물을 엉뚱하게 잡는다. 그러나 어떻게 이길 수 있을지 알지 못하는, 오래 끄는 전쟁에 휘말렸을 때도, 그들에게는 여전히 적응력이 있다. 무언가 새로운 것을 계속 추구하고, 실험적으로 군 지도자, 전술, 표적을 바꿔 본다. 그들은 유연하다. 오래 끄는 전투에서 민주주의 삶의 양면은 긴장 상태에 있을 것이다. 한편으로 전투를 벌이는 이들은 실패에 조바심을 느낀다. 다른 한편으로 대중의 환멸감과 무관심은 늘어 간다. 이 둘 모두 이라크 및 아프간 전쟁에서 나타났다. 2007년, 이라크에서 부시 행정부는 새로운 군 지도부, 새로운 전술, 새로운 방편("병력 증파"the surge)을 써 붕괴를 늦췄다. 아프가니스탄에서 나토는 작전에서 계속 패배했지만, 그것들로부터 교훈을 얻으려 애쓰고 있었다. 승리는 여전히 손에 잡히지 않았지만, 패배는 계속 연기되고 있었다. 반면 두 전쟁에 대한 대중의 관심은 계속 시들어 갔다.

테러와의 전쟁은 잘못이었지만, 그렇게 단순하게 말할 수 있는 것은 아니었다. 2008년 선거에서 오바마는 이라크 전쟁("악한 전쟁"bad war)을 끝내고 아프가니스탄 전쟁("선한 전쟁"good war)에 자원을 집중하겠다고 공약했다. 그럼에도 두 전쟁 모두에서 그는 [전쟁을] 지속하고 싶은 유혹과 마주했다. 지속적으로 실험을 하고, 또 적응해 나가는 방식이 정착했고, 이로 인해 과거의 것과 새로운 것 사이의 경계를 명확히 가리기가 힘들어졌다. 전면적인 참사는 새로운 시작을 만들어 낸다. 화재를 성공적으로 진압하면, 계속해서 불을 끄고 싶은 마음이 생기는 법이다.

오바마가 직면한 또 다른 어려움은 루스벨트의 것과 달랐다. 선거운동 과정에서 오바마는 자신을 초당파적 정치인으로 그린 바 있다. 그러나 그는, 매우 당파적이고 타협을 거부하며 자신의 정책에 결연히 반대하는 공화당에 직면했다. 루스벨트는 많은 면에서 훨씬 당파적인 정치인이었지만, 재직 중 추진한 상당수의 급진적 조치들은 초당파적 지지를 얻었다. 1933년의 위기는 미국 정치의 당파성을 줄이는 데 일조했다. 2008년의 위기는 당파성을 굳히는 데 일조했다. 왜 그랬을까?

이유 중 하나는, 위기의 본질이 달랐다는 데 있다. 1933년 상황은 2008년보다 절망적이었고, 국제적 긴장도 극심했으며, 민주주의의 숙명도 위태로웠다. 또 다른 이유는, 정치가 수행되는 방식과 기술이 변했기 때문이다. 21세기 국회의원들은 훨씬 직설적이고 더욱 단호한 여론의 표현에 노출된다. 새로운 정보 기술이 발전한 데다 뉴스 주기가 빨라진 탓이다. 잡음이 전혀 수그러들지 않는 상황에서 타협의 여지를 찾기란 어려울 수 있다. 또 다른 이유는, 그 75년간 축적된 경험에 있다. 미국 민주주의는 1933년 죽을 고비를 넘기고 살아남았다. 이후 자신에게 던져진 모든 시험을 견뎌 냈다. 자신의 적응력과 탄력성을 입증했다. [그런데] 체제가 온갖 것에 직면해서도 견뎌 낼 수 있다고 믿는 경우, 정치인들에게는 타협의 유인이 줄어든다. 대공황을 피하는 법을 알았을 때 [외려] 나라를 대공황 직전까지 몰고 가듯이, 체제가 탄력성이 있음을 알 경우 정치인들은 전보다 비타협적 태도를 보이게 된다.

아이러니하게도 이 비타협적 태도는 오바마의 제안을 체제가 견뎌 낼 수 없다는 주장으로 나타났다. 오바마의 계획에 대한 공화당의 반대는 부채 문제로 수렴됐다. 이 나라는 지속 불가능한 길 위에 있고, 경제 부양을 위해 공공 지출을 하기에는 이미 부채가 너무 많다고들 했다. 공화당 의원들은 오바마가 장기적인 신중함을 보여야 하는데 단기적인 영합—민주주의의 전형적 악덕—을 보인다고 비난했다. 그러나 정작 이런 주장을 펼친 정치인들은 그 스스로 민주주의 악덕의 대부분, 즉 사람들의 관심을 끄려는 과시 행위, 벼랑 끝 전술, 허위 정보 유포, 교묘한 속임수를 일삼고 있었다. 겉으로는 나라의 장기적 미래를 생각한다고 내세우면서도, 실제로는 자신의 단기적 선거 전망만을 생각하는 정치인들은 조롱받기 마련이다.

이런 언행의 불일치를 위선, 허위, 어리석음이라고 깔아뭉갤 수도 있다. 민주주의를 배신하는 행위라고 한탄할 수도 있다. 그럼에도 그것은 사실 민주주의의 본질적 특징이다. 모든 민주국가가 그렇다. 민주주의자들도 그렇다. 장기적 관점을 취하지만 그것을 단기적 목표에 맞춰 재단한다. 그 까닭은 그럭저럭 그렇게 해나갈 수 있음을 잘 알기 때문이다.

이것이 바로 자만의 덫이다. 민주국가는 적응력이 있다. [하지만] 그렇기 때문에 장기적인 문제를 키우고, 문제 상황에 직면해도 적응력을 발휘해 대처할 수 있다는 생각에 위안을 받는다. [이를테면 경제문제와 관련해서는 그런 믿음 때문에] 부채가 쌓이고, 긴축은 연기된다. 한편으로 민주국가[의 정치인들]는 경쟁적이기도 하다. 정치인들은 장기적 문제와 씨름하지 못한 것을 두고 서로를 탓한다. 그런데 그런 행동은 어떤 면에서 긴급하다는 것이 거짓임을 보여주는데, 참으로 긴급하다면 그것을 바로잡고자 타협할 것이기 때문이다. 대신 그들은 하찮은 일로 옥신각신한다. 옥신각신하면서 그들은 체제가 탄력적이라는 생각으로 자위한다.

그래서 민주주의는 치킨 게임이 된다. 상황이 정말 심각해지

면 적응할 것이다. 정말 심각해질 때까지는 적응할 필요가 없는
데, 민주국가는 궁극적으로 적응력이 있기 때문이다. 양편이 이런
게임을 한다. 치킨 게임은 상황이 치명적으로 심각해지기 전까지
는 무해하다.

여파

오바마 대통령은 2009년 1월 20일에 취임 선서를 했다. 새 대통
령의 취임 연설은 유창했고 정중했지만 기억에 남을 만한 것은 아
니었다. 그는 전임자를 칭찬하고, 선거와 취임 사이 도움을 준 것
에 감사하며 시작했다(루스벨트는 취임 연설에서 전임자에 관해 일언반구도
없었고, 그를 두려움, 걱정거리 자체의 화신으로 간주하는 듯했다). 오바마의 집
무 첫날은 앞으로 이어질 것과 박자를 맞추고 있었다. 그의 행정
부는 경제 안정기와 그것이 흐트러지던 기간 동안 주요 역할을 한
관리 다수가 이끌고 있었는데, 지속되는 위기 속에서 그들은 계속
해서 고정적인 경로를 밟았고 급진적 조치를 삼갔으며 가능한 검
증된 조치에 의지했고 원근감을 유지하려 했다. 월스트리트는 곤
경을 헤쳐 나가는 데 [정부로부터] 도움을 받았고 자동차 산업도 마
찬가지였다. 주택 소유자들도 대출금에 대한 부담을 덜어 주는 혜
택을 받긴 했지만 그 양은 크지 않았다. 8천억 달러의 경기 부양
책이 통과됐다. 이런 수준의 절충안은 보수주의자에게는 너무 많
고 진보주의자들에게는 너무 적었고 오바마는 그것이 대략 적절

한 수준이기를 바랐다. 재정 적자가 여전히 많았지만 감당할 수 없는 수준은 아니었다. 실업률은 계속 증가하고 나아질 줄 모르다가 매우 느리게 감소하기 시작했다. 연방 부채는 전체적으로 계속 증가했다. 너무 좋은 것도 없었고 너무 나쁜 것도 없었으며 고치지 못할 만큼 망가진 것도 없었고 확고히 고정된 것도 없었다.

그런 대응의 단편적 속성, 그러니까 선거를 고려해야 하고 단기적인 시야에 제한받으며, 순간적 기회를 놓치지 않으려는 실용적 욕구에 이끌리는 속성은 현대 민주주의의 안절부절하면서도 [큰 변화 없이] 단조로운 특성과 일치했다. 그런데 민주국가는 이런 자신의 모습을 거울에 비추어 보는 것을 좋아하지 않는다. 민주국가는 다른 것을 원한다. 위기관리를 위해 애쓰는 사이, 오바마는 위기에 따라 단순히 오락가락하는 듯 보였다. 위기시 흔히 그렇듯 "진정한" 민주주의, 진정한 재탄생의 신호가 될지 모르는 무언가를 외치는 주장이 제기됐다. 민주주의 삶의 불만족스러운 외피 이면에 묻힌 진정성을 추구하는 운동들이 좌우파 가릴 것 없이 우후죽순 나타났다. 티파티에게 진정성은 건국 당시에 토대를 둔 미국 민주주의의 기원, 그리고 중앙정부로부터 대중의 독립 보장에 있었다. 월가 점거 시위에서 진정성은 미국 사회를 이전 세대보다 불평등하게 만든, 부와 권력이 집중된 기관을 대중이 통제하게 하는 것이었다. 월가 시위의 표어—"우리는 99퍼센트다"—는 미국 민주주의가 일종의 신용 사기, 즉 극소수가 부정한 관행으로 다수를 희생해 부를 획득하게 한 사기임을 함의했다. 요컨대 99퍼센트가 현 상황을 알아차린다면 용납할 수 없을 것이었다. 민주국가에서 1퍼센트는 나머지가 속고 있지 않는 한 마음대로 할 수 없다. 이제 그 위기로 인해 진리가 드러날 기회가 생겼다.

그 모든 차이에도 불구하고 이런 포퓰리즘 운동들에는 한 가지 공통점이 있었다. 즉 자신들이 고수하는 메시지를 위해서는 위기가 심화될 필요가 있었다. 하지만 위기가 심화된다면, 민주국가 특유의 임시변통적 조치가 더욱 요구될 것이고, 그에 따라 "진정한" 민주주의에 대한 요구들을 압도할 터였다. 포퓰리스트들은 곤경에 빠져 있었다. "99퍼센트"라는 구상은 뛰어난 표어였지만, 동시에 김빠진 구상이기도 했다. 99퍼센트의 연합체란 결코 존재하지 않는다. 다수가 되기 훨씬 전에 분열한다. 99퍼센트는 극단적인 순간을 제외한다면 공통점이 너무도 적다. 게다가 그런 순간에는 긴급조치들이 오랫동안 지연되어 온 대중 정치의 전망을 빼앗아 간다.[9] [한편] 티파티에게, 2010년 심히 험악한 상황에서 통과된 오바마의 헬스케어 법안은 중앙정부에 대한 대중의 불신에 불을 붙일 수 있는 또 하나의 사안이었다. 그러나 민주정치의 우연적 특성들이 작동했다. 즉 미 대법원은 결국 법안을 지지했고 보수적인 대법원장은 당파적 노선을 거슬러 찬성 판결을 내렸다. 대법원장 존 로버츠의 동기는 여전히 잘 알려져 있지 않다. 어쩌면 그는 장차 훨씬 더 많은 논란을 초래할 쟁점들을 자신의 신념에 따라 더욱 당파적으로 판결을 내리기 위해, 그에 대한 구실을 마련하고자 그런 판결을 내렸는지도 모른다.[10] 하지만 변함없는 사실은 역사가 장구한 민주국가의 복잡다단한 도덕 및 정치경제적 조건에서 진정성 있는 대중 정치를 추구하다 보면 결국엔 늘, 단편적인 변화를 수용하는 체제의 능력에 맞닥뜨리기 쉽다는 것이다.

오바마 행정부가 신중하게 행동하는 동안 위기는 계속 진화하며 전 세계로 퍼져 나갔다. 그 충격은 지속적이지도 균일하지도 않았다. 즉 일부 민주국가들은 다른 민주국가보다 훨씬 더 잘해냈다. 과거 지구적 경제 위기들에서 세계 도처의 정권들은 집권을 유지하기가 매우 어렵다고 느꼈다. 1930년대 초에도 1970년대 중반에도 재집권에 성공한 정권이 드물었다. [그러나] 이 위기는 달랐다. 지구적 경기후퇴에서 그리 큰 영향을 받지 않던 나라[의 국민]들은 정부를 공격하지 않았다.

2012년 무렵, 즉 위기가 터지고 4년 뒤, 위기가 시작할 때부터 이미 재직 중이던 선출직 지도자 다수는 여전히 자리를 지키고 있었다. 인도에서는 만모한 싱, 독일에서는 앙겔라 메르켈, 스웨덴에서는 프레드릭 라인펠트, 캐나다에서는 스티븐 하퍼, 터키에서는 레제프 에르도안, 이 모두가 그 기간 동안 권력을 유지했다. 반면 뉴욕 증시가 대폭락한 1929년 검은 목요일 이후 4년간 세계의 모든 민주국가는 적어도 한 번은 정권을 교체했고 다수는 민주주의를 철저히 포기했다. 2012년 말, G20 회원국 중 열은 2008년 초와 견줘 정권이 바뀌지 않았고, 그중 두 국가만이 민주주의가 아니었다(중국과 사우디아라비아). 이 위기에서 민주주의가 반드시 불안정성을 나타내고 전제주의가 연속성을 나타내는 것은 아니었다. 2012년 무렵, 중국 정치 지도부는 당 간부, 그 아내, 공안국장, 살해된 영국 사업가("보시라이 사건")와 관련된 주요 스캔들로 처음으로 흔들렸고, 경기 침체가 장기화할 가능성에 직면해서는 일부 민주주의 상대국보다 불안정해 보였다.

유럽에서 비교적 안정적인 곳은 독일과 스칸디나비아뿐이었다. 2010년 위기가 유로존으로 퍼지자마자 유럽 대륙 전역의 정부들은 유권자들의 분노에 노출됐다. 현직 지도자들이 패배한 곳은 영국, 프랑스, 포르투갈, 스페인, 아일랜드, 이탈리아, 그리스, 네덜란드, 덴마크, 벨기에, 헝가리, 슬로바키아였다. 그중 이탈리아와 그리스에서는 민주주의가 일시적으로 유예되고 일종의 테크노크라시 행정부가 지배했다. 즉 임명된 전문가들이 경제를 안정화하고 예산을 개혁하는 일시적 권력을 맡았다. 이런 전제주의 실험들은 민주주의를 포기하는 조짐이 아니었다. 외려 기성 민주국가들이 위기시 무엇이든 시도하려는 성향을 나타냈다. 비록 문제는 이탈리아와 그리스의 운명 각각이 이제 더는 자신의 정부에 손에 달려 있지 않다는 것이었지만 말이다. 유로는 유럽 국가들을 독일로부터 보호하고자 설계한 것이었는데, [이 위기에서는] 유로와 관련한 협약에 묶여 그들은 독일의 구제를 받기 위해 기다려야 했다. 여전히 비교적 번영하고 비교적 안정된 민주국가 독일은 급진적 해법을 실험할 뜻이 전혀 없었다. 독일 민주주의는 여전히 자기 방식에서 벗어나지 않았고 유럽 민주주의는 독일의 수중에 있었다.

유로는 유럽 대륙 전체에 재정 안정성의 틀을 제공하고자 고안됐다. [이를 통해] 갈등과 불운으로 점철된 유럽의 장구한 역사와 최종적으로 결별한 것이었다. 그러나 안정성의 가능성은 부주의와 현실 안주를 낳았다. 힘든 선택들에 익숙했던 나라들은 [이제] 쉬운 선택지를 취하고자 새로운 제도를 이용했다. 일부 국가는 돈을 빌리고, 일부는 쓰고, 일부는 소비하고, 일부는 저축했지만 제각기 새로운 체제의 틀을 벗어나지 않는 범위에서 가장 쉬운 길을 택했다. 남부 유럽 민주국가들은, 독일인들이 남부 이웃 국가들을 희생해 탐욕을 채우고 이중성을 보인 것 이상으로 독일인들을 희생해 탐욕을 채우거나 나태하지 않았다. 그것은 단순히 표류성의 이야기였다. 운과 자산의 극심한 변동을 막고자 고안한 유로는 어려운 질문들을 회피할 수 있는 조건들을 창출했다. 어려운 질문들을 회피할 수 있는 조건이라면 민주국가는 회피할 것이다. 하지만 결국에는 직면해야 한다.

그 위기는 유로 중심에 있는 긴장, 즉 민주국가 동맹의 집단적 숙명과, 자기 숙명을 결정하는 영구적 능력 사이의 미해결된 긴장을 노출했다. 보통 이것은 통화 동맹과 국가재정 불일치 사이의 긴장으로 표출된다. 공동 통화를 쓰는 국가들은 그럼에도 세금을 얼마나 걷고 지출을 얼마나 할 것인지를 스스로 결정할 수 있었다(그런 자유를 일정하게 제한하고자 세운 규칙들은—재정 적자 제한—일상적으로 무시됐다). 그 결과는 불균형이었다. 독일은 저축하고 수출한다. 남부 유럽은 지출하고 수입한다. 프랑스는 그 사이 어딘가에 있다. 이제 매우 힘든 결정을 피할 수 없다. 즉 독일과 통화를 같이 쓰기 때문에 경기후퇴에서 벗어나는 법을 더는 실행할 수 없는 그리스와 스페인 같은 국가들은 끝도 없는 내핍 상태에 처할 수 있다. 그리고 독일이 유럽의 빚을 유럽 공동으로 해결하도록 허락하는 대안은 북부에서 남부로 재원을 대규모로 이전하는 것이다. 유럽 연대의 강화를 목적으로 한 유로가 외려 그것의 한계들을 노출했다.

그런데 위기 자체의 긴급성에 관한 상이한 생각들 사이에도 긴장이 있다. 위기는 모든 것을 얻거나 잃는 양단간의 해결책을 요구하는가, 아니면 관망하는 접근법을 요구하는가? 2010년 이후 유로 위기를 특징지은, 끝도 없는 결정적 정상회담들 중 하나

─2011년 12월 브뤼셀에서 실시한 회담─가 열리기 전, 그 드라마의 두 정치 지도자는 이 질문에 상반된 의견을 표출했다. 당시 프랑스 대통령 니콜라 사르코지는 "유럽이 지금껏 그런 위험에 처한 적이 결코 없다"고 선언했다. 지금 바로 조치를 취해야 한다는 것, 사태가 악화되면 "다음 기회는 없으리라"는 것이었다. 앙겔라 메르켈은 서두르지 않는 게 중요함을 사람들에게 알리고 싶었다. "유럽의 위기는 일거에 해결되지 않을 겁니다." 그녀가 선언했다. "그것은 하나의 과정이고 이 과정은 수년이 걸릴 겁니다."[11] 민주주의의 사고방식 두 가지는 이렇다. 조치를 취하기에는 너무 이르다. 조치를 취하기에 결코 이르지 않다. 이것은 자만의 덫의 또 다른 판본이다. 민주국가들이 적응할 수 있다는 지식은 지연을 조장한다. 지연은 표류를 조장한다. 표류에 대한 두려움은 행동을 촉발한다. 경솔한 행동은 실수를 조장한다. 실수는 주의를 고무한다. 그리고 그렇게 계속된다. 단편적인 접근 시도에는 항상 그럴 만한 이유가 있고 그것에 대한 거부에도 항상 그럴 만한 이유가 있다. 우리는 그럭저럭 해나가고 그 이유는 과거에 그럭저럭 해나가는 것으로 충분했음을 알기 때문이다. 우리는 또한 그럭저럭 해나가는 것이 사건에 대한 통제력을 잃게 될 위험을 증가시킨다는 것도 알고 있다.

이런 곤경은 여전히 해결되지 않고 있다. 그리고 지금 유로 위기도 그러하다.

맺 음 말 · · · · · · · · · · · · · · · · · · · 자 만 의 덫

요점

지난 수백 년간 이어져 온 민주주의와 위기의 역사는 다음과 같은
패턴이 반복되는 양상을 보여 준다. 즉, 오해, 혼란, 벼랑 끝 정책,
실험, 회복이 그것이다. 민주국가들은 위기가 발생하기 이전에 그
것을 미리 알아차리지 못한다. 그들은 임박한 재난이 보내는 적신
호들을 무시한다. 동시에 일상적인 정치적 삶의 문제에 과잉 반응
하며 소란을 피운다. 스캔들이 발생하면 야단법석이 발생하지만,
체제의 [근본적] 문제들은 간과된다. 민주국가들은 원근감이 부족
하다. 이로 인해 실수가 늘어나고 위기가 반복된다. 하지만 이 때
문에 위기에서 벗어날 수도 있다. 그 어떤 실수도 결정적인 것이
아니기 때문이다. 민주국가들은 계속해서 조정 과정을 겪고, 적응

을 하며, 해결책을 찾는다. 이 과정은 전혀 근사하지 않고, 실망감을 만연시키기도 한다. 위기에는 무언가 더 근본적인 것이 드러나리라는 희망이 늘 있기 마련이다. 엉망진창인 민주주의적 삶 이면에는 민주주의의 진정한 본질이 숨어 있을 것이라는 희망 말이다. 그러나 본질에 대한 이와 같은 모색은 예외 없이 성과를 얻지 못한다. 위기를 낳는 혼란은 시간이 흐르면서 위기를 해소하는 혼란이 되기도 한다. 실망과 불만이 넘쳐도 [근본적 개혁은 일어나지 않고] 계속 현실에 안주하고 만다. 민주국가는 실수를 저질러도 살아남는다. 그래서 실수가 반복된다.

현재의 위기 역시 이런 패턴에 잘 들어맞는다. 아무도 위기를 예측하지 못했다. 위기는 현실 안주와 변덕스러움이 뒤섞여 발생했다. 최악의 사태가 발생하는 것을 막고자 일련의 임시방편적 해법들이 마련됐다. 동시에 이 같은 임시방편적 해법에 대한 불만이 줄곧 늘어 왔다. 우리는 무언가 그 이상의 것을 원한다. 문제의 규모에 걸맞은, 그 문제를 야기한 탐욕과 어리석음[부주의]에 걸맞은 해법 말이다. 희망을 말하는 입장은 우리가 민주주의를 근본적으로 구할 해법, 즉 위기와 회복의 순환을 마침내 끊어 낼 수 있는 해법을 성취할지도 모른다고 역설한다. 그러나 그와 같은 희망은 그에 상응하는 우려, 다시 말해 단편적인 해법들은 그저 미봉책에 지나지 않는다는 우려와 경쟁해야만 한다. 곧 민주주의는 언젠가 실패를 거듭하다 결국 그 실패에 발목이 잡힐 것이라는 우려 말이다. 우리가 여러 고비를 넘기고 여러 선거를 치르면서 위기를 그럭저럭 해체 나감에 따라, 민주주의에 관한 진짜 이야기는 계속 감춰져 있다고 생각하고 싶어진다. [그렇지만] 심판의 날은 여전히 다가오고 있다.

이와 같은 패턴이 그 자체로 반복되면, 희망과 우려는 여전히 실현되지 않을 채로 있을 것이다. 그럭저럭 버텨 나가기가 참된 이야기다. 심판의 날은 결코 도래하지 않는다. 선택지가 없을 때 민주국가는 적응한다. 대체로 마지못해 적응하거나 거의 대개는 자기도 모르게 무심코 그러는 것이다. 이런 적응에는 승자와 패자가 있는데, 대체로 드라마 속 영웅과 악당에 상응하는 수준은 아니다. 우리가 [위기를 초래한 정치인들에게] 위기의 규모에 비례하는 벌을 주지 못한다는 것은 현대 민주주의에서 나타나는 불가피한 불만이다. [독재국가에서] 패배한 독재자는 군중이 갈가리 찢을 수 있다. 반면 민주국가에서 패배한 정치인은 편안하게 은퇴해 자기변명의 회고록을 쓴다. 선거는 민주주의의 독특한 특성, 즉 결정적이지 못한 특성을 강화한다. 선거는 변화를 가져오긴 하지만 종결은 가져오지 않는다. 우리는, 정치인들이 최악을 일을 저지르지 못하도록 막을 수 있기 때문에, 어떤 정치인이 궁극적 처벌을 받아 마땅한지 결정하지 못한다. 1919년, 막스 베버는, 자신이 생각하는 민주주의는 선출직 지도자들이 실패할 경우에 인민이 그들을 교수대로 보낼 수 있는 조건에서, 그들에게 절대 권력을 부여하는 체제라고 말했다. [그러나] 그것은 현대 민주주의가 작동하는 방식이 아니다. 민주국가들에서는 최종 결산이란 없다. 싫은 일은 끝도 없이 미루기만 할 뿐이다.

그런데 우리는 이와 같은 패턴이 계속 반복될 거라고 어떻게 확신할 수 있을까? 우리는 그럴 수 없다. 민주국가가 어떤 도전에 직면하든 늘 임시변통으로 해법을 마련할 수 있다고 추측해서는 안 된다. 이를 보장하는 것이 민주주의에 없다. 다만 다른 어떤 체제보다 민주주의에서 그럴 수 있는 가능성이 클 뿐이다. 반드시 그럴 것이라고 추측하면 [외려] 그렇게 되는 것을 가로막을 공산도 커진다. 그것은 위험한 위기를 조성하고, 결정적 행동을 연기하며, 벼랑 끝 정책을 고무하는 현실 안주를 낳는다. 이것은 유혹적인 숙명이다. 위기들은 민주국가가 해법을 찾아 낼 수 있도록 말쑥한 모습으로 발생하지 않는다. 위기들은 그 차원이 다르고, 원인도 다양하며, 결과도 상이하다. 어떤 위기는 다른 것보다 훨씬 위험하다. 내가 이 책에서 서술한 위기들에는 정말로 심각한 위험들이 있었다. 그 위험들이 궁극적으로 극복되었다고 하더라도 말이다. 다음 위기는 훨씬 극복하기 어려운 유형일지도 모른다. 만약 우리가 다음 위기를 극복한다 해도, 그 이후에 또 다른 위기가 찾아온다. 이처럼 최종 위기란 없기 때문에, 위기들이 얼마나 무한정 계속될지 알기 어렵다. 위기에 끝이 없다는 것은, 해결하기가 너무도 벅찬 위기에 직면할 위험도 끝이 없다는 뜻이기도 하다.

현대에서 민주주의와 위기의 역사는 순환적일 뿐만 아니라 누적적이도 하다. 위기 경험은 시간이 흐르면서 쌓인다. 즉 어떤 위기도 이전 위기와 똑같지 않은데, 과거의 위기는 경고이자 유혹으로 상존하기 때문이다. 지난 수백 년간 민주주의국가들에서 반복된 일련의 위기들은 단일한, 대단히 중요한 서사를 형성하기도 한다. 이 책 머리말에서 말했듯이 그것은 분명히 성공에 관한 이야기다. 서구 민주국가들은 20세기에 역사상 가장 부유하고 강력한 국가로 부상했으며, 도중에 직면한 수많은 도전을 극복해 냈다. 그들은 적들을 물리쳤고, 시민들은 번영을 누렸다. 하지만 그런 규모의 성공에는 대가가 따른다. 성공은 계속되는 위협들을 보지 못하게 했다. 이런 유형의 사건들에서 되풀이 되는 민주주의 위기의 패턴—실패에서 성공으로, 성공에서 실패로 끝도 없는 빠른 전환—은 기저에서 전개되는 이야기에서 주의를 돌리게 한다. 누적되는 민주주의의 성공은 [역설적으로] 실패의 조건을 만들어 냈다. 그럭저럭 버텨 나갈 수 있는 시간은 이제 끝났는지도 모른다. 민주국가들은 고질적인 부채, 증가하는 불평등, 무책임한 환경 파괴 문제 등에 직면하거나, 더는 돌이킬 수 없는 상황에 빠져 있는 자신을 발견할 것이다.

민주주의 현 상태에 관한 사고방식에는 두 가지가 있다. 하나는 현 위기가 과거와 그리 다르지 않다는 것, 다시 말해 결국에는 해법을 발견하게 될 것이라는 견해다. 나머지 하나는 현 위기가 이전 위기들이 누적된 결과이고 그래서 더욱 근본적인 조정을 필요로 한다는 견해다. 어떤 것이 옳을까? 현재의 위기는 일시적인 작은 문제일까 아니면 영구적인 분수령일까? 분수령일지도 모른다고 생각하는 한 가지 이유는 광범위한 기간에 걸쳐 전개된 정치·경제적 실험의 파탄을 시사하기 때문이다. 이 책에서 나는 위기와 그 여파의 비교적 짧은 주기들, 그러니까 10년 내지 15년, 혹은 반 세대에 걸쳐 진행된 주기들(이것은 본디 케넌이 추산한 냉전의 기간이었다)에 집중했다. 그러나 세대를 초월하는 변환들도 있다. 40년 이상 지속된 냉전이 그중 하나였다. 또 다른 주기는 브레턴우즈 질서가 무너진 1970년대 이후 탄생해, 현재 위기에서 종말에 이른 듯 보이는 약 40년간의 시기이다.

이것은 "신자유주의"의 시대, 곧 시장 개방, 금융에 대한 규제 완화, 급속한 통화 흐름, 역진적 조세의 시대였다.[1] 많은 사람들이 그것을 민주주의 대한 장기적인 음모로 보게 됐다. 즉 족쇄가 풀린 지구적 자본주의가 다수를 희생해 소수를 더 부유하게 만들었다는 것이다. 이제 우리에게는 민주주의를 밑바닥부터 꼭대기까지 더 평등하고 더 살기 좋고 더 안정되게 재건설하기 위한, 한 세대에 한 번 있을 기회가 있다. 하지만 신자유주의를 옹호하는 자들이 있고 그들은 그것의 실패로부터 판이한 교훈을 끌어낸다. [그들에 따르면] 지난 40년의 진짜 이야기는 선진 민주주의 사회들이 과잉 지출하는 성향과 씨름하지 못했다는 것이다. 지난 40년간 케인스주의의 폐해는 결코 해소되지 못했다. 현 위기는 과두정치의 탐욕이 아니라 민주주의가 초래한 부채의 위기이다. 현재의 위기야 말로, 긴축을 시행할 수 있는 일생일대의 기회라는 것이다.

이 논쟁은 다양한 형태로 개진되어 왔다. 곧 낸시 펠로시[민주당 소속의 전 미하원 대표] 대 폴 라이언[공화당 소속의 현 하원의장], 폴 크루그먼 대 니얼 퍼거슨, 에드 볼스[영국 노동당 예비내각 재무장관을 역임한 정치인] 대 조지 오스본[영국 재무부 장관을 역임한 보수당 정치인], 프랑수아 올랑드[사회당 소속의 프랑스 대통령] 대 앙겔라 메르켈 사이에 오간 것이다.[2] 이 논쟁들은 늘 민주주의와 관련되어 전개되었다. 민주주의를 의심하는 이들은 민주주의가 신용 사기가 될 위험이 있다고 생각한다. 민주주의를 옹호하는 이들은 민주주의가 신용 사기의 희생자였다고 생각한다. 양측 모두 그 위기를 진리의 순간으로 보고 있다. 그런데 이런 논쟁의 21세기 유형과 더 이른 시기의 유형 사이의 큰 차이 하나는 이른 시기에는 양편이 민주주의자를 자칭하기를 주저했다면(19세기의 대부분 동안 민주주의를 지지하는 이들조차도

"민주주의"라는 고전적 정치체제와 거리를 두려고 했다), 이제는 양편 모두 민주주의자를 자칭하고 있다는 사실이다. 이는 심지어 민주주의를 의심하는 이들조차 그렇다. 현재의 위기에도 불구하고 아직까진 서구에서 민주주의를 포기한 이들은 거의 없다. 이데올로기적 대안들은 여전히 매우 호소력이 없다. [물론] 중국이 우위를 점해 가고 있다는 두려움이 만연해 있다. 수많은 책들이 장차 중국이 세계를 지배하리라고 예측한다. 그러나 서구에서 중국식 국가자본주의에 동조하는 이들은 그 토대가 매우 허약하다. 우리는 중국의 위협을 우려한다. [그렇지만] 우리는 그것을 모방하고 싶지 않다. 서구 국가들이 테크노크라시를 실험할 때 테크노크라시는 민주주의를 버리는 게 아니라 지키려는 것이었다. 우리 대부분에게 민주주의는 여전히 가장 괜찮은 선택지다.

이것은 지난 수백 년의 역사와 관련된 대단히 중요한 이야기이다. 곧 민주주의의 지속적인 매력에 관한 우리의 지식이 늘어났다는 것이다. 20세기 초, 민주주의는 대체로 경험해 보지도 검증되지도 않았던 정치 유형이었다. 민주주의는 무모한 기대와 더불어 무모한 두려움도 불러일으켰다. 민주주의가 어떤 결과를 야기할지 아는 사람은 아무도 없었다. 그러나 시간이 흐르고 일련의 위기를 거치면서 민주주의는 전 세계로 확산되었고, 강해졌으며, 오래 지속되었다. 이제 세계의 많은 지역에서 민주주의는 단단히 자리를 잡은 듯 보인다. 그 시간 동안, 특히 지난 수십 년 동안 우리는 이 과정이 어떻게 작동하는지에 관해 많이 배웠다. 성공한 모든 민주국가에는 자신감의 문턱이 있는 듯 보인다. 일단 문턱을 넘어서면 민주주의 이행이 역전될 가능성이 극히 낮아진다.

이 문턱은 실증 자료로도 확인된다. 1인당 국내총생산이 7천 달러를 넘어선 민주국가 가운데 전제 정부로 회귀한 사례는 하나도 없다.[3] 일정 수준의 번영에 이르면 민주주의는 강해진다. 물질적으로 안락해지면, 위험도 크고 판돈이 너무 큰 권위주의 정치는 매력이 떨어진다.[4] 안정된 민주주의에는 인구학적 문턱도 있는 것으로 보인다. 중위 연령이 20대 이하인 나라는 30대 이상인 나라보다 민주주의의 위기가 끝날 때까지 기다리지 못할 공산이 크다.[5] 젊은 사람들, 특히 젊은 남성들은 조급하고 무모하다. 곧 즉각적인 결과를 원한다. 비교적 나이가 많은 사람들은 상황이 해결될 때까지 더 기꺼이 기다릴 의사가 있다. 그들은 민주정치의 잠정적인, 실험적인 특성과 함께 사는 법을 배운다.

이런 두 문턱에 훨씬 못 미치는 지역들은 여전히 많다. 특히, 아프리카와 중동 지역이 그렇다(비교해 보면, 이집트는 1인당 GDP가 현재 약 6,500달러, 중위 연령이 25세다. 이라크는 4천 달러, 21세다. 세계에서 가장 불안정한 국가 가운데 하나인 콩고민주공화국은 4백 달러, 18세다). 이런 지역들에서는 대체로 민주주의가 취약해 보이고, 일부에서는 사실상 불가능해 보이기도 한다. 그러나 민주주의가 확립된 곳에서는 민주주의가 안전해 보인다.

이 같은 문턱의 존재는 서구에서 민주주의의 위기가 거듭되면서 발생한 [민주주의의 미래에 대한] 명백한 불확실성과는 아귀가 맞지 않는다. 만약 민주주의가 그렇게 안전하다면, 민주주의에 위험한 것은 어디에 있을까? 민주주의에 관한 의심을 계속 품게 하는 한 가지 방법은 지속성의 증거로 간주되는 것에 대한 문턱을 높게 잡는 것이다. 1951년, 경제학자 케네스 애로는 민주적인 의사 결

정은, 그것이 전적으로 자의적인 것이 되지 않으려면, 크게 제한
되어야 한다고 주장했다. 그의 설명에 따르면 안정된 민주주의 같
은 것은 있을 수 없다. 이 연구로 그는 노벨상을 받았다. 2008년,
80대가 된 애로는 한 인터뷰에서, 민주주의의 "불가능성"에 관한
자신의 견해들과 민주주의의 견고성을, 교수 시절 내내 어떻게 화
해시켰는가 라는 질문을 받았다. 민주주의의 성공이 그가 틀렸음
을 보여 준 것이었을까? 애로의 답은 '아니오'였다. 최종 판단을
내리기에는 너무 이르다는 것이다. 불안정은 이제 시작이었다.[6]

　우리가 민주주의에 대해 하고 싶은 주장에 맞춰 기간을 늘리
거나 줄이는 것은 언제든 가능하다. 오래 지속된 어떤 성공도 시
간 범위를 늘리면 일시적인 것으로 보일 수 있다(고대인들을 생각해
보라!). 마찬가지로, 잠깐의 실수도 현재에 집착하면 최종적으로
보일 수 있다(우리를 생각해 보라!). 이런 식으로는 어떤 것도 해결할
수 없다. 민주주의에 관한 실제 이야기는 장기적 안목과 단기적
안목이 공존해야 한다는 것이다. 민주주의의 계속적인 성공은 거
듭되는 실패의 조건이 되고, 마찬가지로 거듭되는 실패는 계속적
인 성공의 전제 조건이다. 그것은 영구적인 관계다. 또한 불안정
한 관계이기도 하다. 진정한 위험은 이 같은 불안정 속에 있다.

　이런 주장은 우리가 민주주의에 관해 알고 있는 것, 또한 여전
히 모르고 있는 것과도 부합한다. 그것은 자신감의 문턱에 관한 우
리의 지식이 늘어나고 있는 것과도 부합한다. 학계는 문턱 그 자
체, [곧] 안정적인 사회와 불안정한 사회, 부유한 사회와 가난한 사
회, 안전한 사회와 불안전한 사회를 나누는 그 경계선에 초점을 맞
춰 왔다. 선진국과 개발도상국 사이에 상존하는 막대한 격차를 고

려하면 ─ 세계에서 가장 부유한 나라들과 가장 가난한 나라들의 차이는 늘 그랬듯 현재도 천지 차이다 ─ 사회과학자들이 왜 그와 같은 차이가 발생하는지를 명확히 밝히고 싶어 하는지 이해할 수 있다.[7] 그러나 성공한 국가와 실패한 국가를 구분하는 경계선에 관해 ─ 또한 그 선을 넘는 일에서 민주주의가 할 수 있는 역할에 관해 ─ 더 많이 알게 된다 하더라도, 우리는 여전히 성공한 민주 국가가 실패한다는 것이 무슨 의미인지를 거의 알지 못한다. 자신 감 문턱을 넘어선 뒤에도 계속해서 함께 살아가야 하는 위험들에 대해 우리는 여전히 무지하다.

이 책에서 나는 그 문턱을 넘어 선 민주주의 사회를 괴롭히는 위기들에 대해 검토했다. 그와 관련해, 토크빌이 간파했듯, 성공을 패배와 구분하는 경계선을 찾기란 불가능하다. 그것들은 서로를 동반한다. 수많은 작은 실패들은 결합되어 지속적인 성공들을 만들어 낸다. 우리가 알지 못하는 것은 그 작은 실패들이 결합되어 지속적인 실패를 만들어 낼 것인지 여부이다. 민주주의 삶에서 거듭되는 산만함들이 누적적인 재난으로 바뀌는 지점이 있을지도 모른다. 우리는 확신할 수 없다. 번영하고 안정적인 민주국가 ─ 부유하고 장수하는 시민들이 많은 민주국가 ─ 가 민주주의를 포기한 적은 결코 없다. 그러나 그런 일이 일어날 수 없다고 가정하는 것은 터무니없는 생각일 것이다.

오늘날 그리스는 안정적인 민주주의의 문턱들을 훨씬 넘어서 있다. 1인당 GDP는, 급락 중임에도, 여전히 2만5천 달러를 넘는다. 중위 연령은 마흔셋으로 세계 최상위다. 현 위기가 악화되고 GDP가 계속 하락해 7천 달러까지 내려갈 경우, 그리스 민주주의가 계속해서 안전할 가능성은 매우 낮아 보인다. 마찬가지로 중위 연령이 계속 높아질 경우에도, 그리스 민주주의가 계속해서 안정적으로 유지될 가능성은 매우 낮다. 연금 수급자 대 근로 소득자의 비율이 불균형한 사회는 항상 재정에 큰 어려움을 겪을 것이기 때문이다. 그렇다면 민주주의가 그 경계선을 넘어설 경우 더는 지속 불가능해지는 중위 연령의 문턱이 있을까? 현재로선 우리가 아는 바는 없다.

정치학자들은 역사적 증거가 있는 큰 질문들, 즉 무질서에서 질서로, 전쟁에서 평화로, 실패하는 민주국가에서 성공하는 민주국가로의 이행에 관한 질문들에 답하고자 노력해 왔다. 후쿠야마가 근간에서 썼듯이 그들은 아마도 지구상에서 가장 살기 좋은 사회, 번영하고 안정되며 실험적이고 법을 준수하며 잘 통치되는 국가, "덴마크를 따라잡는 방법" 같은 걸 알고 싶어 한다.[8] 덴마크가 더는 덴마크 같지 않을 때 무슨 일이 일어나는가 라는 질문은 [정치학자들에게] 가치가 있을까? 아마도 아닐 것이다. 우리에겐 오래가는 것이란 거의 없다. 그러나 그렇다고 그 가능성을 무시해야 한다는 것은 아니다.

안정된 민주 사회들은 자국 정치의 세세한 문제점들과 그것들을 개선하는 방법에 집중한다. 어떤 민주주의라도, 심지어 덴마크도 개선할 부분이 있다. 작은 문제들은 인내와 참을성을 가지고 고심할 수 있다. 우리는 선거제도를 재조정하고, 복지 체계를 좀 더 효율적으로 만들며, 사회 응집력을 고무하는 새로운 방법 같은 걸 찾아낼 수 있다. 정치학에서 제시하는 증거는 이런 개선들을 이루는 데 일조할 수 있다. 그러나 정치학은 작은 개선에 집중하

는 것이, 어떤 경우에 진보가 아니라 치명적인 현실 안주의 증거
가 되는지 밝히는 데에는 별반 도움을 주지 못했다.

안전한 민주국가들이 모두 똑같지는 않다. 덴마크는 미국과
판이하다. 두 국가는 일본과 판이하다. 지난 수백 년간 민주주의
가 확산하면서 다양한 민주주의 경험이 크게 증가해 왔다. 민주주
의의 성공에 관한 대단히 중요한 단일 서사에는 상이한 가지들이
많다. 어느 때보다 많은 실험이 진행 중이다. 현재 많은 민주국가
들은 (토크빌이 생각하기에 미국만의 고유한 특권이었던) 실수를 하고도 회
복할 수 있는 능력을 가지고 있다.

다양한 실험들로부터 도출된 증거가 계속해서 늘어나고 있으
며, 무엇이 가능한지에 대한 많은 사례들을 제공하고 있다. 잘 작
동하는 교육 시스템을 원하는가? 핀란드를 보라. 잘 작동하는 은
행 시스템을 원하는가? 캐나다를 보라. 환경보호 장치를 원하는
가? 오스트레일리아를 보라. 이런 실험들[이 해당 국가들에서 계속 진행
될지 여부]은 각국 민주주의 고유의 변덕스러움에 달려 있다(핀란드
인들은 자국의 교육 시스템이 위기에 빠져 있다고 생각한다. 캐나다인들은 자국 경
제가 제 기량을 발휘하지 못하고 있다고 생각한다. 오스트레일리아인들은 자국의 환
경보호 장치가 억압적이라고 생각한다). 민주국가들은 서로의 사례에서
교훈을 얻는 일에 여전히 서툴다. 그들은 여전히 자기 고유의 경
험을 특권화하는 경향을 보인다. 그러나 다른 나라들의 경험을 배
우고 싶어 하는 민주국가들에게는 선택할 사례들이 많이 있다.

동시에 세계의 민주국가들은 그 어느 때보다 상호 연결되어
있다. 그들은 복잡한 금융 상품, 공통의 제도 협약, 전 지구적인
기술 네트워크로 함께 묶여 있다. 한 곳에서 실패가 발생하면 다

른 곳에서 예기치 못한 파급효과가 생길 수 있다. 한 나라의 배드
뱅크bad bank[금융기관의 부실채권과 부실 자산을 처리하는 기관]는 시스템 전
체의 신용[자신감]을 떨어뜨릴 수 있다. 따라서 어떤 실험이 전 지
구로 확산되어, 결정적인 위험들을 집단적으로 만들어 낼 위험이
상존한다. 실수를 저질러도 만회할 수 있는 능력이 있다고 모두가
그렇게 느끼는 세계는, 어느 누구에게도 안전하지 않은 세계일지
모른다.

　민주주의의 확산과 성장은 집단적 실패의 가능성을 야기했
다. 그럼에도 민주주의의 확산과 성장은 여전히 집단적 실패의 가
능성에 대한 가장 확실하고 안전한 방비책인데, 민주국가들은 늘
무언가 새로운 것을 시도하기 때문이다. 민주주의의 장점들은 그
위험들과 불가분의 관계에 있다. 그 위험들을 감수하지 않은 채
그 장점들만을 이용할 수 있는 방법은 없다. 민주주의의 장기적
강점은 단기적 분주함에서 나온다. 또한 그것은 단기적 분주함으
로 말미암아 약화될 위험에 처해 있기도 하다. 단기적 분주함은
우리가 장기적 강점에 대해 알고 있다는 점에서 약화될 수 있다.
민주국가는 실패하기 때문에 성공하고 또한 성공하기 때문에 실
패한다. 이것을 피할 방법은 없다.

　민주주의의 미래는 여전히 열려 있다. 희망을 품을 이유도 있
고 우려할 이유도 있다. 흔히 이것들은 이유가 같다. 단 하나의 사
건이 낙관론과 비관론 모두의 근원이 될 수 있다. 현 위기도 마찬
가지다. 그것은 앞서 개략한 이야기들 가운데 어느 한 면에만 들
어맞는 게 아니다. 양면에 들어맞는다. 그것은 위기와 회복이 반
복되는 패턴의 일부다. 그것은 누적적인 성공과 최종적인 실패에

관한 대단히 중요한 서사와 일치한다. 나는 무슨 일이 일어날지 알지 못한다. 다른 사람들도 모두 마찬가지다(민주주의에 어떤 미래가 펼쳐지는지 안다고 말하는 이들은 속고 있거나 거짓말하고 있거나 둘 중 하나다).

네 가지 도전

머리말에서 나는 기성 민주국가들이 지난 10년간 제대로 수행하지 못한 네 가지 분야를 언급했다. 즉 그들은 전쟁에서 성공하지 못했고, 금융을 제대로 관리하지 못했으며, 기후변화에 유의미한 조치를 취하지 못했고, 증가하는 중국의 권력에 직면해 얼어붙은 듯 보였다. 현 위기는 이런 실패들을 강조한다. 그럼에도 현 위기는 이야기의 끝이 아니다. 전쟁, 금융, 환경적 위협, 경쟁 체제의 존재는 정치체제라면 직면해야 하는 네 가지 근본적 도전이다. 현 위기의 결과가 무엇이든 간에 그 도전들은 사라지지 않는다. 하나씩 간략히 검토해 보자.

(1) 전쟁

민주주의와 전쟁에 관한 두 가지 일반적 결론에는 지난 세기에서 도출되는 확실한 증거가 있다. 첫째, 민주국가는 서로 전쟁을 하지 않는다. 둘째, 민주국가는 승률이 높다(대부분의 추산에 따르면 75퍼센트 이상이다).[9] 서구 민주국가들이 이라크와 아프가니스탄 전쟁에서 허우적거리는 모습은 이런 격언의 한계를 실증하지만, 그렇다고 그런 모습들이 앞서의 격언을 부인하는 것은 아니다. 민주 평화론은 평화를 위한 전쟁에 관한 무모한 낙관론을 조장하는 데 일조했다. 이런 전쟁들은 승리로 끝나지 않았고 평화를 낳지도 않았다. 그럼에도 전면적인 패배는 아니었다. 민주국가들은 내부적으로 틀어졌지만, 서로 전쟁을 벌이진 않았다. 지난 10년간의 전쟁들은 비교적 실패였지만, 절대적인 실패는 아니었다.

　민주국가들이 서로 전쟁을 벌이지 않는 이유는 그들이 대체로 전쟁에서 지지 않는 이유와 관련이 있다. 민주정치의 구조(정기적인 선거, 자유 언론, 군에 대한 민간 통제)는 정치인들이 불필요한 충돌을 경계하게 한다. 그들은 그 비용과 위험을 정기적으로 상기한다. 전쟁을 벌이고 있을 때 민주국가들은 희망적 사고의 포로가 되어 무리수를 두다가 실수를 저지를 공산이 전제 국가들보다 적다. 그들은 패배하기보다는 적응할 것이다.

　그러나 그렇다고 해서 민주국가들이 이길 수 없는 전쟁을 피하는 법을 배웠다는 것은 아니다. 최근 증거는 그 생각이 틀렸음을 입증하기에 충분하다. 전쟁과 평화에서 민주주의가 거둔 성공은 성패가 달린 것을 더 잘 포착하는 능력보다는 토크빌이 말한 민주주의적 삶의 방식에서 나타나는 "때맞지 않음"untimeliness과 관련돼 있다. 민주국가들은 전제 국가들보다 전쟁을 벌이기가 더 어렵다. 우선적으로 조정해야 하는 경합하는 이해관계들이 너무도 많기 때문이다. 이 이해관계들이 결국 조정되면 민주국가들은 사용할 수 있는 광범위한 자원들을 갖게 되고, 그에 따라 [서로에게] 가공할 만한 적수가 된다. 이것은 민주국가들 사이의 전쟁을 막는 이중의 절연물이 된다. 어떤 두 민주국가가 동시에 서로 전쟁을 벌이고자 제각기 국내적으로 통일된 행동을 하기란 매우 어렵다. 또한 그렇더라도 양편은 자신들이 맞서 싸워야 할 [가공할 만한] 적에 대해 생각해 보고 [전쟁을 벌이는 것에 대해] 주저하게 될 것이다.

민주주의의 때맞지 않음은 단순히 지연 장치가 아니다. 그것은 실수가 계속 일어나리라는 것을 의미하기도 한다. 민주주의적 삶의 특성인 분열성과 부주의함은 우리에게 경고를 보낼 뿐만 아니라, 무모한 행동의 기회도 된다. 전쟁에 필요한 자원을 모으기 어려운 정치체제는 은밀히 전쟁을 벌이고 싶어진다. 민주국가들은 대중의 눈을 피해 수행하는 군사 충돌, 즉 대리인[예컨대, 전쟁 주식회사], 특수부대, 무인 드론이 싸우는 데 점점 더 몰두한다. 전쟁에 대한 대중의 지지를 모으는 길에 제도적 장벽이 있으면, 전쟁을 우회하는 게 아니라 대중을 우회하는 결과가 야기될 수 있다. 마찬가지로 대중의 지지를 모으는 게 어렵다는 것은 장기전이 민주주의에 위험하다는 뜻이다. 관심은 표류하기 시작하고, 산만함은 방해가 되며, 무관심은 증가한다. 민주국가들이 전쟁을 주저하는 특성은, 또한 끝낼 능력이 부족한 전쟁에서 더 허우적거리게 만드는 특성일 수 있다.

민주주의의 확산은 많은 지역에서 전쟁 가능성을 줄였다. 그러나 그렇다고 해서 민주국가들의 지혜 또는 자제력이 증가했다는 뜻은 아니다. 그것은 우연적인 성취, 그러니까 끝도 없이 좌절감을 주는 성취다. 우리는 왜 민주주의가 가져오는 평화로운 혜택을 적극적으로 확산시키고 이용할 수 없을까? [그런] 시도는 늘 유혹적이다. 그러나 민주주의의 장점들을 강요하면 [외려] 그것들이 약화되는 경향이 있다. 평화를 가속화하리라는 기대에서 민주주의의 진보를 가속화하는 것은 효과가 없다. 그런 민주국가들은 조심스러운 태도, 주의력을 잃고 만다. 그렇지만 앉아서 평화가 제 속도를 내기를 그저 기다리고만 있다면 수동성과 숙명론이 조장된다. 그리고 주의력이 약해지면 불필요한 전쟁이 휘말릴 공산도 더 커진다.

유럽의 현 위기는 그 대륙에 상흔을 남긴 전쟁과 폭력들이 다시 일어날지 모른다는 무서운 경고로 이어져 왔다. 유언비어다. 유럽의 민주국가들이 가까운 시일 내에 서로 전쟁을 벌이는 일은 일어나지 않을 것이다. 이해관계들이 너무 근본적으로 달라 사람들이 전쟁을 벌일 만한 가치가 있다고 생각할 수 있는 상황은 거의 상상하기 어렵다. 더 정확히 말하자면, 민주주의가 더는 제 기능을 하지 못할 것이라는 예상을 하지 않은 채 그런 상황을 상상하기란 불가능하다. 미래에 경제적 혹은 환경적 파국이 발생한다면, 유럽은 다시 유럽 대륙 내부의 전쟁에 휘말릴 수 있다. 그러나 그와 같은 파국은 유럽의 민주제도들이 먼저 파괴돼야 가능한 정도의 큰일이다.

민주국가들 사이의 평화는 착각이 아니다. 그것은 현실이고 튼튼하다. 시계는 20세기 초로 되돌아가지 않을 것이다. 그러나 민주주의와 전쟁 사이의 관계는 계속 불안정할 것이다. 이유는 두 가지다. 첫째, 민주국가들이 전쟁에 거리를 두는 동안 ─ 국민들이 전쟁을 용인하지 않고 전쟁이 낯설어지는 동안 ─ 군사적 재난, 불운이 발생할 여지는 더 적어지는 게 아니라 더 커진다. 소규모 전쟁, 대리전쟁, 비밀리에 벌이는 전쟁, 다른 이름으로 이루어지는 전쟁("평화 작전")은 모두, 군사적 충돌과 대중이 서로 유리된 시대에 계속 확산될 수 있다. 둘째, 중요한 충돌들이 발생할 경우, 평화에 대한 선호가 단단히 자리 잡은 곳에서도 전쟁이 발생할 수 있다. 그런 경우 대중이 전면전(민주국가들이 적응력과 지략 대부분을 쓸 수 있는 그런 전쟁)을 지지할 수 있을 것이다. 미래에 유럽연합과 어떤 외부의 적이 전쟁을 벌이는 것은 상상할 수 있다(독일과 프랑스 사이에 적대 행위가 부활하는 것을 상상하는 것보다 확실히 쉽다). 그러나 유럽 사람들이 한마음으로 전쟁을 지지하도록 하는 것은 어렵다는 사실을 고려할 때, 그런 일이 벌어지려면 매우 커다란 혼란을 겪어야 할 것이다. 그런 규모의 혼란들은 예측할 수 없는 결과를 낳는다. 혼란에 선행하는 평화가 오래 지속될수록, 혼란이 초래할 결과는 더욱 예측할 수 없는 것이 될 것이다.

민주 평화는 자기강화적이지만, 자기실현적이지는 않다. 평화가 민주국가들의 기본적인 선택지가 되는 동안에도, 전쟁은 사라지지는 않는다. 외려 전쟁은 훨씬 더 통제하기 힘들어진다. 민주주의의 안정성은 언제나 현실 안주와 무모함의 조건이 된다. 전쟁과 평화에서도 예외가 아니다.

(2) 금융

내가 확인한 민주국가들의 행위 패턴은 금융시장의 행위 패턴과 흡사하다. 자유 시장의 혜택들은 단기적인 실패들이 반복되는 상황을 동반한다. 여기서 생기는 성장은 잦은 위기와 경미한 사고들로 말미암아 간간히 중단되곤 하는 장기적 성장이다. 시장 참가자들은 어떤 것이 진짜 위기인지, 어떤 것이 경미한 사고인지를 알아차리는 데 능숙하지 못하다. 붕괴가 임박했다고 과장하는 경향이 있다. 동시에 그것을 무시하는 경향도 있다. 대부분이 [실제로 발생하는 게 아니라] 말로 끝나기 때문이다.

오래된 농담처럼, 경제학자들은 최근 세 번의 경기후퇴 가운데 여섯 번을 예견했다(정치 평론가들이 최근 세 번의 민주주의 위기 중 여섯 번 이상을 예견했듯이 말이다). 시간이 흐르면서 이것은 현실 안주를 낳는다. 민주국가처럼 시장도, 흔히 기저의 문제들을 감추는 끝없는 작은 혼란들을 겪는다. 잘 기능하는 시장은 대체로 효율적일 수 있다. 그러나 시장의 효율성을 알면 행위자들은 효율성을 떨어뜨리는 방식으로 행동하게 된다. 시장에 대한 신뢰는 과신過信으로 향한다. 과신은 폭락으로 이어진다. 폭락은 신뢰의 위기를 불러일으킨다. 신뢰의 위기는 적응을 요구한다. 적응은 곧 회복으로 이어진다. 회복은 새로운 유형의 도덕적 해이를 낳는다.

금융 위기시에는 시장이 신용 사기에 노출되었다고 생각하기 쉽다. 마르크스를 비롯해 시장을 비판하는 이들은 각각의 위기가 진리의 순간으로 입증되기를 늘 희망해 왔다. 그러나 더 정확하게 말하자면 시장은 덫에 걸려 있다. 시장은 성공의 희생물이 된다. 피드백 순환 구조는 좋은 소식의 가치를, 나쁜 소식이 더는 들리지 않게 되는 수준으로까지 부풀린다.[10] 경제학자 조지 애커로프와 로버트 쉴러는 『야성적 충동』*Animal Spirits*에서 시장의 실패가, 시장 행위가 비합리적임을 입증하지 않는다고 지적한다. 시장은 자신감confidence을 바탕으로 돌아가고, 그 자신감에는 흔히 좋은 토대들

이 있다. 하지만 무언가에 대한 자신감의 좋은 토대들이 있을 때에
도 우리는 이내 과신하곤 하는데, 자신감은 신뢰trust의 일종이고,
"신뢰라는 게 바로 합리성을 넘어선다는 뜻이기 때문이다."[11] 시
장이 더 잘 작동할수록 사람들은 더욱더 자신한다. 사람들이 자신
감을 가질수록 잘못을 저지를 공산도 더 커진다.

투자가 조지 소로스는 정보를 왜곡해 공급하는 금융시장들의
내재적 경향을 묘사하고자 "재귀성"reflexivity◂이라는 용어를 만들
었다. 1994년에 저술 작업을 하는 동안 그는 시장 실패와 정치적
실패 사이의 한 가지 명확한 유사점을 보았다. 시장 실패는, 공급
하는 정보가 전적으로 현실과 유리될 정도로 정보 편향에서 벗어
나지 못한 소련 체제의 실패와 유사했다.[12] 소로스는 재귀성에 대
한 해답이, 폐쇄적 피드백 순환 구조가 경쟁하는 정보원들에 열려
있게 하는, 더 많은 민주주의에 있다고 주장했다. 그러나 민주국
가들 또한 재귀성의 대상이다. 그들도 자신들의 신뢰성에 대한 증
거를 과신한다. 그 믿음은 전제 국가 국민들의 자국 체제에 대한
믿음보다 더 강하기에 ― 또한 민주국가들은 전제 국가들보다 위
기에서 회복하는 능력이 낮기에 ― 바로잡기가 더 어렵다. 소로스
는 틀렸다. 시장은 전제 국가들이 실패하는 것처럼 실패하지 않는
다. 소련은 신용 사기였고 결국 사상누각처럼 다 무너져 내렸다.
[반면] 시장은 민주국가들이 실패하는 것처럼 실패한다.

민주국가가 시장과 비슷하다고 해서 민주국가가 시장 ― 그
러니까 영향력 시장, 투표 시장 ― 인 것은 아니다. 정치는 이런

▶ 특정한 사건이 특정한 인식을 형성하지만 그 인식이 다시 어떤 사건을 촉발하는 현상.

식의 경제학으로 환원할 수 없다. 민주국가는 시장이 할 수 없는 것들을 한다. [이를테면] 민주국가는 전쟁을 벌인다. 시장은 그러지 못한다. 더욱이 민주국가는 시장 실패를 바로잡을 수 있다. 경제 위기마다 민주국가 정치인들이 보여 준 적응력의 장구한 역사가 그 증거다. 민주국가는 자신감, 과신, 그리고 실패라는 고유의 순환 주기에 따라 작동한다. 이것은 시장 주기에 어긋나게 작동할 수 있다. 그러나 늘 그런 것은 아니다.

냉전에서 민주주의가 승리하고 자유 시장이 계획경제에 승리를 거둔 여파로 정치인들은 시장을 믿게 됐고 경제학자들은 민주주의를 믿게 됐다. 그 결과, 사태가 걷잡을 수 없는 상황이라고 말하는 이는 한 사람도 없었다. [시장의 위기 상황에도] 은행가들은 정치인들에게 도움을 요청하지 않았다. 정치인들 역시 위기 앞에서 은행가들의 도움을 요청하지 않았다. 이것은 특히 위험한 유형의 재귀성이다. 이런 일은 잠시 동안은 일어날 것 같지 않지만, 일어날 때는 그 결과가 대단히 파괴적일 수 있다.

민주국가들은 시장을 과신할 때에만 잘못되는 것이 아니다. 시장에 대한 성공적인 규제 역시, 성공에 의해 일을 망치는 민주국가들의 내재적 경향에 영향을 받는다. 교훈의 습득은 항상 더 많은 실수를 범할 여지를 만든다. 대공황과 제2차 세계대전 이후 [대혼란의 교훈을 통해] 출현한 국제금융 규제 체제는 1970년대에 궁극적으로 와해됐다. 브레턴우즈의 규율은 민주국가들이 [유권자들의] 저항이 가장 적은 경로를 따라갈 수 있는 여지를 제공했다. [비록 1970년대 중반] 미국이 브레턴우즈 체제를 와해시켰음에도, 서구 민주주의는 와해되지 않았다. 서구 민주주의는 새로운 체제를 암중모색했고, 그것이 작동하도록 적응했으며, 그 체제를 그 한계 이상으로 밀어붙였다. 현재 우리는 또 다른 무언가를 암중모색하고 있다. 이와 같은 40년의 주기를 고려할 때, 다음번의 전 지구적 금융 위기는 금세기 중반에 올 것이다. 그러나 그전에 심각하게 잘못되는 일이 없어야만 할 것이다.

40년을 넘는 더 큰 주기들도 있다. 금융과 관련해, 민주국가들은 매우 장기적인 이점을 누리고 있다.[13] 현대사에서 기성 민주국가들은 채무 상환에 대한 신용을 얻었고, 이는 [민주국가들이 독재국가들보다] 더 싸게 돈을 빌릴 수 있음을 뜻한다. 민주국가의 지도자들은 제도적 제약으로 말미암아 국가 재정을 계속 무책임하게 운영하기가 힘들다. 물론, 민주국가들이 채무불이행을 선언하는 경우도 있지만, 전제 정권들보다는 그 빈도가 훨씬 적다. 동시에 민주국가의 지도자들은 단기적 압력들로 말미암아 재정상의 규율을 세우기 어렵다. 유권자들은 그런 것을 좋아하지 않는다. 그래서 지도자들은 민주국가의 장기적 신용을 이용해 저항이 가장 적은 무난한 길을 가고 체제를 그 한계까지 밀어붙이게 될 것이다.

현 위기로부터 퍼져 나오는 가장 종말론적인 경고들에 따르면, 운을 과신하는 이런 경향 때문에 민주국가들은 결국 파멸하게 될 것이다. 종내 그리스 같은 비주류 행위자뿐만 아니라 미국 같은 주요 민주국가들도 채무불이행 상태에 이를 것이다. 채무가 지속 불가능한 수준에 이를 것이기 때문이다. 하지만 이 같은 경고 역시 유언비어다. 미국 민주주의는 전면적인 채무불이행이 유일한 선택지가 될 정도로 탐욕을 부리지는 않을 것이다. 무책임한 재정 운용에 대한 제도적 제약은 그전에 효과를 낼 것이다. 진짜 문제는 미국이 알고도 벼랑 아래로 떨어질 수 있다는 것이 아니다. 문제는 벼랑 끝이 어딘지, 도중에 있는 산등성이들—더 작은 "재정 절벽"—중 어느 것이 진짜 위험한 것은 아닌지 아무도 모른다는 것이다.

기본적으로 민주국가가 소련 같은 거대한 폰지 사기로 변하는 일은 없을 것이다. 미국의 사회보장이 그런 사기가 됐다고 하는 이야기가 있는데 이는 터무니없다. 그런데 민주국가들은 거짓 경보와 진짜 경보를 잘 구별하지 못한다. 위험한 것은 미국 민주주의가 자각하는 것보다 더한 곤란에 빠지리라는 것이다. 왜냐하면 미국 민주주의는 긴축을 미뤄도 선택지가 남아 있는 시점과 긴축을 미루다 선택지가 다 사라지는 시점을 구별할 수 없기 때문이다. 신용도가 높은 은행과 마찬가지로, 신용도가 높은 체제도 빠르게 또 예기치 않게 신용을 잃을 수 있다. 바로 그때 민주국가는 쓸 수 있는 선택지가 없어 적응력을 발휘하지 못할 공산이 있다. 제대로 기능하는 민주국가라면, 감당할 수 있는 수준을 넘어서는 사회보장 체제를 유지하는 선택을 하지 않을 것이다. 그러나 어떤 민주국가는 스스로 그런 결정을 내리게 되는 지점을 넘어서까지 사회보장 체제를 유지할지도 모른다. 우리는 민주주의가 그런 환경에서 얼마나 튼튼할 수 있을지 알지 못한다.

앞서 말했듯이, 특별한 일이 발생하지 않는 한, 다음 금융 위기는 약 40년 내에 일어날 것이다.

(3) 환경

민주국가들은 왜 기후변화 문제와 열심히 씨름하지 않을까? 지금
껏 정상회담도 자주 열었고, 전문가들이 끝없이 경고했으며, 정치
인들 역시 무수한 약속을 남발했다. 그러나 결정적인 조치는 거의
전무했다. 한 가지 설명에 따르면, 기후변화의 과학은 민주국가의
대중이 이해하기에 너무 복잡하기 때문이다. 복잡한 문제에 직면
한 사람들은 대부분 자신이 스스로 이해할 수 있다고 생각하는 것
으로 도피한다. 기후변화의 총체적인 영향들은 오랜 시간 동안 경
험하지 못할 것이다. 현재로서는 환경 파괴의 명확한 양상이 나타
나지 않고 있다. 반면 기후변화를 막기 위한 조치를 위해 치러야
하는 비용은 직접적으로 느낄 수 있다. 에너지 소비세와 제한 성
장이 그것이다. 미래의 재난에 관한 모호한 위협과 현재의 번영에
대한 분명한 위협 가운데 민주국가들은 후자의 위협을 피하는 것
을 언제나 강력히 지지할 것이다.

　　민주주의에 대한 전통적인 불만은 대중이 자신에게 무엇이
좋은지 잘 모른다는 것이다. 민주국가는 미래보다 즉각적인 것,
복잡한 것보다는 단순한 것, 과학보다는 직감을 우선시한다. 민주
사회의 개방성은 단순히 생각을 자유롭게 나누는 것만을 고무하
는 것은 아니다. 반과학적인 편견이 자라는 여지를 제공하기도 한
다. 빅토리아 시대 법제사가 헨리 메인은 다가오는 민주주의 시대
를 한탄하는, 가장 널리 읽히는 19세기 글 중 하나에서 과학과 민
주주의의 경합에서 과학은 늘 패자라고 주장했다. 그리고 그는 이
렇게 썼다.

대중의 권력이 점점 더 확고해지는 현상은 과학적 견해에 근거한 모든 입법에 가장 불길한 징조다. 그것을 이해하려면 긴장해야 하고 그것에 온순히 따르려면 자기부정이 필요하다.[14]

그러나 20세기에 [제시된 경험적] 증거들은 이와 같은 주장과 맞지 않는다. 서구 민주국가들은 과학적 성취와 기술의 진보를 고무했다. 대중은 이것들이 가져온 장점들을 대부분 기꺼이 받아들였다. 과학을 억누른 것은 바로 전제 국가들이었는데, 그 혜택들을 수용할 수 있을 만한 적응력을 발휘하지 못했기 때문이다. 전제 정권들은 오염을 가장 많이 유발하고, 천연자원을 가장 낭비하는 정권이다. 시간이 흐르면서 민주국가들은 뛰어난 계획과 방식으로 자원을 훨씬 더 적절히 사용한다.

따라서 다른 설명도 있다. 민주국가가 지금껏 행동을 취하지 않은 이유는 어리석어서가 아니라 자신이 어리석지 않음을 알고 있으며, 또한 필요한 경우 조치를 취할 것임을 알기 때문이다. 2007년 [다큐멘터리] 영화 〈불편한 진실〉Inconvenient Truth에서 앨 고어는 민주국가들은 기후변화 문제를 해결할 수 있다고 역설했다. 고어가 영화 말미에서 미국 청중에게 상기시키듯 민주국가들은 지금껏 직면한 가장 심각한 도전들을 모두 극복했다.

미국인인 우리는 위대한 일들을, 그게 어려운 일일지라도 해낼 수 있을까요? 우리 자신을 넘어서는, 역사를 초월하는 일들을 해낼 수 있을까요? 자, 우리에게는 그런 능력이 있음을 보여 주는 증거가 있습니다. 우리는 국가를 세웠습니다. 혁명을 일으켰고 이 지구상에 무언가 새로운 것, 즉 개인의 자유를 보장하는 자유로운 국가를 만들었습니다. 미국은 노예제가 잘못되었고 또 우리가 반자유인, 반노예일 수 없다는 도덕적 결정을 내렸습니다. 미국인으로서 우리는 여성도 마땅히 투표권이 있어야 한다는 결정을 내렸습니다. 우리는 전체주의를 물리쳤고 태평양과 대서양에서 동시에 전쟁에서 승리했습니다. 학교에서 인종차별 정책을 폐지했고 소아마비 같은 질병들을 치료했습니다. 우리는 달 착륙에 성공했습니다. 우리가 최선을 다할 때 무엇을 할 수 있는지를 가장 잘 보여 주는 예입니다.[15]

고어는 이 마음을 뒤흔드는 연설 말미에서 단호한 조치를 요구했다. 즉 우리는 그 모든 것을 다 해냈고 따라서 이것도 분명 할 수 있다는 것이었다. 그러나 이를 다르게 읽을 수도 있다. 우리가 그 모든 것을 해냈다는 사실 때문에, 기후변화 문제 역시 우리가 필요하다고 느낄 경우 해결할 수 있다고 자신할 수 있다. 그런데 만약 기후변화를 막기 위해서는 (고어가 열거한 다양한 도전들과는 달리) 선제적인 조치가 요구된다면, 이와 같은 태도는 참사를 초래할 수 있다.

과신의 위험 가운데 하나는, 우리가 직면한[그리고 직면할] 그 어떤 어려움도 과거에 극복한 어려움과 다를 바 없다고 가정하는 것이다. 이런 덫에 걸린 이는 고어만이 아니다. 기후변화의 극복은 통상 "달 착륙" 도전, "가장 위대한 세대"의 도전, 또는 질병 박멸과 같은 기술혁신적 도전에 버금가는 것으로 묘사된다. 희망은 우리에게 친숙한 이 같은 준거틀이 우리가 행동을 취하도록 하는 자극제가 될 것이라는 점이다. [반면] 기후변화가 이 같은 범주 가운데 그 어떤 것에도 들어가지 않을 경우, 위험이 찾아온다. 역사적 기록을 끌어와 용기를 북돋을 수는 있겠지만 이번 위기가 과거의 위기와 같을지는 확신할 수 없다. 만약 다르다면, 위기가 돌이킬 수 없는 지점을 한참 지나고 나서야 깨닫게 될 것이다.

또 다른 위험은 민주국가들이 과거의 도전에서 이룬 성취들을 한데 묶어 버리면 그 도전들의 차이를 무시하게 된다는 것이다. 기후변화 문제와 씨름하려면 쉬이 조화를 이루지 못하는 민주주의가 가진 적응력의 여러 유형들을 조합해야 할지도 모른다. 기성 민주국가들에게는 실존적 위협들에 직면할 때 나타나는 두 가지 기초적 강점이 있다. 첫 번째 강점은 위협이 무시할 수 없을 정도로 너무 클 경우, 예컨대 직접적인 공격을 당할 때, 협력하는 능력이다. 두 번째 강점은 마주치는 도전에 대해 계속 실험하고 적응하는, 그래서 그 어떤 위협에도 압도당하지 않을 수 있는 능력이다. 첫 번째 경우에서, 민주국가들은 위협을 직시할 수 있는데, 다만 위협이 정말로 심각해질 경우에만 그렇다. 두 번째 경우에서는 위협을 [직시하지 않고] 회피한다.

기후변화 사례에서는 이 두 가능성이 서로 반反하여 작동할지 모른다. 낙관론자들은 기술혁신이 그 문제를 해결해 줄 것이라고 주장한다.[16] 그들은 과거에도 임박한 환경적 파국에 관해 경고가 거듭되었지만 결국 허풍으로 드러난 일을 들먹인다. 열린 사회들에서는 종말의 예언이 넘쳐 난다. 1860년대, 영국은 석탄이 고갈되어 파멸하리라는 경고를 들었다(존 스튜어트 밀도 비관론을 퍼뜨렸다). 그럼에도 1860년대, 석탄 생산은 계속 유지되었다. 1890년대, 뉴욕 사람들은 [급속히 늘어난 마차들로 말미암아] 뉴욕이 말똥으로 뒤덮일 것이라는 이야기를 들었다. 그런데 자동차가 발명됐다. 1960년대, 세계는 "지구적 혹한"으로 재난에 직면했다. 1970년에는 인구가 폭발적으로 증가해 식량 공급이 폭락했다. 1980년대의 재난은 오존층의 구멍이었다. 이런 문제들은 극단적인 조치와 정치적 강제에 의해서가 아니라 적응과 혁신을 통해 해결되었다. 정치인들은 혁신을 고무할 수 있다. 그러나 인지한 위협에 과잉 반응해 혁신을 억누를 수도 있다. [따라서] 환경 재난이 어렴풋이 그 모습을 드러내고 있을 때, 우리가 택할 수 있는 최선의 방책은 선택을 보류하는 것이다.[17]

그런데 이 같은 낙관론은 숙명론의 한 유형일 수 있다. 민주 국가들이 과거에 양치기 소년처럼 늑대가 나타났다고 거짓 경고를 한 잘못이 있다고 해서, 저 밖에 늑대가 전혀 없다고 볼 수는 없다. 선택을 유보하는 것은 한 가지 중대한 면에서 선택지들을 닫아 버리는 것을 의미하기도 하는데, 결단력 있는 정치적 조치를 배제하기 때문이다. 정확히 말하자면, 어느 누구도 의심하지 않을 정도로 늑대가 가까이 올 때까지 아무런 조치를 취하지 못하는 것이다. 기후변화 사례에서는 그런 조치가 너무 오랫동안 미루어져 왔다. [그런데] 어느 순간 기후변화를 막기 위해 민주 사회들의 집단적 탄력성 ─궁핍한 환경에 적응하는 능력─ 에 의지할 필요가 있을 시기에, 자신의 [기술혁신 같은] 실험적 특성에 과하게 의존한다면 그것은 [집단적] 행동을 취하는 데 장애물이 될 것이다. 그리고 도전을 계속 회피한다면 언제 그것을 직시해야 하는지를 알기가 어려워진다.

민주국가들이 기후변화에 대처할 능력이 있다는 점에서는 고어가 옳았다. 그들은 실험적인 적응력이 있고 또 강압적인 조건에서 집단적 탄력성을 보인다. 문제는 어느 것이 먼저 필요한지를 알지 못한다는 것이다. 민주국가들이 자신의 장기적 강점들을 알고 있다고 해서 적시에 그 강점들을 이용하는 법을 알게 되는 것은 아니다. 외려 그 방법을 알기가 더 어려워진다. 그런 까닭에 기후변화는 민주국가들에 큰 위험이다. 그것은 자만의 덫의 잠재적으로 치명적인 판본이다.

(4) 경쟁 체제들

앞서 논의한 도전들, 즉 전쟁, 금융, 기후변화와의 씨름에 관한 한 중국이 서구보다 유리하다고들 한다. 중국 당국은 대중과 협의할 필요가 없다. 그들은 선거 결과를 두려워하지 않은 채 결단력 있는 조치를 취하고, 장기적 혜택들을 얻고자 단기적 대가를 치를 수 있다. 전제 체제들이 단기 속에서 장기를 생각하는 능력이 더 낫다는 것은 토크빌이 확인한 그들의 장점이다. 그러나 그것은 제한된 혜택일 뿐인데 그들은 자신이 내리는 선택에 매이기 때문이다. 전제 정권들은 필요한 경우 자신의 잘못을 모두 털어놓고 경로를 바꿀 공산이 훨씬 작다. [반대로] 그들은 즉흥적으로 경로를 바꿀 공산이 크다. 또한 전제 정권들이 여론을 그야말로 짓밟을 수 있다는 것도 사실이 아니다. 비선출직 지도자들은 흔히 선출직 지도자들보다 여론에 과민 반응을 보이기도 하는데, 이는 대중이 무슨 생각을 하는지 훨씬 잘 모르기 때문이다.

우리는 중국에 대한 우리의 상대적 약점과 상대적 강점 사이에 끼어 있다. 중국인들에게는 다양한 단기적 장점들이 있다. 과거의 공산주의 정권들과 달리 그들은 이데올로기에 얽매이지 않는다. 민주국가들과 달리 그들은 헌법적인 견제와 균형에 얽매이지도 않는다. 그들은 경제문제에 대한 테크노크라시적 해법들을 우리보다 쉽게 실행할 수 있다. 현재까지 중국 당국은 2008년 경제 위기의 영향들을 비교적 성공적으로 관리하고 있다(확실히 유럽인들보다 성공적이었다). 이와 관련해, 중국 당국은 자국민들이 이용할 수 있는 투자 기회를 제한해 왔던 조치들로부터 큰 도움을 받고 있다―퇴로가 막혀 있을 때 중앙의 정책은 훨씬 효과적이다. 중국은, 지난 10년간 몇몇 서구 민주국가들이 그런 것처럼 정의와 도덕을 위해 전쟁을 벌이고픈 유혹을 느끼지 않았다. 중국인들은 자신들의 영향력을 전 지구적으로 확장하려는 시도에서 그렇듯 실용적일(즉 원칙에 얽매이지 않을) 수 있다. 그렇지만 우리는 또한 장기적으로 전제 정권이 주민의 증가하는 기대에 부응하고, 정부에 대한 발언권 요구를 충족해 주고자 분투해야 한다는 것도 안다. 중국은 1인당 GDP 기준으로는 여전히 비교적 가난한 나라고 또 인구도 방대하다. 현 정권이 이렇게 계속 늘어나고 있는 정부에 대한 불만을 억제할 수 있을지는 알기 어렵다.

19세기에 유럽의 군주제가 미국 민주주의와 관련을 맺고 있다고 토크빌이 생각했듯이 21세기에 중국은 서구와 관련을 맺고 있다. 민주주의는 장기적 장점이 있었지만, 도중에 [대중과] 협의를 덜해도 되고 결단력은 더 있는 전제 정권들에 압도될 위험이 있었다. 이로 인해 양편이 오판하기 쉬운 위험한 세계가 만들어졌다.

즉 민주국가들은 자신의 장기적 장점들이 결국 효과를 드러내리라고 희망하면서 당면한 도전을 태만히 할지 모른다. 반면 전제국가들은 단기적으로 대립 상황을 추구해 자신의 단점들을 미연에 해결하고자 애쓸지도 모른다. 민주주의와 전제주의의 관계는 항상 예측할 수 없고 불안정하다.

그럼에도 토크빌은 그런 부조화의 일부 혜택들을 보았다. 민주국가들은 현실에 안주하기 않기 위해 경쟁 체제들이 필요했다. 19세기에 미국의 역할은 민주주의가 가능함을 유럽에 보여 주는 것이었다. 유럽의 역할은 민주주의가 필연적인 것이 아님을 미국에 보여 주는 것이었다. 토크빌은 각각이 상대에게서 무언가를 배우기를 희망했다. 그런데 여기에는 일종의 역설이 작동하고 있었다. 곧 민주국가들은 자신에게 솔직해지고 또한 더는 숙명에 휩쓸려 가지 않기 위해 전제 국가들이 필요했다. 하지만 전제 국가들의 존재는 민주국가들에게 위험했는데, 전제 국가와의 관계는 불안정하고 위험했기 때문이다. 민주국가들이 현실에 안주하지 못하도록 할 수 있는 것은, 그들을 위협하는 도전이지만, 민주국가들은 그와 같은 도전에 어떻게 대처해야 할지 모를 수 있다. 중국의 부상으로 서구는 오늘날 그와 같은 처지에 있다.

물론 그때와 현재 사이에는 큰 차이가 있다. 하나는 유럽과 미국을 넘어 세계 다른 많은 지역들로 민주주의가 확산되었다는 점이다. 민주국가 인도와 중국의 경쟁은 21세기의 중심적 정치 경합이 될지도 모른다. 그런데 인도 민주주의는 토크빌이 이야기한 민주주의의 전망과 유혹들에 대해 거의 무방비 상태로 노출되어 있다. 어떤 면에서 인도는 토크빌이 마주친 19세기 미국에 딱

맞는 현대 국가다. 즉 공식적으로는 평등주의적이지만 매우 계급적이고, 비교적 중심이 약하며 무질서하지만 생기가 있다. 인도는 지난 20년 동안 거의 중국만큼이나 빠르게 성장해 왔지만, 대부분의 삶의 질 척도에서 중국을 따라잡지 못했다. 기대 수명은 약 10년이 낮고(64.4세 대 73.5세) 다양한 건강 및 교육 척도에서 뒤처진다.[18] 인도는 어려움을 겪고 있다. 현재 인도의 경제 모델은 민주정치의 복합적인 요구들에 부응하고자 안간힘을 쓰고 있다. 그러나 인도의 정치는 중국 정치보다 여전히 적응력이 있다. 희망적인 것은 인도가 장기적으로 중국을 능가하리라는 것이다. 두려운 것은 그런 장기적 승리가 오기도 전에 단기적으로 인도가 휘청거리는 것이다.

토크빌의 지적 이래로, 특히 냉전이 끝난 이후 다양한 모델의 전제 정권들이 증가했다. 민주주의가 경합해야 하는 모델은 단순히 군주제나 독재가 더는 아니다. 전제자들은 민주주의의 도구들 가운데 자기 입맛에 맞는 것을 선별해 습득함으로써 두 체제 사이의 경계를 흐릿하게 만들었다. 이런 혼종적인 정권들은 다양한 이름을 얻었다. "경쟁적 권위주의" "배제적 민주주의" "반半권위주의" "결손 민주주의" 혹은 단순히 "혼종적 정권"이 그것이다. 푸틴의 러시아는 한 유형, 즉 억압이 자유화와 결합되고 선거와 파워 엘리트가 공존하는 유형의 전형이다. 소련의 붕괴 후 민주주의의 조류가 러시아를 휩쓸 것이라는 예견은 착각으로 드러났다. 러시아는 민주국가로 바뀌지 않았다. 러시아는 돈으로 권력을 잡고, 권력으로 돈을 버는, 의사 민주주의적 도둑 정치pseudo-democratic kleptocracy로 바뀌었다.

경쟁자로부터 유용한 정보를 습득하는 데는 전제자들이 민주 국가들보다 더 능숙한 것으로 드러났다. 푸틴은 권력을 유지하고 자 민주주의의 유연성을 모방하는 법을 배웠다. 푸틴 정권은 비상한 적응력으로 영원히 집권할 것 같은 분위기를 풍긴다. 중국 당국은 서구에서 배워 왔고(현 세대 지도자 다수가 서구에서 유학했다) 또한 과거에 자신이 저지른 실수들로부터도 배웠다. 즉 1958~62년 기근 같은 재앙이 반복될 공산은 매우 낮다.[19] 아랍의 봄 당시, 몇몇 전제 정권들은 다른 전제 정권들보다 적응력을 발휘해 권력을 고수하는 방법을 발견했다. 즉, 비타협은 이득이 되지 않았다. 유연성이 이득이 됐고, 특히 전제 정권에서 나타나는 고유의 가차 없는 특성을 억누를 때 그랬다.

그럼에도 이것은 일정한 한도 내에서의 유연성이다. 전제주의는 여전히 일방적인 통치 방식이고, 민주적 요소들과 결합되어 있을 때조차 그렇다. 전제자들은 민주주의를 실험할 수 있지만, 자신들의 운명을 민주주의에 거는 실험은 결코 허락할 수 없다. 혼종적 정권들은 위험한 상황에서 민주주의의 강점들을 이용하려 할 때 기본 문제들에 직면한다. [즉] 통제력을 놓지 않은 채 그렇게 할 수는 없는 것이다. 이것이, 위기가 닥쳤을 때 민주주의국가들은 무언가 새로운 것을 시도하는 반면, 반권주의주의 정권들은 권위주의로 회귀하는 이유다.

오늘날 민주주의의 경쟁 체제들은 20세기보다 이데올로기에 덜 얽매이고 전문 기술을 더 잘 이용할 수 있다. 하지만 여전히 적응력이 부족하다. 정보 기술이 맹렬하게 확산하고 변화하고 있기에 이것은 주요 약점이 된다. 중국 정권은 인터넷을 규제하고 또한 그것이 야기하는 위협을 감시하는 데 막대한 자원을 쏟아 부을 수 있다. 중국 정권은 인터넷을 권력의 도구로 쓸 수 있다. 그 정권이 할 수 없는 것은 인터넷을 최대한 활용하기 위해 자신의 권력을 조정하는 것이다. 중국 정권은 자신보다 적응력이 더 큰 기술에 여전히 취약하다.

그렇다고 인터넷이 반드시 중국을 민주화한다는 뜻은 아니다. 중국 정부는 가차 없이 단기적 결정을 내릴 수 있는 능력이 여전하다. 국가들은 정보망이 할 수 없는 것들을 할 수 있다. [이를테면] 국가는 전쟁을 벌인다. 구글은 전쟁을 벌이지 않고, 그럴 의사도 없다. 변화의 힘들을 수용하는 법을 찾지 못하는 정권은 특정한 목적들을 달성하는 쪽으로 그 힘들을 돌릴 수 있다. 중국 정권이 자신의 약점을 직시하기로 결단할 것인가의 문제는 해결되지 않았다. 중국식 국가자본주의가 사상누각처럼 붕괴할 공산은 낮다. 그것은 신용 사기가 아니다. 소련의 종말이 중국의 미래를 보여 준다고 가정하는 것은 잘못일 터다.

민주주의에는 여전히 장점이 있다. 그러나 필요시 자신의 장점을 이용하는 일에서 경쟁 체제보다 나을 게 전혀 없다. 가속화하는 세계 속에서 민주주의는 여전히 때맞지 않은, 시기적으로 부적절한 정부 유형이다. 중국은 인터넷을 이용하는 법을 발견했지만 그것을 수용하는 법은 알지 못한다. 민주국가들은 인터넷을 수용할 수 있었지만 그것을 이용하는 법을 발견하진 못했다. 새로운 정보 기술이 민주주의에 도움이 되리라는 예측은 시기상조로 드러났다. 선진 민주국가들은 새롭고 다양한 정보 자원들에 접근할 수 있었지만 그 모든 것을 가지고 무엇을 해야 할지는 알지 못한다.

20세기 민주주의의 승리는 우연적이었고 불완전했다. 그것은 아마도 21세기에 좀 더 완전해질 것이다. 하지만 그 승리가 좀 더 비우연적인 것이 되지는 않을 것인데, 이는 [후쿠야마의 주장과는 달리] 역사가 계속된다는 말이다.

자만의 덫

정치는 때때로 비극적 생활양식으로 묘사되곤 한다. 우리는 해결할 수 없는 딜레마들에 직면하고, 장기적으로 실패할 공산이 크다. 해피엔드란 없다. 너무도 암울하다. [그러나] 민주주의는 비극이 아니다. 바로 그 이유에서 민주주의는 또한 우연히, 의도하지 않게 희극적이다. 그것이 덫이다. 우리는 필멸한 운명이 아니다. 정확히 말해, 덫에 걸려 이러지도 저러지도 못하고 있는 것이다.

민주주의가 작동하기 위해서는 사람들이 민주주의를 믿어야 한다. 민주주의가 더 잘 작동할수록, 사람들은 민주주의를 더욱 믿게 된다. 하지만 사람들이 민주주의를 더욱 믿을수록, 무언가 잘못되고 있는 때를 알아차릴 공산은 더 적어진다. 민주주의는 [장기적인 안목 없이] 하루하루를 살아가는데, 민주주의의 강점은 시간이 흘러야 나타난다. 이런 불일치로 혼란과 불확실성이 발생한다. 우리는 그와 같은 혼란과 불확실성이 종식되기를 기다릴[기대할] 수 없는데, 그와 같은 기다림[기대]으로 말미암아 혼란과 불확실성이 증가할 여지가 생기기 때문이다. 우리는 위기와 회복이 반복되는 상황 속에서, 그것들과 더불어 살아가야 한다. 물론 우리가 압도적인 위기와 마주칠 가능성이 상존한다. 그러나 이것이 반드시 일어난다는 가정은 터무니없다. 만약 그렇게 된다고 거의 확신한다면, 그 이유는 우리가 숙명론자가 되어서 그럴 것이다. [따라서] 그렇게 가정하지 않는 것이 더 낫다. [물론] 그것 역시 숙명론의 한 형식이지만, 적어도 그 숙명론은 적응력이 있는 유형의 숙명론이다.

정치에 관한 글의 역사는 우리의 제한된 지평으로부터 탈출하는 것에 관한 비유들로 가득 차 있다. 『역사의 종말』 마지막 쪽에서 후쿠야마는 역사를, 도시를 향해 언덕과 사막들을 지나가는 긴 마차 행렬로 묘사한다. 어떤 마차는 거기에 이르고 어떤 마차는 이르지 못할 것이다. 몇몇 마차는 고장이 나거나 공격을 당할 것이다. 하지만 다수는 결국 도달할 것이다. 충분히 많은 마차가 도시에 들어가는 그런 날이 올 것이다. "합리적인 인간이라면, 도시는 언제나 오직 하나이고 종착지는 오직 하나임을 수긍하지 않을 수 없는 그런 날." 우리는 아직 거기에 이르지 않았다고 후쿠야마는 주장한다. 또한 마차들이 도착했을 때 "그 승객들은 새로운 주변 환경을 잠시 둘러보고 그게 불충분하다고 여기며 새로운 그리고 더 먼 여정으로 눈을 돌릴지"[20]도 모른다.

그것은 근사한 비유지만 설득력 있는 비유는 아니다. 그것은 민주국가들이 마침내 자신들이 어디에 있고 또 어디에서 왔는지를 알게 되는 순간 — 진리의 순간 — 을 상상한다. 그런 순간은 결코 도래하지 않을 것이다. 장기적 안목과 단기적 안목은 그런 식으로 합쳐지지 않는다. 그것을 알게 되는 궁극적 순간이란 없다.

항상 민주국가들은 주변 환경을 오인하고 비틀거리기 쉽다.

니체는 노예 해방에 관한 훨씬 강력한 비유를 든다. 『즐거운 학문』The Gay Science에서 그는, 소멸한 과거는 우리 뒤에 있고 미래는 스스로 만들어 나갈 우리의 것임을 알게 되는 순간에 관해 쓰고 있다.

> 오랜 시간이 흐른 후에 마침내 수평선은 우리에게 다시 열려 있는 것 같다. 그것이 선명하지 않다 하더라도 말이다. 오랜 시간이 흐른 후에 마침내 우리 배들은 다시 모험을, 어떤 위험도 피하지 않는 모험을 떠날지도 모른다. 앎을 사랑하는 자의 그 모든 대담함이 다시 허락되리. 그 바다, 우리의 바다가 다시 열려 있다. 아마도 그런 "열린 바다"는 지금껏 한 번도 없었으리라.[21]

니체는 철학자들 — "앎을 사랑하는 자" — 에게 말하고 있었다. 분명 그는 민주 사회가 그런 열린 바다로 향할 수 있다고 생각하지 않았다. 소심함과 노력 부족으로 말미암아 민주 사회들은 그런 시도를 못했을 것이다. 민주 사회들은 니체가 상상했던 것보다 훨씬 대담하다. 그러나 그들이 그 열린 수평선을 흐릿하게라도 보지 못했다는 점에서 그는 옳았다. 그들은 거기에 무엇이 있는지 많이 생각해 보지 않은 채 출항했다. 그들은 거기까진 보지 못했다.

1848년 혁명의 정치적 재난들 이후 개인적으로 우울하게 보내던 시기에 토크빌은 정치적으로 바다에 있다는 게 무슨 의미인지에 관한 판이한 비유를 떠올렸다. 친구에게 보내는 편지에서 그는 해안이 선명하게 보이지 않는 바다에 있는데, 나침반도, 키도,

노도 없는 느낌이라고 썼다. 그가 할 수 있는 것이라고는 웅크린 채로 앞날을 기다리는 것이었다. 그는 숙명 앞에서 무력했다.

그러나 토크빌은 항상 그렇게 우울하지는 않았다. 지금껏 나온 민주주의에 관한 책들 가운데 최고의 저작에는 더 나은 비유가 나온다. 『미국의 민주주의』에서 토크빌은 민주주의를 역사를 따라 흐르는 강으로 묘사했다.[22] 우리는 곧 부서질 듯한 배(아마도 토크빌이 몹시도 싫어한 미국 증기선) 위에 있다. 강은 넓고 유속도 빠르지만 양편 둑에 갇혀 있기도 하다. 강은 바다로 향하지만 바다는 아득히 멀고 어느 누구도 바다에 관해 생각하지 않는다. 강물은 파도가 일렁이고 앞에 위험한 것들도 있다. 어떻게 조종할 것인가? [목적지] 해안에 맞춘다면, 바로 앞에 무엇이 있는지 보지 못할 위험이 있다. 만약 소용돌이를 비롯해 배 앞의 물 흐름에 맞춘다면 향하고 있는 곳을 못 볼 위험이 있다. 쉬운 방법이란 없다. 그저 꾸준히 여기저기로 나아갈 뿐이다. 그렇게 하지 않으면 배는 결국 침몰할 것이다.

이것이 [바로] 민주주의가 처한 곤경이다. 어려움들을 안다고 해서 [완벽하게] 조종하는 법을 알게 되는 것은 아니다. 그러나 아는 게 낫다.

후기 ·················· **변화를 원하지만 당장은 아닌**

이 책에서 나는 현대 민주국가들에서 작동하는 변화의 세 가지 패턴들의 상호작용에 대해 서술하고자 했다. 첫 번째는 정치적 논쟁 및 조정 과정 표면에서 수그러들지 않고 들리는 잡음(누가 들어오고 누가 떠나며, 누가 부상하고 누가 내려가는가)이다. 두 번째는 뿌리 깊은 권력 구조 및 경제조직 기저에서의 매우 드문 변동이다(실질적으로 강력한 지배력을 행사하는 자는 누구인가). 세 번째는 예기치 않은 사건들 — 즉 우리가 현재는 위기라 부르고 있는 것들 — 로 급작스레 발생한 압력이다.[1] 2013년 초, 이 책을 탈고한 이래 눈에 띄는 것은 사건들의 중압감이 끊임없이 지속되었다는 것이다. 지난해 시리아에서 계속된 파국은 이슬람국가Islamic State in Iraq and Syria, ISIS가 일으키는 공포로 변했다. [러시아에 편입된] 크림반도와 여전히 우크라이나에 속한 지역에서는 위기들이 추가로 발생했고, 그것들은 구소련의 다른 지역들로도 번질 수 있는 상황이다. 리비아에서는 [카디피] 정권이 붕괴했다. 가자에서는 큰 대가를 치르고 격렬한 논쟁을 초래한 이스라엘 침공이, 적어도 현재로선, 끝이 났다. 이 모든 분쟁 지역에서 불안과 폭력이 폭발하면서 일부 평자들은 2014년 여름을 1914년 여름과 견주었다. 세계는 또다시 비틀거리다 결국 재난 직전까지 가고 있는 것일까? 이것들이 모두 민주주의 위기는 아니지만—이를테면, 어느 누구도 현재 상태의 리비아를 제대로 기능하는 민주국가라고 하지 않을 것이다—그것들은 모두 서구 민주주의의 위기를 나타내며, 서구 민주주의는 그 위기들과 관련해 무엇을 할 것인지 결정을 해야 했다(특히 그 위기들을 야기한 것에 책임을 일부 느끼는 지역들에서는 그러했다). 현재까지, 그 대답은 아직 도출되지 못했다. 아무도 그것들과 관련해 무엇을 해야 할지 알지 못한다. 다만 누구의 책임인가를 놓고 정치적 내분의 잡음이 그 어느 때보다 수그러들지 않고 있을 뿐이다.

서구 지도자들은 진행 중에 있는 불확실한 위협에 대한 적절한 수준의 대응책을 찾는 과정에서 익숙한 곤경에 빠져 있다. 그런데 어느 정도의 수준이 적절한 것일까? 영국 수상 데이비드 캐머런은 2014년 여름, 정규 휴가를 잠시 중단하고 관저에서 대책회의를 열었다. 그는 민주주의 삶의 문명화된 일상[휴가]이 그런 위기로부터 영향을 받지 않고 있음을 보여 주고자 휴가를 쓴다. 그럼에도 그것을 또한 당연시해서는 안 됨을 보여 주고자 휴가를 중단한다. 일 분간, 검은 정장을 입은, 엄숙하고 진지한 그의 모습이 나온다. 곧이어 그는 서핑 보드를 타고 사진을 찍는다. 오바마 대통령도 비슷했다. 골프를 치다 돌아왔다는 것만 달랐을 뿐이다.

민주국가의 정치인들이 무능력해 보인다 해도, 그들을 탓하기는 어렵다. 위기가 발발했을 때, 과잉 반응과 과소 반응 사이의 [적절한] 수준은 여전히 좁고 찾기도 어렵다.

그런데 진짜 문제는 이런 위기들이 민주주의 변화의 나머지 패턴들, 즉 표면적 적응 및 구조적 변동들과 어떻게 상호작용하는지 여부다. 이 책에서 나는 민주주의에서 사건, 잡음, 구조가 상호작용할 수 있는 매우 다양하고 상이한 방식들을 서술했다. 어떤 것들은 양성이고 진보로 이어진다. 다른 것들은 악성이고 정체와 궁극적 부패의 문을 열어 준다. 좋은 유형의 상호작용은 위기가 구조를 변화시킬 수 있는 표면적 적응을 촉발하지만, 체제 붕괴의 위협은 없는 경우다. 이와 같은 일은 1930년대, 그리고 1970년대에도 일어났다. 즉 민주주의적 삶의 실험적이고 조급한 면이 변화를 가능케 하면서도, 자신감의 전면적 붕괴는 막은 것이다. 이런 종류의 변동은 그것이 전개되는 동안 좀처럼 분명하게 확인하기 어렵다. 민주주의의 조급함은 흔히 민주주의 실패의 조짐처럼 보이지만, 사실은 어떤 실패도 치명적인 손상을 줄 정도로 충분히 지속되지 않으리라는 징후다. 민주주의에서 나타나는 잡음은 새로운 현실에 적응하는 데 필수적인 연막일 수 있다. 그러나 때때로 그것은 단지 아무것도 하지 않음을 가리는 연막이기도 하다. 해로운 악성 변화는 표면적으로 벌어지는 우발적 사건이 더 깊은 변동으로 오인될 때 일어난다. 즉 선거가 전환점으로 간주되고, 땜질이 [제대로 된] 수선을 대신하며, 분노가 결단력 있는 조치로 혼동될 때 말이다. 이것이 민주주의적 삶의 근본적 문제이다. 즉, 필수적인 적응을 하고 있는 체제가 그런 적응을 하지 못하고 있는 체제와 흡사해 보인다는 것이다. 왜냐하면 두 사례 모두에서, 우리가 들을 수 있는 것은 잡음이고, 우리가 볼 수 있는 것은 민주주의가 지리멸렬하는 모습이기 때문이다.

이 책에서 내가 서술했던 변화들(비록 전부는 아니지만)은 대체로 좋은 유형의 변화다. 지난 수백 년간 기성 민주국가들은 이러저러한 도전에 직면했고, 결국에는 적응했다. 그 과정이 실시간으로 전개되는 동안에는 그 모습이 아무리 추해 보였더라도 말이다. 그러나 이것은 오직 나중에 돌이켜 볼 때만 알아볼 수 있다. 그렇다면 현재 빈발하고 있는 위기들은 어떤가? 여기에는 두 가지 가능성이 있다. 지리멸렬과 혼란으로 보이는 것이 때가 되면 진정한 변화의 토대를 마련한 것으로 밝혀질지 모른다. 그게 아니면 진정한 변화로 보이는 것이 지리멸렬과 혼란에 지나지 않은 것으로 드러날지도 모른다. 그럭저럭 해나가기는 민주주의의 최고의 미덕이자 최악의 미덕이기도 하다. 그래서 현 위기가 어디로 이어질지 알기란 너무도 어렵다.

유럽에서 안전한 민주주의를 위한 공간은 줄어들기 시작했다. [물론] 유럽은 내전으로 되돌아가지 않을 것이다. 즉 우리가 1930년대로 되돌아갈 위험에 있다는 경고들은 유로존 위기가 한창이었을 때만큼이나 여전히 설득력이 없다. 게다가, 2014년은 1914년과 조금도 비슷하지 않다. 곧 유럽의 주요 행위자들은 그 경로에서 벗어나기에는 너무 안정되고 번영해 있다. 그러나 내전은 이 편안한 세계의 가장자리에서 맹위를 떨치고 있다. 무엇보다, 우크라이나 위기◀는 자신감 문턱을 넘은 민주국가와 그렇지 않은 민주국가를 가르는 경계선이 얼마나 엄연한지를 상기시킨다. 민주적인 분할이 갈등을 해결하기보다는 부채질하는 우크라이나 같은 나라들에서는, 민주주의 자체의 생존을 비롯해, 거의 모든 것이 불안정하다. 일부 지역에서는 푸틴의 러시아가 제시한 혼종적 권위주의가 기반을 잡아 가고 있다. 그런 과정이 무력으로 진행되는 곳도 있고, 단순히 정치적 불확실성이 커지는 양상으로 진행되는 곳도 있다. 서유럽 국가들이 보기에, 푸틴 사례는 모방하고 싶은 것이 아니다. 즉 거의 독재에 가까운 그의 결단력이 이따금 부러울지 모르지만, 서유럽에 살고 있는 사람들 가운데 자신들의 정부가 러시아의 푸틴과 같은 방식을 채택하도록 압력을 가하는 사람은 거의 없다.[2] 지난 세기의 증거가 시사하는 바에 따르면 민주주의의 적응력은 다른 체제들이 현 상황에 대한 현실적인 도전이 될 때 가장 잘 작동한다. [그러나] 현재의 서유럽에서 대해서는 맞지 않다. 유럽 민주주의 변방에서 넘실거리는 불안정은 위협을 나타내지만, 미래의 대안과 관련된 일관성 있는 전망을 보여 주지는 못한다.

이스라엘과 가자 지구는 자신감 문턱 양편의 격차를 정치적으로 이해하는 데 매우 중요한 지역이다. 이스라엘과 가자는 상호의존적인 관계로 서로 나란히 존재하지만, 여전히 분리된 세계다. 주민들의 정치적 경험은 양성[긍정적인] 변화의 압력이 되기에는 서로 너무 동떨어져 있다. 한때 민주주의 적응력의 모델이던 이스

▶ 2014년, 우크라이나에서는 크림반도 자치구가 러시아에 군사적으로 점령된 뒤 주민 투표를 거쳐 러시아에 편입됐고, 동부 지역에서는 친 러시아 분리주의 무장 세력들이 정부군과 교전을 벌이고 있었다.

라엘은 점점 더 근시안의 덫에 빠져 가고 있다. 이스라엘 민주주의 정치의 잡음―당내 내분, 연정의 구성 및 해체―은 우선순위를 바꿀 기회를 억누른다. 조용하고 안락한 민주주의적 삶도 마찬가지다. 2014년 여름, 가자 지구 침공 당시, 이스라엘 대중은 그 침공뿐만 아니라 인기 리얼리티 TV 쇼 〈빅 브라더〉Big Brother◀(쇼 참가자들이 밖에서 폭력이 일어나고 있음을 전혀 알지 못한 채 한 집에 고립되어 있던 프로그램)에도 사로잡혀 있었다. 전시에 〈빅 브라더〉를 시청할 수 있는 사회는 축복과 저주를 모두 받은 사회다. 즉 안전한 탈출구가 있다는 점에서 축복이고, 동시에 그런 탈출구가 있다는 점에서 저주다.

이것이 최근 서구 민주주의에 밀려드는 일련의 위기들에 관한 주된 인상이다. 그것들은 우리에게 영향을 끼치고, 불안하게 한다. 그러나 정치적으로 무엇이 가능한가에 관한 우리 자신의 의식으로 이어지지는 않는다. 우리를 위협하는 것과 우리가 경험하는 것 사이에는 (일련의 위기 동안 감소하기보다는 늘어나는) 격차가 존재한다. 서구 정치인들은 이슬람국가ISIS가 자행한 폭력을, 상상할 수 있는 최악의 것으로 곧잘 묘사한다. 그럼에도 사실 민주국가의 시민 다수에게 그것은 상상을 초월하는 것이며, 그 점에서 이해를 초월하는 것[이해가 안 되는 것]이다. 우리 자신의 정치[민주주의]에서 나타나는 최악의 일들(옹졸함, 위선, 망설임)이 ― 비교적 사소하긴 하

▶ 네덜란드에서 기획된 리얼리티 쇼 프로그램으로, 참가자들을 한 집에 가둬 놓고 이들의 행동을 24시간 관찰하는 방송이다. 이스라엘에서는 2008년이 시작되어 큰 인기를 누렸고 2016년까지 방영된 상태다.

지만—이들에게는 훨씬 더 현실적이다.

서구 민주주의 가장자리를 배회하는 위기들은 유의미하고 더 나은 변화를 촉발할 공산이 없어 보인다. 그것들은, 땜질할 수 있는 것은 땜질하지만 그럴 수 없는 것은 고심하지 않는 낮은 수준의 적응과 표류성과 일치한다. 우리는 제3차 세계대전이 시작되는 시점에 있지 않다. 외려, 역사학자 마거릿 맥밀런이 썼듯이, 우리는 "계속되지만 분명한 결과는 없고, 그 여정에 있는 모든 시민에게 끔찍한 짓을 저지르는 저질의 추잡한 전쟁"의 시대에 들어서고 있다. 이것은 민주주의가 자신의 강점들을 발휘할 수 있는 시나리오가 아니다. 민주국가들이 민주주의 자체를 위협했던 주요 위기들을 그럭저럭 헤쳐 나간 것은 중요한 성취다. [하지만] 일련의 작은 위기들(이 같은 위기로부터 동떨어져 있는 세계는 안전하겠지만, 이 위기가 엄습한 지역에 사는 사람들에게는 치명적인 결과를 초래하는)을 그럭저럭 헤쳐 나가는 것은, 중요한 성취가 아니다. 그것은 일종의 패배다.

그런데 서구 민주주의에 가해지는 외부 압력들이 현재의 변화를 추동한 전부는 아니다. 내부의 불만족에서 기인하는, 점점 늘어 가는 압력도 있다. 이 커져 가는 압력은 내가 이 책을 마무리한 직후에도 뚜렷했다. 민주정치의 구조적 실패—과두정치 엘리트들이 끝없이 집권할 듯 보이는 상황, 테크노크라시적인 해법들, 금권정치적 결과들—에 대한 대중의 불만이 만연해 있다. 그것은 좌우파 모두를 포함해 주류 정치 밖에서 반反기득권 정서를 명백히 드러내는 정당들이 성취한 견인력에서뿐만 아니라,[3] 급진적 변화의 가능성을 약속하는 책과 생각들을 바라는 욕구에서도 드러난다. 많은 비평가 및 독자가 피케티의 『21세기 자본』에 보낸 열렬한 반응은 가장 현저한 예다. 즉 불평등을 야기하는 자본주의 사회의 내재적 경향에 대한 비판은 그 경향을 뒤집을 새로운 방법을 모색해야 한다는 도전적 과제를 민주주의에 부여했다.

사람들은 이런 논쟁을 바라 왔다. 그렇지만 피케티의 책에는 그가 설정하는 도전을 해결하는 일의 근본적 어려움을 어떻게 처리해야 할지는 전연 언급이 없다. 즉 변화에 필요한 압력을 만들어 낼 정도로 충분히 심각한 위기의 필요 말이다. 2008년 위기는 충분히 나쁘지 않았다. 피케티의 책이 순식간에 성공을 거둘 수 있는 여지를 마련했지만, 그런 책의 제안에 따라 조치를 취할 조건은 마련하지 못했다. 변화는 아마도 더 크고 훨씬 위험한 무언가를 감수해야 하는 것일 것이다. 20세기 중반에 나타난 불평등의 감소는 인명과 재산의 대량 파괴가 벌어진 시기와 일치했다. 즉 제2차 세계대전으로 말미암아, 1945~75년 복지국가의 황금기라는 사회민주주의적 안전벨트가 가능했다. 제3차 세계대전이 일어나지 않은 상황에서는 이 같은 위업을 다시 성취하기 어려울 것이다. 그런 의미에서 지구적 부유세를 포함해 피케티가 제안한 해법은 그 과업의 크기에 걸맞아 보이지 않는다. 즉 안정된 민주 국가들이 곧장 채택하기에는 너무도 과도한 조정 방법이지만, 행진 중인 지구적 자본주의의 자기 파괴적 본능을 길들이기에는 너무도 역부족인 것이다.

민주주의에 대한 불만의 해법으로 새로운 기술의 해방적 잠재성을 수용하려는 것 역시 마찬가지 문제가 있다. 정치적 양편에서 이와 관련된 논의는 증가하고 있다. 즉, 좌우파 모두, 특히 지역 수준에서 인민들의 권한[역량]을 강화할 수 있는 새로운 형식에

대한 논의가 폭발적으로 전개되고 있는 것에 주목하고 있다.[4] 좀
더 극단적인 자유지상주의적 그룹들, 특히 실리콘밸리에서는, 진
부하고 낡은 민주정치를 피하기 위해 새로운 기술을 사용하는 것
에 대한 논의가 한창 터져 나오고 있다(해상 도시 건설이 전형적인데, 그
중 하나인 해상 도시 프로젝트는 [첨단] 기술 선구자들에게, 전통적인 선거나 정당
없는 새로운 형태의 거버넌스를 실험할 기회를 제공하고자 한다◀). 이 같은 비전
은 (기술 산업의 발전을 추동하는) 혁신적 파괴 모델에 기초하고 있다.
그러나 정치는 그렇게 작동하지 않는다. 정치의 파열들은 위기로
경험된다. 신기술에 진짜 위기가 발생할 때, 그 결과들은 누구도
침착하게 관조할 수 있는 것이 아니다. 만약 기술 붕괴가 발생할
경우 정치에 어떤 일이 일어날지 우리는 알지 못한다. 지금껏 우
리에게 발생해 온 것은 위기라기보다는 기술 스캔들에 가까웠다.
이를테면, 미국국가안보국 및 기타 서구 정부 기관들이 수행하는
광범위한 감시 행위를 폭로한 에드워드 스노든 스캔들 말이다. 민
주국가의 모든 스캔들과 마찬가지로 이런 것들은 (스노든 폭로 사건
이 그랬듯) 그 열띤 순간에는 위기로 묘사되는 경향을 보이지만, 스
캔들은 변화를 일으킬 수 있는 만큼의 압력을 만들어 내지 못한
다. 그것들은 불만을 [변화의 방향으로] 돌리는 수단이라기보다는, 불
만의 배출구다(지금까지 스노든 사건이 그렇다). 민주주의의 긍정적인
적응력을 촉발할 정도로 충분히 심각한 기술 위기가 무엇일지는

▶ 『뉴욕타임스』(2017/11/13)에 따르면 2020년, 남태평양 타히티 섬 인근의
바다에 세계 최초의 해상 도시가 모습을 드러낼 것이라 한다. 이 프로젝트는 공해상
에 정치인도 정부의 간섭도 없는, 기업가의 자유를 극대화한 인공섬을 건설하겠다
는 실리콘밸리 부호들의 아이디어에서 비롯됐다.

예상하기 어렵다. 다시 말해, 그런 일을 일으킬 정도로 충분히 나쁜 위기는 그보다 훨씬 심각한 상황을 발생시킬 수도 있다. 우리의 기술이 붕괴한다면 우리의 정치도 그와 더불어 붕괴할지도 모른다.

그럼에도 체제 붕괴 위험을 촉발할 무언가가 없다면 무엇이 민주정치를 흔들어 현재의 판에 박힌 생활에서 벗어나게 할지 알기 어렵다. 유럽은 덫에 걸려 있고, 결단력 있는 조치 — 이를 테면 유로 해체 — 는 그 위험부담이 너무도 크기에 옴짝달싹 못하고 있다. 계속적인 더 큰 위험들이 없다면, 별로 달라지는 게 없을 것이다. 미국에서는 당파성이 개혁 가능성을 무너뜨리고 있다. 몇몇 개혁의 필요성은 거의 모든 이에게 분명함에도 말이다. 미국 정치는 분노와 현실 안주가 서로를 먹고사는 공간의 덫에 빠져 있다. 이것은 2013년 말 정부의 셧다운shut-down◀ — 미국 민주주의가 망가졌다는, 동시에 어떤 것도 미국 민주주의를 망가뜨릴 수 없을 정도로 충분히 안전하다는, 한 쌍의 가정에 기초한 사건 — 상태에서 분명히 드러났다. 교착상태에 직면한 미국 정치는 이미 오바마 이후의 사람을, 그가 누구든, 기다리는 게임을 하느라 바쁘다. [그러나] 그것이 분기점이 될 공산은 매우 낮다. "선거의 위기"는 거의 늘 착각이다.

제1차 세계대전 발발 100주년인 2014년 여름은 후쿠야마의 『역사의 종말』 발간 25주년이기도 했다. 이에 후쿠야마가 틀렸음

▶ 의회가 새해 예산안 통과 시한을 넘기는 경우 예산이 배정되지 않아 정부 기관이 일시 폐쇄되는 상태. 2013년 10월 1일, 미 연방 정부는 셧다운 상태에 들어갔다.

을 지적하는 일련의 논평들이 나왔다. 즉 현재 역사가 2014년보다 좀처럼 더 생기 있어 보이지 않는다는 것이었다. 그럼에도 나는 여전히 그가 대략적으로는 옳았다고 생각한다. 곧 민주주의가 거둔 승리의 결과물들이 암울했다는 점에서 대략 옳았다. 20세기 동안 민주주의의 성공은 이론의 여지가 없는 것이었지만, 현재의 민주주의가 고초를 겪고 있는 원천이기도 했다. 민주주의는 자신이 성취를 이뤘다는 것에 매달려 있고 그래서 변화를 위해서 필요한 것에 더 느리게 적응한다. 현재 후쿠야마는 새 책을 냈다. 정치질서 및 쇠퇴의 기원에 관한 후편이다.[5] 그것 또한 암울하고, 또한 옳은 듯 보인다. 그는 미국 민주주의가 필수적인 압력 요인이 될 중요한 전쟁 없이 스스로 개혁할 능력이 있는지에 비관적이다. 미국 정치는 행정부가 필요시 결단력 있는 조치를 취할 능력을 구속하는 반복적이고, 당파적이며, 법률을 [기계적으로] 따르는 형식주의적 논쟁의 덫에 걸려 있다. 후쿠야마는 이것이, 자유민주주의가 최상의 사상이라는 자신의 주장을 무효화한다고 생각하지는 않았다. 그러나 최상의 사상들조차 교착상태에 빠지는 법이다.

본디 이 책을 쓴 이유는 내가 민주주의에 관한 좋은 소식들과 나쁜 소식들 사이에서 갈등했고, 또한 그것들이 서로 어떤 관련을 맺고 있는지 이해하고 싶었기 때문이다. 즉 민주주의의 단기주의 및 현실 안주가 민주주의의 적응력 및 실험주의와 적절한 균형을 이룬 듯 보였다. 현재 나는 그때만큼 갈등하고 있지 않다. 나쁜 소식이 좋은 소식을 능가하고 있기 때문이다. 변화에 대한 욕구는 분명 존재하고 있다. 그러나 그것에 따라 조치를 취하는 것을 가로막는 장애물들도 존재한다. 이 책에서 나는 정신분석적 비유를 쓰지 않으려 했다. 그러나 치료사들이 무엇이 환자들의 변화를 가로막는지에 관해 이따금 사용하는 구절 — "그들은 변화를 원하지만 당장은 원하지 않는다" — 은 현대 서구 민주주의에도 적용된다. 위기[즉 결정적 국면]란 그런 장애물들을 돌파하는 것이다. 민주주의를 현재의 판에 박힌 생활에서 벗어나게 하려면 최근 수년 간 본 그 어떤 것보다 큰 위기가 필요할 것이다. 그러나 이 위기의 시대에 어느 누구도 더 심각한 위기를 바랄 순 없고 또한 무슨 일이 일어날지 계속 낙관할 수도 없다.

도널드 트럼프의 백악관 입성은 이 책의 이야기와 일치하는가?
나는 이 책을, 토크빌이 알아본 민주주의적 삶의 양면, 즉 미친 듯
날뛰는 분노와 태평스러운 현실 안주 사이의 상호작용에 관한 역
사서로 썼다. 분노와 안주는 대립 관계에 있는 것이 아니라 외려
공생 관계에 있으며, 반복되는 위기들을 만들어 내고, 또 그것들
에 대한 즉흥적인 해법도 만들어 낸다. 민주국가에서 사람들은 흔
히 현실에 안주하기 때문에 분노한다─즉, 그들은 자신들이 민
주주의 체제에 어떤 모욕을 퍼부어도 체제가 그것을 견뎌 낼 수
있다고 생각한다. 그들은 또한 분노하기 때문에 현실에 안주하게
된다─즉, 그들은 발끈 화를 내는 게 사태를 바로잡는 데 필요한
전부라고 생각한다. 트럼프는 계속되어 온 민주주의의 이런 면에
대한 단순한 상징이 아니다. 그는 많은 면에서 그것의 화신이다.

거의 그것의 패러디에 가깝다. 도널드 트럼프처럼 분노하면서 동시에 안주하는 민주국가의 정치인이 지금껏 또 있었던가?

취임 연설에서 트럼프 대통령은 [빈곤의 덫, 공장의 해외 이전, 범죄 단체의 증가와 마약 등] 미국인들의 삶에서 나타나고 있는 "대학살"에 관해 말했다. 그는 미국을 붕괴 직전에 있고 격렬한 배신감에 괴로워하는 나라로 묘사했다. 하지만 그는 또한 미국이 위대함을 되찾기 바로 직전에 있으며, 이를 위해서는 그 어느 누구의 도움도 아닌 오직 스스로 비축해 둔 내적 힘이 필요함을 시사했다. [연설에 따르면] 미국은 부서진 나라이다. 그렇지만 또 미국은 부서질 수 없는 나라이다. 트럼프에게는 이 같은 상황은 "심각한" 상황이 외려 "엄청난" [기회를 제공하는] 상황이다. 이들은 같은 것일 수 있다. 그의 적들은 물론이고 지지자들 역시 아무렇게나 급변하는 듯 보이는 트럼프의 마음에 어리둥절했다. 집권 후 몇 달 동안 이민, 중국, 멕시코 장벽, 건강보험, 나토, 기후변화, 시리아, 해외 주둔군 사용, FBI 지도부에 관한 입장이 조변석개로 뒤바뀌었다. 이는 단순히 즉흥적인 것을 넘어서는, 헤아리기 훨씬 어려운 어떤 것을 시사했다.

트럼프는, 시도해 보고 상황을 지켜본 루스벨트가 아니다. 그는, 적들을 제압하기 위해 민주주의의 비합리성을 이용한 케네디가 아니다. 트럼프의 공식 정책을 확인하기 위한 초기 노력들은 헨리 키신저의 영향력에 주목했다. 키신저는 1960년에 출간된 『갈등의 전략』에서 비합리성의 합리성을 옹호한 토머스 셸링의 주장을 그 신임 대통령[트럼프]에게 알려 준 바 있었다. 셸링의 주장에 따르면, 치킨 게임에서는 [단순히 상대방을 몰아붙이는 것을 넘어]

자신의 충동을 전혀 통제 못하고 잃을 게 하나도 없어 보이는 사람이 이길 공산이 크다. 분명 그것은 그 자체로 하나의 전략일 수 있다. 트럼프는 몰아붙이기에 확실히 능숙하다. 하지만 그 뒤에 어떤 전략이 있는지 파악하기란 쉽지 않다. 그를 추동하는 것은 장기적으로 승리를 성취하기 위한 일관된 계획이라기보다는 굴욕의 순간에 대한 두려움으로 보인다. 그는 엄연히 토크빌이 말하는 민주주의적 인간이다. 즉 충동적이고 조급하며 일관되지 못하고 궁극적으로 자신을 숙명에 내맡긴다. 그는 민주주의의 숨겨진 얄팍함들을 체현한다.

이 후기를 쓰고 있는 2017년 여름은, 트럼프의 운명이 궁극적으로 어떻게 될지 말하기엔 너무 이른 시기다. 좋게 끝날 것 같지는 않지만 말이다. 2016년 대선에서 트럼프의 승리는 좀 더 근본적인 일련의 질문들을 제기했다. 그는 토크빌식 민주주의 정치인의 전형이자 동시에 이례다. 이례인 까닭은 그가 대통령이 되었기 때문이다. 지금껏 그와 같은 대통령은 없었다. 토크빌은 충동성과 비합리성을 민주국가에 살고 있는 시민들의 특성으로 생각했지만, 그들의 지도자라면, 최고의 지위에 오르기 위해서는 마땅히 다른 유형의 인간이 되어야 한다고 생각했다. 지도자들은 자신이 어떤 위엄을 갖추길 열망했을 것이다. 마치 토크빌이 1831년 미국을 방문했을 당시 대통령이었던 포퓰리스트 앤드류 잭슨조차 그러했듯 말이다. 이런 점에서 외려 토크빌은 시간이 흐르면서 민주국가의 국민이, 제멋대로인 군중을 길들이고 통제하려 하는 교사 같은 정치인들에게 굴종하게 될까 우려했다. 트럼프는 분명 그런 [교사와 같은] 유형의 정치인은 아니다. 그에게는, 토크빌이 민주주의에 대한 미국인의 자만의 토대가 된다고 본 수많은 특성이 결여되어 있다. 무엇보다 헌법을 비롯한 민주주의 제도들을 유사 종교적으로 숭배하지 않는다. 트럼프는 헌법에 담긴 사상이 미국의 위대함을 상징한다고 이따금 입에 발린 말을 하지만, 입헌정치의 이상에는 전혀 주의를 기울이지 않는다. 그는 헌법 수호 서약을 했지만, 뒤이어 행한 취임 연설에서는 헌법에 관해 일언반구도 하지 않았다. 트럼프는 헌법이 무엇을 이야기하는지 개의치 않는 듯 보인다. 그의 정치 스타일은 사업적[거래적]transactional이고, 매우 개인적이다. 만약 그에게 과한 믿음이 있다면 그것은 미국 정치제도에 관한 것이 아니다. 그것은 자기 자신에 대한 것이다.

이런 면에서 트럼프는 토크빌이 말하는 이야기의 연속선상에 있으면서도, 파열점이기도 한다. 그의 성격은 위대한 나라의 대통령의 그것으로 보기에는 너무나 이상하다. 그래서 그 자체로만 이해될 수 있다. 그럼에도 그의 출마를 추동한 것은 개인의 자기도취적 갈망보다는, 일련의 광범위한 불만들을 분명하게 표현할 수 있는 능력이었다. 트럼프는 정말 누구인가라는 질문 너머에는, 그는 누구 또는 무엇을 대표하는가라는 질문이 놓여 있다. 여기서도 내가 이 책에서 말하는 이야기와 비슷한 점들이 있다. 의심할 나위 없이 트럼프는 자신과 비슷한 믿음을 가지고 있는 수많은 미국 시민들을 대변한다. 이들은 현재의 미국은 충격요법을 긴급히 필요로 하는 상태이며, 그 어떤 충격요법을 써도 살아남을 수 있다고 믿는다. 트럼프의 당선은 베트남전 당시 미국 민주주의에 관한 키신저의 발언을 상기시킨다. "다른 어떤 사회도 스스로를 갈가리 찢어 놓아도 원래대로 돌아갈 수 있을 정도로 튼튼하다고 자신하지는 않았을 게 분명하다. 다른 어떤 국민도 갱신을 위해 그토록 대범하게 붕괴의 위험을 감수하지는 않았을 것이다."유권자들이 트럼프에게 던진 표는 체제에 대한 넌더리를 표현하는 동시에, 체제에 대한 자만[자신감]을 표현하는 것이었다. 어쨌든 자신들이 선택한 결과로부터 보호받을 수 있다는 믿음이 남아 있지 않은 한, 누가 그런 인물에게 권력을 위임했겠는가? 트럼프의 인간적인 자질에 대해 환상을 계속 품고 있는 유권자는 거의 없었다 — 사람들은 그의 상대 힐러리 클린턴만큼이나 그를 싫어하고 불신했다. 그러니까 아무튼 트럼프에게 표를 던진 이들이 그를 선택한 이유는 그의 인간적 자질 가운데 최악의 것이 자신들이 아니라 타인들을 향하리라고 느꼈기 때문이다.

실수, 위험을 무릅써도 그 결과[그에 따른 재앙]를 겪지 않을 수 있다는 이 근원적인 믿음은, 토크빌이 보기에, 미국 민주주의의 영광이자 저주였다. 저주는, 어떤 실수의 경우 피할 수 없는 재앙을 야기한다는 사실에 있었다. 트럼프의 당선은 궁극적으로 그런 범주에 들어갈 수 있다. 그러나 그것은 또한 유권자가 위험한 정치적 선택지를 받아들일 수 있는 상이한 방식들을 드러낸다. 2016년 대선에서 트럼프 지지 연합의 한편은 미국이 나아가고 있는 방향에 신물이 난다고 공언하는 부유층, 대체로는 노년의 유권자였고, 다른 한편은 더는 잃을 게 없다고 믿는 가난하고 홀대받는 유권자였다. 그러니까 위험을 감수하더라도 자신들의 개인적 환경을 통해 [스스로를] 보호할 수 있다고 믿는 사람들과, 가진 게 거의 없어서 자신들이 감수해야 할 위험에도 무관심한 사람들의 조합이었다. 이것은 불안정한 연합이다. 위험한 점은 시간이 흐르면서 양편이 사실상 서로 공통점이 거의 없다는 것을 알게 되는 것이다. 곧 고통을 먼저 겪는 것은 남이기에 사태가 잘못되어도 개의치 않는 것과 적어도 남들도 고통을 겪을 것이기에 개의치 않는 것은 판이하다. 따라서 양편을 연합체로 묶기 위해서는 희생양이 필요하다. 포퓰리즘 정치의 트럼프식 판본이 가진 특징은 음모론에 과하게 의존하고 있으며, 미국이 처한 곤경의 책임을 외부에서 찾는다는 것이다. 어떤 이유에서든, 테러리스트, 외국 정부, 그리고 미국 내 숨은 권력자들에게 손가락질할 수 없게될 경우, 커다란 위험이 발생할 수 있다. 곧 그의 지지자들 가운데 부자와 빈자가 서로 공격할 수 있는 것이다. 바로 그때 트럼프식 포퓰리즘은 무너지게 된다.

이런 측면에서, 트럼프의 당선은 익숙한 패턴에 들어맞는다. 미국부터 유럽, 인도에 이르기까지 민주주의국가 전반에 걸쳐 나타난 포퓰리즘 정당 및 운동의 부상은 2013년, 이 책이 처음 출간된 이후 가장 눈에 띄게 전개된 현상이다. 각각의 사례들에서, [포퓰리즘의] 성공은 민주주의에 대한 불만의 다양한 가닥들이 한데 묶일 때에만 이루어졌다. 21세기 포퓰리스트들은 분노와 소외감만으로 승리를 얻을 수 없다. 현실 안주와 상대적인 안도감도 필요하다. 포퓰리즘은 민주주의에 대한 거부가 아니다. 즉, 그것은 민주주의를 부패시킨 세력들로부터 그것을 되찾아 오려는 시도다. 포퓰리즘은 [민주주의에는] 되찾을 만한 가치가 있고 또 그럴듯한 대안[체제]이 없다는 기저의 믿음이 필요하다.

2016년 브렉시트 투표에서, 유럽연합에서 탈퇴하자는 운동의 승리는 비교적 부유한 남부 유권자들과 사회적으로 혜택을 받지 못한 북부 유권자들 사이의 동맹에 달려 있었다. 보수 내각의 장관을 역임한 바 있는 데이비드 윌레츠는 이 연합을 묘사하기 위해 '단절된 자와 고립된 자'the insulated and the isolated라는 말을 만들어 냈다. 단절된 이들은 자기 집도 있고 후한 연금제도에서 혜택을 본, 나이가 많은 유권자들로, 이들 가운데 다수가 평생 동안 보수당을 지지해 왔다. 고립된 이들은 보다 젊은 청년, 중년 유권자들로 다수가 전통적인 노동당 지지 지역 출신이었고, 윗세대가 누린 혜택을 자신들은 누릴 수 없다는 사실을 목격한 이들이었다. 이 있음직하지 않은 동맹의 양편을 잇는 연결 고리 하나는 고등교육, 정확히 말해 그것을 받지 않았다는 데 있었다. 즉 브렉시트 투표 패턴을 결정한 가장 큰 단일 요인은 대졸 여부였다. 영국에서 60세 이상 인구 가운데 대졸자는 거의 없다. 현재는 18세에서 30세 가운데 거의 절반이 대졸자지만(이들은 자신들이 지식 경제의 혜택에서 배제되었다고 생각하지는 않는다) 여전히 절반은 아니다.

브렉시트 투표는 트럼프 당선의 전조이긴 했지만 중요한 측면에서 다르기도 했다. 트럼프 당선의 원인 가운데 하나는 그가 핵심적인 민주당 유권자들에게 클린턴을 찍기 위해 나가느니 차라리 집에 있으라고 설득한 것이었다. [반면] 브렉시트 찬성 진영이 승리한 요인은, 전에는 투표해 봐야 결과에 영향을 미치지 못한다고 믿고 정규 선거 정치에 참여하지 않던 이들을 투표장으로 이끈 것이었다. 미국에서는 포퓰리즘 정치가 기성 질서를 지속적으로 흔들고 있는 반면, 영국에서는 그것이 주류 정치로 흡수되어 부분적으로 제거되어 왔다. 현재까지 브렉시트는, 열기를 체제 밖으로 내보냄으로써 대중의 불만을 배출하는 데 기여해 왔다. 그러나 2017년 영국 총선에서 제러미 코빈이 거둔 예상치 못한 큰 성과는 이런 경향들이 앞으로 어떻게 될지 판단하기는 이르다는 것을 시사한다. 앞으로 먼 길이 남아 있다. 영국과 미국에서 그 흐름은 여전히 발원 중에 있다.

프랑스에서 마린 르 펜이 [브렉시트, 트럼프의 당선에 이어] 포퓰리스트로서 3연패에 실패한 것은, 단순히 뒤처진 이들의 불만을 전달만 해서는 당선할 수 없음을 보여 준 것이다. 트럼프와는 달리 르 펜은 시큰둥한 부유한 엘리트들을, 사회에서 소외당한 채 지구화에 반대하는 자신의 지지층으로 끌어들이지 못했다. 그녀는 교육 수준이 높은 이들과 부유한 이들 모두에게서 지지를 받은, [프랑스 정계에서] 내부자이자 외부자이기도 한 후보 마크롱에게 완패했다. 르 펜의 추종자들은 젊은 층에 편향되어 있었는데, 나이를 먹어 가는 서구 민주국가들에서는 어떤 포퓰리스트도 젊은이들만으로는 선거에서 이길 수 없다. 국민전선은 과거 격동의 시대를 기억하고 있는 나이 많은 유권자들이 가진 분노를 자신들에게 맡기도록 설득할 방법을 아직 찾지 못했다.

트럼프의 승리는 또한 유럽을 넘어서는 패턴에도 들어맞는다. 그는, 민주주의적 절차의 정당성을 내세우지만 정작 자신의 정치 스타일은 민주주의적 절차를 크게 위협하는, 권위주의적인 정치 지도자에 해당한다. 트럼프는 그중에서도 터키의 에르도안, 필리핀의 로드리고 두테르테, 러시아의 푸틴과 인도의 나렌드라 모디를 따르고 있다. 모디와의 비교는 특히 유익하다. 모디의 정치 방식은 트럼프의 전조였다. 그는 소셜 미디어, 특히 트위터를 분노 증폭기로 이용했다. 그리고 그는 자신이 버려지거나 뒤처진 모든 이들의 이름으로 발언한다고 주장했다. 그는 적들을 실패하고 부패한 체제의 상징으로 겨냥했고, 단순하고 효과적이며 모욕적인 언어를 사용했다. 그는 이슬람 테러리즘에 대한 두려움을 가차 없이 이용해, 나라가 위험한 세력의 손아귀에 있다는 메시지를 국민에 주입했다. 끌어내릴 왕조 같은 역대 통치자들이 있다는 것도 그에게 도움이 되었다. 곧 상당수 미국인들에게 클린턴 부부가 진보 정치를 특권으로 타락시킨 상징이었듯, 많은 인도인에게 간디 가문도 그랬다.

모디와 트럼프 사이의 가장 큰 차이는, 모디의 지지층 역시 르 펜과 마찬가지로 젊은 층에 편향되어 있다는 것이다. 그는 친기업적 공약에 끌린 부유한 엘리트들과 거기에 합류하고 싶은 분노한 젊은 유권자들 사이에서 동맹을 구축해 왔다. 모든 포퓰리즘은 소외감과 상실감을 먹고 자란다. 미국에서 이런 상실감을 느끼는 이들은 대부분 과거에는 당연히 자기 소유였던 것—안정, 정체성, 그리고 집단 서열에서 확고한 지위—을 외부자와 침입자에게 빼앗겼다고 믿는 노인 유권자다. 인도에서는 지구 경제에서 열린 새로운 기회들을, 자신이 득을 볼 기회를 얻기도 전에, 빼앗기고 있다고 보는 젊은 세대다. 트럼프와 모디에 대한 지지의 핵심 동력인 분노는 대체로 남성들의 것이다. 이 남자들은 새롭게 권력의 자리에 올라서고 있는 여성들이, 기존의 위계 서열에서 남성들이 마땅히 차지하고 있던 지위를 위협한다고 생각한다. 인도에서 이와 같은 역학 관계는 훨씬 더 불안정하고, 잠재적으로 훨씬 더 폭력적이다. 여기에는 인구 통계학적 뿌리가 있는데, 인도에서는 여아에 대한 선별적 낙태가 만연해 성비 불균형이 크다. 인도는 1억 명에 이르는 여성을 사라지게 만든 "젠더사이드"gendercide[특정 성별 집단에 대한 집단 학살]◀가 초래한 결과와 더불어 살아가고 있다. 분노한 젊은 남성들의 우세는 매우 불안정한 권력 기반을 만들어 내고 있다.

이 책 말미에서 나는 현대 인도 민주주의가 오늘날의 미국 민주주의보다는 1831년에 토크빌이 직접 대면한 날것 그대로의 민주주의에 가깝다고 썼다. 좀 더 구체적으로 말하자면, 인도 민주주의는 다수의 폭정이 린치와 인종 폭동으로 나타나는, 『미국의 민주주의 1』에서 묘사된, 더욱 난폭하고 곧 무너질 듯한 판본을 닮았다. 그것은 과도하고 폭력적인 역대응을 당하기 쉽다. 21세기 미국의 민주주의는 (심지어 트럼프의 집권 중에도) 『미국의 민주주의 2』에서 예시된 유형에 가까운데, 여기서 가장 큰 위협은 정체와 마비다. 그는 교사 같은 정치인이 결코 아니지만, 끝없이 이어지는 격분과 절망 속에서 표류하고 있는 나라를 이끌고 있다. 트럼프 시대 미국 민주주의의 지배적인 주제, 동기는 울화통tantrum◀◀이다. 대통령, 그의 지지자들, 그리고 그의 적들이 소셜 미디어에서 선거철에, 사시사철 쏟아내는 울화통. 민주정치의 현 상태에 대한 진지한 대안들은 없다. 하지만 민주정치의 현 상태에 대한 혐오는

▶ 남아 선호 사상으로 말미암아, 낙태뿐만 아니라, 태어난 여아가 버려지기도 한다, 또한 신부 부족으로 말미암아 여아 납치도 빈번히 발생하고 있다. 2018년 1월 미국 ABC 보도에 따르면, 6,300만 명의 여성이 통계에 '실종'으로 되어 있다.
▶▶ 흔히 어린아이들이 갑작스럽게 내는 짜증, 발작 등을 가리키는 말인데, 트럼프 집권 이후 다양하게 변주되고 있다. 예컨대, 경제 용어로 트럼프 발작(Trump tantrum)이라는 용어가 만들어졌는데, 이 말은 일반적 예측과 달리 트럼프가 미국 대통령으로 당선되자, 미국 채권 금리가 급등하면서 세계경제가 요동친 현상을 가리킨다.

도처에 있다. 토크빌은 미국 민주주의의 어린애 같은 면, 즉 분노를 못 참는 측면뿐만 아니라 숙명론적인 측면도 두려워했다. 잘 안되면 아이들은 어른들이 해결해 주기를 기다리면서 그 앞에서 칭얼거리기 쉽다. 나이 든 사람들도 어린애 같이 될 수 있다.

그러면 위기는 어떠한가? 이 책에서 끌어내고 싶은 나머지 교훈은 민주주의의 위기들은 익숙한 패턴에 따라 ― 부주의, 공황, 즉흥적 행동, 그럭저럭 버텨 나가기, 반복되는 현실 안주 ― 되풀이된다는 것이다. 그 영향은 주기적이고 누적된다. 시간이 흐르면서 우리는 그럭저럭 버텨 나가기에 더 능숙해지고 현실 안주는 심해진다. 새로운 흐름의 포퓰리즘은 이 패턴 중 어느 부분에 들어맞는가? 내가 이 책에서 서술한 마지막 위기―2008년 금융 위기―이후 거의 십 년이 지났고 우리는 여전히 그 영향을 감수하며 살아가고 있다. 우리는 최악의 상황은 피했지만 근원적인 원인들은 해결하지 못했고, 그중 일부는 여전히 불안정한 서구 사회를 괴롭히고 있다. 여기에는, 과도한 공공·민간 부채, 대규모의 무역 불균형(특히, 유럽), 자동화 증가에 따른 경제활동 참가율 하락, 그리고 까다로운 정치적 선택 대신 저금리의 돈을 공급하는 중앙은행에 대한 과도한 의존 등이 포함된다. 2008년 위기에 대한 대응은 즉흥적이었지만 시간이 흐르면서 조율되었다. 그렇지만 현재에도 권력의 자리에 있는 사람들은 대부분 본질적으로 비슷한 조치만 취하고 있다. 그에 따라 다음 위기는 훨씬 심각할 수 있다.

2008년 위기가 없었다면, 서구 민주주의의 역학을 바꾼 브렉시트나 트럼프도 없었을 것이다. 위기를 헤쳐 나가는 데는 시간이 걸렸다. 그렇지만 수많은 사람들이 대참사에 가까운 일이 발생했음에도 어느 누구도 처벌을 받지 않았다—그리고 처벌을 받았어야 할 사람들이 외려 그 어느 때보다 돈을 많이 벌고 있다—고 생각했고, 이에 따라 [분노의] 배출구가 필요했다. 즉흥적 해법들이 시도되었지만, 결산일은 계속 미뤄졌다. 결국 두 결산일이 정해졌다. 즉 2016년 6월 23일[브렉시트 투표일]과 11월 8일[미 대선]. 환경과 결과가 아무리 다르더라도 이 두 투표는 공통점이 있었다. 즉 그것은 충분히 많은 사람들에게 2008년 위기가 권력의 자리에 있는 그들 때문에 끝나지 않았음을 표명할 기회였다는 것이다. [하지만 역설적으로] 그 결과, 사람들은 스스로 새로운 위기를 만들었다.

그런데 그것은 어떤 위기인가? 2016년은 이 책에서 서술한 위기의 해 중 어떤 것과도 별로 닮지 않았다. 큰 전쟁도, 그런 전쟁에 대한 현실적 위협도 없었다. 종말론자들이 수없이 경고했지만, 경제는 붕괴하지 않았다. 파열은 모두 선거 정치 수준에서 일어났다. 반면 서구 민주주의의 고질적인 성향들은 아무도 손대지 않았다. 이 측면에서, 민주정치의 현 상태에 대한 최상의 지침이 되는 그 위기는 내가 이 책에서 다뤘던 이야기에 선행한다. 만약 이 책을 다시 쓴다면, 1896년을 [위기의] 첫 해로 선택할 것이다. 그해는 미국에서 진정한 포퓰리즘적 아웃사이더가 두 주요 정당 가운데 한 곳의 대통령 후보 자격을 따낸 해였다. 윌리엄 제닝스 브라이언은 부유한 엘리트가 어떻게 미국 민주주의를 보통 사람들에게서 강탈해 갔는지에 관한 유창하면서도 분개를 자아내게

하는 메시지를 통해, 거의 무명에서 민주당 대선 후보가 되었다. 브라이언은 시골, 지방에 사는 백인을 대변했다. 그는 은행가들에 맞서 농부를 위해 싸웠다. 그는 또한 전문가들의 기만에 맞서 상식을 내세웠다. 그리고 전문성이 요구되는 일에서 전문가가 일반인보다 훨씬 낮다는 객관적 사실에 답변해야 할 때는 음모론에 손을 뻗기도 했다.

평생 농장에는 발도 디뎌 본 적 없어 보이는 트럼프는 그와 매우 달랐다. 특히 트럼프는 실제로 대통령에 당선한 반면, 브라이언은 세 번 도전했음에도 실패했기 때문이다. 2016년 대선을 기준으로 보면, 버니 샌더스가 브라이언의 계승자로 보인다. 하지만 명료한 진단과 불명료한 음모론을 섞은 브라이언의 수사—흔히 인종적 불관용을 야기한—는 오늘날의 포퓰리즘과 훨씬 더 폭넓게 공명한다. 2017년 프랑스 대선에서 극좌 후보로 출마한 장-뤽 멜랑숑은, 경쟁자 마크롱이 "로스차일드 은행"에 입사하려고 사회당 당적을 반납한 과거를 조롱하면서 정확히 1890년대 포퓰리즘의 언어를 썼다. 로스차일드는 또한 브라이언의 부기맨[누군가를 겁줄 때 들먹이는 대상]이었다. [사람들에게 분노를] 촉발하는 단어—바로 그 은행이라는 말—는 1896년과 동일한 수사적 기능을 수행했다. 당시 브라이언은 민주당 전당대회 연설로 대선 후보 지명을 따냈는데, 거기서 그는 그리스도처럼 양팔을 뻗고 머리를 숙인 채로 연설을 끝냈고, 대의원들은 그만 넋을 빼앗겼다. 그는 이렇게 선언했다. "여러분들은 인류를 금 십자가[금본위제-옮긴이]에 못 박을 수 없습니다."◂ 트럼프는 조지 소로스(유대계 금융인), 재닛 옐런(유대계 연방준비제도이사회 의장), 로이드 블랭크페인(유대계 골드만

삭스 최고 경영자) 같은 글로벌 금융계의 핵심 엘리트들이 미국인들을 다 팔아 버렸다는 광고로 대선 캠페인을 끝냈다. 수사적 풍경은 변했을지 모르지만 은밀한 표현으로 전달하는 반유대주의는 120년이 지나도 여전히 계속되고 있다.

당시와 현재가 서로 연관되는 더 깊은, 다른 지점들도 있었다. 19세기 말 포퓰리즘은 수십 년 동안 부글부글 끓고 있다가, 1893년 금융 및 부동산 붕괴 이후 터져 나온 이후, 선거에서 힘을 발휘하며 그 모습을 드러냈다. 이 위기는 과잉 팽창한 은행들에서 시작되어, 더 큰 경제로 퍼져 나갔다. 당시는 사람들을 혼란스럽게 했던 기술 변화의 시대였다. 즉 전화가 발명되고, 수송혁명이 발생해 오늘날 디지털 혁명만큼이나 파열적인 영향을 미치고 있었다. 신기술이 가져온 광범위한 혜택 가운데 상당수가 아직 충분히 인식되지 못한 상태였다. 하지만 혼란스러운 느낌은 만연했다. 새롭게 성장한 산업가와 금융인들은 빠르게 재산을 모았고, 일반인들은 그 속도만큼 빠르게 증가하는 불평등을 뼈저리게 느껴야 했다. 그와는 대조적으로 농민과 노동자의 임금은 눈에 띄게 정체되었다. 포퓰리스트의 급증은 장기간 이어진 국제 평화에 뒤이어 나타났다. 소규모 전쟁은 늘 그렇듯 있었지만, 1871년 프로이센·프랑스 전쟁 이래 거대한 무력 충돌은 없었다. 그럼에도 폭력이 만연했고 테러 위협, 특히 무정부주의자의 암살 위협에 대한 불안감이 심했다. 브라이언 같은 정치적 아웃사이더는 두 주요 정당이

▶ 당시 브라이언은 산업·상업자본의 이익에 충실한 금본위제 폐지와 통화팽창을 주장했다.

별반 다를 게 없다는 점증하는 믿음을 이용했고, 이는 잘 먹혔다. 각 당은 똑같은 특수 이익들의 영향력 아래 있었다. 대선 후보가 된 브라이언은 [자신의 지지자들과 더불어] 민주당에 대한 적대적 인수에 효과적으로 나설 수 있었다.

우리 시대 또한 금융 붕괴의 파급효과, 기술혁명이 초래한 불확실성, 테러리즘에 대한 두려움, 원격 전쟁, 그리고 기성 정당들에 대한 보편적인 불신을 마주하고 있다. 다른 점은 우리는 민주주의가 오랫동안 우위를 차지해 온 세기의 끝 무렵에 이런 도전들에 직면하고 있다는 것이다. 1890년대는 [민주주의가] 막 시작할 때였다. 20세기로의 전환기에, 미국·영국·프랑스에서 포퓰리스트의 전복 위협에 직면한 주류 정치인들은 민주정치를 상세히 살펴볼 수 있었고, 아직 민주주의의 잠재성이 거의 개발되지 못했다고 결론을 내리게 되었다. 선거권은 여전히 남성들 가운데에서도 상당수, 여성들 사이에서는 거의 전부, 그리고 소수민족 대부분을 비롯해 인구 전체로 확대되지 못한 상태였다. 전국 수준의 복지는 미미했다. 부채 — 민간뿐만 아니라 공공의 — 규모도 마찬가지였다. 오늘날 행정국가가 수행하는 핵심 기능들은 19세기 말에는 사실상 존재하지도 않았다.

그 결과, 20세기로의 전환기에 민주주의는 스스로 실험하고 성장할 여지가 있었다. [이미 틀이 갖춰진 현재와 달리] 체제의 상당 부분이 느슨해 가능한 일이었다. 현재의 우리는 그런 점을 간과할 수 있지만 당대에 그것을 알아보기 위해서는 창의력과 상상력이 필요했다. 우리는 국가가 1896년보다 훨씬 많은 부채를 짊어지고 훨씬 광범위한 복지 서비스를 지원할 수 있는 게 자명하다고 생각할 것이다 ─ 하지만 이는 우리가 경험을 통해 무엇이 가능한지를 배웠기 때문이다. 이를테면, 사람들이 봉기를 일으키지 않도록 하는 수준의 소득세는 어느 정도인가? 1900년, 일반적 견해에 따르면 상한선이 약 10퍼센트였다. 20세기 중반 ─ 1940년대에서 1970년대까지 ─ 에는 초고소득자의 경우 100퍼센트에 육박했다. 현재는 그 사이에서 맴돌고 있다. 어느 정도가 적당하다고 누가 결정할 수 있을까? 적어도 우리는 하한은 고정되어 있지 않다고 말할 수 있다. 하지만 우리가 그것을 알 수 있는 것은 다만 과거 세대의 정치인과는 달리 경험을 통한, 즉 사후의 깨달음이 있기 때문이다. [반면] 민주주의 초기의 정치인은 현재 우리에게는 없는, 미답의 영토를 처음 밟는다는 이점이 있었다.

20세기 초반에 서구 민주주의가 어떻게 포퓰리즘이라는 야수를 길들였는지를 이야기하는 데는 상이한 두 가지 관점이 있다. 하나는 보다 폭넓은 유권자들 사이에서 새로운 동맹을 구축하고, 소외감을 느끼는 이들의 분노를 달래기 위해 국가의 역량을 개발한 창의적이고 진보적 정치인 세대의 공로를 인정하는 것이다. 그것은 엉망이고 늘 논쟁적이며 때때로 폭력적인 과정이었지만 ─ 그리고 소외된 이들 다수가 여전히 소외되기도 했다 ─ 지속 가능한 변화를 만들었다. 예를 들어, 증세, 독점 타파, 국가의 복지 서비스 공급, 그리고 교육과 기회를 폭넓게 분배하여 소외된 유권자 일부와 새로운 유형의 합의를 이루는 것이다. 이런 정치인으로는 미국의 시어도어 루스벨트와 우드로 윌슨, 영국의 데이비드 로이드조지, 프랑스의 조르주 클레망소가 있다. 그런데 이 이름들은 당시를 묘사하는 다른 관점을 가리키기도 한다. 다른 설명에 따르면, 변화를 일으킨 것은 전쟁이었다. 지속적인 변화는 인류사에 유례없는 규모의 무력 충돌을 요구했고, 그 결과 즉흥적인 대규모 행정개혁이 이루어지고, 시민들이 위기를 극복하기 위해 결사적으로 단합한 사회연대가 형성되기도 했다. 가장 급진적 유형들의 실험이 가능할 때는 오직 많은 사람의 이해관계가 충분히 크게 걸려 있을 때다. 바로 그 시점이 이 책에서 시작하는 부분[1918년]이다.

이 같은 변화의 두 길은 현재 서구 민주국가들에게 닫혀 있을 것이다. 물론 전쟁이 발생할 가능성이 여전히 있지만 전면전, 그러니까 새로운 유형의 사회연대를 불러일으킬 유형은 분명 아닐 것이다. 오늘날 파괴의 기술은 전면전이 일어날 경우 그야말로 모두가 전멸한다는 것을 의미한다. 전투 기술 향상으로 전쟁은 국가의 훨씬 더 전문적인 요원들이 수행하는, 그중 일부는 순전히 기계로만 작동하는 도구들이 수행하는, 원격 전투를 의미할 공산이 크다. 테러와의 전쟁은 점점 더 드론과 스파이에 의존하게 되었고 그에 따라, 그것에 반대해 온 사회 세력들의 결속력은 강화되지 못하고 있다. 동시에 전쟁이 부재한 가운데 창의적이고 실험적인 대규모 개혁은 그 어느 때보다 성취하기 힘들어 보인다. 체제에는 느슨한 부분이 거의 없는 것 같다. 서구 민주국가들은 여전히 막대한 부채를 지고 있다. 복지 프로그램들은 과중한 부담이고, 특히 인구 노령화 때문에 더욱 그러하다. 정부 지출은 계속 그 한계를 시험하고 있다. 누구나 참여할 수 있는 선거권을 획득하기 위한 싸움은 지금도 진행 중이다—취약한 소수자들의 투표권은 항상 위협 받고 있다. 그러나 극히 부당한 방식으로 영구히 배제된 주요 사회집단은 없다. 투표 연령을 더 낮추는 것은 언제나 가능하지만 ─16세? 14세? ─ 그 과정, 절차에는 한계가 있기 마련이다. 서구 선진국에서 교육 기회는 현재 청년의 거반이 대학에 갈 정도로 열려 있다. [반면] 대부분의 경우 그 대가는 부채 증가다. 그 이유만으로도 훨씬 많은 이들이 고등교육을 받을 가능성은 요원해 보인다.

이것이 나타내는 것은 아마도 [우리의] 상상력의 부재일 수도 있다. 극복할 수 없는 장애물로 보이는 것이 어쩌면 환상에 불과한 것으로 드러날 수도 있다. 초기 민주주의에서 할 수 있는 것으로 생각되었던 한계가 결국엔 모래에 그은 선으로 나타났듯이 말이다. 스마트 기술로 가능한 [평생교육 같은] 보편적 추가 교육은 어떤가? 보편적 기본소득은 어떤가? 재원은 그것이 만들어 내는 성장에서 마련하고 말이다. 계속 전진하고 계속 실험하는 한 우리는 스스로가 할 수 있다고 생각하는 것 이상의 것들을 거의 늘 해낼 수 있다. 만약 잘못될 경우 사태를 바로잡을 자원이 없다는 이유로 실수를 두려워하는 민주국가의 주류 정치인들이 계속 방어적 자세를 취하고만 있다면, 포퓰리즘은 민주주의를 계속해서 무너뜨릴 것이다. 20세기 민주주의 역사는 민주주의가 꼭 그런 식으로 될 필요는 없음을 보여 준다. 정해진 것은 아무것도 없다.

그러나 20세기 내내 민주주의를 전진시켰던 것이 거듭된 위기로부터 나오는 충격 효과라는 의심은 떨치기 어렵다. 토크빌이 알아보았듯이 위험을 무릅쓴 도전에는 늘 대가가 따른다. 즉 우리가 바로잡을 방법을 알지 못하는 중대한 실수를 저지를 가능성도 커지는 것이다. 그 위협은 그 어느 때보다 짙게 감돌고 있다. 우리는 결산일을 미루는 데 능숙해졌고, 이는 바로 분노와 현실 안주가 자라날 여지를 계속 만들어 준다. 트럼프의 백악관 입성은 결산일을 나타내지 않는다. 그것은 그저, 상호 연결되었고 네트워크화되었으며 서서히 뜨거워지는 세계의 근원적 도전들로부터 주의를 분산시키는 것일 뿐이다. 한때는 포퓰리즘이 행동을 촉진하는 힘이었다. 현재는 정체의 징후다. 그 까닭은 내가 이 책에서 하는 이야기—민주주의가 적응성을 통해 진보하는 이야기—가 끝나가고 있다는 내 믿음이 점점 커지고 있기 때문이다.

감사의 말

2009년에서 2012년까지 레버흄 연구원으로 있으면서 이 책의 기반이 된 연구를 하고 집필할 수 있었다. 이를 지원해 준 레버흄 재단에 깊이 감사한다. 덕분에 이 기획을 시작하고 끝낼 수 있었다. 그동안 내 학부 강의를 맡아 준 케임브리지 대학 동료들, 특히 정치학과의 크리스 브룩과 트리니티 칼리지의 알라스테어 프레이저에게 감사드리고 싶다.

이 기획의 초반에는 캐롤라인 애쉬크로프트, 카트리나 포레스터, 제이미 마틴이 연구 조사를 도와주었고, 후반에는 프레디 폭스가 도움을 주었다. 카트리나 포레스터는 초고에 대한 평을 해주기도 했다. 이 책을 집필하는 데 그들에게서 상당한 도움을 받았다.

초기 단계의 연구 조사는 2010년, 캔버라에 위치한 오스트레일리아 국립대학교에서 시작하기도 했다. 거기서 이 주장들 중 일부를 검증해 볼 수 있었다. 나를 초청해 주고 도움을 준 밥 구딘에 게 지금도 매우 감사한다. 케임브리지, 옥스퍼드, 런던, 이위베스 퀼레, 웁살라에서 세미나와 강의를 하며 이 책의 주장을 여러 판 본으로 제시하기도 했다. 이에 대해 평을 해준 모든 분들께 감사 의 말을 전하고 싶다.

나는 이 책의 일부 주제에 기초해 다음과 같이 글 몇 편을 게재 한 바 있다. 『계간 정치』*Political Quarterly*에 실은 것은 "민주주의는 대 처할 수 있는가?"Can Democracy Cope?(2011)로, 이는 같은 해 프린스턴 대학에서 한 유럽 관련 강의를 기초로 했다. 『런던 리뷰 오브 북스』 에는 "우리는 결국 괜찮을까? 유럽의 위기"Will We Be Alright in the End? Europe's Crisis, "혼란은 권력이다: 바로 우리 내부의 과두정치 독재자 들"Confusion Is Power: Our Very Own Oligarchs, "속았다: 점령하라"Stiffed: Occupy(모두 2012년)를 실었다. 끊임없이 격려와 지지를 해준 메리-케이 윌머스를 비롯해 런던 리뷰 오브 북스 전 직원께 매우 감사한 다. 나의 대리인 피터 스트라우스에게도 대단히 감사한다.

프린스턴의 앨 버트런드는 편집자로서 시종일관 인내해 주고 격려해 주었다. 이 책은 그의 세심한 주의에 엄청난 덕을 보았다. 이언 샤피로는 초고에 매우 유용한 평을 해 주었고 다방면에서 지 원해 주었다. 익명으로 평을 해준 프린스턴의 평자에게도 감사한 다. 던 홀은 전문적인 교정을 해주었다. 물론 남아 있는 실수들은 모두 내 탓이다.

마지막으로, 항상 그렇듯, 도와주고 지지해 준 우리 아이들 톰, 나타샤, 레오, 그리고 아내 비 [윌슨]에게 감사하고 싶다. 누구 보다 아내 비에게 이 책을 바친다.

미주

출처에 관하여

미주에서 나는 본문에 나온 특정 구절과 주제와 관련한 참고문헌을 열거하려 한다. 전반적으로 아주 유용했던 책들도 덧붙이고 싶다. 더 읽을거리를 위한 간략한 안내서를 의도한 것이다.

주된 영향을 준 사람은 토크빌로, 이 책의 연구 조사를 절반쯤 진행했을 때부터 영향을 주기 시작했다. 핵심 자료는 『미국의 민주주의』(Tocqueville 2000)였지만 내 주장을 발전시키는 데 가장 중요했던 또 다른 책은 토크빌의 1848년 경험에 관한 근심 섞인 『회고록』*Recollections*(Tocqueville 1948)이었다. 무엇보다 영향을 준 것은 토크빌의 이 회고록에 관한 스티븐 홈즈의 글로, 제목은 "Saved by Danger/Destroyed by Success"(Holmes 2009)이다. 이 탁월한 글 덕분에 이 책의 주제들을 발전시키는 데 자신감을 얻었다.

토크빌에 관한 좋은 영문 저작들이 많고, 또 그는 계속 열띤 토론의 대상이었다. 홈즈와 더불어 매우 유용했던 읽을거리는 욘 엘스터의 책으로, 사회과학자로서의 토크빌에 관한 신작(Elster 2009)과 민주정치의 제약과 방종의 문제들에 관한 더 이른 시기의 글들이 있다(Elster 1979, 1983, 1993, 2000). 엘스터에게는 정치에서 미래를 열어 두는 문제를 포함해, 내가 이 책에서 간략히 다루기만 한 생각들에 관한 흥미로운 것이 많다. 토크빌의 지적 형성 과정에 대한 탁월한 최신 안내서는 뤼시앵 좀므의 책이다 (Jaume 2013).

20세기의 일반적 역사와 관련해 나는 토니 주트 저작의 문체와 내용에 크게 끌렸다. 『포스트워』(Judt 2005)는 사람과 사상을 공정하게 다루는 면에서 정치학 글쓰기의 본보기다. 민주주의의 현 곤경에 관해, 내 사고에 영향을 준 두 책은 제이컵 해커와 폴 피어슨이 지난 40년간 미국에서 불평등이 나타난 과정을 설명한 책(Hacker and Pierson 2010)과 앨러스데어 로버츠가 같은 기간 테크노크라시로 전환하게 된 것을 설명한 책 이다(Roberts 2010).

내가 논하는 각각의 위기의 해에 관련해, 유용한 정도는 저마다 달랐지만 도움을 준 책 들이 있다. 하나는 『케임브리지 냉전사』Cambridge History of the Cold War(Leffler and Westad 2010)이고, 또 하나는 1970년대에 관한 선집 『지구적 위기』The Crisis of the Global(Ferguson 외 2010)이다. 현 금융 위기에 대해서는 흥미로운 책이 많다. 이 책의 주제와 관련해 특히 유용했던 두 책은 Akerlof and Schiller 2009와 Posner 2010였다.

이 책의 중심 주제 중 하나는 정치적 삶에서 숙명론의 역할이다. 난 이 생각을 토크빌 사상을 통해 논하지만 그것은 다소 다르게 접근하는 다른 많은 저자들이 다룬 주제이 기도 하다. 여기서 내가 논하지 않은 이 주제에 대한 중요한 책 세 권은 허버트 크롤리 의 『미국의 삶의 전망』The Promise of American Life(Croly [1909] 1965), 주디스 쉬클러 의 『유토피아 이후』After Utopia(Shklar 1957), 아서 슐레진저의 『미국사의 주기들』The Cycles of American History(Schlesinger 1986)이다. 숙명론 문제는 라인홀드 니버와 레몽 아롱, 그리고 내가 쓴 두 제사卷詞 중 하나의 저자인 앨버트 허시먼의 저작에서도 중요 한 가지다. 이 책에서 나는 이 저자들을, 지나가는 말로 간략히만 다룬다. [하지만] 그 들의 저작은 모두 읽을 가치가 있다.

들어가는 말

1 어떤 평자들에게 이런 차질은 "역사의 종말"에 반하는, 민주주의의 쇠퇴라는 대항 서사를 구성하기에 충분한 것이다. 예를 들어 Kurlantzick 2013을 보라.
2 게오르기오스 파파도풀로스가 이끄는 대령 일파가 쿠데타를 일으켰다.

서론 토크빌 민주주의와 위기

1 Tocqueville 1985, 56.

2 Tocqueville 2000, 221[국역본, 311쪽].

3 사실 1830년대에 다른 많은 프랑스 평자들도 미국 민주주의와 유럽 민주주의의 전망에 관심이 있었다. 그런 의미에서 토크빌은 광범위한 토론에 참여하고 있었다. 몇몇 프랑스 평자는 미국 민주주의가 비방을 당해 왔고, 미국 민주주의에는 프랑스가 배울 수 있는 장점들이 있다고 믿었다. 다른 이들은 미국 민주주의의 명백한 강점들이 미국의 고질적인 결함들, 무엇보다 계속되어 온 노예제에 의해 침식되고 있다고 믿었다. 영국의 비슷한 논의들과 마찬가지로 이런 논의에서도 사람들은 어느 한쪽을 지지하는 경향을 보였다. 즉 미국 민주주의는 좋은 것 혹은 나쁜 것, 양자택일의 것이었다. 토크빌의 독창성은 양면 모두를 보는 능력이었다. 또한 그는 미국 민주주의의 장단이 어떻게 함께 가는지에 대해 신선한 통찰들을 제시했다. 토크빌이 『미국의 민주주의』를 쓴 당시, 미국에 관한 프랑스 내 경쟁적 견해들에 대해서는 Craiutu and Jennings 2004를 보라. 토크빌 사상의 지적 배경에 대해서는 Jaume 2013을 보라. 남북전쟁의 전조가 되던 시기 미국에 대한 영국의 경쟁적 견해들과 관련해 최근 나온 훌륭한 설명은 Foreman 2010이다.

4 Jardin 1989, 118에서 재인용.

5 Tocqueville 2000, 234[국역본, 328쪽].

6 Paine 2000, 181-82[국역본, 265-266쪽].

7 페인은 1791년에서 1792년으로 흘러가던 늦겨울, 런던 자택에서 글을 쓰고 있었다. "이제 2월 중순을 향해 가고 있다. 시골에서 산책을 한다면 잎이 진 겨울나무들을 볼 수 있을 것이다. 산책하는 사람들이 흔히 잔가지들을 뽑듯이 나도 그럴 테고 어쩌면 그 가지에 막 돋아나기 시작한 **단 하나의 싹**을 보게 될지도 모른다. 이게 이런 모양을 한 영국의 **유일한 싹**이라고 아주 이상한 추론을 할 수도 있다. 아니, 아니 결코 그렇게 추론하지 않을 것이다. 대신 모양이 같은 것이 도처에서 나타나기 시작하고 있다고, 혹은 막 나타날 참이라고 바로 판단할 것이다. 또한 일부 초목의 싹은 다른 초목의 싹보다 더 긴 잠을 잘 것이고, 일부는 2, 3년 내에 **꽃을 피우지** 못할지도 모르지만, **썩은** 것을 제외한다면 여름에는 모두 잎이 되리라고 판단할 것이다. 정치의 여름이 자연과 어떤 속도로 맞추어 나갈지는 인간의 선견으로 결코 헤아릴 수 없다. 그러나 봄이 오기 시작했다는 것은 어렵지 않게 알 수 있다"(Paine 2000, 262-63).

8 Tocqueville 2000, 617[국역본, 832쪽].

9 Ibid., 6-7[국역본, 63쪽].

10 Ibid.[국역본, 64쪽].

11 Jardin 1989, 165에서 재인용.

12 Pierson 1996, 645에서 재인용.

13 다양한 숙명론에 대한 밀의 전체 논의는 『논리학 체계』 *A System of Logic* 중 "자유와 필연성에 관하여" Of Liberty and Necessity 장에 있다(Mill 1963-91, vol. 7).

14 Mill 1963, 433.

15 Tocqueville 2000, 662[국역본, 888쪽].

16 Ibid., 472[국역본, 653쪽].

17 Ibid., 216[국역본, 304쪽].

18 Ibid., 265[국역본, 370쪽].

19 Ibid., 629[국역본, 848-849쪽]

20 Ibid., 621[국역본, 838쪽].

21 미국은 그 이후로 보다 규모가 작은 전쟁들을 여럿 겪었고, 그중에는 영국과의 또 다른 전쟁인 1812년 전쟁도 포함된다. 토크빌은 이 전쟁의 의의를 낮게 평가하는 역사학의 전통 견해를 따른다. 그러나 반대 견해에 따르면 1812년 전쟁은 양 교전국 모두의 역사에서 유의미한 사건이었다. Bickham 2012를 보라.

22 Ibid., 213.[국역본, 300-1쪽]

23 Ibid., 127-28.[국역본, 201쪽]

24 Ibid., 177-178.[국역본, 255-6쪽]

25 그들이 의견을 달리한 데에는 다른 이유도 있었다. 밀은 『미국의 민주주의』 독자 다수와 마찬가지로 토크빌이 민주주의를 제대로 정의하지 않았다고 줄곧 생각했고, 토크빌이 실제로는 평등의 원리에 속한 병폐들(평범함과 순응주의)을 이유로 민주주의를 비난한다고 추측했다. 그러나 토크빌의 가장 독특한 견해들은 평등이 아니라 (느슨하게 정의한) 민주주의와 관련한다. 즉 표면의 활동성과 기저의 표류성이 혼합된 독특한 특성을 만들어 낸 것은 바로 미국 민주주의 정신이었다. 밀과 토크빌은 이것에는 의견이 일치했다.

26 Mill 1963, 460.

27 Tocqueville 1985, 151.

28 Hadari 1989, 147-48에서 재인용.

29 그는 남북의 무력 충돌 가능성보다 남부의 흑백 갈등 가능성을 더 염려했다. 미국의 인종 관계에 관한 토크빌의 통렬한 견해들은 『미국의 민주주의 1』 결론 단락인 "합중국에 거주하는 세 종족의 현황과 전망"에 제시된다. 민주국가에서 전면적 내전이 일어날 가능성은 없다는 견해는 2권에 있다. 이는 2권이 1권보다 덜 우울해 보이는 몇 안되는 주제다.

30 Craiutu and Jennings 2009, 183. 토크빌은 사내 안에 있는 어린이를 의미하는 라틴어 *puer robustus*를 사용한다.

31 Bryce 1888, 2:235-36.

32 Ibid., 432.

1장 1918년 가짜 새벽

1 에스토니에의 견해는 Englund 2011, 464-65에서 논의된다.

2 Holroyd 1988-92, 1:613에서 재인용.

3 Wilson 1966-94, 41:524.

4 Lippmann 1917, 3.

5 Figes 1996, 414에서 재인용.

6 H. L. Mencken, "Ludendorff," *Atlantic Monthly* 116, no. 6 (1917): 828.

7 Ibid, 832.

8 1915년 말, 런던의 『타임스』는 전시에 독일 같은 전제 정권에 있는 장점과 비슷한 환경에서 민주주의에 있는 단점을 비교하는 글들을 연재했다. 한 필자는 이렇게 비교했다. "군주국이나 관료 국가는 지도자들과 그들의 성취들을 알고 있고, 마음에 들 경우 적절한 선택을 내릴 수 있다. 민주국가는 그런 것을 알지 못한다. 곧 지도자를 선택하는 이유는 그들이 좋은 집안에서 태어났고, 연설 솜씨가 뛰어나며, 좋은 사람이기 때문이다"(Bampfylde Fuller, "Letters," *Times*, November 10, 1915). 이런 이야기가 나오게 된 것은 당시 연합군이 다르다넬스해협에서 작전에 실패하고, 그에 대한 비난이 무능한

정치로 돌아가고 있었기 때문이다. 작전의 기획자 윈스턴 처칠은 한 주 뒤 해군장관직을 사임했다. 정치 이력에 명백한 손상이었다. 같은 시기, 루덴도르프는 동부전선에서 일련의 승리를 거두면서 처음으로 이름을 떨치고 있었다. 그 필자가 염두에 둔 사람들은 이들이었다. 1915년 말처럼 민주주의가 전시에 보이는 문제는, 처칠 같은 지도자들을 진급시킨다는 것이었다. 독일 체제의 대단한 점은 루덴도르프 같은 지도자들을 진급시킨다는 것이었다.

9 Leon Trotsky, "On the Publication of the Secret Treaties," November 22, 1917, "Soviet Documents on Foreign Policy," www.marxists.org.

10 Kennan 1956, 263에서 재인용.

11 Lloyd George 1936, 5:2522.

12 위기의 정치에 대한 윌슨의 태도에 관해서는 Schulzke 2005에서 상세히 논의한다.

13 미래의 평화를 보장하는 국가연합 혹은 "연맹"league에 대한 구상은 미국이 참전하기 전에 이미 제시되었고, 미국 정치에서 좌파뿐만 아니라 우파에서도 지지자들이 있었다(국가연합의 함의와 내용에 대한 생각은 매우 달랐더라도 말이다). Knock 1992는 윌슨의 국제연맹 구상의 복합적인 정치적 기원들을 가장 잘 설명한 책이다. 그 구상은 또한 웨스트민스터[영국 의회]에서 고안 중이던, 대영제국을 미래 국제 안보의 본보기로 그린 계획안들과 의도하지 않게 겹치는 부분들이 있었다(이런 안들 중 가장 영향력 있는 안들 가운데 하나는 남아프리카 출신 얀 스뮈츠가 구상했다). 이런 측면에서 대해서는 다음을 보라. Mazower 2009.

14 밝혀진 바에 따르며 독일군은 러시아의 상황에 관해 충분히 자신하지 못해서 자기 마음대로 현저히 많은 병력을, 평화를 "감독하기"police 위해 남겨 놓았다. 여전히 격렬하고 급변할 수 있는 불안한 상황이었다. 이런 점에서 그 전쟁은 브레스트리토프스크의 참담한 협상 조건들에도 불구하고 두 전선에서 계속되었다. 즉 서부전선에 변화를 가져올지도 모르는 병력이 1918년에는 동부전선에 갇혀 있었던 것이다.

15 Webb 1952, 115-16.

16 Ibid., 26.

17 Macdonald 2003, 404에서 재인용.

18 Bourne 1992, 364.

19 Mann 1985, 180.

20 Ibid., 271.

21 Ibid., 223.

22 *New Republic*, April 27, 1918.

23 Barry 2004, 207-9를 보라.

24 이는 영국군에 대해 특히 참이었다. Sheffield 2002 and Hart 2010을 보라. 1918년의
학습 경험에 대한 최상의 설명은 Stevenson 2011이다.

25 이런 주장의 하나는 Winter and Robert 1997을 보라.

26 결국 동맹군을 승리로 이끈 세 사람 모두 전에는 세기의 전환기에 군국주의와 제국
주의를 비판한 인물로 정평이 나 있었다. 곧 윌슨은 미서전쟁 후 미국의 정책을 비판한
인물로, 로이드조지는 보어전쟁을 비판한 인물로, 클레망소는 드레퓌스사건 당시 군
부를 비판한 인물로 알려져 있었다. 전사 같은 정치인이 되기를 주저했던 이들이 결국
그런 정치인으로 가장 잘 적응한 것이었다.

27 Wilson 1966-94, 51:318.

28 Ibid., 344.

29 Ibid., 339.

30 Knock 1992, 207-8.

31 Wilson 1966-94, 51:630.

32 어쩌면 그 선거의 가장 독특한 특징은 후보로 나선 군인의 수였다. 어떤 추산을 보
면 모든 후보의 거의 4분의 1이 제복을 입고 있었다. 영국사의 모든 선거 중 가장 많은
군인이 후보로 나섰다는 것은 거의 분명하다. 1918년 선거 이후 군인보다 많이 대의된
직업은 변호사가 유일했다(다음을 보라. Strachan 1997).

33 Masterman 1939, 307.

34 "Paying the Bill," *Economist*, December 14, 1918, 798.

35 Ibid.

36 Lippmann 1919, ix-x.

37 Shaw 1919, 94.

38 이 피우메 일화는 MacMillan 2001, 302-12에 상술되어 있다.

39 Lippmann 1919, 56.

40 Wilson 1966-92, 62:390.

2장 1933년 두려움 그 자체

1 Calvin 1991에서 재인용.

2 Jan Smuts, "Address at Chatham House Dinner," *International Affairs*, July 11, 1933.

3 "Supply," HC Deb, April 14, 1932, vol. 264, cc. 1030–128, hansard. millbanksystems.com/ commons/1932/apr/14/supply-1.

4 Ortega y Gassett 1985를 보라.

5 Shaw, radio broadcast, December 10, 1931, http://walterschafer.com/atimesofshaw/articles/1931.html.

6 Harold Goad, "The Corporate State," *International Affairs 12* (November 1933): 780.

7 George Bernard Shaw, "The Politics of Un-Political Animals," Fabian Society, October 12, 1933, http://walterschafer.com/atimesofshaw/articles/1933.html.

8 Keynes 2012, 21:86.

9 이 구절의 원출처는 케인스가 1923년에 출간한 *A Tract on Monetary Reform*이다 (Keynes 2012, 4:65를 보라).

10 Keynes 2012, 21:86.

11 Ibid., 9.

12 잉글랜드은행 총재 몬터규 노먼은 종전 뒤 금본위제를 회복하지 못한 것이 민주주의의 규율, 절제력 부족과 희망적 관측이 뒤섞여 나타난 결과로 보았다. 1922년, 그는 뉴욕 연방준비은행 총재 벤저민 스트롱에게 이렇게 썼다. "최근 들어서야 세계 나라들이 전후의 일들을 정리하기 시작했습니다. 공중누각을 쌓고 다시 무너뜨리는 데 2년을 허비했지요. 그런 게 민주국가들의 방식인 것 같습니다. 모든 나라의 '소수 귀족들'은 그렇게 심각한 질병에 대한 치료 방법을 그렇게 허둥지둥 만들었을 때 어떤 결과가 생길지, 진작부터 알고 있었지만 말입니다"(Ahamed 2009, 149에서 재인용). "귀족들"이란 단어를 노먼은 자신과 같은 중앙은행장의 의미로 썼다.

13 널리 인용되는 일화이다. 예컨대 Cairncross and Eichengreen 2003, 5를 보라.

14 Nicolson 1933, 94.

15 Steel 1980, 291-92에서 재인용.

16 1932년 9월 17일, 솔트레이크시티에서 실시한 선거운동 연설(Roosevelt 1938-50,

1:713).

17 Roosevelt 1938-50, 2:25.

18 Roosevelt, "First Inaugural Address," http://www.bartleby.com/124/pres49.html.

19 Brands 2011. 56에서 재인용.

20 1920년대, 리프먼은 민주주의 비판가로 명성을 쌓았고 특히 민주주의의 여론을 진보적 개혁 수단으로 보는 견해를 비판했다. 『여론』*Public Opinion*(1922)과 『환상의 대중』*The Phantom Public*(1927)에서 그는 전문가들이, 정식 교육을 받지 못했고 [정치에] 무관심하며 명백히 무지한 투표를 하는 대중을 대신해 결정을 해야 한다고 주장했다. 리프먼은 이 시기 미국 정치에서 여전히 왼쪽에 있었다. 그러나 변화를 가져오는 민주주의 교육의 힘을 점점 더 회의하게 되었다. 결국 이는 전문가들이 견해를 조정하는 능력에 대한 의심으로 확장됐다. 즉 그는 의사 결정자를 포함해 민주국가의 어느 누구도 경험에서 잘 배우지 못하는 것을 염려했다. 1930년대 말, 그는 정부 자체의 일부 양상들, 곧 경제에 대한 통제와 관련해 나타나는 양상들을 회의적으로 보기 시작했다. 이런 변화는 리프먼, 케인스, 하이에크 사이의 연관성들을 살펴보는 3장에서 더 상세히 논의한다.

21 Keynes 2012, 21:251-52.

22 Ibid., 253.

23 Roosevelt 1938-50, 2:264-65.

24 Keynes 2012, 21:271.

25 Ibid., 277.

26 Dallek 1995, 57에서 재인용.

27 Keynes 2012, 21:281.

28 Ibid., 295.

29 Skidelsky 1983-2000, 2:xx[국역본, 830쪽].

30 Wells 1933, 133.

31 Ibid., 128-38, 171.

32 "The Revolving Storm," *Economist*, March 11, 1933, 507.

33 "If Economists Were Kings," *Economist*, May 6, 1933, 955.

34 Badger 2009를 보라.

35 "A World Adrift," *Economist*, June 4, 1932, 1223.

3장 1947년 재시도

1 "Parliament Bill," HC Deb, November 11, 1947, vol. 444, cc. 203–321, http://hansard.millbank systems.com/commons/1947/nov/11/parliament-bill.

2 Ibid.

3 Truman, "Address before Joint Session of Congress," March 12, 1947, http://avalon.law.yale.edu/20th_century/trudoc.asp.

4 McCullough 1992, 653에서 재인용.

5 "Russia's Strength," *Economist*, May 17, 1947, 745.

6 Anon. [Kennan], "Sources of Soviet Conduct," *Foreign Affairs*, July 25, 1947, 571["소련 행동의 원천"『조지 케넌의 미국 외교 50년』, 유강은 옮김, 가람기획, 274쪽].

7 Ibid., 575[국역본, 268, 278쪽].

8 Ibid., 582[국역본, 280쪽].

9 Lippmann 1972, 13.

10 Ibid., 39-40.

11 논쟁은 일부 개인적인 것이었다. [케넌이 글을 실은]『포린 어페어스』는 리프먼 아내의 전 남편이 편집했다(흔히 그렇듯 리프먼은 아내와 관계가 있었던 그 사람을 용서할 수 없었다). 그중 일부는 기질로 인한 사건이었다. 케넌도 리프먼도 천성적으로 명랑한 편이 아니었다. 비관론은 쉬이 그들에게 엄습했다. 그러나 케넌의 전기 작가가 지적하듯이 리프먼은 생의 몇 안 되는 순간 중 하나, 미래를 진정 희망적으로 볼 때 케넌을 발견했다. 1947년 여름, 그는 유럽을 방문했고, 만약 장기적 관점으로 본다면, 사태가 묘사되고 있는 것만큼 나쁘지는 않음을 발견했다. 돌아오는 비행기에서 그는 이렇게 끝나는 시 한 편을 썼다. "흡족하다 / 마음의 평화로 / 그는, 운명의 여신에게 겸손하고 인내심 있게 행운을 구하는 이처럼, / 그 시간의 신의 옷이 살랑살랑 스치는 소리를 들었고 / 그 빛나는 옷단을 만질 수 있었다"(Gaddis 2011, 282에서 재인용). 이런 밝은

기분은 오래가지 않았다. 미국으로 돌아온 케넌에게는 우울한 일들이 많이 기다리고 있었고, 거기에는 자신에 관한 새로운 세평도 포함됐다.

12 그 제목은 이 구절에서 영감을 얻었다. "나는 현대인에게서 똑같이 해로운 두 가지 상반된 관념을 발견하게 된다. 일부 사람들은 평등이 야기하는 무질서한 경향 이외에는 평등의 원리에서 아무런 가치도 찾아내지 못한다. 이 사람들은 자신들의 자유로운 행위를 염려할 뿐만 아니라 스스로를 두려워한다. 또 다른 사람들은, 수는 적지만 보다 각성된 사람들로, 이들은 다른 견해를 취한다. 즉 평등의 원리로부터 출발해 무질서 상태에서 끝나는 그러한 논리와는 달리 이들은 마침내 인간이 반드시 노예 상태에 들어가는 그러한 길을 발견해 냈다. 이들은 미리 이러한 필연적인 상황에 맞추어 그들의 정신 자세를 형성한다. 그리고 자유로운 상태로 존재하는 것은 불가능하다고 단정하고 곧 나타나게 될 통치자에게 복종할 준비를 마음속으로 갖추고 있다"(Tocqueville 2000, 672)[국역본, 901쪽]. 리프먼이 『노예의 길』에 끼친 영향의 구체적인 내용은 Jackson 2012를 보라.

13 "스스로 묶는 것"의 정치적 함의에 대해서는 Elster 1979 and Elster 2000를 보라.

14 Acton 1904를 보라.

15 하이에크와 독일 "질서 자유주의"의 초기 관계에 대해서는 Friedrich 1955를 보라.

16 Aron 1990, 184.

17 Aron 2002, 159.

18 이것이 Milward 1987의 주제이다.

19 "Constituent Assembly Debates," 4:734, parliamentofindia.nic.in/ls/debates/debates.htm.

4장 1962년 일촉즉발

1 "Euroracle 1970," *Economist*, December 29, 1962, 1254.

2 Morgenthau 1960, 264.

3 Kennan 1958, 471-72.

4 Louis Halle, "Muddles That Might Lead to War," *New Republic*, January 22, 1962, 14.

5 Ibid.

6 일부 공화당원들이 나중에 제기한 더 극단적인 고발은 케네디가 그 위기의 타이밍을 선거 목적에 맞추어 만들어 냈다는 것이었다. Paterson and Brophy 1986은 이 고발을 다루고 논박한다.

7 May and Zelikov 2002, 219[『존 F. 케네디의 13일』, 박수민 옮김, 모던타임스, 2013, 189쪽에서 수정 인용].

8 Beschloss 1991, 110에서 재인용.

9 Gaddis 2011을 보라.

10 Gopal 1975-84, 3:182에서 재인용.

11 Ibid.

12 Tocqueville 1948, 15.

13 Gopal 1975-84, 3:223에서 재인용.

14 Bark and Gress 1989, 508에서 재인용.

15 Ibid., 505.

16 정치 스캔들과 관련한 민주주의의 독특성은 Thompson 2000을 보라.

17 Selig S. Harrison, "The Passing of the Nehru Era," *New Republic*, December 8, 1962, 16.

18 Morgenthau 1970, 345.

19 예컨대 Burns 1963을 보라.

20 Caro 2012, 222.

21 Ibid., 402에서 재인용.

5장 1974년 자신감의 위기

1 "And All That," *Economist*, December 28, 1974, 12.

2 Lippmann 1972, vii.

3 Kissinger 1994, 665-66에서 재인용.

4 Aron 1974, 156.

5 Louis Halle, "Does War Have a Future?" *Foreign Affairs* 52 (October 1973).

6 Ibid.

7 Ibid.

8 Ronald Steel, "Interview with Walter Lippmann," *New Republic*, April 14, 1973, 16.

9 Morgenthau, "Nixon and the World," *New Republic*, January 13, 1973, 17.

10 Ferguson et al. 2010, 173에서 재인용.

11 Kissinger 1994, 701.

12 Mueller 1999, 214에서 재인용.

13 Daggett 2010을 보라.

14 Nixson 1971-78, 3:264.

15 Oriana Fallaci, "Interview with the Shah of Iran," *New Republic*, December 1, 1973.

16 Nixon 1971-78, 5: 976.

17 "The Great Priority," *Times*, June 22, 1974, 9.

18 "Gas Geben Ware Tragisch," *Die Zeit*, October 4, 1974.

19 Friedman 1974, 32.

20 Buchanan 1975, 162.

21 "The Presidency Myth," *New Republic*, May 19, 1973.

22 Nicholas Harman, "Italy Goes Bust," *New Statesman*, July 12, 1974.

23 "The Plot Sickens," *New Republic*, May 18, 1974.

24 2년 뒤 발간된 회고록에서 브란트는 불충한 동료들이 올러대어 잘못된 결정을 내리게 됐다고 불만을 토로했다(Brandt, 1994를 보라).

25 이 이야기는 Shaxson 2011을 보라.

26 Stephen Kotkin, "The Kiss of Debt," in Ferguson et al. 2010, 89.

27 Crozier, Huntington, and Watanuki 1975, 8–9[이 글은, 아래의 주소에서 구할 수 있다. https://archive.org/stream/TheCrisisOfDemocracy-TrilateralCommission-1975/crisis_of_democracy_djvu.txt]

28 Ibid., 53–54.

29 Ibid., 188.

30 Ibid., 193-94.

31 Ford 1975, 27.

32 Huntington 1991을 보라.

33 이 이야기는 Hacker and Pierson 2011을 보라.

34 이 시기 불만이란 용어는 지미 카터가 1979년 7월 15일에 한, 보통 "불만 연설"the malaise speech로 알려진, 악명 높은 텔레비전 연설과 관련됐다. 카터는 미국 민주주의를 괴롭히는 문제로 본 자신감의 위기를 다루었다. 사실 카터는 "불만"이라는 단어를 쓰지 않았다(제임스 캘러헌이 같은 해 결정적으로 자신을 탓하는 그 말들, 즉 "위기? 무슨 위기란 말인가?"라는 말을 결코 입 밖에 내지 않았듯이 말이다[공공 부문의 파업으로 사회적 혼란이 발생하고 국민이 큰 불편을 겪고 있을 때 캘러헌은 한 회견에서 별 대수롭지 않은 상황인데 언론이 호들갑을 떨고 있다는 식으로 말했고 다음날 한 언론이 총리의 회견 내용에 대한 기사의 표제를 "위기? 무슨 위기란 말인가?"로 뽑은 바 있다]. 카터의 요지는 1970년대 초에 닉슨이 했던 텔레비전 연설의 요지와 같았다. 즉 에너지 절약과 독립심이었다.

6장 1989년 역사의 종말

1 Revel 1984, 3.

2 그 부분은 『미국의 민주주의 1』 중 결론 부분의 유명한 구절이다. "오늘날 지구상에는 위대한 인민이 둘이 있다. 이들은 상이한 지점에서 출발해 같은 목적지로 향하고 있는 듯 보인다. 바로 러시아인과 미국인이다. ...... 그들은 출발점도 다르다. 길도 다양하다. 그럼에도 그들은 저마다 세계 절반의 운명을 쥐도록, 비밀 계획, 신의 섭리의 부름을 받은 것 같다."(Tocqueville 2000, 396).

3 Kennedy 1987, 513.

4 Gaddis 2011에서 재인용.

5 ibid에서 재인용.

6 Sylvia Nassar, "Neglected Economist Honored by President," *New York Times*, November 19, 1991에서 재인용.

7 Ebenstein 2003, 234에서 재인용.

8 하이에크가 대처에게 끼친 영향력에 대해서는 Ranelagh 1991을 보라.

9 "Nobel Prize Winning Economist Oral History Transcript," http://www.archive.org/stream/nobelprizewinnin00haye/nobelprizewinnin00haye_djvu.txt.

10 Roberts 2010, 28.

11 Urban 1976, 36.

12 후쿠야마는 자신이 선지자라고 주장한 적이 결코 없었다. 1980년대 중반 미 국무부에서 비교적 낮은 지위의 연구원으로 근무할 당시 누구 못지않게 냉전 질서가 견고하게 자리를 잡았음을 확신했었다고 기꺼이 고백한 바 있다. 후쿠야마는 1989년, 그 극적 사건이 펼쳐지는 동안 무슨 일이 벌어지고 있는지 설명할 수 있다고 주장한 적도 없었다. 그는 자신의 주장이 표면적 사건 수준에서 작동하지 않는다고 역설했다. 너무 많은 다른 평자들이 당시의 상황에 지나치게 흥분하고 있어서 우발적인 정치적 사건들을 과도하게 해석하기 쉬웠다. 가령 "고르바초프가 크렘린 궁전에서 축출되거나 아야톨라 루홀라 호메이니 같은 인물이 새로 나타나 고립한 중동 자본으로부터 시작하는 새천년을 선포했다면" 그들은 이내 입장을 바꾸었을 것이다(Fukuyma 1989, 3). 하지만 후쿠야마는 그러지 않았을 것이다.

13 Ibid., 5.

14 Bhagwati 2005, 13.

15 Dahrendorf 1990, 37-40.

16 Fukuyama 1989, 18.

17 Ibid., 5.

18 Kennedy 1987, 459.

19 James Fallows, "Containing Japan," *Atlantic Monthly*, May 1989, 54.

20 Emmott 1989, 204.

21 Ibid.

22 Kohli 1990.

23 Amartya Sen, "How Is India Doing?" *New York Review of Books*, December 16, 1982.

24 "Time to Call History a Day?" *Economist*, September 16, 1989, 98.

25 Hendrik Hertzberg, *Atlantic Monthly*, June 26, 1989, 4.

26 소로스는 그것이 [일본을-옮긴이] 단련해 강하게 하는 훈련이라는 점에서도 환영받았으리라고 생각했다. "내 추측으로는 일본 권력 엘리트 중 적어도 한 파벌은 투자자가 돈을 잃는 모습에 꽤 기뻐했을 것이다. 그것은 일본인들이 물러지지 않고 일본이 위대해지는 데 도움이 되었을 것이다"(Soros 1994, 357).

27 Grass 1990을 보라.

28 Joseph Joffe, "Reunification II: This Time No Hobnail Boots," in James and Stone 1992, 105.

29 Habermas 1991, 84.

30 Bloom, "Responses to Fukuyama," *National Interest* (Summer 1989): 21.

7장 2008년 백 투 더 퓨처

1 Sheryl Gay Stolberg, "Talks Implode during a Day of Chaos," *New York Times,* September 25, 2008.

2 이 두 이야기는 Paulson 2010에 있다.

3 Bernanke 2000를 보라.

4 "Remarks by Governor Ben S. Bernanke at the Conference to Honor Milton Friedman, University of Chicago, Chicago, Illinois, November 8, 2002," http://www.federalreserve. gov/boarddocs/speeches/2002/20021108/default.htm.

5 Bush, "Second Inaugural Address," http://www.bartleby.com/124/pres67.html.

6 Ikenberry et al. 2009를 보라. Smith는 반대 의견을 제시한다.

7 Fukuyama 2004 and 2006을 보라.

8 Greenspan 2008을 보라.

9 이 주장의 더 자세한 내용은 다음을 보라. David Runciman, "Stiffed: Occupy," *London Review of Books*, October 25, 2012.

10 이 주장 중 하나로는 다음을 보라. Ronald Dworkin, "A Bigger Victory Than We Knew," *New York Review of Books*, July 13, 2012.

11 상세한 설명은 다음을 보라. David Runciman, "Will We Be Alright in the End? Europe's Crisis," *London Review of Books*, January 5, 2012.

맺음말 자만의 덫

1 영국과 미합중국에서 나타난 이런 동향의 사상사에 관한 공정한 서술은 Stedman Jones 2012를 보라. 편집증적인 유형으로는 Klein 2007을 보라.

2 크루그먼과 퍼거슨 사이에 오간 주장(이후 상당히 신랄해진)의 초기 판본은 "The Crisis and How to Deal with It," *New York Review of Books*, June 11, 2009을 보라.

3 Przeworski et al 2000을 보라.

4 이런 관계가 세계의 일부 지역에서는 더는 유지되지 못할지도 모른다는 최근 증거가 있다. 즉 전에는 민주주의를 지지했던, 생활고에 시달리는 중산층들이 더는 민주주의에 매력을 느끼지 못하는 지역들로, 베네수엘라와 태국이 그 예다. 이런 역전에 관한 이야기는 Kurlantzick 2013을 보라.

5 Cincotta 2009를 보라.

6 Arrow, "Questions about a Paradox," in Weingast and Wittman 2008.

7 이 문제를 다루는 정말 많은 근간들로는 다음이 있다. Clark 2008; North Wallis, and Weingast 2009; Acemoglu and Robinson 2012.

8 Fukuyama 2011, 431-34[국역본, 472-476쪽].

9 Reiter and Stam 2002을 보라.

10 나쁜 소식이 결국 전해질 때 무슨 일이 일어나는지, 또 그 효과가 어떻게 과장되는지에 관해서는 Geanakoplos 2010을 보라.

11 Akerlof and Schiller 2009, 5-6.

12 Soros 1994, 5-6을 보라.

13 Schultz and Weingast 2003을 보라.

14 Maine 1886, 98.

15 Gore, "An Inconvenient Truth," online transcript, http://www.veryabc.cn/movie/

uploads/script/AnInconvenientTruth.txt.

16 예컨대 Ridley 2010를 보라.

17 이 같은 논란 가운데 하나는, 현재 미국에서 각광받고 있는 프래킹 기술(셰일 가스와 "타이트" 오일을 추출하는 수압 파쇄 방식)과 관련해 제기되고 있다. 프래킹 지지자들에게 그것은 "오일 피크"에 대한 과장된 두려움들을 해결하는 대책 — 기술혁신이 적시에 열린사회들을 구하게 되는 방식의 또 다른 예 — 이다. 이런 주장에 대한 회의적인 견해는 다음을 보라. David Runciman, "The Crisis of American Democracy," *London Review of Books*, March 21, 2013. Janeway 2012도 보라.

18 Amartya Sen, "Quality of Life: India vs. China," *New York Review of Books*, May 12, 2011을 보라.

19 현 세대 중국 지도자들의 학습 경험에 대해서는 다음을 보라. Pankaj Mishra, "The Hungry Years," *New Yorker*, December 10, 2012.

20 Fukuyama 1992, 340[국역본, 492쪽].

21 Nietzsche 2001, §343.

22 Tocqueville 2000, 7[국역본, 64쪽].

후기 변화를 원하지만 당장은 아닌

1 "사건들"은 "위기들"이라는 말을 대신해 사용되곤 했지만 — 이를테면 1968년 위기 동안 파리를 사로잡은 것은 여전히 "사건들"les événements이었다 — 더는 아니다. 나는 우크라이나에서 전개된 일을, 우크라이나 사건으로 서술한 것을 본 적 없다. 우리는 이제 모호하지 않은 위기의 시대를 살고 있다.

2 푸틴주의의 위상이 주류 정치계에서 높아지고 있는 동유럽에서는 이런 점이 덜하다. 이를 확인하기 위해 동쪽 깊숙이 가볼 필요도 없다. 이를테면 2014년 여름, [중유럽] 헝가리에서는 수상 빅토르 오르반이 모방할 모델로서 서유럽의 "자유민주주의"보다는 푸틴의 러시아를 (에르도안의 터키와 더불어) 선호함을 분명히 했다. 그는 서유럽의 그것이 실패한 것으로 간주된다고 주장한 바 있다.

3 영국에서 반기득권 물결의 수혜자에는 자유민주주의 정치의 전통적인 이데올로기 스펙트럼에서 양극을 차지하는 [극우 성향의] 영국독립당UKIP[United Kingdom Independence Party]과 [스코틀랜드 독립을 주장하는] 스코틀랜드 국민당SNP[Scottish National Party]이 포함된다. 그들이 공유하는 것은 기존 권력 구조에서 가장 무반응적인 요소들로 간주되는 것을 해체하고 싶은 욕망이다. 이에 따르면 전통적인 이데올로기 스펙트럼은 현대 민주정치를 더는 깔끔하게 그려내지 못한다.

4 포스트 마르크스주의 사회이론가 로베르토 웅거는 정보 기술이 민주주의를 부흥시키는 열쇠라고 믿는다. 반反이민 정당인 영국독립당으로 전향한 [전前] 자유주의 토리당 하원의원 더글러스 카스웰도 그러하다. 그들은 이것을 제외하고는 공통점이 거의 없다.

5 Francis Fukuyama, *Political Order and Political Decay: From the Industrial Revolution to the Globalization of Democracy*(London: Profile Books 2014).

참고문헌

알림 | 이 목록에서 나는 빈번히 참고한 신문과 저널들의 개별 글들은 표기하지 않는다. 본문에서 인용한 특정한 글들은 미주를 보라. 다음은 내가 상이한 위기의 해들을 연구하면서 참고한 주요 출판물이다.

신문과 잡지

American Journal of Political Science
American Political Science Review
Atlantic Monthly
Economist
Foreign Affairs
Foreign Relations
International Affairs
International Security

Journal of Democracy

London Review of Books

National Interest

New Republic

New Statesman

New York Review of Books

New York Times

New Yorker

Newsweek

The Guardian (*The Manchester Guardian*)

The Times of India

Der Spiegel

Time

Times (of London)

Die Zeit

단행본과 논문

Acemoglu, Daron, and James A. Robinson. 2006. *Economic Origins of Dictatorship and Democracy.* Cambridge: Cambridge University Press.

_____. 2012. *Why Nations Fail: The Origins of Power, Prosperity and Poverty.* London: Profile Books.

Acton, J.E.E.D., Baron. 1904. *Letters of Lord Acton to Mary Gladstone.* London: Macmillan.

Ahamed, Liaquat. 2009. *The Lords of Finance: 1929, the Great De-pression and the Bankers Who Broke the World.* London: William Heinemann.

Akerlof, George A., and Robert J. Schiller. 2009. *Animal Spirits: How Human Psychology Drives the Economy and Why It Matters for Global Capitalism.* Princeton, NJ: Princeton University Press[로버트 쉴러, 조지 애커로프, 『야성적 충동』, 김태훈 옮김, 랜덤하우스코리아, 2009].

Angell, Norman. 1910. *The Great Illusion: A Study of the Relation of Military Power in Nations to Their Economic and Social Advantage.* New York: Putnam.

_____. 1933. *The Great Illusion, 1933.* New York: Putnam.

Aron, Raymond. 1947. *Legrandschisme*. Paris: Gallimard.

_____. [1938] 1948. *Introduction to the Philosophy of History: An Es-say on the Limits of Historical Objectivity.* London: Weidenfeld and Nicolson.

_____. 1957. *The Opium of the Intellectuals.* London: Seeker and Warburg.

_____. 1966. *Peace and War.* London: Weidenfeld and Nicolson.

_____. 1974. *The Imperial Republic: The United States and the World, 1945-1973.* New York: Little, Brown.

_____. 1977. *In Defense of Decadent Europe.* South Bend, IN: Regnery.

_____. 1990. *Memoirs: Fifty Years of Political Reflection.* New York: Holmes and Meier.

_____. 2002. *The Dawn of Universal History: Selected Essays from a Witness of the Twentieth Century.* New York: Basic Books.

Arrow, Kenneth. 1951. *Social Choice and Individual Values.* New York: Wiley.

Babbitt, Irving. 1924. *Democracy and Leadership.* Boston: Houghton Mifflin.

Badger, Anthony J. 2009. *FDR: The First Hundred Days.* New York: Farrar, Straus, Giroux.

Bark, Dennis L., and David R. Gress. 1989. *From Shadow to Substance: A History of West Germany, 1945-1963.* Oxford: Wiley-Blackwell.

Barry, John M. 2004. *The Great Influenza: The Epic Story of the Deadliest Plague in History.* New York: Viking.

Bartels, Larry M. 2010. *Unequal Democracy: The Political Economy of the New Gilded Age.* Princeton, NJ: Princeton University Press[래리 M. 바텔스, 『불평등 민주주의』, 위선주 옮김, 21세기북스, 2012].

Becker, Carl. 1941. *Modem Democracy.* New Haven, CT: Yale University Press.

Beinart, Peter. 2010. *The Icarus Syndrome: A History of American Hubris.* New York: Harper.

Bell, Daniel. 1962. *The End of Ideology: On the Exhaustion of Political Ideas in the Fifties.* Cambridge, MA: Harvard University Press[다니엘 벨, 『이데올로기의 종언』, 이상두 옮김, 종합출판범우, 2015].

Bernanke, Ben. 2000. *Essays on the Great Depression.* Princeton, NJ: Princeton University Press.

Beschloss, Michael R. 1991. *The Crisis Years: Kennedy and Khrushchev, 1960-1963.* New York: Harper Collins.

Bhagwati, Jagdish. 2005. *In Defense of Globalization.* Oxford: Oxford University Press.

Bickham, Troy. 2012. *The Weight of Vengeance: The United States, the British Empire, and the War of 1812.* New York: Oxford University Press.

Bloom, Allan. 1987. *The Closing of the American Mind.* New York: Simon and Schuster.

Bourne, Randolph. 1992. *The Radical Will: Selected Writings, 1911-1918.* Edited by Olaf Hansen. Preface by Christopher Lasch. Berkeley: University of California Press.

Brands, H. W. 2011. *Greenback Planet: How the Dollar Conquered the World and Threatened Civilization as We Know It.* Austin: University of Texas Press.

Brandt, Loren, and Thomas G. Rawski, eds. 2008. *China's Economic Transformation.* Cambridge: Cambridge University Press.

Brandt, Willy. 1994. *My Life in Politics.* New York: Random House.

Brendon, Piers. 2001. *The Dark Valley: A Panorama of the 1930s.* London: Bloomsbury.

Brown, Judith M. 1994. *Modern India: The Origins of an Asian Democracy.* 2nd ed. Oxford: Oxford University Press.

_____. 2003. *Nehru: A Political Life.* New Haven, CT: Yale University Press.

Brown, Michael E., Sean M. Lynn-Jones, and Steven E. Miller, eds. 1996. *Debating the Democratic Peace.* Cambridge, MA: MIT Press.

Bryce, James. 1888. *The American Commonwealth.* 2 vols. London: Macmillan.

_____. 1917. *The War of Democracy: The Allies'Statement; Chapters on the Fundamental Significance of the Struggle for a New Europe.* London: Doubleday.

_____. 1921. *Modern Democracies.* 2 vols. London: Macmillan.

Buchanan, James M. 1975. *The Limits of Liberty: Between Anarchy and Leviathan.* Chicago: University of Chicago Press.

_____. 1989. *Reaganomics and After.* London: Institute of Economic Affairs.

_____. 1992. *Better Than Plowing, and Other Personal Essays.* Chicago: University of Chicago Press.

_____. 1997. *Post-Socialist Political Economy.* Cheltenham: Edward Elgar.

Buchanan, James M., and Gordon Tullock. 1962. *The Calculus of Consent: The Logical Foundations of Constitutional Democracy.* Ann Ar-bor: University of Michigan Press[제임스 M. 뷰캐넌, 고든 털럭, 『국민 합의의 분석』, 황수연 옮김, 지만지, 2012].

Burke, Edmund. 1993. *Pre-Revolutionary Writings.* Edited by Ian Harris. Cambridge: Cambridge University Press.

_____. [1790] 2009. *Reflections on the Revolution in France.* Edited by L. G. Mitchell. Oxford: Oxford University Press[에드먼드 버크, 『프랑스혁명에 관한 성찰』, 이태숙 옮김, 한길사, 2017].

Burleigh, Michael. 2006. *Sacred Causes: Religion and Politics from the European*

Dictators to Al Qaeda. London: HarperPress.

Burns, James M. 1963. *The Deadlock of Democracy: Four-Party Politics in America.* Englewood Cliffs, NJ: Prentice-Hall.

Byrne, Janet, ed. 2012. *The Occupy Handbook.* New York: Back Bay Books.

Cairncross, Alec, and Barry Eichengreen. 2003. *Sterlingin Decline: The Devaluations of 1931,1949, and 1967.* London: Palgrave Macmillan.

Caldwell, Bruce. 2005. *Hayek's Challenge: An Intellectual Biography of F. A. Hayek.* Chicago: University of Chicago Press.

Carey, John. 1992. *The Intellectuals and the Masses: Pride and Prejudice among the Literary Intelligentsia, 1880-1939.* London: Faber and Faber.

Caro, Robert. 2012. *The Years of Lyndon Johnson.* Vol. 4, *The Passage of Power.* London: The Bodley Head.

Churchill, Winston S. 1923-31. *The World Crisis.* 6 vols. London: Thornton Butterworth.

Cincotta, R. P. 2009. "Half a Chance: Youth Bulges and Transitions to Liberal Democracy." *Environmental Change and Security Report* (13): 10-18.

Clark, Gregory. 2008. *A Farewell to Alms: A Brief Economic History of the World.* Princeton, NJ: Princeton University Press[그레고리 클라크, 『맬서스, 산업혁명 그리고 이해할 수 없는 신세계』, 이은주 옮김, 한즈미디어, 2009].

Clarke, Peter. 2010. *Keynes: The Twentieth Century's Most Influential Economist.* London: Bloomsbury.

Clavin, Patricia. 1991. "The World Economic Conference 1933: The Failure of British Internationalism." *Journal of European Economic History*(20): 489-527.

Cockett, Richard. 1994. *Thinking the Unthinkable: Think-Tanks and the Economic Counter-Revolution, 1931-1983.* London: HarperCollins.

Coyle, Diane. 2011. *The Economics of Enough: How to Run the Economy as If the Future Really Matters.* Princeton, NJ: Princeton University Press.

Coyle, Diane, ed. 2012. *What's the Use of Economics? Teaching the Dismal Science after the Crisis.* London: London Publishing Partnership.

Craiutu, Aurelian, and Jeremy Jennings. 2004. "The Third Democracy: Tocqueville's Views of America after 1840." *American Political Science Review*(98): 391-404.

_____. 2009. *Tocqueville on America after 1840: Letters and Other Writings.* Cambridge: Cambridge University Press.

Croly, Herbert. [1909] 1965. *The Promise of American Life.* Edited by Arthur Schlesinger Jr. Cambridge, MA: Belknap Press of Harvard University Press.

Crozier, Michael, Samuel Huntington, and Joji Watanuki. 1975. *The Crisis of Democracy: Report on the Governability of Democracies to the Trilateral Commission.* New York: New York University Press.

Curtis, Gerald L. 1988. *The Japanese Way of Politics.* New York: Columbia University Press.

Daggett, Stephen. 2010. "Costs of Major U. S. Wars." *Congressional Research Service*(RS22926).

Dahl, Robert A. 1963. *A Preface to Democratic Theory.* Chicago: University of Chicago Press.

_____. 1989. *Democracy and Its Critics.* New Haven, CT: Yale University Press[로버트 달, 『민주주의와 그 비판자들』, 조기제 옮김, 문학과지성사, 1999].

Dahrendorf, Ralf. 1990. *Reflections on the Revolution in Europe.* New York: Times Books.

Dallek, Robert. 1995. *Franklin D. Roosevelt and American Foreign Policy, 1932-1945.* New York: Oxford University Press.

_____. 2003. *An Unfinished Life: John F. Kennedy, 1917-1963.* Boston: Little, Brown[로버트 댈럭, 『JFK 케네디 평전』, 정초능 옮김, 푸른숲, 2007].

Dewey, John. 1927. *The Public and Its Problems.* Chicago: Swallow Press[존 듀이, 『공공성과 그 문제들』, 정창호, 이유선 옮김, 한국문화사, 2014].

Diamond, Larry. 2008. *The Spirit of Democracy: The Struggle to Build Free Societies around the World.* New York: Henry Holt.

Dienstag, Joshua Foa. 2006. *Pessimism: Philosophy, Ethic, Spirit.* Princeton, NJ: Princeton University Press.

Dikotter, Frank. 2010. *Mao's Great Famine: The History of China's Most Devastating Catastrophe, 1958-62.* London: Bloomsbury[프랑크 디쾨터, 『마오의 대기근』, 최파일 옮김, 열린책들, 2017].

Dowding, Keith, Jim Hughes, and Helen Margetts. 2001. *Challenges to Democracy: Ideas, Involvement, and Institutions.* Basingstoke: Palgrave Macmillan.

Doyle, Michael. 1983. "Kant, Liberal Legacies, and Foreign Affairs." *Philosophy and Public Affairs*(12): 205-35, 323-53.

Dunn, John. 1979. *Western Political Theory in the Face of the Future.* Cambridge: Cambridge University Press.

_____. 2005. *Setting the People Free: The Story of Democracy.* London: Grove Atlantic[존 던, 『민주주의의 수수께끼』, 강철웅·문지영 옮김, 후마니타스, 2015].

Dunning, Thad. 2008. *Crude Democracy: Natural Resource Wealth and Political Regimes.* Cambridge: Cambridge University Press.

Dutton, David, ed. 2001. *Paris 1918: The War Diary of the British Ambassador, the 17th*

Earl of Derby. Liverpool: Liverpool University Press.

Easton, David, John G. Gunnell, and Michael Stein, eds. 1985. *Regime and Discipline: Democracy and the Development of Political Science.* Ann Arbor: University of Michigan Press.

Ebenstein, Alan O. 2003. *Hayek's Journey: The Mind of Friedrich Hayek.* Basingstoke: Palgrave Macmillan.

Eichengreen, Barry. 1995. *Golden Fetters: The Gold Standard and the Great Depression.* Oxford: Oxford University Press[배리 아이켄그린, 『황금 족쇄』, 박복영 옮김, 미지북스, 2016].

Elster, Jon. 1979. *Ulysses and the Sirens.* Cambridge: Cambridge University Press.

_____. 1983. *Sour Grapes: Studies in the Subversion of Rationality.* Cambridge: Cambridge University Press.

_____. 1993. *Political Psychology.* Cambridge: Cambridge University Press.

_____. 2000. *Ulysses Unbound: Studies in Rationality, Precommitment, and Constraints.* Cambridge: Cambridge University Press.

_____. 2009. *Alexis de Tocqueville: The First Social Scientist.* Cambridge: Cambridge University Press.

Emmott, Bill. 1989. *The Sun Also Sets: Limits to Japan's Economic Power.* London: Simon and Schuster.

Encarnation, Dennis J. 1989. *Dislodging Multinationals: India's Strategy in Comparative Perspective.* Ithaca, NY: Cornell University Press.

Englund, Peter. 2011. *The Beauty and the Sorrow: An Intimate History of the First World War.* London: Profile.

Fenby, Jonathan. 2010. *The General: Charles de Gaulle and the France He Saved.* London: Simon and Schuster.

Ferguson, Niall. 2001. *The Cash Nexus: Money and Power in the Modem World.* London: Allen Lane[니얼 퍼거슨, 『현금의 지배』, 류후규 옮김, 김영사, 2002].

_____. 2008. *The Ascent of Money: A Financial History of the World.* London: Allen Lane[니얼 퍼거슨, 『금융의 지배』, 김선영 옮김, 민음사, 2010].

_____. 2011. *Civilization: The West and the Rest.* London: Allen Lane[니얼 퍼거슨, 『니얼 퍼거슨의 시빌라이제이션』, 구세희·김정희 옮김, 21세기북스, 2011].

Ferguson, Niall, Charles S. Maier, Erez Manela, and Daniel J. Sargent, eds. 2010. *The Shock of the Global: The 1970s in Perspective.* Cambridge, MA: Belknap Press of Harvard University Press.

Fewsmith, Joseph. 2008. *China since Tiananmen: From Deng Xiaoping to Hu Jintao.*

Cambridge: Cambridge University Press.

Figes, Orlando. 1996. *A People's Tragedy: The Russian Revolution, 1891-1924.* London: Jonathan Cape.

Fink, Carole, and Bernd Schaefer. 2008. *Ostpolitik, 1969-1974: European and Global Responses.* Cambridge: Cambridge University Press.

Finley, Moses I. 1985. *Democracy Ancient and Modem.* Rev. ed. New Brunswick, NJ: Rutgers University Press.

Ford, Gerald. 1975. *The Public Papers of the President.* Washington, DC: US Printing Office.

Foreman, Amanda. 2010. *A World on Fire: An Epic History of Two Nations Divided.* London: Allen Lane.

Friedman, Benjamin. 2005. *The Moral Consequences of Economic Growth.* New York: Knopf[벤저민 프리드먼, 『경제성장의 미래』, 안진환 옮김, 현대경제연구원BOOKS, 2009].

Friedman, Milton. 1962. *Capitalism and Freedom.* Chicago: University of Chicago Press[밀턴 프리드먼, 『자본주의와 자유』, 심준보·변동열 옮김, 청어람미디어, 2007].

_____. 1963. *Inflation: Causes and Consequences. Bombay: Council for* Economic Education.

_____. 1974. *Monetary Correction.* London: Institute for Economic Affairs.

Friedman, Milton, and Anna Jacobson Schwartz. 1971. *A Monetary History of the United States, 1867-1960.* Princeton, NJ: Princeton University Press.

Friedrich, Carl J. 1948. *Inevitable Peace.* Cambridge, MA: Harvard University Press.

_____. 1955. "The Political Thought of Neo-Liberalism." *American Political Science Review*(49): 509-25.

Fukuyama, Francis. 1989. "The End of History." *National Interest* (16): 3-18.

_____. 1992. *The End of History and the Last Man.* New York: Free Press[프랜시스 후쿠야마, 『역사의 종말』, 한마음사, 1997].

_____. 2004. *State-Building: Governance and World Order in the 21st Century.* Ithaca, NY: Cornell University Press[프랜시스 후쿠야마, 『강한 국가의 조건』, 안진환 옮김, 황금가지, 2005].

_____. 2006. *America at the Crossroads: Democracy, Power, and the Neoconservative Legacy.* New Haven, CT: Yale University Press[프랜시스 후쿠야마, 『기로에 선 미국』, 유강은 옮김, 랜덤하우스코리아, 2006].

_____. 2011. *The Origins of Political Order: From Prehuman Times to the French Revolution.* London: Profile[프랜시스 후쿠야마, 『정치 질서의 기원』, 함규진 옮김, 웅진지식하우스, 2012].

Fukuyama, Francis, ed. 2007. *Blindside: How to Anticipate Forcing Events and Wild Cards in Global Politics.* Washington, DC: Brookings Institution Press.

Gaddis, John Lewis. 2005. *The Cold War.* London: Allen Lane.

————. 2011. *George F. Kennan: An American Life.* New York: Penguin Press.

Galbraith, John Kenneth. 1969. *Ambassador's Journal: A Personal Account of the Kennedy Years.* Boston: Houghton Mifflin.

Gamble, Andrew. 1996. *Hayek: The Iron Cage of Liberty.* Cambridge: Polity Press.

————. 2000. *Politics and Fate.* Cambridge: Polity Press.

Ganguly, Sumit, and Rahul Mukherji. 2011. *India since 1980.* Cambridge: Cambridge University Press.

Gannett, Robert T. 2003. *Tocqueville Unveiled: The Historian and His Sources.* Chicago: University of Chicago Press.

Gat, Azar. 2009. *Victorious and Vulnerable: Why Democracy Won in the Twentieth Century and Why It Is Still Imperiled.* Lanham, MD: Rowman and Littlefield.

Gaubatz, Kurt Taylor. 1999. *Elections and War: The Electoral Incentive in the Democratic Politics of War and Peace.* Stanford, CA: Stanford University Press.

Geanakoplos, John. 2010. "The Leverage Cycle." Cowles Foundation Discussion Papers No. 1715.

Gelfland, Lawrence. 1963. *The Inquiry: American Preparations for Peace, 1917-1919.* New Haven, CT: Yale University Press.

Geuss, Raymond. 2001. *History and Illusion in Politics.* Cambridge: Cambridge University Press.

————. 2008. *Philosophy and Real Politics.* Princeton, NJ: Princeton University Press.

Ginsborg, Paul. 2001. *Italy and Its Discontents: Family, Civil Society, State, 1980-2001.* London: Allen Lane.

————. 2003. *A History of Contemporary Italy: Society and Politics, 1943-1988.* Basingstoke: Palgrave Macmillan.

Godkin, Edwin L. 1898. *Unforeseen Tendencies of Democracy.* Boston: Houghton, Mifflin.

Gopal, Sarvepalli. 1975-84. *Jawaharlal Nehru: A Biography.* 3 vols. Delhi: Oxford University Press.

Gowa, Joanne. 2000. *Ballots and Bullets: The Elusive Democratic Peace.* Princeton, NJ: Princeton University Press.

Grass, Gunter, 1990. *Two States—One Nation?* New York: Seeker and Warburg.

Gray, John. 1984. *Hayek on Liberty.* London: Blackwell.

————. 2009. *Gray's Anatomy: Selected Writings.* London: Allen Lane.

Greenspan, Alan. 2008. *The Age of Turbulence.* New ed. London: Penguin Books[앨런

그린스펀, 『격동의 시대』, 북앳북스, 2007].

Grigg, John. 1985. *Lloyd George: From Peace to War, 1912-1916*. London: Methuen.

Grünbacher, Armin. 2010. *The Making of German Democracy: West Germany during the Adenauer Era, 1945-63*. Manchester: Manchester University Press.

Guha, Ramachandra. 2007. *India after Gandhi: The History of the World's Largest Democracy*. London: Macmillan.

Habermas, Jurgen. 1991. "Yet Again: German Identity: A Unified Nation of Angry DM-Burghers?" *New German Critique*(52): 84-101.

_____. 2000. *The Postnational Constellation*. Cambridge: Polity Press.

Hacker, Jacob S., and Paul Pierson. 2010. *Winner-Take-All Politics: How Washington Made the Rich Richer and Turned Its Back on the Middle Class*. New York: Simon and Schuster.

Hadari, Saguiv A. 1989. "Unintended Consequences of Periods of Transition: Tocqueville's 'Recollections' Reconsidered." *American Journal of Political Science*(33): 136-49.

Hadenius, Axel, ed. 1997. *Democracy's Victory and Crisis*. Cambridge: Cambridge University Press.

Haidt, Jonathan. 2012. *The Righteous Mind: Why Good People Are Divided by Politics and Religion*. London: Allen Lane[조너선 하이트, 『바른 마음』, 왕수민 옮김, 웅진지식하우스, 2014].

Hamby, Alonzo. 2003. *For the Survival of Democracy: Franklin Roosevelt and the World Crisis of the 1930s*. New York: Simon and Schuster.

Hanson, Russell L. 1989. "Democracy." In *Political Innovation and Conceptual Change,*edited by Terrance Ball, James Farr, and Russell L. Hanson, 68-89. Cambridge: Cambridge University Press.

Hart, Peter. 2010. *1918: A Very British Victory*. London: Hachette.

Hartwell, R. M. 1995. *History of the Mont Pelerin Society*. Indianapolis: Liberty Fund.

Hartz, Louis. 1955. *The Liberal Tradition in America*. New York: Harcourt, Brace[루이스 하츠, 『미국의 자유주의 전통』, 백창재·정하용 옮김, 나남출판, 2012].

Hayek, F. A. 1944. *The Road to Serfdom*. London: Routledge and Sons[프리드리히 A. 하이에크, 『노예의 길』, 김이석 옮김, 나남출판, 2006].

_____. 1949. *Individualism and Economic Order*. London: Routledge and Kegan Paul.

_____. 1960. *The Constitution of Liberty*. London: Routledge and Kegan Paul[프리드리히 A. 하이에크, 『자유헌정론』, 자유기업센터, 1997].

_____. 1973-79. *Law, Legislation, and Liberty: A New Statement of the Liberal*

Principles of Justice and Political Economy. London: Routledge and Kegan Paul[프리드리히 A. 하이에크, 『법 입법 그리고 자유』, 자유기업센터, 1997].

_____. 1978. *New Studies in Philosophy, Politics, Economics, and the History of Ideas.* London: Routledge and Kegan Paul.

_____. 1990. *The Fatal Conceit: The Errors of Socialism.* Edited by W. W. Bartley. London: Routledge[프리드리히 A. 하이에크, 『치명적 자만』, 신중섭 옮김, 자유기업원, 2004].

Hennessey, Peter. 2000. *The Prime Minister: The Office and Its Holders.* London: Allen Lane.

Herzog, Don. 1998. *Poisoningthe Mind of the Lower Orders.* Princeton, NJ: Princeton University Press.

Hibbing, John R., and Elizabeth Theiss-Morse. 2002. *Stealth Democracy: Americans' Beliefs about How Government Should Work.* Cambridge: Cambridge University Press.

Hinshaw, Randall Weston, ed. 1972. *Inflation as a Global Problem.* Baltimore: Johns Hopkins University Press.

Hirschman, Albert O. 1982. *Shifting Involvements: Private Interests and Public Action.* Princeton, NJ: Princeton University Press.

Hobson, J. A. 1918. *Democracy after the War.* London: Unwin.

Hoffmann, Steven A. 1990. *India and the China Crisis.* Berkeley: University of California Press.

Hofstadter, Richard. 2008. *The Paranoid Style in American Politics.* New York: Vintage Books.

Holmes, Stephen. 2007. *The Matador's Cape: America's Reckless Response to Terror.* Cambridge: Cambridge University Press.

_____. 2009. "Saved by Danger / Destroyed by Success: The Argument of Tocqueville's *Souvenirs.*" *Archives Européennes de Sociologie* (50): 171-99.

Holroyd, Michael. 1988-92. *Bernard Shaw.* 4 vols. London: Chatto and Windus.

Horne, John, ed. 1997. *State, Society, and Mobilization in Europe during the First World War.* Cambridge: Cambridge University Press.

Huntington, Samuel P. 1968. *Political Order in Changing Societies.* New Haven, CT: Yale University Press.

_____. 1991. *The Third Wave: Democratization in the Late Twentieth Century.*Norman: University of Oklahoma Press[새 뮤얼 헌팅턴, 『제3의 물결』, 강문구, 이재영 옮김, 인간사랑, 2011].

Ikenberry, G. John, Thomas J. Knock, Anne-Marie Slaughter, and Tony Smith. 2009. *The*

Crisis of American Foreign Policy: Wilsonianism in the Twenty-First Century. Princeton, NJ: Princeton University Press.

Inkeles, Alex, ed. 1991. *On Measuring Democracy: Its Consequences and Concomitants.* New Brunswick, NJ: Transaction Publishers.

Isaac, Joel, and Duncan Bell, eds. 2012. *Uncertain Empire: American History and the Idea of the Cold War.* Oxford: Oxford University Press.

Ishida, Takeshi, and Ellis S. Kraus, eds. 1989. *Democracy in Japan.* Pittsburgh: University of Pittsburgh Press.

Jackson, Ben. 2012. "Freedom, the Common Good and the Rule of Law: Lippmann and Hayek on Economic Planning." *Journal of the History of Ideas*(73): 47-68.

Jackson, Julian. 2003. *The Politics of Depression in France, 1932-1936.* Cambridge: Cambridge University Press.

Jacobs, Alan M. 2011. *Governing for the Long Term.* Cambridge: Cambridge University Press.

James, Harold, and Marla Stone, eds. 1992. *When the Wall Came Down: Reactions to German Unification.* New York: Routledge.

Janeway, William H. 2012. *Doing Capitalism in the Innovation Economy.* Cambridge: Cambridge University Press.

Jardin, Andre. 1989. *Tocqueville: A Biography.* New York: Farrar, Straus, Giroux.

Jaume, Lucien. 2013. *Tocqueville: The Aristocratic Sources of Liberty.* Princeton, NJ: Princeton University Press.

Jervis, Robert. 1976. *Perception and Misperception in International Politics.* Princeton, NJ: Princeton University Press.

Johnson, Dominic D. P. 2004. *Overconfidence and War: The Havoc and Glory of Positive Illusions.* Cambridge, MA: Harvard University Press.

Judt, Tony. 2005. *Postwar: A History of Europe since 1945.* London: Heinemann[토니 주트, 『포스트워 1945-2005』, 조행복 옮김, 플래닛, 2008].

_____. 2008. *Reappraisals: Reflections on the Forgotten Twentieth Century.* London: Vintage[토니 주트, 『재평가』, 조행복 옮김, 열린책들, 2014].

Judt, Tony, and Timothy Snyder. 2012. *Thinking the Twentieth Century.* London: Heinemann[토니 주트, 티머시 스나이더, 『20세기를 생각한다』, 조행복 옮김, 열린책들, 2015].

Kalyvas, Stathis N., Ian Shapiro, and Tarek Masoud, eds. 2008. *Order, Conflict, and Violence.* Cambridge: Cambridge University Press.

Keane, John. 2009. *The Life and Death of Democracy.* London: Simon and Schuster[존 킨, 『민주주의의 삶과 죽음』, 양현수 옮김, 교양인, 2017].

Kellner, Peter. 2009. *Democracy: 1,000 Years in Pursuit of British Liberty.* Edinburgh: Mainstream.

Kennan, George F. 1956. *Russia Leaves the War.* Princeton, NJ: Princeton University Press.

———. 1958. *The Decision to Intervene.* Princeton, NJ: Princeton University Press.

———. 1983. *Memoirs 1950-1963.* New York: Pantheon Books.

Kennedy, Paul. 1987. *The Rise and Fall of the Great Powers: Economic Change and Military Conflict from 1500 to 2000.* New York: Vintage[폴 케네디, 『강대국의 흥망』, 한국경제신문, 1997].

———. 1993. *Preparing for the Twenty-First Century.* New York: Vintage[폴 케네디, 『21세기 준비』, 한국경제신문, 1993].

Keynes, John Maynard. 2012. *The Collected Writings of John Maynard Keynes.* Edited by Douglas Moggridge and Austin Robinson. 30 vols. Cambridge: Cambridge University Press.

Khilnani, Sunil. 1997. *The Idea of India.* London: Hamish Hamilton.

Kindleberger, Charles, and Robert Z. Aliber. 2005. *Manias, Panics, and Crashes: A History of Financial Crises.* Basingstoke: Palgrave Macmillan[찰스 P. 킨들버거, 로버트 Z. 알리버, 김홍식 옮김, 굿모닝북스, 2006].

Kissinger, Henry. 1994. *Diplomacy.* New York: Simon and Schuster.

Kitchen, Martin. 1976. *The Silent Dictatorship: The Politics of the German High Command under Hindenburg and Ludendorff, 1916-1918.* London: Croom Helm.

Klein, Naomi. 2007. *The Shock Doctrine: The Rise of Disaster Capitalism.* London: Allen Lane[나오미 클라인, 『쇼크 독트린』, 김소희 옮김, 살림Biz, 2008].

Kloppenberg, James T. 1998. *The Virtues of Liberalism.* Oxford: Oxford University Press.

———. 2011. *Reading Obama: Dreams, Hope, and the American Political Tradition.* Princeton, NJ: Princeton University Press.

Knock, Thomas J. 1992. *To End All Wars: Woodrow Wilson and the Quest for a New World Order.* Princeton, NJ: Princeton University Press.

Koch, H. W. 1984. *A Constitutional History of Germany in the Nineteenth and Twentieth Centuries.* London: Longman.

Kohli, Atul. 1990. *Democracy and Discontent: India's Growing Crisis of Governability.* Cambridge: Cambridge University Press.

Kurlantzick, Joshua. 2013. *Democracy in Retreat: The Revolt of the Middle Class and the Worldwide Decline of Representative Government.* New Haven, CT: Yale University Press[조슈아 컬랜칙, 『민주주의는 어떻게 망가지는가』, 노정태 옮김, 들녘, 2015].

Kynaston, David. 2007. *Austerity Britain, 1945-51.* London: Bloomsbury.

Lanchester, John. 2010. *Whoops! Why Everyone Owes Everyone and No One Can Pay.* London: Penguin.

Lasch, Christopher. 1972. *The American Liberals and the Russian Revolution.* New York: McGraw-Hill.

Le Bon, Gustave. 1896. *The Crowd: A Study of the Popular Mind.* London: T. F. Unwin[귀스타브 르 봉, 『군중심리』, 이재형 옮김, 문예출판사, 2013].

Le Bon, Gustave. 1916. *The Psychology of the Great War.* London: T. F. Unwin.

Lebow, Richard Ned. 2003. *The Tragic Vision of Politics: Ethics, Interests, and Orders.* Cambridge: Cambridge University Press.

Lebow, Richard Ned, and Janice Gross Stein. 1995. *We All Lost the Cold War.* Princeton, NJ: Princeton University Press.

Lecky, W. E. H. 1896. *Democracy and Liberty.* London: Longmans.

Leffler, Melvyn P., and Odd Arne Westad. 2010. *The Cambridge History of the Cold War.* 3 vols. Cambridge: Cambridge University Press.

Lewis, Michael, ed. 2008. *Panic: The Story of Modern Financial Insanity.* London: Penguin Books.

Lippincott, Benjamin E. 1938. *Victorian Critics of Democracy.* Minneapolis: University of Minnesota Press.

Lippmann, Walter. 1913. *A Preface to Politics.* New York: M. Kennerley.

_____. 1914. *Drift and Mastery: An Attempt to Diagnose the Current Unrest.* New York: Henry Holt.

_____. 1915. *The Stakes of Diplomacy.* New York: Henry Holt.

_____. 1917. "The World Conflict in Its Relation to American Democracy." *Annals of the American Academy of Social and Political Science*(72): 1-10.

_____. 1919. *The Political Scene: An Essay on the Victory of 1918.* New York: Henry Holt.

_____. 1922. *Public Opinion.* New York: Harcourt, Brace[월터 리프먼, 『여론』, 이충훈 옮김, 까치, 2012].

_____. 1927. *The Phantom Public.* London: Macmillan[월터 리프먼, 『여론/환상의 대중』, 오정환 옮김, 동서문화동판, 2011].

_____. 1937. *The Good Society.* London: Allen and Unwin.

Lippmann Walter. [1947] 1972. *The Cold War.* New ed. New York: Joanna Cotier Books.

Lippmann, Walter, ed. 1932-34. *The United States in World Affairs, 1931-33.* 3 vols. New York: Harper.

Lipset, Seymour M. 1960. *Political Man: The Social Bases of Politics.* New York:

Doubleday.

Lloyd George, David. 1936. *War Memoirs of David Lloyd George*. 6vols. London: Ivor Nicholson and Watson.

Lucas, Noah. 1975. *The Modem History of Israel*. New York: Praeger.

Lyttelton, Adrian. 1987. *The Seizure of Power: Fascism in Italy, 1919-1929*. 2nd ed. London: Weidenfeld and Nicolson.

Macdonald, James. 2003. *A Free Nation Deep in Debt: The Financial Roots of Democracy*. New York: Farrar, Straus, Giroux.

MacMillan, Margaret. 2001. *Peacemakers: The Paris Conference of 1919 and Its Attempt to End War*. London: John Murray.

Mahoney, Daniel J. 1996. *De Gaulle: Statesmanship, Grandeur, and Modem Democracy*. London: Praeger.

Maine, Henry S. 1886. *Popular Government*. London: John Murray. Manent, Pierre. 1996. *Tocqueville and the Nature of Democracy*. Lanham, MD: Rowman and Littlefield.

―――. 2006. *A World beyond Politics? A Defense of the Nation-State*. Princeton, NJ: Princeton University Press.

Manin, Bernard. 1997. *The Principles of Representative Government*. Cambridge: Cambridge University Press.

Mann, Thomas. [1918] 1985. *Reflections of a Nonpolitical Man*. Edited by Walter D. Norris. New York: Frederick Ungar.

Margalit, Avishai. 2010. *On Compromise and Rotten Compromises*. Princeton, NJ: Princeton University Press.

Marquand, David. 2008. *Britain since 1918: The Strange Career of British Democracy*. London: Weidenfeld and Nicolson.

―――. 2011. *The End of the West: The Once and Future Europe*. Princeton, NJ: Princeton University Press.

Marshall, Barbara. 1997. *Willy Brandt: A Political Biography*. New York: St. Martin's Press.

Masterman, C.F.G. [1908] 2008. *The Condition of England*, new ed. London: Faber and Faber.

Masterman, Lucy. 1939. *C.F.G. Masterman: A Biography*. London: Nicholson and Watson.

Maxwell, Neville. 1970. *India's China War*. New York: Pantheon.

May, Ernest, and Philip Zelikov, eds. 2002. *The Kennedy Tapes: Inside the White House during the Cuban Missile Crisis*. New York: W. W. Norton.

Mazower, Mark. 2009. *No Enchanted Palace: The End of Empire and the Ideological Origins of the United Nations*. Princeton, NJ: Princeton University Press.

McClelland, J. S. 1989. *The Crowd and the Mob: From Plato to Canetti*. London: Unwin Hyman.

McCormick, John P. 2007. *Weber, Habermas, and the Transformations of the European State*. Cambridge: Cambridge University Press.

McCullough, David. 1992. *Truman*. New York: Simon and Schuster. McDonald, Patrick J. 2009. *The Invisible Hand of Peace: Capitalism, the War Machine, and International Relations Theory*. Cambridge: Cambridge University Press.

McNelly, Theodore. 2000. *The Origins of Japan's Democratic Constitution*. Lanham, MD: University Press of America.

Mehta, Pratap. 2003. *The Burden of Democracy*. London: Penguin Books.

Mencken, H. L. 1908. *The Philosophy of Friedrich Nietzsche*. New York: Luce.

_____. 1926. *Notes on Democracy*. New York: Knopf.

_____. 1961. *The Letters of H. L. Mencken*. Edited by Guy Forgue. New York: Knopf.

Merom, Gil. 2003. *How Democracies Lose Small Wars: State, Society, and the Failures of France in Algeria, Israel in Lebanon, and the United States in Vietnam*. Cambridge: Cambridge University Press.

Michels, Robert. 1915. *Political Parties: A Sociological Study of the Oligarchical Tendencies of Modem Democracy*. London: Jarrold and Sons.

Mill, John Stuart. 1963. *The Earlier Letters of John Stuart Mill, 1812-1848*. London: Routledge and Kegan Paul.

_____. 1963-91. *The Collected Works of John Stuart Mill*. 33 vols. Edited by John M. Robson. Toronto: University of Toronto Press.

Miller, David. 1989. "The Fatalistic Conceit." *Critical Review*(3): 310-23.

Miller, Henry W. 1930. *The Paris Gun*. London: Harrap.

Miller, J. E. 1983. "Taking Off the Gloves: The United States and the Italian Elections of 1948." *Diplomatic History*(7): 35-56.

Mills, Robin M. 2008. *The Myth of the Oil Crisis*. Westport, CT: Greenwood Publishing.

Milward, Alan S. 1987. *The Reconstruction of Western Europe, 1945-51*. Berkeley: University of California Press.

Morgan, Kenneth. O. 1986. *Consensus and Disunity: The Lloyd George Coalition Government, 1918-1922*. Oxford: Oxford University Press.

Morgenthau, Hans. 1948. *Politics among Nations: The Struggle for Power and Peace*. New York: Knopf[한스 모겐소, 『국가 간의 정치』, 이호재, 엄태암 옮김, 김영사, 2014].

_____. 1960. *The Purpose of American Politics*. New York: Knopf.

_____. 1970. *Truth and Power: Essays of a Decade, 1960-70*. New York: Praeger.

Mount, Ferdinand. 2012. *The New Few; or, a Very British Oligarchy: Power and Inequality in Britain Now*. London: Simon and Schuster.

Mueller, John. 1999. *Capitalism, Democracy, and Ralph's Pretty Good Grocery*. Princeton, NJ: Princeton University Press.

Muller, Jan-Werner. 2000. *Another Country: German Intellectuals, Unification, and National Identity*. New Haven, CT: Yale University Press.

Newman, Karl J. 1971. *European Democracy between the Wars*. Notre Dame, IN: University of Notre Dame Press.

Newton, Michael. 2012. *Age of Assassins: A History of Assassination in Europe and America, 1865-1981*. London: Faber and Faber.

Nichols, Jeanette P. 1951. "Roosevelt's Monetary Policy in 1933." *American Historical Review*(56): 295-315.

Nicolson, Harold. 1933. *Peacemaking, 1919*. Boston: Houghton Mifflin.

Niebuhr, Reinhold. 1944. *The Children of Light and the Children of Darkness: A Vindication of Democracy and a Critique of Its Traditional Defenders*. New York: Charles Scribner's[라인홀드 니버,『빛의 자녀들과 어둠의 자녀들』, 오성현 옮김, 종문화사, 2017].

_____. 1951. *The Irony of American History*. New York: Charles Scribner's.

Nietzsche, Friedrich. 2001. *The Gay Science*. Edited by Bernard Williams. Cambridge: Cambridge University Press.

_____. 2002. *Beyond Good and Evil*. Edited by Rolf-Peter Horstmann and Judith Norman. Cambridge: Cambridge University Press.

_____. 2006. *"On the Genealogy of Morality" and Other Writings*. Edited by Keith Ansell-Pearson. Cambridge: Cambridge University Press.

Nixon, Richard. 1971-78. *The Public Papers, 1969-74*. 6 vols. Washington, DC: US Printing Office.

North, Douglas C., John Joseph Wallis, and Barry Weingast. 2009. *Violence and Social Orders: A Conceptual Framework for Interpreting and Recording Human History*. Cambridge: Cambridge University Press.

Obama, Barack. 2007. *The Audacity of Hope*. Edinburgh: Canongate[버락 오바마, 『버락 오바마의 담대한 희망』, 홍수원 옮김, 랜덤하우스코리아, 2007].

Ober, Josiah. 2008. *Democracy and Knowledge: Innovation and Learning in Classical Athens*. Princeton, NJ: Princeton University Press.

Ortega y Gasset, Jose. [1932] 1985. *The Revolt of the Masses*. Edited by Kenneth Moore.

New York: W. W. Norton[호세 오르테가 이 가세트, 『대중의 반역』, 황보영조 옮김, 역사비평사, 2005].

Ostrogorski, M. 1902. *Democracy and the Organization of Political Parties*. Translated by F. Clarke. London: Macmillan.

Paine, Thomas. 2000. *Political Writings*. Edited by Bruce Kuklick. Cambridge: Cambridge University Press.

Paterson, Thomas G., and William J. Brophy. 1986. "October Missiles and November Elections: The Cuban Missile Crisis and American Politics, 1962." *Journal of American History*(73): 87-119.

Paulson, Henry M. 2010. *On the Brink: Inside the Race to Stop the Collapse of the Global Financial System*. New York: Hachette.

Pierson, George Wilson. 1996. *Tocqueville in America*. Baltimore: Johns Hopkins University Press.

Pinker, Steven. 2011. *The Better Angels of Our Nature: The Decline of Violence and Its Causes*. London: Allen Lane[스티븐 핑커, 『우리 본성의 선한 천사』, 김명남 옮김, 사이언스북스, 2014].

Plato. 2000. *The Republic*. Edited by G.R.F. Ferrari. Cambridge: Cambridge University Press[플라톤, 『국가론』, 박종현 옮김, 서광사, 1997].

Posner, Richard A. 2010. *The Crisis of Capitalist Democracy*. Cambridge, MA: Harvard University Press.

Przeworski, Adam. 2010. *Democracy and the Limits of Self-Government*. Cambridge: Cambridge University Press.

Przeworski, Adam, Jose Antonio Cheibub, Michael E. Alvarez, and Fernando Limongi. 2000. *Democracy and Development: Political Institutions and Material Well-Being in the World, 1950-1990*. Cambridge: Cambridge University Press.

Rajan, R. G. 2010. *Fault Lines: How Hidden Fractures Still Threaten the World Economy*. Princeton, NJ: Princeton University Press[라구람 G. 라잔, 『폴트라인』, 김민주, 송희령 옮김, 에코리브르, 2011].

Ranelagh, John. 1991. *Thatcher's People: An Insider's Account of the Politics, the Power, and the Personalities*. London: HarperCollins.

Reinhart, Carmen M., and Kenneth S. Rogoff. 2009. *This Time Is Different: Eight Centuries of Financial Folly*. Princeton, NJ: Princeton University Press.

Reiter, Dan, and Allan C. Stam. 2002. *Democracies at War*. Princeton, NJ: Princeton University Press.

Revel, Jean-François. 1984. *How Democracies Perish*. Garden City, NY: Doubleday.

_____. 1993. *Democracy against Itself: The Future of the Democratic Impulse*. New York: Simon and Schuster.

Ridley, Matt. 2010. *The Rational Optimist: How Prosperity Evolves.* London: Fourth Estate.

Roberts, Alasdair. 2010. *The Logic of Discipline: Global Capitalism and the Architecture of Government.* Oxford: Oxford University Press.

Roberts, Jennifer Tolbert. 2011. *Athens on Trial: The Antidemocratic Tradition in Western Thought.* Princeton, NJ: Princeton University Press.

Roosevelt, Franklin D. 1938-50. *The Public Papers and Addresses of Franklin D. Roosevelt.* 13 vols. New York: Random House.

Roosevelt, Theodore. 1915. *America and the World War.* London: John Murray.

_____. 1951-54. *The Letters of Theodore Roosevelt.* Edited by Elting E. Morrison. 7 vols. Cambridge, MA: Harvard University Press.

Roper, John. 1989. *Democracy and Its Critics.* London: Routledge.

Rose, Gideon. 2010. *How Wars End: Why We Always Fight the Last Battle.* New York: Simon and Schuster.

Rousseau, Jean-Jacques. 1997. *Political Writings.* 2 vols. Edited by Victor Gourevitch. Cambridge: Cambridge University Press.

Runciman, David. 2006. *The Politics of Good Intentions: History, Fear, and Hypocrisy in the New World Order.* Princeton, NJ: Princeton University Press.

Russett, Bruce. 1994. *Grasping the Democratic Peace: Principles for a Post-Cold War World.* Princeton, NJ: Princeton University Press.

Saldin, Robert P. 2011. *War, the American State, and Politics since 1898.* Cambridge: Cambridge University Press.

Samons, Loren J. 2004. *What's Wrong with Democracy? From Athenian Practice to American Worship.* Berkeley: University of California Press.

Sarotte, Mary Elise. 2009. *1989: The Struggle to Create Post-Cold War Europe.* Princeton, NJ: Princeton University Press.

Schelling, Thomas C. 1960. *The Strategy of Conflict.* Cambridge, MA: Harvard University Press[토머스 셸링, 『갈등의 전략』, 이경남, 남영숙 옮김, 한국경제신문, 2013].

Schlesinger, Arthur M. 1986. *The Cycles of American History.* Boston: Houghton Mifflin.

Schultz, Kenneth A. 2001. *Democracy and Coercive Diplomacy.* Cambridge: Cambridge University Press.

Schultz, Kenneth A., and Barry R. Weingast. 2003. "The Democratic Advantage: Institutional Foundations of Financial Power in International Competition." *International Organization*(57): 3-42.

Schulzke, C. Eric. 2005. "Wilsonian Crisis Leadership, the Organic State and the Modern

Presidency." *Polity*(37): 262-85.

Schumpeter, Joseph A. 1951. *Imperialism and Social Classes.* Edited by Paul M. Sweezy. Oxford: Oxford University Press[요제프 알로이스 슘페터, 『제국주의의 사회학』, 서정훈 옮김, 울산대학교출판부, 2011].

_____. 1976. *Capitalism, Socialism, and Democracy, new ed.* London: George Allen and Unwin[요제프 알로이스 슘페터, 『자본주의·사회주의·민주주의』, 이종인 옮김, 북길드, 2015].

Sen, Amartya. 1999. *Development as Freedom.* Oxford: Oxford University Press[아마티아 센, 『자유로서의 발전』, 김원기 옮김, 갈라파고스, 2013].

Shapiro, Ian. 2003. *The State of Democratic Theory.* Princeton, NJ: Princeton University Press.

_____. 2007. *Containment: Rebuilding a Strategy against Global Terror.* Princeton, NJ: Princeton University Press.

Shaw, George Bernard. 1919. *Peace Conference Hints.* London: Constable.

Shaxson, Nicholas. 2011. *Treasure Islands: Tax Havens and the Men Who Stole the World.* London: The Bodley Head.

Sheffield, Gary. 2002. *Forgotten Victory: The First World War, Myths, and Realities.* London: Headline.

Shklar, Judith N. 1957. *After Utopia: The Decline of Political Faith.* Princeton, NJ: Princeton University Press.

Shlaes, Amity. 2007. *The Forgotten Man: A New History of the Great Depression.* New York: Harper Collins.

Silber, William L. 2007. *When Washington Shut Down Wall Street: The Great Financial Crisis of 1914 and the Origins of America's Monetary Supremacy.* Princeton, NJ: Princeton University Press.

Siniver, Asaf. 2008. *Nixon, Kissinger, and U.S. Foreign Policy Making.* Cambridge: Cambridge University Press.

Skidelsky, Robert. 1967. *Politicians and the Slump: The Labour Government of 1929-1931.* London: Macmillan.

_____. 1983-2000. *Keynes: A Biography.* 3 vols. London: Macmillan.

Slaughter, Anne-Marie. 2004. *A New World Order.* Princeton, NJ: Princeton University Press.

Sorkin, Andrew Ross. 2009. *Too Big to Fail: The Inside Story of How Wall Street and Washington Fought to Save the Financial System —and Themselves.* New York: Viking.

Soros, George. 1994. *The Alchemy of Finance: Reading the Mind of the Market.* New ed.

New York: Wiley[조지 소로스, 『금융의 연금술』, 김국우 옮김, 국일증권경제연구소, 1998].

Stears, Marc. 2010. *Demanding Democracy: American Radicals in Search of a New Politics.* Princeton, NJ: Princeton University Press.

Steelman Jones, Daniel. 2012. *Masters of the Universe: Hayek, Friedman, and the Birth of Neoliberal Politics.* Princeton, NJ: Princeton University Press.

Steel, Ronald. 1980. *Walter Lippmann and the American Century.* New York: Transaction Publishers.

Stevenson, David. 2011. *With Our Backs to the Wall: Victory and Defeat in 1918.* London: Allen Lane.

Stiglitz, Joseph. 2012. *The Price of Inequality.* London: Allen Lane[조지프 스티글리츠, 『불평등의 대가』, 이순희 옮김, 열린책들, 2013].

Strachan, Hew. 1997. *The Politics of the British Army.* Oxford: Oxford University Press.

Taleb, Nassim Nicholas. 2007. *TheBlackSwan: The Impact of the Highly Improbable.* London: Allen Lane[나심 니콜라스 탈레브, 『블랙 스완』, 차익종 옮김, 동녘사이언스, 2008].

Tett, Gillian. 2009. *Fool's Gold: How the Bold Dream of a Small Tribe at J. P. Morgan Was Corrupted by Wall Street Greed and Unleashed a Catastrophe.* New York: Free Press.

Thompson, Helen. 2008. *Might, Right, Prosperity, and Consent: Representative Democracy and the International Economy, 1919~2001.* Manchester: Manchester University Press.

_____. 2011. *China and the Mortgaging of America: Economic Interdependence and Domestic Politics.* Basingstoke: Palgrave Macmillan.

Thompson, John B. 2000. *Political Scandal: Power and Visibility in the Media Age.* Cambridge: Polity Press.

Tilly, Charles. 2007. *Democracy.* Cambridge: Cambridge University Press.

Tocqueville, Alexis de. 1948. *The Recollections.* Edited by J. P. Mayer. London: Harvill Press.

_____. 1985. *Selected Letters on Politics and Society.* Edited by Roger Boesche. Berkeley: University of California Press.

_____. [1835~40] 2000. *Democracy in America.* Edited and translated by Harvey C. Mansfield and Delba Winthrop. Chicago: University of Chicago Press[알렉시스 드 토크빌, 『미국의 민주주의』 1·2, 임효선, 박지동 옮김, 한길사, 2002].

_____. [1856] 2011. *The Ancien Regime and the French Revolution.* Edited by Jon Elster. Cambridge: Cambridge University Press[알렉시스 드 토크빌, 『앙시앙 레짐과 프랑스혁명』, 이용재 옮김, 지만지, 2013].

Tombs, Robert, and Isabelle Tombs. 2006. *That Sweet Enemy: The British and French from the Sun King to the Present.* London: William Heinemann.

Tooze, Adam. 2006. *The Wages of Destruction: The Making and Breaking of the Nazi Economy.* London: Allen Lane.

Urban, George. 1976. "A Conversation with George Kennan." *Encounter*(47): 10-43.

Vaughn, Stephen. 1980. *Holding Fast the Inner Lines: Democracy, Nationalism, and the Committee on Public Information.* Chapel Hill: University of North Carolina Press.

Von Mises, Ludwig. [1919] 1983. *Nation, State, and Economy: Contributions to the Politics and History of Our Times.* Edited by Leland B. Yeager. New York: New York University Press.

Wall, Richard, and Jay Winter, eds. 2005. *The Upheaval of War: Family, Work, and Welfare in Europe, 1914-1918.* Cambridge: Cambridge University Press.

Warren, Mark, E., ed. 1999. *Democracy and Trust.* Cambridge: Cambridge University Press.

Warth, Robert D. 1954. *The Allies and the Russian Revolution: From the Fall of the Monarchy to the Peace of Brest-Litovsk.* Durham, NC: Duke University Press.

Watson, David. 1974. *Georges Clemenceau: A Political Biography.* London: Eyre Methuen.

Webb, Beatrice. 1952. *Diaries, 1912-1924.*Edited by M. Cole. London: Longmans.

Weber, Marianne. 1975. *Max Weber: A Biography.* New York: Wiley.

Weber, Max. 1994. *Political Writings.* Edited by Peter Lassman and Ronald Speirs. Cambridge: Cambridge University Press.

Weingast, Barry R., and Donald Wittman, eds. 2008. *The Oxford Handbook of Political Economy.* Oxford: Oxford University Press.

Weisbrot, Robert. 2001. *Maximum Danger: Kennedy, the Missiles, and the Crisis of American Confidence.* Lanham, MD: Ivan R. Dee.

Welch, Cheryl B., ed. 2006. *The Cambridge Companion to Tocqueville.* Cambridge: Cambridge University Press.

Wells, H. G. 1933. *The Shape of Things to Come.* London: Hutchinson.

Weyl, Walter. 1912. *The New Democracy: An Essay on Certain Political and Economic Tendencies in the United States.* New York: Macmillan.

White, William Allen. 1928. *Masks in a Pageant.* New York: Macmillan.

Williamson, Murray, and Jim Lacey. 2009. *The Making of Peace: Rulers, States, and the Aftermath of War.* Cambridge: Cambridge University Press.

Wilson, Woodrow. 1966-94. *The Papers of Woodrow Wilson.* 69 vols. Edited by Arthur

Link. Princeton, NJ: Princeton University Press.

Winter, Jay, Geoffrey Parker, and Mary Habeck, eds. 2000. *The Great War and the Twentieth Century.* New Haven, CT: Yale University Press.

Winter, Jay, and Jean-Louis Robert, eds. 1997. *Capital Cities at War: Paris, London, Berlin, 1914-1919.* Cambridge: Cambridge University Press.

Wolin, Sheldon. 2003. *Tocqueville between Two Worlds: The Making of a Political and Theoretical Life.* Princeton, NJ: Princeton University Press.

Wright, Gordon. 1942. *Raymond Poincare and the French Presidency.* Stanford, CA: Stanford University Press.

Wright, Quincy. 1983. *A Study of War,* 2nd ed. Chicago: University of Chicago Press.

Ypi, Lea. 2012. *Global Justice and Avant-Garde Political Agency.* Oxford: Oxford University Press.

Zakaria, Fareed. 1998. *From Wealth to Power: The Unusual Origins of America's World Role.* Princeton, NJ: Princeton University Press. Zeckhauser, Richard, ed. 1991. *Strategy and Choice.* Cambridge, MA: MIT Press.

Zetterbaum, M. 1967. *Tocqueville and the Problem of Democracy.* Stanford, CA: Stanford University Press.

인터넷 자료

"Constituent Assembly Debates," www.parliamentofindia.nic.in/ls/debates/debates .htmlc.

"Freedom in the World 2012," http://www.freedomhouse.org/re-port/freedom-world/freedom-world-2012.

"GB Shaw Archive," http://walterschafer.com/atimesofshaw/arti- des/.

"Inaugural Addresses of the Presidents of the United States: From George Washington to George W. Bush," www.bartleby.com/br/124.html.

"Nobel Acceptance Speeches," http://www.nobelprize.org/nobel_prizes/economics/laureates/.

"Parliamentary Debates since 1803," http://www.hansard-archive.parliament.uk/.

"Project for a New American Century: Statement of Principles," http://www. Newamericancentury.org/statementofprinciples.html.

"Soviet Documentson Foreign Policy," http://www.marxists.org/history/

찾아보기